초ㅋ 전과목
단원평가

국어·수학·사회·과학

6·2

초등 교과 학습의 달성도를 측정하는
단원평가

어떤 학교, 어떤 교과서라도
초코 전과목 단원평가 한 권이면 충분합니다!

WRITERS

미래엔콘텐츠연구회
No.1 Content를 개발하는 교육 콘텐츠 연구회

COPYRIGHT

인쇄일 2024년 6월 17일(1판1쇄)
발행일 2024년 6월 17일

펴낸이 신광수
펴낸곳 (주)미래엔
등록번호 제16–67호

융합콘텐츠개발실장 황은주
개발책임 정은주 **개발** 김지민, 송승아, 마성희, 윤민영, 한솔, 이신성,
백경민, 김현경, 김라영, 박새연, 김수진, 양은선

디자인실장 손현지
디자인책임 김기욱 **디자인** 윤지혜

CS본부장 강윤구
제작책임 강승훈

ISBN 979-11-6841-831-8

해야 할 일도 많고 공부할 것도 많은 우리 친구들!
모든 교과목을 따로 따로 공부하기에는 시간이 부족하지 않나요?

초코 전과목 단원평가는 바쁜 우리 친구들을 위해
단 한 권으로 교과 평가를 대비할 수 있게 하였습니다.

개념을 스스로 채워가며 빠르게 정리하고,
실전 문제를 풀면서 학교 시험에 완벽하게 대비할 수 있어요.

초코 전과목 단원평가가 우리 친구들의 학습 부담을
조금이라도 덜어줄 수 있는 소중한 친구가 되었으면 합니다.

그럼, 지금부터 초코 전과목 단원평가를 학습해 볼까요?

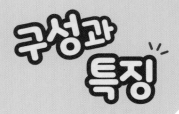

"빠르고 정확한 전과목 초등 코어 학습으로

단원평가 100점!"

핵심 개념

○ 과목별 핵심 개념을 스스로 채워가며 기본 실력을 다져요.

○ 핵심 개념을 대표 지문과 자료에 적용하며 응용 실력을 키워요.

> QR코드를 스캔하면 핵심 개념을 한눈에 모아 보면서 정리할 수 있어요.

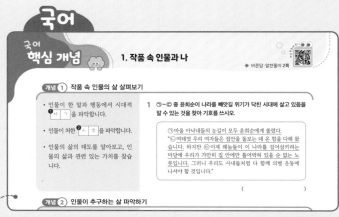

핵심 개념을 익히고, 시험에 자주 나오는 대표 지문과 문제를 한 번에 학습합니다.

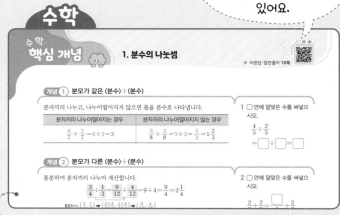

핵심 개념을 익히고, 확인 문제를 통해 익힌 개념을 다시 한 번 학습합니다.

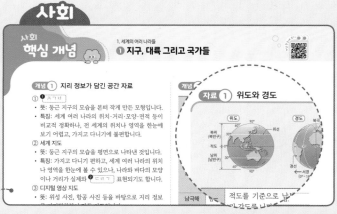

핵심 개념을 한눈에 정리하고, 핵심 자료만 따로 모아 자료 해석 능력을 키웁니다.

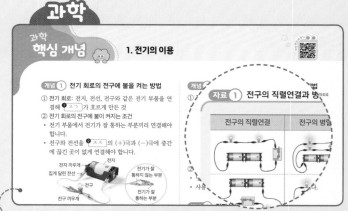

핵심 개념을 한눈에 정리하고, 탐구 자료만 따로 모아 개념과 탐구를 한 번에 학습합니다.

단원평가

- 기본/실전 단원평가로 구분한 단계별 학습으로 실전을 대비해요.
- 교과서 통합 문제를 제공하여 모든 교과서의 단원평가를 대비해요.

기본

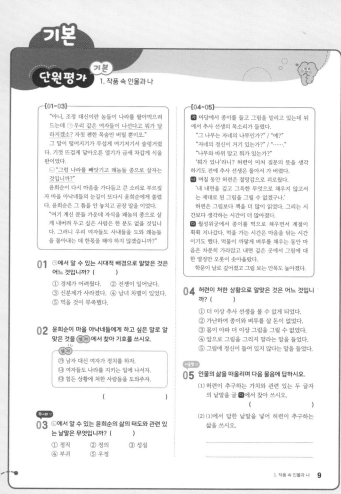

실전

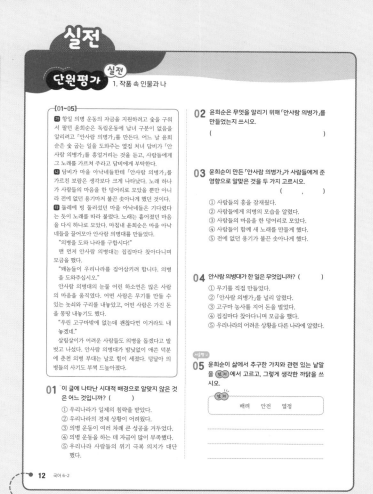

개념 확인 문제부터 단계별 서술형 문제, 출제율 높은 대표 유형 문제를 모두 모아 풀면서 차근차근 학교 시험에 대비합니다.

한 단계 높아진 난이도의 문제와 실전 서술형 문제, 최신 경향 문제까지 다양한 문제를 풀면서 학교 시험에 완벽하게 대비합니다.

이 책의 차례

숨은국어찾기

학습을 시작하기 전에 숨은 그림을 찾아보세요.

숨은그림

| 묘목 | 자동차 | 벼루 | 피아노 | 기와 | 초콜릿 | 책가방 |

정답바로보기

국어

개념 ① 작품 속 인물의 삶 살펴보기

- 인물이 한 말과 행동에서 시대적 **❶** ㅂ ㄱ 을 파악합니다.

- 인물이 처한 **❷** ㅅ ㅎ 을 파악합니다.

- 인물의 삶의 태도를 알아보고, 인물의 삶과 관련 있는 가치를 찾습니다.

1 ㉠~㉢ 중 윤희순이 나라를 빼앗길 위기가 닥친 시대에 살고 있음을 알 수 있는 것을 찾아 기호를 쓰시오.

> ㉠마을 아낙네들의 눈길이 모두 윤희순에게 쏠렸다.
> "㉡여태껏 우리 여자들은 집안을 돌보는 데 온 힘을 다해 왔습니다. 하지만 ㉢이제 왜놈들이 이 나라를 집어삼키려는 마당에 우리가 가만히 집 안에만 틀어박혀 있을 순 없는 노릇입니다. 그러니 우리도 사내들처럼 다 함께 의병 운동에 나서야 할 것입니다."

(   )

개념 ② 인물이 추구하는 삶 파악하기

- 인물이 처한 상황과 그 상황에서 인물이 한 말이나 **❸** ㅎ ㄷ 을 찾습니다.

- 인물의 말이나 행동에서 관련 있는 삶의 **❹** ㄱ ㅊ 를 찾아 인물이 추구하는 삶을 파악합니다.

2 다음 글에서 허련이 추구하는 삶의 가치는 무엇입니까? (   )

> "붓을 천 개쯤은 뭉뚝하게 만들어 봐야 그림이 뭔가를 알게 될 걸세."
> 추사 선생이 흘리듯 말하고는 돌아서 갔다. 허련은 몽당붓을 들고 물끄러미 보았다. 이제 겨우 한 걸음을 더 뗀 것 같았다.
> '천 개 넘어 붓이 닳으면……'
> 허련은 쓰고 또 썼다. 그리고 또 그렸다.

① 배려   ② 끈기   ③ 정직   ④ 정의   ⑤ 봉사

개념 ③ 인물의 삶과 자신의 삶 비교하기

- 인물이 추구하는 삶과 관련 있는 자신의 **❺** ㄱ ㅎ 을 떠올립니다.

- 자신이 인물과 같은 상황에 처한다면 어떻게 할지 생각합니다.

- 인물이 추구하는 삶과 자신의 삶에서 **❻** ㅂ ㅅ ㅎ 점이나 다른 점을 생각합니다.

- 인물이 추구하는 삶을 떠올리며 자신의 생각이나 느낌을 글로 씁니다.

3 다음 글에 나오는 어기의 삶과 자신의 삶을 비교하여 말한 것으로 알맞은 것을 찾아 ○표 하시오.

> 어기는 고개를 가로저으며 씩씩하게 되물었다.
> "하나도 안 힘들어. 꿈꾸는 게 왜 힘드니?"
> "그래도 날마다 그렇게 열심히 연습했는데, 못 날면 속상하잖아."
> "아니, 속상하지 않아. 난 늘 즐거워. 만약 꿈꾸는 동안 즐겁지 않다면 그게 무슨 꿈이니?"

(1) 나도 어기처럼 이룰 수 있는 일에만 도전해야겠어. (   )

(2) 어기는 하늘을 나는 연습을 포기하지 말았어야 해. (   )

(3) 어기가 희망을 가지고 즐겁게 노력한 것은 배울 점인 것 같아.

(   )

정답 확인 ❶ 배경 ❷ 상황 ❸ 행동 ❹ 가치 ❺ 경험 ❻ 비슷한

[01~03]

"아니, 조정 대신이란 놈들이 나라를 팔아먹으려 드는데 ㉠우리 같은 여자들이 나선다고 뭐가 달라지겠소? 자칫 괜한 목숨만 버릴 뿐이오."

그 말이 떨어지기가 무섭게 여기저기서 술렁거렸다. 기껏 뜨겁게 달아오른 열기가 금세 차갑게 식을 판이었다.

㉡"그럼 나라를 빼앗기고 왜놈들 종으로 살자는 것입니까?"

윤희순이 다시 마음을 가다듬고 큰 소리로 부르짖자 마을 아낙네들의 눈길이 또다시 윤희순에게 쏠렸다. 윤희순은 그 틈을 안 놓치고 곧장 말을 이었다.

"여기 계신 분들 가운데 자식을 왜놈의 종으로 살게 내버려 두고 싶은 사람은 한 분도 없을 것입니다. 그러니 우리 여자들도 사내들을 도와 왜놈들을 몰아내는 데 한몫을 해야 하지 않겠습니까?"

01 ㉠에서 알 수 있는 시대적 배경으로 알맞은 것은 어느 것입니까? (　　　)

① 경제가 어려웠다.　② 전쟁이 일어났다.
③ 신분제가 사라졌다.　④ 남녀 차별이 있었다.
⑤ 먹을 것이 부족했다.

02 윤희순이 마을 아낙네들에게 하고 싶은 말로 가장 알맞은 것을 보기에서 찾아 기호를 쓰시오.

보기

㉮ 남자 대신 여자가 정치를 하자.
㉯ 여자들도 나라를 지키는 일에 나서자.
㉰ 힘든 상황에 처한 사람들을 찾아보자.

(　　　　　　　)

 꼭나와

03 ㉡에서 알 수 있는 윤희순의 삶의 태도와 관련 있는 낱말은 무엇입니까? (　　　)

① 정직　　② 정의　　③ 성실
④ 부귀　　⑤ 우정

[04~05]

가 마당에서 종이를 들고 그림을 말리고 있는데 뒤에서 추사 선생의 목소리가 들렸다.

"그 나무는 자네의 나무인가?" / "예?"
"자네의 정신이 거기 있는가?" / "……."
"나무와 바위 말고 뭐가 있는가?"

'뭐가 있나'라니? 허련이 미처 질문의 뜻을 생각하기도 전에 추사 선생은 돌아서 가 버렸다.

나 며칠 동안 허련은 절망감으로 괴로웠다.

'내 내면을 깊고 그윽한 무엇으로 채우지 않고서는 제대로 된 그림을 그릴 수 없겠구나.'

허련은 그림보다 책을 더 많이 읽었다. 그리는 시간보다 생각하는 시간이 더 많아졌다.

다 월성위궁에서 종이를 먹으로 채우면서 계절이 획획 지나갔다. 먹을 가는 시간은 마음을 닦는 시간이기도 했다. 먹물이 까맣게 벼루를 채우는 동안 마음은 차분히 가라앉고 내면 깊은 곳에서 그림에 대한 열정만 오롯이 솟아올랐다.

학문이 날로 깊어졌고 그림 보는 안목도 높아졌다.

04 허련이 처한 상황으로 알맞은 것은 어느 것입니까? (　　　)

① 더 이상 추사 선생을 볼 수 없게 되었다.
② 가난하여 종이와 벼루를 살 돈이 없었다.
③ 몸이 아파 더 이상 그림을 그릴 수 없었다.
④ 앞으로 그림을 그리지 말라는 말을 들었다.
⑤ 그림에 정신이 들어 있지 않다는 말을 들었다.

서술형

05 인물의 삶을 떠올리며 다음 물음에 답하시오.

(1) 허련이 추구하는 가치와 관련 있는 두 글자의 낱말을 글 다에서 찾아 쓰시오.

(　　　　　　　)

(2) (1)에서 답한 낱말을 넣어 허련이 추구하는 삶을 쓰시오.

_____

_____

[06~10]

가 이번에는 경민이가 한숨을 내쉬었다. 모처럼 아버지와 함께 맞은 일요일인데, 아침 밥상을 물리고 잠깐만 쉬겠다던 아버지가 한나절이 다 지나도록 잠에 취하신 탓이다.

나 네 아버지가 빠져나오고 뒤를 돌아보았을 때, 불길에 무너지는 커다란 기둥이 그 구조 대원의 몸을 휩싸 안고 바닥으로 꺼져 버렸단다.

자기 목숨보다 남의 목숨을 먼저 생각한 용감한 소방관 아저씨의 최후……

그 이야기를 하시면서 아버지는 정말 뜨거운 눈물을 쏟으셨단다.

다 어머니의 이야기에 경민이 마음이 한결 풀렸다. 덕분에 집에 돌아오는 발걸음도 햇살처럼 가벼웠다.

라 그렇게 동생이 하늘나라로 간 뒤부터 내 가슴속에는 확실한 꿈 하나가 자리 잡았단다. 경민이 아버지

반드시 내 동생 경수를 삼켜 버린 불길과 싸워 이기겠다는 결심이었지.

마 아득한 그리움을 섞은 아버지의 긴 이야기가 끝났을 때는 어느덧 해 질 무렵이었다. 창밖 멀리 보이는 서쪽 하늘에 주홍색 노을이 물들어 있었다.

"어이쿠, 빨갛기도 해라! 난 저렇게 붉은 노을만 봐도 어디서 불이 났나 싶어 가슴이 철렁한다니까!"

아버지는 자기도 모르게 축축해진 눈가를 훔치며 애써 웃음을 보이셨다. 경민이는 얼른 아버지의 허리를 끌어안고 얼굴을 비볐다.

"우주의 전사보다 훨씬 더 멋진 우리 아버지! 아버지가 정말 자랑스러워요."

06 글 가에 나타난 경민이의 마음으로 알맞은 것은 어느 것입니까? (   )

① 놀람   ② 어색함   ③ 속상함
④ 고마움   ⑤ 두려움

07 경민이 아버지의 직업은 무엇인지 글 나에서 세 글자의 낱말을 찾아 쓰시오.

(   )

08 이야기의 구조를 떠올리며 다음 물음에 답하시오.

(1) 글 가~마 중 사건이 해결되는 결말에 해당하는 글의 기호를 쓰시오.

글 (   )

(2) (1)에서 답한 글의 내용을 간추려 쓰시오.

_____

_____

09 이 글에 나오는 인물이 추구하는 삶을 알맞게 말한 것을 에서 모두 찾아 기호를 쓰시오.

보기

㉮ 화재 현장에서 목숨을 잃은 소방관은 남을 위해 희생하는 삶을 추구한다.

㉯ 경민이의 기분을 풀어 주려고 한 어머니는 가족을 사랑하는 삶을 추구한다.

㉰ 동료 이야기를 하면서 눈물을 흘린 아버지는 자신의 안전한 삶을 추구한다.

(   )

10 경민이 아버지가 추구하는 가치와 관련 있는 자신의 경험을 알맞게 말한 친구의 이름을 쓰시오.

• 아정: 친구가 함께 놀자고 했는데 귀찮아서 함께 놀지 않았어.

• 희수: 내 장난감을 망가뜨린 동생이 얄미워서 일주일 동안 말을 안 했어.

• 채운: 자전거 타는 연습을 하다 크게 다쳤지만 무서워하지 않고 도전해서 이제는 자전거를 잘 타.

(   )

가 "이모는 책 읽는 게 즐거워요?"

"그걸 말이라고 하니? 책 읽는 게 재미없다면 왜 읽겠니?"

"그래도 가끔 보면 재미없는 책도 있잖아요."

"재미없으면 안 읽으면 되지."

"다른 사람들이 다 읽고 재미있다고 하는 책을 나만 재미없다고 안 읽으면 좀 그렇잖아요."

진진의 말에 이모는 혀를 끌끌 찼다.

나 "이 집이 이모의 꿈이라고요?"

"그럼, 내 꿈은 이 세상 재미있는 책들을 모두 불러 모아서 함께 노는 거야. 낄낄대며 웃는 재미, 콩닥콩닥 가슴 뛰는 재미, 두근두근 설레는 재미, 눈물 나게 가슴 아린 재미, 궁금한 것들을 알게 되는 재미, 생각하지도 못했던 것을 상상하는 재미…… 재미있는 책들만 올 수 있는 집, 꿈꾸는 아이들만 올 수 있는 집, 이 집이 내 꿈이야."

11 이모는 어떤 집이 꿈이라고 했는지 쓰시오.

( )

12 이모가 중요하게 생각하는 것을 찾아 ○표 하시오.

(1) 자신이 좋아하는 일을 하는 것 ( )

(2) 자신이 싫어하는 일을 견디는 것 ( )

(3) 남들이 부러워하는 일을 하는 것 ( )

꼭나와ᆢ

13 이모가 추구하는 삶과 자신의 삶을 비교하여 알맞게 말한 친구의 이름을 쓰시오.

> • 예서: 나도 이모처럼 자신이 좋아하는 것을 명확히 말하는 자신감을 갖고 싶어.
> • 도윤: 나는 이모처럼 살지 않기 위해서 내가 무엇을 좋아하는지 계속 생각할 거야.

( )

떨어져도 튀는 공처럼

그래 살아 봐야지
너도 나도 공이 되어
떨어져도 튀는 공이 되어

살아 봐야지
쓰러지는 법이 없는 둥근
공처럼, 탄력의 나라의
왕자처럼

가볍게 떠올라야지
곧 움직일 준비 되어 있는 꼴
둥근 공이 되어

옳지 최선의 꼴
지금의 네 모습처럼
떨어져도 튀어 오르는 공
쓰러지는 법이 없는 공이 되어.

14 말하는 이가 공처럼 살아 봐야겠다고 생각한 까닭은 무엇입니까? ( )

① 성공한 삶을 살고 싶어서

② 남들의 눈에 잘 띄고 싶어서

③ 힘든 일은 하고 싶지 않아서

④ 남들과 전혀 다른 모습으로 살고 싶어서

⑤ 힘들어도 포기하지 않고 다시 일어서고 싶어서

15 이 시에 대한 생각이나 느낌으로 알맞은 것을 두 가지 고르시오. (,)

① 공처럼 포기하지 않고 도전해야겠다.

② 이 세상에 생명보다 소중한 것은 없다.

③ 남을 위해 희생하는 것도 가치 있는 일이다.

④ 공에게 최선을 다하는 방법을 알려 주고 싶다.

⑤ 떨어져도 다시 튀어 오르겠다는 의지가 느껴진다.

[01~05]

가 항일 의병 운동의 자금을 지원하려고 숯을 구워서 팔던 윤희순은 독립운동에 남녀 구분이 없음을 알리려고 「안사람 의병가」를 만든다. 어느 날 윤희순은 숯 굽는 일을 도와주는 옆집 처녀 담비가 「안사람 의병가」를 흥얼거리는 것을 듣고, 사람들에게 그 노래를 가르쳐 주라고 담비에게 부탁한다.

나 담비가 마을 아낙네들한테 「안사람 의병가」를 가르친 보람은 생각보다 크게 나타났다. 노래 하나가 사람들의 마음을 한 덩어리로 모았을 뿐만 아니라 전에 없던 용기마저 불끈 솟아나게 했던 것이다.

다 둘레에 빙 둘러섰던 마을 아낙네들은 기다렸다는 듯이 노래를 따라 불렀다. 노래는 흩어졌던 마음을 다시 하나로 모았다. 마침내 윤희순은 마을 아낙네들을 끌어모아 안사람 의병대를 만들었다.

"의병을 도와 나라를 구합시다!"

맨 먼저 안사람 의병대는 집집마다 찾아다니며 모금을 했다.

"왜놈들이 우리나라를 집어삼키려 합니다. 의병을 도와주십시오."

안사람 의병대의 눈물 어린 하소연은 많은 사람의 마음을 움직였다. 어떤 사람은 무기를 만들 수 있는 놋쇠와 구리를 내놓았고, 어떤 사람은 가진 돈을 몽땅 내놓기도 했다.

"우린 고구마밖에 없는데 괜찮다면 이거라도 내놓겠네."

살림살이가 어려운 사람들도 의병을 돕겠다고 발 벗고 나섰다. 안사람 의병대가 밤낮없이 애쓴 덕분에 춘천 의병 부대는 날로 힘이 세졌다. 덩달아 의병들의 사기도 부쩍 드높아졌다.

01 이 글에 나타난 시대적 배경으로 알맞지 <u>않은</u> 것은 어느 것입니까? (　　　)

① 우리나라가 일제의 침략을 받았다.
② 우리나라의 경제 상황이 어려웠다.
③ 의병 운동이 여러 차례 큰 성공을 거두었다.
④ 의병 운동을 하는 데 자금이 많이 부족했다.
⑤ 우리나라 사람들의 위기 극복 의지가 대단했다.

02 윤희순은 무엇을 알리기 위해 「안사람 의병가」를 만들었는지 쓰시오.

(　　　　　　　　　　　　　)

03 윤희순이 만든 「안사람 의병가」가 사람들에게 준 영향으로 알맞은 것을 두 가지 고르시오.

(　　　,　　　)

① 사람들의 흥을 잠재웠다.
② 사람들에게 의병의 모습을 알렸다.
③ 사람들의 마음을 한 덩어리로 모았다.
④ 사람들이 함께 새 노래를 만들게 했다.
⑤ 전에 없던 용기가 불끈 솟아나게 했다.

04 안사람 의병대가 한 일은 무엇입니까? (　　　)

① 무기를 직접 만들었다.
② 「안사람 의병가」를 널리 알렸다.
③ 고구마 농사를 지어 돈을 벌었다.
④ 집집마다 찾아다니며 모금을 했다.
⑤ 우리나라의 어려운 상황을 다른 나라에 알렸다.

서술형

05 윤희순이 삶에서 추구한 가치와 관련 있는 낱말을 보기 에서 고르고, 그렇게 생각한 까닭을 쓰시오.

보기

배려   안전   열정

_____

_____

_____

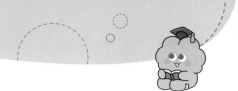

[06~08]

가 "저는 해남을 떠나올 때 이미 스승을 찾았습니다. 초의 선사의 편지 내용이 어떤 것이었든 이제 상관이 없습니다. 어르신께서 제 그림의 부족함을 일깨워 주셨으니 그것을 채우는 것도 어르신께로부터 배우고 싶습니다."

추사 선생은 못마땅한 표정으로 허련을 쏘아보았다. 애당초 흔쾌한 대답을 기대하지 않은 터였다. 허련은 개의치 않고 고개를 깊이 숙였다. 추사 선생이 심드렁하게 말했다.

"그러시게. 자네는 자네의 스승을 찾게. 나는 내 제자를 찾을 터이니."

나 허련은 월성위궁을 떠날 생각은 완전히 접고 아예 추사 선생의 자잘한 시중을 맡아 했다. 새벽에 일어나 마당을 쓸고, 서재를 활짝 열어 신선한 공기를 넣었다. 그러면 허련의 새 하루도 시작되었다. 사랑채를 청소하고 추사 선생의 붓을 씻어 말리고 먹을 갈았다. 얼마 안 가서 하인이 아예 허련에게 일을 미루어 버렸다.

06 허련이 처한 상황으로 알맞은 것은 어느 것입니까? ( )

① 해남으로 돌아갈 수 없게 되었다.
② 추사 선생이 제자로 받아 주지 않았다.
③ 제자가 되겠다고 나서는 사람이 없었다.
④ 주변에 스승으로 삼을 만한 인물이 없었다.
⑤ 더 이상 월성위궁에서 머물 수 없게 되었다.

07 허련이 처한 상황에서 한 행동은 무엇입니까? ( )

① 더 이상 그림을 그리지 않기로 했다.
② 초의 선사를 찾아가 도움을 요청했다.
③ 추사 선생이 대답할 때까지 계속 부탁했다.
④ 자신의 부족함을 채우러 해남으로 돌아갔다.
⑤ 월성위궁을 떠나지 않고 추사 선생의 시중을 들었다.

어려워 😊

08 이 글을 읽고 다음과 같이 말할 때 ( ) 안에 들어갈 알맞은 말을 두 가지 고르시오.
(,)

> 허련은 추사 선생이 자신을 제자로 받아 주지 않는데도 계속 월성위궁에 머물면서 노력했다. ( )과/와 ( )이/가 없었다면 금세 포기했을 것이다.

① 끈기   ② 봉사   ③ 열정
④ 정직   ⑤ 평등

[09~10]

추사 선생이 이번엔 가로로 선을 그었다. 가는 선 굵은 선을 번갈아 그리다가 사선으로 짧은 선들을 무수히 그었다. 둥근 선으로 한 장을 또 채웠다.

추사 선생이 돌아보며 싱긋 웃었다.

"이게 바로 초묵법이구나."

"초묵법요?"

"마르고 건조한데 윤기가 있어 보이는 붓질. 오랫동안 풀지 못한 것을 오늘 자네한테 배우는구나."

추사 선생의 얼굴에 환희가 차올랐다. 초묵법. 허련은 자기가 먹을 쓴 방법이 그것인 줄 몰랐다. 추사 선생이 기뻐하는 것을 보고 그저 어리둥절할 뿐이었다. 그 뒤로 추사 선생은 산수화를 그릴 때에 이런 붓질법을 즐겨 사용했다.

09 허련이 만들어 낸 기법은 무엇인지 쓰시오.
( )

10 이 글에 나타난 추사 선생의 성격으로 알맞은 것은 어느 것입니까? ( )

① 엉뚱하다.   ② 겸손하다.
③ 부지런하다.   ④ 고집이 세다.
⑤ 약속을 잘 지킨다.

[11~12]

특히 어제는 재래시장의 낡은 건물에서 불이 났대. 신고를 받은 소방관들이 출동했을 때, 시장 골목은 이미 구경하는 사람들로 메워져 있었단다.

문틈으로 나오는 검은 연기와 매캐한 냄새, 사람들의 비명……

소방관 세 명이 들기에도 벅찰 정도로 소방 호스는 쉴 새 없이 강한 물줄기를 뿜어내고, 네 아버지를 비롯한 두 팀의 구조대가 그 속을 파고들었단다.

'무엇보다 먼저 사람의 목숨을 구한다!'

소방관들은 눈길이 마주칠 때마다 말 없는 약속을 확인하고 힘을 내곤 한다지. 그래서 한순간에 온몸을 집어삼킬 듯한 불길을 이리저리 피해 가며 연기에 질식한 사람을 업고 나올 때는 죽음조차 두렵지 않을 만큼 다급하단다.

어제도 네 아버지는 건물에 갇혀 울부짖는 두 사람을 업어 내왔단다.

11 재래시장의 낡은 건물에서 불이 났을 때 아버지가 한 일은 무엇입니까? (   )

① 구경꾼들에게 도움을 요청했다.
② 더 많은 구조대가 올 때까지 기다렸다.
③ 자신의 목숨만은 꼭 지키겠다고 다짐했다.
④ 죽음이 두려워 구조 활동을 잠시 미루었다.
⑤ 불이 난 건물 안으로 들어가 두 사람을 구했다.

어려워 ⟲

12 아버지가 추구하는 삶을 생각하며 자신의 삶에 대한 다짐을 알맞게 말한 친구의 이름을 쓰시오.

> • 지율: 아버지의 신중함을 본받아 나도 어떤 일을 할 때 충분히 생각할 거야.
> • 슬아: 자신을 희생하며 봉사한 아버지처럼 주변의 친구들에게 도움을 실천할 거야.

(   )

[13~15]

가 이모와 진진은 상수리의 고민을 듣게 된다.

나 "아무것도 안 하고 피아노만 치면 재미있니?"

"아니요, 당연히 힘들죠. 정말 어떨 땐 너무 힘들어서 다 그만두고 싶어질 때도 있어요. 그래도 꾹 참고 연습해요. 열심히 연습해야 훌륭한 피아니스트가 될 수 있잖아요."

이모는 고개를 끄덕거리며 크게 한숨을 내쉬었다.

"쳇, 그게 문제였군. 우울해질 만하군."

다 상수리는 바구니를 들여다보며 엷은 웃음을 지었다.

"예전엔 내 피아노와 함께 꿈꾸는 게 참 즐거웠는데, 어느 순간부터는 그게 너무 힘든 일이 되어 버렸어. 아마 꿈을 꾸는 것보다 꿈을 이루고 싶은 마음이 더 커서 그랬나 봐. 꿈을 이루어야만 행복해지는 줄 알았는데, 꿈은 이루기 위해 있는 게 아니구나. 왜 그걸 미처 몰랐을까?"

13 상수리의 꿈은 무엇인지 쓰시오.

(   )

14 글 **다**의 내용으로 보아, 상수리가 깨달은 점은 무엇이겠습니까? (   )

① 꿈을 꿀 필요가 없다.
② 꿈꾸는 것 자체가 행복한 일이다.
③ 좋아하는 일보다 잘하는 일을 해야 한다.
④ 꿈을 이루기 위해 위험도 겪어 내야 한다.
⑤ 꿈을 이루지 못하면 절대로 행복할 수 없다.

서술형 낭

15 상수리가 추구하는 삶을 생각하며 상수리에게 하고 싶은 말을 쓰시오.

_____

_____

_____

[16~17]

"퐁, 넌 나중에 뭐가 되고 싶니?"

"되고 싶은 거 없는데."

"되고 싶은 게 없어? 그럼 꿈이 없단 말이야?"

"꿈이야 있지. 근데 꿈이란 게 꼭 뭐가 되어야 하는 거야? 뭐가 안 되면 어때? 그냥 하면 되지. 내 꿈은 춤추는 거지. 신나게 춤추는 것. 그게 내 꿈이야."

퐁은 진진의 물음에 꼬박꼬박 대답하면서도 허리를 흔들며 춤을 췄다. 퐁의 몸짓을 따라 물결이 찰랑찰랑 일었다. 진진은 그런 퐁을 잠시 지켜보다 다시 물었다.

"넌 이미 충분히 즐겁게 춤추고 있잖아?"

㉠"오늘보다 내일은 더 즐겁게, 내일보다 모레는 더, 더 즐겁게. 모레보다 글피는 더, 더, 더 즐겁게, 글피보다 그글피는 더, 더, 더, 더 즐겁게. 내 꿈은 절대로 끝나지 않지."

퐁은 진진을 올려다보며 오페라의 한 소절처럼 대답을 했다.

16 퐁이 ㉠처럼 말한 까닭은 무엇입니까?

( )

① 꿈이 없기 때문에

② 꿈이 끝나는 순간을 알기 때문에

③ 무언가가 되는 것이 꿈이라고 생각하기 때문에

④ 현재보다 미래가 중요하다고 생각하기 때문에

⑤ 현재를 즐겁게 사는 것을 중요하게 생각하기 때문에

어려워 ♨

17 퐁과 비슷한 삶을 추구하는 친구의 이름을 쓰시오.

• 하진: 나는 현재의 행복을 위해 내가 좋아하고 신나는 일을 할 거야.

• 소윤: 나는 지금 당장 힘들어서 괴롭더라도 꿈을 이루기 위해 꾸준히 노력할 거야.

( )

[18~19]

떨어져도 튀는 공처럼

그래 살아 봐야지
너도 나도 공이 되어
떨어져도 튀는 공이 되어

살아 봐야지
쓰러지는 법이 없는 둥근
공처럼, 탄력의 나라의
왕자처럼

18 말하는 이는 자신이 추구하는 삶의 모습을 무엇에 빗대어 표현했는지 쓰시오.

( )

19 말하는 이가 추구하는 삶의 모습으로 알맞은 것은 어느 것입니까? ( )

① 자신을 낮추는 겸손한 삶

② 계속해서 도전하고 노력하는 삶

③ 주변 사람들을 위해 희생하는 삶

④ 명예를 가장 중요하게 생각하는 삶

⑤ 자신이 하고 싶은 일을 하며 행복하게 사는 삶

서술형 ♨

20 자신이 꿈꾸는 삶의 모습을 떠올려 보고, 처럼 다른 대상에 빗대어 그 까닭과 함께 쓰시오.

보기

나는 새처럼 자유로운 삶을 살고 싶어. 하고 싶은 일을 하면서 마음껏 꿈을 펼치고 싶어.

_____

_____

_____

개념 ① 관용 표현

- 관용 표현은 둘 이상의 낱말이 합쳐져 그 낱말의 원래 뜻과는 다른 새로운 뜻으로 굳어져 쓰이는 표현으로, ❶ⓒ ⓞ ⓞ 와 속담 등이 있습니다.

- 관용 표현을 활용하면 전하고 싶은 말을 쉽게 표현할 수 있고, 듣는 사람의 ❷ⓒ ⓢ 을 불러일으킬 수 있습니다.

1 ㉠의 뜻으로 알맞은 것은 어느 것입니까? (   )

> 도윤: 소진아, 제주도에 다녀왔다며? 재미있었어?
> 소진: 제주도에 다녀온 것 말이야? 아까 민진이에게만 말했는데 넌 어떻게 알았어? 정말 ㉠발 없는 말이 천 리 가는구나.

① 말을 많이 하면 실수를 하게 된다.
② 발 없는 말은 가까운 곳에 머무른다.
③ 잘못이 분명히 드러나 변명할 말이 없다.
④ 아무리 자세하게 말을 해도 알아듣지 못한다.
⑤ 말은 비록 발이 없지만 천 리 밖까지도 순식간에 퍼진다.

개념 ② 이야기를 듣고 말하는 사람의 의도 파악하기

- 이야기를 하는 ❸ⓢ ⓗ 과 이야기의 내용을 파악합니다.

- 이야기에 활용된 관용 표현의 뜻을 추론합니다.
  - 글의 ❹ⓞ ⓒ 에 있는 내용 살펴보기
  - 표현에 쓰인 낱말의 뜻 생각하기
  - 표현을 쓴 ❺ⓞ ⓒ 생각하기

2 다음 연설문의 의도로 알맞은 것을 찾아 ○표 하시오.

> 독립운동가가 될 만한 여러분, 독립운동 단체를 조직할 준비를 할 날이 오늘이외다. 그런즉 나와 여러분은 독립운동 단체가 실현되도록 각각의 의견을 버리고 모두의 한 목표를 이루려고 민족적 정신으로 어금니를 악물고 나갑시다. 그래서 독립운동의 깃발 아래 우리의 뜻을 모아야 하겠습니다.

(1) 사람들의 의견을 하나로 모으려고   (   )
(2) 사람들이 아무런 생각도 하지 못하게 하려고   (   )
(3) 사람들이 서로 다른 생각을 많이 하게 하려고   (   )

개념 ③ 생각이 효과적으로 드러나는 표현을 활용해 말하기

- 말하는 상황과 말할 내용을 확인하고, 어울리는 ❻ⓒ ⓞ ⓟ ⓗ 을 생각합니다.

- 관용 표현을 먼저 말한 뒤에 그와 관련한 생각을 말하거나, 생각을 먼저 말한 뒤에 그와 어울리는 관용 표현을 말합니다.

3 (   ) 안에 들어갈 관용 표현으로 알맞은 것은 어느 것입니까?
(   )

> "(   )."라는 말이 있습니다. 모둠 과제를 열심히 준비했으니 반드시 좋은 결과가 있을 것입니다.

① 내 코가 석 자   ② 누워서 침 뱉기
③ 공든 탑이 무너지랴   ④ 쇠뿔도 단김에 빼라
⑤ 소 잃고 외양간 고친다

정답 ❶ 관용어 ❷ 관심 ❸ 상황 ❹ 앞뒤 ❺ 의도 ❻ 관용 표현

01 ㉠에 대한 설명으로 알맞지 <u>않은</u> 것은 어느 것입니까? (   )

> 주아: 정민아, 내일이 벌써 개학이야. 정말 시간이 빠르지 않니?
> 정민: 내일이 개학이라고? ㉠<u>눈이 번쩍 뜨인다</u>! 해야 할 일이 아직도 많은데 큰일이네.

① 속담이다.
② 관용어이다.
③ 관용 표현에 해당한다.
④ 정신이 갑자기 든다는 뜻이다.
⑤ 여러 낱말이 합쳐져 새로운 뜻으로 쓰인다.

【02~03】

> "세 살 적 버릇이 여든까지 간다."라는 속담이 있어. ㉠ 는 뜻이야.

> " ㉡ ."라는 관용어가 있어. 아는 사람이 많아서 활동 범위가 넓다는 뜻이야.

02 ㉠에 들어갈 속담의 뜻으로 알맞은 것을 찾아 ◯표 하시오.

(1) 일이 이미 잘못된 뒤에는 손을 써도 소용이 없다 (   )
(2) 어릴 때 몸에 밴 버릇은 나이 들어서도 고치기 힘들다 (   )

꼭나와 ㅂ

03 ㉡에 들어갈 관용어로 알맞은 것은 어느 것입니까? (   )

① 발을 끊다
② 발을 빼다
③ 발이 넓다
④ 발이 맞다
⑤ 발이 묶이다

【04~05】

> 너희는 네 명이 함께 그리는데도 문제가 전혀 없네. (은수)
> 너희는 역시 손발이 잘 맞아. (영철)

04 은수와 영철이가 친구들에게 말하는 내용으로 알맞은 것은 어느 것입니까? (   )

① 너희는 모두 그림을 잘 그려!
② 너희는 마음이 서로 잘 맞아!
③ 너희는 모두 생각이 너무 깊어!
④ 너희는 저마다 잘하는 것이 달라!
⑤ 너희는 모두 손과 발의 크기가 비슷해!

서술형 ㅎ

05 은수와 영철이가 한 말의 다른 점을 생각하며 다음 물음에 답하시오.

(1) 은수와 영철이의 말 가운데에서 듣는 사람의 관심을 끌 수 있는 표현은 누구의 말인지 쓰시오.

(   )

(2) (1)의 답과 같이 생각한 까닭을 쓰시오.

_____

_____

[06~07]

지현: 안나야!

안나: 아이고, 깜짝이야! ㉠간 떨어질 뻔했잖니.

지현: 미안해. 문구점에 같이 가자! 내일 미술 시간에 필요한 준비물을 사야 하지? 일단 어떤 준비물이 있는지 확인해 보자. 난 색 도화지 두 장, 색종이 한 묶음, 딱풀을 사야겠다.

안나: 난 좀 넉넉하게 사야겠어. 색 도화지 열 장, 색종이 여덟 묶음, 딱풀이랑 물 풀이랑……

지현: 너 정말 [㉡].

06 ㉠의 뜻으로 알맞은 것은 어느 것입니까?
( )

① 매우 두렵다.
② 매우 슬프다.
③ 매우 놀라다.
④ 매우 화가 난다.
⑤ 매우 자랑스럽다.

꼭나와 ♡

07 ㉡에 들어갈 관용 표현과 그 뜻을 알맞게 쓴 것은 어느 것입니까? ( )

	관용 표현	그 뜻
①	손이 크다	씀씀이가 후하고 크다.
②	손이 뜨다	일하는 동작이 매우 굼뜨다.
③	손을 놓다	하던 일을 그만두거나 잠시 멈추다.
④	손이 비다	할 일이 없어 아무 일도 하지 아니하고 있다.
⑤	손을 내밀다	무엇을 달라고 요구하거나 구걸하다.

[08~09]

가 오늘 저는 여러분께 꿈을 펼치는 몇 가지 방법을 말씀드리려고 이 자리에 섰습니다.

저는 얼마 전부터 오늘을 ㉠손꼽아 기다렸습니다. 아마 여러분은 학교를 졸업하면 ㉡천하를 얻은 듯 신나서 바로 멋진 어른이 될 수 있으리라 생각할 것입니다. 하지만 자신의 꿈을 향해 달려가는 일은 결코 쉬운 일도, 마음대로 되는 일도 아니었습니다. 저는 여러분께 꿈을 펼치는 세 가지 방법을 말씀드리려고 합니다.

나 여러분, "㉢쇠뿔도 단김에 빼라."라는 말이 있습니다. 지금부터 제 조언을 벗 삼아 꿈을 찾아 떠나는 노력을 시작하시기 바랍니다.

08 말하는 이는 무엇에 대해 말하였는지 쓰시오.
( )

서술형 ♡

09 관용 표현을 생각하며 다음 물음에 답하시오.

(1) ㉠~㉢ 중 '매우 기쁘고 만족스러움.'을 뜻하는 관용 표현을 찾아 기호를 쓰시오.
( )

(2) (1)에서 답한 관용 표현을 활용해 간단한 문장을 만들어 쓰시오.

_____

_____

10 관용 표현을 활용해 자신의 꿈에 대해 알맞게 말한 친구의 이름을 쓰시오.

• 서희: 친구들은 내가 눈에 띄게 노래를 잘한대. 그래서 나는 가수가 될 거야.
• 윤석: 나는 간이 작아서 새로운 것에 도전하는 걸 좋아해. 그래서 탐험가가 될 거야.

( )

[11~13]

오늘날 우리가 임시 정부를 위한 독립운동 단체를 조직하려면 준비할 것이 셀 수 없이 많습니다. 특히 사람이 많이 모이도록 힘써야 할 것이외다. 그러나 어려운 점이 있습니다. 누구나 자기가 한 가지 생각을 하면 다른 이의 생각을 무엇이든지 반대한다는 것입니다. ㉠예를 들어 말하면 전쟁을 원하는 자가 대화를 원하는 자를 반대해 말하기를 "대화가 무엇이냐, 지금이 어느 때라고! 우리는 폭탄을 들고 나가야 한다."라고 떠듭니다. 또 대화를 원하는 자는 말하기를 "공연히 젊은 놈들이 애간장이 타서 당장 폭탄을 들고 나가면 우리 독립이 되는가?"라고 합니다. 우리가 서로 자기 생각만 옳은 줄 알고 그것만 해야 한다고 하는 것은 ㉡한 가지만 알고 두 가지는 모르는 까닭이외다.

11 이 연설을 하는 사람을 비롯한 사람들이 조직하려는 것은 무엇인지 쓰시오.

( )

12 ㉠은 어떤 상황을 설명한 것입니까? ( )

① 사람들이 모이지 않는 상황
② 사람들이 무엇이 옳은지 모르는 상황
③ 사람들의 생각이 너무 쉽게 바뀌는 상황
④ 사람들이 아무런 의견도 내지 않는 상황
⑤ 사람들이 자신의 의견만을 주장해 하나의 의견으로 합하지 못하는 상황

13 ㉡의 뜻을 추론할 때, 알맞게 말한 친구의 이름을 모두 쓰시오.

- 예서: '한 가지'와 '두 가지'의 뜻은 뭐지?
- 민준: 모두 몇 개의 낱말로 이루어진 말이지?
- 도경: 앞에 "서로 자기 생각만 옳은 줄 알고"라는 내용이 있네.

( )

14 다음과 같이 말을 시작할 때 관용 표현을 활용하면 좋은 점은 무엇입니까? ( )

"가는 말이 고와야 오는 말이 곱다."라는 말이 있습니다. 내가 남에게 말이나 행동을 좋게 해야 남도 나에게 좋게 한다는 뜻입니다. 우리 반 친구들도 고운 말을 사용하면 좋겠습니다.

① 말하는 의도를 숨길 수 있다.
② 듣는 사람의 관심을 끌 수 있다.
③ 말을 짧고 간단하게 할 수 있다.
④ 듣는 사람의 기분을 파악하며 말할 수 있다.
⑤ 여러 사람이 좋아하는 주제로 바꾸어 가며 말할 수 있다.

15 꼭나와 ♥ 전교 학생회 회장단 선거에서 후보자로 연설할 때, 관용 표현을 활용해 알맞게 말한 친구를 찾아 ○표 하시오.

(1) 우리 학교가 더 좋은 학교가 되도록 학생들의 입을 막겠습니다.

( )

(2) 학생들이 즐거운 학교생활을 할 수 있도록 발 벗고 나서겠습니다.

( )

(3) "까마귀 날자 배 떨어진다."라는 말처럼 학생들을 위해 노력하겠습니다.

( )

01 ( ) 안에 공통으로 들어갈 말을 쓰시오.

> ( )은/는 둘 이상의 낱말이 합쳐져 그 낱말의 원래 뜻과는 다른 새로운 뜻으로 굳어져 쓰이는 표현이다. ( )에는 관용어와 속담 등이 있다.

( )

02 ㉠ 대신 쓸 수 있는 관용 표현은 무엇입니까?

( )

> 도윤: 소진아, 제주도에 다녀왔다며? 재미있었어?
> 소진: 제주도에 다녀온 것 말이야? 아까 민진이에게만 말했는데 넌 어떻게 알았어? 정말 ㉠발 없는 말이 천 리 가는구나.

① 빈 수레가 요란하다
② 낫 놓고 기역 자도 모른다
③ 세 살 적 버릇 여든까지 간다
④ 입이 열 개라도 할 말이 없다
⑤ 낮말은 새가 듣고 밤말은 쥐가 듣는다

03 관용 표현을 활용하면 좋은 점을 두 가지 고르시오. (,)

① 전하고 싶은 말을 쉽게 표현할 수 있다.
② 하려는 말을 상대에게 길게 설명할 수 있다.
③ 상대가 다른 생각을 하지 않게 만들 수 있다.
④ 듣는 사람이 관용 표현의 뜻을 다르게 해석할 수 있다.
⑤ 재미있는 표현이어서 듣는 사람의 관심을 불러일으킬 수 있다.

04 어려워 ㅎ 관용 표현을 알맞게 활용한 경험을 말한 친구의 이름을 쓰시오.

> • 아중: 친구가 많다는 것을 말할 때 '발을 뻗다'를 활용했어.
> • 지현: 친구가 들려준 노래를 들어 본 적이 있어서 '귀가 얇다'를 활용해 말했어.
> • 태호: 자꾸 내 말의 꼬투리를 잡아 따지는 친구에게 '말꼬리를 물고 늘어지다'를 활용해 말했어.

( )

[05~06]

> 동생: 오빠, 나도 이제 휴대 전화를 사 달라고 할 거야. 쇠뿔도 단김에 빼라고 당장 구경해 보자.
> 오빠: 안 돼. 아직 부모님과 의논도 안 했잖아. 다음에 보자.
> 동생: 에이, 당장 어떤 걸로 할지 결정하고 싶었는데, 오빠 때문에 ㉠김이 식어 버렸잖아.

05 이 대화의 상황으로 알맞은 것은 어느 것입니까?

( )

① 동생이 휴대 전화를 깨뜨린 상황
② 오빠가 휴대 전화를 새로 산 상황
③ 동생이 휴대 전화를 잃어버린 상황
④ 동생이 오빠의 휴대 전화를 빌리는 상황
⑤ 동생이 오빠에게 휴대 전화를 구경하자고 하는 상황

06 ㉠의 뜻으로 알맞은 것은 어느 것입니까?

( )

① 기가 죽다.   ② 생각이 바뀌다.
③ 일을 성공하다.   ④ 기억이 나지 않다.
⑤ 재미나 의욕이 없어지다.

[07~09]

가 아마 여러분은 학교를 졸업하면 천하를 얻은 듯 신나서 바로 멋진 어른이 될 수 있으리라 생각할 것입니다. 하지만 자신의 꿈을 향해 달려가는 일은 결코 쉬운 일도, 마음대로 되는 일도 아니었습니다. 저는 여러분께 꿈을 펼치는 세 가지 방법을 말씀드리려고 합니다.

첫째, 자신의 진짜 꿈을 찾으려고 노력합시다. 한때 의사를 주인공으로 한 드라마가 큰 인기를 얻자, 분위기에 휩쓸려 자신의 진로를 의사로 결정하는 사람이 많았습니다. 하지만 시간이 지나자 대부분은 자신이 정말 하고 싶은 일은 따로 있다는 사실을 깨닫고 후회했습니다.

나 둘째, 자기 자신에게 자신감을 가집시다. 앞날에 대해 고민이 많고 꿈을 어떻게 이룰 것인지 걱정하고 계신가요? 만약 그렇다면 여러분은 꿈을 펼칠 준비가 된 것입니다. 꿈을 키워 나가는 일은 ㉠눈 깜짝할 사이에 이루어지지 않습니다.

다 셋째, 구체적인 목표를 세웁시다. 여러분이 꿈을 결정한 뒤 구체적인 목표가 없다면 꿈을 이루려는 노력에 ㉡금이 가기 쉽습니다. 저는 경찰이 되려고 '하루 30분 운동, 한 분야 공부'처럼 쉬운 목표부터 시작해 운동하고 공부하는 시간과 양을 조금씩 늘려 나갔습니다. 초등학생 때 할 일, 중학생 때 할 일, 그리고 고등학생 때 할 일을 나누어 정하거나, 단계적으로 실천할 행동 목표를 정한다면 언젠가는 꿈꾸던 인생의 ㉢막을 열 수 있을 것입니다.

여러분, "㉣쇠뿔도 단김에 빼라."라는 말이 있습니다. 지금부터 제 조언을 벗 삼아 꿈을 찾아 떠나는 노력을 시작하시기 바랍니다. 자신만의 멋진 꿈을 향해 달려가는 후배들을 저도 응원하겠습니다.

07 말하는 사람이 말한 꿈을 펼치는 방법이 <u>아닌</u> 것을 두 가지 고르시오. (,   )

① 구체적인 목표를 세운다.

② 이루기 쉬운 꿈을 찾는다.

③ 자기 자신에게 자신감을 가진다.

④ 부모님의 의견에 따라 진로를 정한다.

⑤ 자신의 진짜 꿈을 찾으려고 노력한다.

08 관용 표현 ㉠~㉢의 뜻을 보기에서 찾아 기호를 쓰시오.

> **보기**
>
> ㉮ 매우 짧은 순간.
> ㉯ 서로의 사이가 벌어지거나 틀어지다.
> ㉰ 무대의 공연이나 어떤 행사를 시작하다.

(1) ㉠: (   )

(2) ㉡: (   )

(3) ㉢: (   )

서술형 **09** 관용 표현 ㉣의 뜻을 쓰시오.

_____

_____

_____

10 (   ) 안에 들어갈 관용 표현으로 알맞은 것은 어느 것입니까? (   )

> 저는 (   ) 친구들의 꿈을 들으면 저도 그것을 하고 싶었습니다.

① 귀가 아파서

② 귀가 얇아서

③ 코가 높아서

④ 손을 뻗쳐서

⑤ 발을 굴러서

[11~15]

　오늘날 우리가 임시 정부를 위한 독립운동 단체를 조직하려면 준비할 것이 셀 수 없이 많습니다. 특히 사람이 많이 모이도록 힘써야 할 것이외다. 그러나 어려운 점이 있습니다. 누구나 자기가 한 가지 생각을 하면 다른 이의 생각을 무엇이든지 반대한다는 것입니다. 예를 들어 말하면 전쟁을 원하는 자가 대화를 원하는 자를 반대해 말하기를 "대화가 무엇이냐, 지금이 어느 때라고! 우리는 폭탄을 들고 나가야 한다."라고 떠듭니다. 또 대화를 원하는 자는 말하기를 "공연히 젊은 놈들이 ㉠애간장이 타서 당장 폭탄을 들고 나가면 우리 독립이 되는가?"라고 합니다. 우리가 서로 자기 생각만 옳은 줄 알고 그것만 해야 한다고 하는 것은 한 가지만 알고 두 가지는 모르는 까닭이외다.

> 그러므로 ……
>
> 　　　　　㉮

　오늘 이 자리에 모인 여러분, 우리는 이제부터 누구의 장단점을 말하지 말고 단결해 나갑시다. 모두 함께 독립운동을 할 배포를 기릅시다. 독립을 달성하려고 ㉡하루에도 열두 번 노력합시다. 독립운동가가 될 만한 여러분, 독립운동 단체를 조직할 준비를 할 날이 오늘이외다. 그런즉 나와 여러분은 독립운동 단체가 실현되도록 각각의 의견을 버리고 모두의 한 목표를 이루려고 민족적 정신으로 ㉢어금니를 악물고 나갑시다. 그래서 독립운동의 ㉣깃발 아래 우리의 뜻을 모아야 하겠습니다.

11 이 연설문에 나타난 상황으로 알맞은 것은 어느 것입니까? (　　　)

① 임시 정부를 위해 일할 사람이 없다.
② 독립운동에 관심을 갖는 사람이 별로 없다.
③ 전쟁을 하자고 주장하는 사람이 너무 많다.
④ 독립운동을 하는 데 드는 비용이 너무 부족하다.
⑤ 독립운동 단체를 만드는 것을 두고 의견 대립이 너무 심하다.

12 ㉠~㉢의 활용이 알맞은 것에 ○표, 알맞지 <u>않은</u> 것에 ×표 하시오.

(1) ㉠: 시험을 잘 봐서 애간장이 타. (　　　)
(2) ㉡: 하루에도 열두 번 책을 읽자. (　　　)
(3) ㉢: 어금니를 악물고 살을 뺄 거야. (　　　)

13 ㉮에 들어갈 내용으로 알맞은 것을 두 가지 고르시오. (　　　,　　　)

① 새로운 학문을 배워야 한다.
② 독립운동 단체를 위한 준비는 모두 끝났다.
③ 어떤 것이 더 옳은지 장단점을 따져야 한다.
④ 자신의 의견만을 주장하는 마음을 바꾸어야 한다.
⑤ 우리의 의견을 모아 이끌어 줄 지도자가 필요하다.

14 ㉣의 뜻을 추론하여 쓰시오.

_____

_____

15 이 연설을 한 사람의 의도를 바르게 말한 친구의 이름을 모두 쓰시오.

> • 보아: 사람들의 의견을 하나로 모으려고 연설했어.
> • 재영: 독립운동 단체의 지도자를 뽑으려고 연설했어.
> • 세나: 자신을 독립운동 단체의 지도자로 뽑아 달라고 말하려고 연설했어.

(　　　　　　　　　)

→ 바른답·알찬풀이 5쪽

[16~17]

규영: 우리 반 친구들이 고운 말을 사용하면 좋겠습니다.

고운: "가는 말이 고와야 오는 말이 곱다."라는 말이 있습니다. 내가 남에게 말이나 행동을 좋게 해야 남도 나에게 좋게 한다는 뜻입니다. 우리 반 친구들도 고운 말을 사용하면 좋겠습니다.

혜선: 우리 반 친구들이 고운 말을 사용하면 좋겠습니다. 친구에게 나쁜 말을 했다가 자신도 나쁜 말을 들은 경험, 반대로 친구를 칭찬하고 자신도 칭찬을 들은 경험이 있을 것입니다. 가는 말이 고와야 오는 말이 곱습니다.

16 이 그림 속 친구들이 말하는 내용으로 알맞은 것은 어느 것입니까? (   )

① 친구를 많이 사귀자.
② 고운 말을 사용하자.
③ 칭찬받을 행동을 하자.
④ 말과 행동이 일치하게 하자.
⑤ 친구들에게 칭찬을 많이 하자.

17 이 그림 속 친구들이 말한 내용을 보고, 바르게 말한 친구의 이름을 모두 쓰시오.

> • 승아: 규영이는 관용 표현을 활용하지 않았어.
> • 인효: 고운이처럼 관용 표현을 먼저 말한 뒤에 그와 관련된 생각을 말하면 안 돼.
> • 지율: 혜선이처럼 말을 끝낼 때 관용 표현을 사용하면 생각을 효과적으로 전달할 수 있어.

(   )

18 다음 친구가 자신의 생각을 말할 때 필요한 관용 표현은 무엇입니까? (   )

문제가 일어난 뒤에는 후회해도 소용없다는 말을 하고 싶어.

① 티끌 모아 태산
② 소 잃고 외양간 고친다
③ 원숭이도 나무에서 떨어진다
④ 굼벵이도 구르는 재주가 있다
⑤ 개구리 올챙이 적 생각 못 한다

어려워 🐱

19 다음 관용 표현을 활용하여 말할 수 있는 내용은 무엇입니까? (   )

> 공든 탑이 무너지랴

① 말조심을 하자.
② 잘난 체하지 말자.
③ 쉬운 일도 서로 도와서 하자.
④ 질서를 지키는 습관을 기르자.
⑤ 꾸준히 노력하는 사람이 되자.

서술형 🐱

20 '우리 반을 행복하게 하려면 우리가 해야 할 일'을 주제로 말할 때 하고 싶은 말과 활용할 관용 표현을 쓰시오.

하고 싶은 말	(1)
활용할 관용 표현	(2)

국어

3. 타당한 근거로 글을 써요

→ 바른답·알찬풀이 6쪽

개념 1 주장에 대한 근거가 적절한지 판단하기

- 근거가 [ㅈ][ㅈ]과 관련 있는지, 주장을 뒷받침하는지 판단합니다.

- 근거를 뒷받침하는 [ㅈ][ㄹ]가 적절한지 판단합니다.
  - 자료가 근거의 내용과 관련 있는가?
  - 믿을 수 있는 자료인가?
  - 정확한 숫자를 사용했는가?
  - 최신 자료를 사용했는가?
  - 자료의 [ㅊ][ㅊ]가 분명한가?

1 다음 글에서 제시한 근거가 타당한지 판단할 때 (   ) 안에 들어갈 알맞은 말을 쓰시오.

> 우리도 공정 무역 제품을 사용해 이러한 변화에 동참해야 합니다.
> 공정 무역 제품을 사용해야 하는 까닭은 다음과 같습니다. 첫째, 생산자에게 돌아갈 정당한 이익을 지켜 줍니다.

- 생산자에게 돌아갈 정당한 이익을 지켜 준다는 (1) (   )은/는 공정 무역 제품을 사용하자는 (2) (   )과/와 관련이 있다.

개념 2 논설문을 쓸 때 알맞은 자료를 활용하는 방법

- 주장과 근거를 마련하고, 주장과 근거를 [ㄷ][ㅂ][ㅊ]할 수 있는 자료를 수집할 계획을 세웁니다.

- 다양한 방법으로 기사문, 사진, 그림, 표, 동영상, 지도, 전문가의 말이나 글 등의 자료를 수집하여 평가합니다.

2 다음 그림 자료와 관련 있는 근거로 알맞은 것을 찾아 ○표 하시오.

> 땅속으로 깊이 자란 나무뿌리가 주변 토양을 지탱하는 그림

(1) 숲은 홍수와 산사태를 막아 준다. (   )
(2) 숲에서 벌목한 나무로 생활에 필요한 물건을 만든다. (   )
(3) 숲은 미세 먼지를 잡아 주어 공기를 깨끗하게 해 준다. (   )

개념 3 상황에 알맞은 자료를 활용해 논설문 쓰기

- 주장과 근거를 정하고, 자료를 수집한 뒤 논설문을 씁니다.
  - 서론: [ㅁ][ㅈ] 상황이나 주장의 동기, 주장 쓰기
  - 본론: 자료를 활용해 주장을 뒷받침하는 [ㄱ][ㄱ] 제시하기
  - 결론: 본론을 요약하고 주장을 다시 한번 강조하기

- 주관적인 표현, 모호한 표현, 단정적인 표현은 쓰지 않습니다.

3 다음 글을 읽고 '누리 소통망을 올바르게 사용하자'는 주장을 담아 논설문을 쓸 때 근거로 알맞은 것은 어느 것입니까? (   )

> 며칠 뒤, 친구에게 연락이 왔습니다. 걱정스러운 목소리로 "성민아, 인터넷 누리 소통망에 너희 가게 이야기가 있는데, 너도 한번 보는 게 좋을 것 같아."라며 인터넷 글을 보내 주더군요. 그 글에는 며칠 전 있었던 일이 사실과는 다르게 적혀 있었습니다.

① 정보를 얻기 힘들다.   ② 게임 중독에 빠질 수 있다.
③ 남에게 관심을 갖게 된다.   ④ 잘못된 정보가 퍼질 수 있다.
⑤ 개인 정보를 알아내기 힘들다.

[01~03]

가 "할아버지! 할아버지는 주무실 때 그 수염을 이불 안에 넣나요, 아니면 꺼내 놓나요?"

할아버지는 "예끼! 이 버릇없는 놈." 하고 소리치려다가 문득 자기도 궁금해졌단다. 왜냐하면 수염을 기른 채 몇십 년 동안이나 살아왔지만, 그때까지 한 번도 그런 궁금증을 지녀 본 적이 없었거든.

'허허, 그러고 보니 내가 정말 수염을 꺼내 놓고 잤나, 넣고 잤나?'

나 재미있는 이야기라고 웃어넘길 일이 아니야. 가만히 생각해 보렴, 혹시 너에게도 그런 수염이 있는지 말이야. 아이들한테 무슨 수염이 있냐고? 아니야, 그렇지 않아. 너도 누가 질문을 할 때 가끔 '그냥'이라고 대답한 적이 있을 거야. 바로 그 '그냥'이라는 말이 너의 수염이란다. 아직도 잘 모르겠다고?

다 새들이 어떻게 짝을 지어 날아가고, 구름이 어떻게 모였다가 흩어지는지 몇 번이나 눈여겨보았니? 자신에게 또는 남들에게 궁금한 일을 몇 번이나 질문해 보았니? 남들이 하니까 그냥 따라 하고, 어른들이 시키니까 그냥 했던 일은 없었니?

01 아이가 한 질문에 할아버지가 바로 대답하지 못한 까닭은 무엇입니까? (   )

① 대답하기 귀찮았기 때문에
② 버릇없는 질문이었기 때문에
③ 너무 쉬운 질문이었기 때문에
④ 비밀이라 말해 줄 수 없었기 때문에
⑤ 궁금증을 지녀 본 적이 없었기 때문에

02 글쓴이가 말한, 우리에게 있는 '수염'으로 알맞은 것을 두 가지 고르시오. (,   )

① '왜'를 생각하는 것
② 자신에게 '어떻게'를 묻는 것
③ 어른들이 시키니까 그냥 하는 것
④ 남들이 하니까 그냥 따라 하는 것
⑤ 누가 질문할 때 깊이 생각하고 대답하는 것

03 글에 쓰인 자료를 생각하며 다음 물음에 답하시오.

(1) 글쓴이가 주장을 뒷받침하려고 활용한 자료의 종류를 글 나 에서 찾아 쓰시오.

(   )

(2) (1)의 답과 같은 자료를 활용하면 좋은 점을 한 가지만 쓰시오.

_____

_____

[04~05]

'공정 무역 도시', '공정 무역 커피' 이런 말을 들어 본 적이 있나요? 2017년에 ○○광역시가 국내 최초로 '공정 무역 도시'로 공식 인정을 받았다는 신문 기사를 접할 수 있었습니다. 공정 무역이란 생산자의 노동에 정당한 대가를 지불해 생산자가 경제적 자립과 발전을 하도록 돕는 무역입니다. ○○광역시는 공정 무역 상품을 사용하고 공정 무역을 확산시키려는 활동을 지원해 실질적인 변화를 만들어 내는 도시가 되었습니다. 우리도 공정 무역 제품을 사용해 이러한 변화에 동참해야 합니다.

 꼭나와 ㄴ

04 이 글에 대한 설명으로 알맞은 것을 보기 에서 모두 찾아 기호를 쓰시오.

보기

㉮ 주장을 밝혔다.
㉯ 논설문의 서론 부분이다.
㉰ 주장에 대한 근거를 제시했다.

(   )

05 생산자의 노동에 정당한 대가를 지불해 생산자가 경제적 자립과 발전을 하도록 돕는 무역을 무엇이라고 하는지 쓰시오.

(   )

[06~08]

가 공정 무역 제품을 사용해야 하는 까닭은 다음과 같습니다. 첫째, 생산자에게 돌아갈 정당한 이익을 지켜 줍니다. 흔히 볼 수 있는 과일 가운데 하나인 바나나의 경우, 우리가 3천 원짜리 바나나 한 송이를 산다면 약 45원만이 생산자인 농민에게 이익으로 돌아갑니다. 그 까닭은 바나나 생산국에서 우리 손에 오기까지 바나나 농장 주인, 수출하는 회사, 수입하는 회사, 슈퍼마켓 등이 총수익의 98.5퍼센트를 가져가기 때문입니다. 공정 무역에서는 생산자 조합과 공정 무역 회사를 만들어 이러한 중간 유통 단계를 줄이고 실제로 바나나를 재배하는 생산자의 이익을 보장해 주었습니다.

나 둘째, 아이들을 위험에서 보호할 수 있습니다. 일부 다국적 기업들은 물건의 생산 비용을 낮추려고 임금이 상대적으로 낮은 어린이를 고용하기도 합니다. 예를 들어 우리가 좋아하는 초콜릿은 열대 과일인 카카오를 주재료로 해서 만듭니다. 카카오는 열대 지방에서만 자라는 식물로 아래의 「초콜릿 감옥」 동영상 자료에서처럼 그 지방 어린이들이 학교도 가지 못하고 카카오를 재배하고 수확하는 경우가 많습니다. 하지만 공정 무역은 "안전하고 노동력 착취 없는 노동 환경이 유지되어야 한다."라는 조건을 지켜야 하기 때문에 아이들의 노동력 착취를 막을 수 있습니다.

06 이 글에서 주장하는 내용은 무엇입니까?
( )

① 친환경 제품을 사용하자.
② 소비자의 권리를 보호하자.
③ 공정 무역 제품을 사용하자.
④ 다른 나라와의 무역을 확대하자.
⑤ 자기 나라에서 생산하는 제품을 사용하자.

07 일부 다국적 기업들은 물건의 생산 비용을 낮추려고 어떤 사람을 고용한다고 했는지 쓰시오.
( )

꼭나와 ㅂ

08 이 글의 주장에 대한 근거가 타당한지 알맞게 판단하여 말한 친구의 이름을 쓰시오.

• 아름: 생산자에게 돌아갈 정당한 이익을 지켜 준다는 근거는 처음 들어 본 내용이므로 타당하지 않아.
• 찬민: 아이들을 위험에서 보호할 수 있다는 근거는 공정 무역 제품을 사용하자는 주장과 관련이 있으므로 타당해.

( )

09 다음 근거에 가장 어울리는 주장은 무엇입니까?
( )

숲은 지구 온난화를 막아 준다.

① 숲을 바꾸자.　　　② 숲을 보호하자.
③ 숲에 자주 가자.　　④ 환경 오염을 막자.
⑤ 우주 개발을 서두르자.

서술형 ㅂ

10 다음 그림을 보고 물음에 답하시오.

묘목　　　숲　　　벌목

책상　　　목재　　　제재소

(1) 이 그림이 '숲은 소중한 자원을 제공해 준다'는 근거를 뒷받침하는지 판단하여 ○표 하시오.
(뒷받침한다 , 뒷받침하지 못한다.)

(2) (1)과 같이 답한 까닭을 쓰시오.

_____

_____

[11~12]

가 얼마 전, 누리 소통망에 퍼진 ㉠「△△식당 불매 운동」이라는 글을 보신 적이 있나요? 그 가게는 바로 저희 어머니께서 운영하시는 식당입니다. 하지만 누리 소통망에 실린 이야기는 사실과 다릅니다.

나 △△식당에서 짜장면을 먹었는데 맛이 이상한 짜장면을 그냥 먹으라고 하고 사과는커녕 자신을 밀치며 불친절하게 말했다는 겁니다. 사람들은 댓글에 모두 저희 가게를 욕하며 불매 운동을 벌이고 있었습니다. 게다가 저를 아는 누군가가 제 이름과 다니는 학교까지 인터넷에 올리는 바람에 학교에도 소문이 났습니다. 그리고 그 사건 뒤 저희 가게에는 정말 손님이 뚝 끊겨 저희 가족은 힘든 나날을 보내고 있습니다.

인터넷에 떠도는 소문이 아닌 제 말을 믿어 주시고, 이 글을 널리 퍼뜨려 주세요. 저희 가게를 도와주세요.

11 이 글을 쓴 글쓴이와 ㉠의 글을 쓴 사람이 누리 소통망에 글을 쓴 까닭으로 알맞은 것은 어느 것입니까? ( )

① 자기만 글을 보려고
② 글을 자세하게 쓰려고
③ 글을 쉽고 간단하게 쓰려고
④ 많은 사람이 글을 보게 하려고
⑤ 글이 오랫동안 남지 않게 하려고

12 이 글을 읽고 알 수 있는 누리 소통망의 단점을 두 가지 고르시오. (,)

① 친구를 사귀기가 어렵다.
② 많은 정보를 얻을 수 없다.
③ 개인 정보가 유출될 수 있다.
④ 개인의 의견을 밝히기가 어렵다.
⑤ 잘못된 정보가 쉽게 퍼질 수 있다.

꼭나와 ♡

13 다음 주장으로 논설문을 쓰려고 합니다. '인터넷에 중독되어 시간을 낭비할 수 있다'는 근거를 뒷받침할 수 있는 자료를 에서 찾아 기호를 쓰시오.

> 주장: 누리 소통망을 올바르게 사용하자.

> **보기**
> ㉮ 누리 소통망의 제작 과정을 설명한 동영상
> ㉯ 활발히 운영되지 못하는 누리 소통망에 대한 인터넷 기사
> ㉰ 점차 늘고 있는 초등학생의 누리 소통망 이용 시간에 대한 설문 조사 결과

( )

14 논설문을 쓸 때 조심해서 써야 하는 낱말을 두 가지 고르시오. (,)

① 결코   ② 먼저
③ 절대로   ④ 그러나
⑤ 그래서

15 다음 주장을 뒷받침하는 근거로 알맞은 것은 어느 것입니까? ( )

> 밤늦게 아파트 공원에서 시끄럽게 하지 맙시다.

① 건강에 좋지 않다.
② 지나치게 살이 찌게 된다.
③ 운동에 흥미를 잃게 된다.
④ 냄새가 나고 보기에 좋지 않다.
⑤ 주민들이 잠을 자는 것을 방해하게 된다.

[01~03]

아무 생각 없이 모든 순간을 습관적으로 기계적으로 살아가는 사람은 이야기 속 할아버지와 똑같아. 자기 것이지만 자기 것이 아닌 수염을 달고 있으니까 말이야.

'그냥 수염'을 달고 있는 사람은 어느 날 누가 "왜?" 또는 "어떻게?" 하고 물으면 아무 대답도 하지 못해. 아무리 자기가 한 일을 뒤돌아보고 생각해 내려고 애써도 지나온 날들은 이미 멀리 사라져 버려서 흔적조차 찾을 길이 없기 때문이지. 어느 날엔가 너한테도 누군가가 물어 올지 몰라. 그때를 위해서라도 '그냥'이라는 대답이 아닌 무언가를 준비해야겠지?

01 글쓴이는 이야기 속 할아버지가 어떤 사람과 같다고 했는지 쓰시오.

_____

_____

02 '그냥 수염'을 달지 않기 위해서 생각해야 하는 것을 두 가지 고르시오. (　　　,　　　)

① 왜　　　② 그냥　　　③ 몰라
④ 대충　　　⑤ 어떻게

03 글쓴이가 주장하는 것은 무엇입니까? (　　　)

① 좋은 습관을 가지자.
② 꿈을 이루기 위해 노력하자.
③ 힘든 일이 생겨도 끝까지 헤쳐 나가자.
④ 다른 사람의 질문에 성의껏 길게 대답하자.
⑤ 습관적으로 그냥 살지 말고 자기 안에 물음표를 가지고 살자.

[04~05]

셋째, 자연을 보호하고 생산자의 건강을 지키는 방법이 됩니다. 공정 무역에서는 지구 환경을 보호하는 친환경 농사법을 권장합니다. 일반적으로 카카오나 바나나, 목화 같은 것은 재배할 때 많은 양을 싸고 빠르게 수확하려고 농약과 화학 비료를 사용합니다. 생산지에서는 농약 회사에서 권장하는 장갑과 마스크를 살 여유가 없기 때문에 해마다 가난한 나라의 농민 2만 명 이상이 작물 재배용 농약에 노출되어 여러 가지 질병을 앓고 있습니다. 『인간의 얼굴을 한 시장 경제, 공정 무역』이라는 책에 따르면 바나나를 재배하는 대부분의 대농장은 원가를 절감하느라 위험한 농약을 대량으로 살포합니다. 대농장 가까이에 사는 노동자들의 음식과 식수는 이 독극물로 오염됩니다. 한 코스타리카 농장을 대상으로 한 연구에서 남성 노동자 가운데 20퍼센트가 그런 화학 물질을 다룬 뒤 불임이 되었다고 합니다. 또 바나나를 채취해서 나르는 여성 노동자들은 백혈병에 걸릴 확률이 평균 발병률보다 두 배나 높게 나타난다고 합니다. 하지만 공정 무역은 농민들이 농약과 화학 비료를 적게 쓰고 유기농으로 농사를 짓게 하여 이러한 문제를 해결하려고 노력하고 있습니다.

04 공정 무역에서 친환경 농사법을 권장하는 까닭으로 알맞은 것을 두 가지 고르시오.

(　　　,　　　)

① 농사를 편하게 짓기 위해서
② 자연환경을 보호하기 위해서
③ 생산자의 건강을 지키기 위해서
④ 농산물의 품질을 높이기 위해서
⑤ 농산물의 가격을 높게 받기 위해서

05 이 글에서 근거를 뒷받침하려고 활용한 자료의 종류는 무엇인지 쓰시오.

(　　　　　　　　　)

[06~09]

가 넷째, 공정 무역 인증 표시는 국제기구가 생산지에서 공정 무역의 주요 원칙이 잘 지켜졌는지를 점검한 물건들에 붙일 수 있습니다. 국제공정무역기구의 조사원들은 농장과 관련 기관들을 찾아가서, 그들이 공정 무역의 규칙에 맞게 생산 활동을 하는지 평가합니다. 소비자들은 이 인증 표시를 보고 윤리적인 소비를 할 수 있습니다. 하지만 요즘은 공정 무역의 조건을 지키지 않고 공정 무역을 흉내 낸 인증 표시를 만들어 소비자들에게 혼란을 주는 기업들도 있습니다.

나 여러분은 달콤한 초콜릿을 살 때 무엇을 보고 고르나요? 겉으로 보기에는 모두 똑같아 보이지만 그 초콜릿이 우리 손에 들어오기까지의 과정은 제품에 따라 매우 다를 수 있습니다. 그것을 만들려고 노력한 사람들이 학교도 못 다니고 음식도 제대로 먹지 못한, 여러분보다 어린 동생들이라면 그 초콜릿을 정말 맛있게 먹을 수 있을까요? 가난한 나라에 일시적인 원조를 제공하는 데 그치지 않고 자립하도록 도와주는 방법이자 우리 환경을 보호할 수 있는 공정 무역 제품, 이제는 우리가 관심을 기울이고 사용할 때입니다.

06 공정 무역 인증 표시를 받을 수 있는 방법으로 알맞은 것은 어느 것입니까? (   )

① 국제공정무역기구에 돈을 내야 한다.
② 공정 무역을 하겠다는 약속을 해야 한다.
③ 공정 무역의 주요 원칙을 잘 지켜야 한다.
④ 품질 면에서 소비자의 인정을 받아야 한다.
⑤ 가격 면에서 소비자의 인정을 받아야 한다.

07 공정 무역 제품을 사용하면 어떤 소비를 할 수 있는지 글에서 찾아 쓰시오.

(   )

어려워요

08 글 **가**에서 제시한 근거가 타당한지 알맞게 판단하여 말한 친구의 이름을 쓰시오.

- 지우: 글 **가**에서 제시한 근거는 공정 무역 인증 표시에 대한 정보를 많이 제공하여 주장을 뒷받침하기 때문에 타당해.
- 세호: 글 **가**에서 제시한 근거는 공정 무역 제품을 사용해야 하는 까닭이 아니라 공정 무역 인증 표시에 대한 설명만 하고 있어서 주장을 직접적으로 뒷받침하지 못하기 때문에 타당하지 않아.

(   )

서술형

09 논설문의 결론 부분인 글 **나**의 내용을 정리하여 쓰시오.

_____

_____

_____

10 자료가 근거를 잘 뒷받침하는지 판단하는 방법으로 알맞지 <u>않은</u> 것은 어느 것입니까?

(   )

① 최신 자료를 사용했는지 살펴본다.
② 자료의 출처가 분명한지 살펴본다.
③ 자료를 최대한 많이 활용했는지 살펴본다.
④ 자료가 근거의 내용과 관련 있는지 살펴본다.
⑤ 수를 제시할 때 정확한 숫자를 사용했는지 살펴본다.

11 다음 주장을 뒷받침하는 근거로 알맞은 것을 두 가지 고르시오. (　　,　　)

> 숲을 살리자.

① 숲은 휴식처가 된다.
② 숲은 '수풀'의 준말이다.
③ 우리나라에는 숲이 많다.
④ 숲은 기온을 낮추어 준다.
⑤ 숲은 도시보다 농촌에 많다.

[12~13]

○○신문
20○○년 ○○월 ○○일

이산화 탄소 먹는 하마는 상수리나무

　국립산림과학원의 연구 결과 우리나라의 가정이나 기업에서 1인당 평생 배출하는 이산화 탄소는 약 12.7톤이다. 개인이 배출한 이산화 탄소를 흡수하려면 평생 나무를 심어야 할지도 모른다. 이산화 탄소를 특히 잘 흡수하는 것은 상수리나무이다.
　많은 양의 이산화 탄소를 흡수하고 지구 온난화 예방에도 큰 역할을 하는 나무 심기에 관심을 가지자. (◇◇◇ 기자)

12 이 자료에 대한 설명으로 알맞은 것을 에서 모두 찾아 기호를 쓰시오.

> **보기**
> ㉮ 출처를 밝혔다.
> ㉯ 자료의 종류는 기사문이다.
> ㉰ 나무 심기 운동이 활발히 이루어지고 있다는 것을 알려 준다.

(　　　　　　)

13 이 자료가 다음 근거를 뒷받침하는지 판단하고, 그렇게 생각한 까닭도 쓰시오.

> 숲은 지구 온난화를 막아 준다.

_____

_____

_____

14 다음 근거를 뒷받침하기 위해 수집할 자료의 내용으로 알맞은 것은 어느 것입니까? (　　　)

> 숲은 미세 먼지를 잡아 주어 공기를 깨끗하게 해 준다.

① 숲이 제공해 주는 자원
② 숲이라는 낱말이 들어간 노래
③ 숲이 미세 먼지를 잡아 주는 증거
④ 숲이 홍수와 산사태를 막아 주는 그림
⑤ 숲이 지구 온난화 예방에 도움이 된다는 증거

15 '숲을 보호하자'는 주장의 근거를 뒷받침하기 위해 활용한 자료 중 믿을 만하다고 볼 수 있는 것을 에서 모두 찾아 기호를 쓰시오.

> **보기**
> ㉮ 산림박물관 누리집의 내용
> ㉯ 언제인가 친구에게 들어 본 내용
> ㉰ 과학적 실험 결과를 보여 주는 방송 뉴스

(　　　　　　)

[16~17]

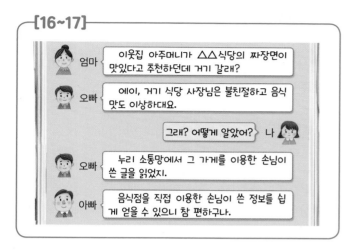

16 이 대화의 내용에 맞게 ○표 하시오.

- 이웃집 아주머니의 의견과 누리 소통망에 있는 글의 의견이 서로 (같았다 , 달랐다).

17 이 대화에서 알 수 있는 누리 소통망의 장점은 무엇입니까? ( )

① 친구를 쉽게 사귈 수 있다.
② 정확한 정보만 얻을 수 있다.
③ 한곳에 모여야 대화를 할 수 있다.
④ 다른 사람이 쓴 정보를 쉽게 접할 수 있다.
⑤ 개인 정보가 유출되지 않도록 지킬 수 있다.

[18~19]

사람들은 댓글에 모두 저희 가게를 욕하며 불매 운동을 벌이고 있었습니다. 게다가 저를 아는 누군가가 제 이름과 다니는 학교까지 인터넷에 올리는 바람에 학교에도 소문이 났습니다. 그리고 그 사건 뒤 저희 가게에는 정말 손님이 뚝 끊겨 저희 가족은 힘든 나날을 보내고 있습니다.

인터넷에 떠도는 소문이 아닌 제 말을 믿어 주시고, 이 글을 널리 퍼뜨려 주세요. 저희 가게를 도와주세요.

18 이 글을 읽고 논설문을 쓸 때의 주장으로 가장 알맞은 것은 어느 것입니까? ( )

① 인터넷 게임을 하지 말자.
② 휴대폰 사용 시간을 늘리자.
③ 누리 소통망 이용을 금지하자.
④ 누리 소통망에 댓글을 달지 말자.
⑤ 누리 소통망을 올바르게 사용하자.

어려워 ☆
19 이 글을 읽고 알맞은 방법으로 논설문을 쓰지 못한 친구의 이름을 쓰시오.

- 우식: 주장이 드러나도록 제목을 붙였어.
- 도준: '~인 것 같아.'라는 표현을 많이 사용했어.
- 해진: 결론에서는 본론을 요약하고 주장을 다시 한번 강조했어.
- 선아: 본론에서는 주장을 뒷받침하는 근거를 두세 가지 제시했어.

( )

서술형 ☆
20 다음 문제 상황을 해결할 방법을 떠올려 주장과 근거를 쓰시오.

골목에 쓰레기가 많이 쌓여 있는 상황

주장	(1)
근거	(2)

➡ 바른답·알찬풀이 8쪽

개념 ① 매체 자료

- 매체 자료는 어떤 사실이나 정보, 의견을 담아서 듣는 사람에게 전하기 위해서 사용합니다.

- 매체 자료에는 ❶ㅇㅅ, 사진, 표, 지도, 도표, 그림, 소리, 음악 등이 있습니다.

1 다음 대화에서 영식이가 동작을 더욱 생생하게 알 수 있도록 세미가 영식이에게 보여 준 매체 자료의 종류는 무엇인지 쓰시오.

> 세미: 학습 발표회에서 독도의 날 기념 율동을 하면 어떨까?
> 영식: 마침 독도의 날이 다가오니까 좋은 생각이야. 그런데 세미야, 어떤 동작들을 하는지 궁금해.
> 세미: 그럼 사진 말고 영상을 보여 줄게. 인터넷에 있는 율동이야.
> 영식: 아하! 간단하고 재미있네. 우리도 해 보자.

( )

개념 ② 주제에 맞는 매체 자료 찾기

- 매체 자료의 ❷ㅈㄹ를 살펴봅니다.

- 매체 자료의 내용과 매체 자료가 전하려는 주제를 살펴봅니다.

- 매체 자료가 주제를 효과적으로 ❸ㅍㅎ하는지 살펴봅니다.

2 다음 매체 자료에서 전하려는 주제로 알맞은 것을 찾아 ○표 하시오.

> 휴대 전화 관련 교통사고가 점점 늘고 있음을 알려 주는 도표

(1) 휴대 전화의 기능이 다양해지고 있다. ( )
(2) 휴대 전화를 잃어버리는 사람들이 많다. ( )
(3) 걸을 때나 운전할 때 휴대 전화를 사용하면 위험하다. ( )

개념 ③ 영상 자료를 제작하고 발표하는 과정

- 발표 목적과 듣는 사람 등을 살펴 발표 ❹ㅅㅎ을 파악하고, 주제를 정합니다.

- 주제를 효과적으로 전할 수 있는 내용과 ❺ㅈㅁ을 정합니다.

- 촬영 계획을 세워 촬영합니다.

- 장면을 차례에 맞게 편집합니다. 이때 제목, ❻ㅈㅁ, 배경 음악을 넣고, 인용한 내용은 출처를 넣어 편집하고 발표합니다.

3 다음은 영상 자료를 제작하고 발표하는 과정 중 무엇에 해당합니까?

( )

> '맨발 걷기'가 새로운 주제라서 흥미롭다는 의견이 많았습니다. 따라서 우리 반은 맨발 걷기를 주제로 영상 자료를 만들어 봅시다.

① 촬영하기
② 편집하기
③ 주제 정하기
④ 발표 상황 파악하기
⑤ 내용 및 장면 정하기

❶ 음성 ❷ 출처 ❸ 표현 ❹ 상황 ❺ 장면 ❻ 자막

【01~02】

01 이 그림 속 친구가 활용한 매체 자료가 알려 주는 내용은 무엇입니까? (   )

① 우리나라 과일 수출량의 변화
② 우리나라 주요 과일 생산량의 변화
③ 우리나라 사람들의 과일 소비량의 변화
④ 이상 기후로 인한 우리나라 과일 수확량의 변화
⑤ 지구 온난화로 인한 우리나라 주요 농산물 주산지 이동 변화

서술형

02 친구가 활용한 매체 자료를 살펴보며 다음 물음에 답하시오.

(1) 친구가 활용한 매체 자료의 종류를 쓰시오.
(   )

(2) (1)에서 답한 매체 자료를 활용하면 좋은 점을 쓰시오.

_____

_____

_____

【03~04】

03 이 매체 자료에 대한 설명으로 알맞지 않은 것은 어느 것입니까? (   )

① 공익 광고 사진이다.
② 사람이 휴대 전화를 붙잡고 있다.
③ 휴대 전화가 사람을 꽉 붙잡고 있다.
④ 휴대 전화 사용 방법을 알려 주고 있다.
⑤ 매체 자료에 질문 형식의 글이 쓰여 있다.

꼭나와 ♡

04 이 매체 자료에서 전하려는 주제로 알맞은 것을 에서 찾아 기호를 쓰시오.

보기

㉮ 휴대 전화에 중독된 사람이 많다.
㉯ 휴대 전화는 우리를 편리하게 해 준다.
㉰ 휴대 전화 사용으로 건강을 해칠 수 있다.

(   )

05 휴대 전화 사용 습관을 소재로 발표할 때 알맞은 주제는 무엇입니까? (   )

① 좋은 댓글을 달자.
② 좋은 친구를 사귀자.
③ 취미를 여러 개 가지자.
④ 건강을 지키기 위해 노력하자.
⑤ 물건을 잃어버리지 않도록 주의하자.

【06~07】

당신은 능력자입니다.
손가락만 까딱하면 누군가를 울릴 수도, 아프게 할 수도, 포기하게 할 수도 있습니다.

하지만 당신은 누군가를 기쁘게 할 수도, 행복하게 할 수도 있으며, 다시 뛰게 할 수도 있습니다.
손가락만 까딱하면.

[자막] 온라인 댓글, 당신은 어떻게 쓰시겠습니까?

06 이 영상에서는 '당신'을 무엇에 비유하였습니까?
( )

① 누군가를 아프게 하는 사물
② 누군가를 포기하게 하는 친구
③ 누군가를 다시 뛰게 하는 댓글
④ 누군가를 행복하게 만드는 컴퓨터 기술
⑤ 누군가를 아프게도 하고 기쁘게도 하는 능력자

07 이 영상에서 서로 대조되도록 구성한 장면의 번호를 쓰시오.

장면 (,)

【08~10】

학교 방송국에서 '건강 주간'을 맞아 건강을 주제로 한 매체 자료를 공모합니다. 뽑힌 작품은 전교생에게 발표할 예정입니다. 많이 참여해 주세요.

우리 반도 '건강한 생활을 위해 실천하면 좋은 일'을 직접 영상으로 만들어 보자!

꼭나와 ♥

08 영상 자료를 제작하고 발표하는 과정 중 무엇에 해당합니까? ( )

① 촬영하기
② 발표하기
③ 주제 정하기
④ 발표 상황 파악하기
⑤ 내용 및 장면 정하기

09 이 과정에서 파악해야 할 내용으로 알맞은 것을 두 가지 고르시오. (,)

① 촬영 일시
② 듣는 사람
③ 발표 인원
④ 발표 효과
⑤ 발표 목적

서술형 ♥

10 발표 상황을 파악하여 다음 물음에 답하시오.

(1) 영상을 만들어 발표할 때 듣는 사람은 누구인지 쓰시오.

( )

(2) (1)의 답과 관련지어 발표 상황에서 고려할 점을 한 가지만 쓰시오.

_____

_____

[11~12]

11 장면 **1**에서 친구들이 정한 주제는 무엇인지 쓰시오.

( )

 꼭나와 ㄴ

12 장면 **2**에서 친구들이 말한 내용을 생각할 때, 발표할 내용으로 알맞은 것을 보기에서 모두 찾아 기호를 쓰시오.

> 보기
> ㉮ 맨발 걷기의 단점
> ㉯ 맨발 걷기를 하는 모습
> ㉰ 맨발 걷기를 하는 사람과의 면담
> ㉱ 걷기와 달리기의 다른 효과를 다룬 신문 기사

( )

13 영상을 촬영하기 위해서 촬영 계획을 세울 때 할 일로 알맞지 <u>않은</u> 것은 어느 것입니까?

( )

① 역할 정하기
② 촬영 일시 정하기
③ 촬영 장소 정하기
④ 필요한 준비물 생각하기
⑤ 알맞은 영상 편집 프로그램 찾기

14 촬영한 영상을 편집하기 위해서 친구들과 토의할 때, 할 말로 알맞은 것을 보기에서 모두 찾아 기호를 쓰시오.

> 보기
> ㉮ "발표하기 전에 어떤 내용을 말할까?"
> ㉯ "맨발 걷기 장면에 경쾌한 느낌의 배경 음악을 넣자."
> ㉰ "시청각 장애인을 고려해 자막이나 수어 통역을 넣으면 좋겠어."

( )

15 영상 자료를 만들어 인터넷에 올릴 때 주의할 점으로 알맞은 것을 두 가지 고르시오.

(,)

① 영상에 매체 자료를 넣지 않는다.
② 출처가 없는 것도 출처를 꾸며 밝힌다.
③ 영상에 나오는 사람들의 동의를 얻는다.
④ 영상 자료가 나의 기분을 좋게 만들지 생각한다.
⑤ 비속어, 은어 같은 격식에 맞지 않는 언어를 사용하지 않는다.

01 다음의 진아와 별이가 활용하려는 매체 자료에 대해 알맞게 말한 것을 보기 에서 찾아 기호를 쓰시오.

> 폴란드의 민속춤을 소개할 때 영상을 보여 줘야지.

진아

> 베트남의 전통 의상을 소개하고 싶어. 베트남의 옷 사진을 찾아봐야겠어.

별이

보기

㉮ 진아처럼 영상을 활용하면 민속춤의 움직임이나 특징을 더 자세하게 파악할 수 있고 영상을 보면서 민속춤을 따라 출 수 있다.

㉯ 별이처럼 사진을 활용하면 베트남의 전통 의상을 상상하는 재미를 빼앗기 때문에 소개할 때 방해가 된다.

㉰ 진아와 별이는 매체 자료 없이 설명해야 다른 사람들이 내용에 집중하고, 이해하기 쉽게 소개할 수 있다.

( )

02 다른 나라의 문화를 소개할 때 어느 나라의 문화를 어떤 매체 자료를 활용해 소개할지 알맞게 말한 친구의 이름을 쓰시오.

- 효연: 일본의 문화를 소개할 때 일본에 가서 직접 찍은 사진과 영상을 같이 보여 줄 거야.
- 우진: 아프리카 원주민의 의식주 문화를 소개할 때 아프리카 대륙의 위치가 표시된 지도를 보여 줄 거야.

( )

[03~04]

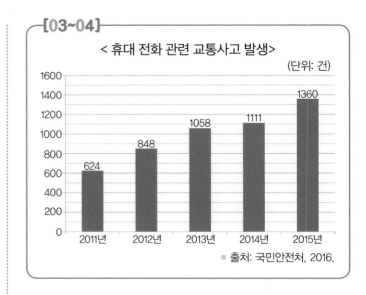

< 휴대 전화 관련 교통사고 발생 >

03 이 매체 자료의 종류는 무엇입니까? ( )

① 사진 ② 지도 ③ 도표
④ 영상 ⑤ 그림

04 이 매체 자료가 '걸을 때나 운전할 때 휴대 전화를 사용하지 말자'는 주제를 전달하는 데 효과적인 까닭은 무엇이겠습니까? ( )

① 비유적 표현이 흥미를 끌기 때문에
② 정확한 통계를 알려 주지 않기 때문에
③ 다양한 예를 들어서 이해하기 쉽기 때문에
④ 중요한 내용을 생략해 기억하기 쉽기 때문에
⑤ 연도별로 휴대 전화 관련 교통사고 발생량이 크게 늘어난 것을 알려 주기 때문에

서술형 냥

05 '스마트폰 과몰입을 예방하자'는 주제로 발표할 때 활용할 매체 자료와 그 매체 자료를 정한 까닭을 쓰시오.

매체 자료	(1)
정한 까닭	(2)

[06~09]

당신은 능력자입니다.
손가락만 까딱하면 누군가를 울릴 수도, 아프게 할 수도, 포기하게 할 수도 있습니다.

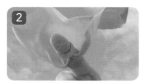

하지만 당신은 누군가를 기쁘게 할 수도, 행복하게 할 수도 있으며, 다시 뛰게 할 수도 있습니다.
손가락만 까딱하면.

[자막] 온라인 댓글, 당신은 어떻게 쓰시겠습니까?

06 이 영상에서 전하는 주제는 무엇입니까?

( )

① 온라인 댓글을 읽지 말자.
② 온라인 댓글을 자주 쓰자.
③ 온라인 언어폭력을 하지 말자.
④ 온라인 댓글이 오래 남지 않게 하자.
⑤ 맞춤법에 주의하며 온라인 댓글을 쓰자.

서술형

07 이 영상은 주제를 효과적으로 드러내기 위해서 자막을 어떻게 표현했는지 그 효과가 드러나도록 쓰시오.

_____

_____

08 이 영상에서 악마 또는 천사의 모습은 무엇을 비유한 것입니까? ( )

① 학교 친구
② 움직이지 않는 손가락
③ 온라인 댓글을 읽는 사람들
④ 아파하거나 기뻐하는 사람들
⑤ 상대에게 영향을 주는 댓글을 다는 손가락

어려워

09 이 영상과 같은 주제를 표현한 매체 자료를 알맞게 찾은 친구의 이름을 모두 쓰시오.

- 연수: 언어폭력 피해를 다룬 도표를 찾아봤어.
- 승제: 누리 소통망에서 좋은 댓글과 나쁜 댓글을 찾아봤어.
- 해미: 온라인 게임의 나쁜 점을 취재한 뉴스 영상을 찾아봤어.

( )

10 영상 자료를 제작하고 발표하는 과정에 맞게 순서대로 기호를 쓰시오.

㉮ 편집하기
㉯ 촬영하기
㉰ 발표하기
㉱ 주제 정하기
㉲ 촬영 계획 세우기
㉳ 발표 상황 파악하기
㉴ 내용 및 장면 정하기

㉳ → ㉱ → ( ) → ( )
→ ( ) → ( ) → ㉰

[11~13]

1
'맨발 걷기'가 새로운 주제라서 흥미롭다는 의견이 많았습니다. 따라서 우리 반은 맨발 걷기를 주제로 영상 자료를 만들어 봅시다.

건강한 생활을 위해
실천하면 좋은 일
줄넘기, 손 씻기, 맨발 걷기,
긍정적 생각

2
요즘 맨발 걷기를 하는 사람이 많다는 것을 먼저 알려 주자.

맨발 걷기가 건강에 좋은 점을 효과적으로 알릴 수 있는 내용을 생각해 보자.

내가 맨발 걷기를 해 봤더니 스트레스가 해소되고 기분이 좋아졌어.

11 장면 1에서 '맨발 걷기'를 주제로 정한 까닭은 무엇이라고 했습니까? (   )

① 관련된 매체 자료의 양이 많아서
② 맨발 걷기를 해 본 친구들이 많아서
③ 잘 아는 내용이라 다루기 쉬울 것 같아서
④ 영상으로 만들기에 가장 적합한 주제라서
⑤ 새로운 주제라서 흥미롭다는 의견이 많아서

12 장면 2와 같이 발표 내용을 정할 때 생각할 점으로 알맞은 것을 두 가지 고르시오.

(,   )

① 발표해 본 적이 있는 내용인가?
② 주제와 관련해 중요한 내용인가?
③ 발표를 듣는 사람이 이미 아는 내용인가?
④ 다양한 의견이 나오기에 힘든 내용인가?
⑤ 주제를 효과적으로 전할 수 있는 내용인가?

13 친구들이 다음과 같이 발표 내용을 정했을 때, 발표 장면으로 알맞지 <u>않은</u> 것은 어느 것입니까?

(   )

• 맨발 걷기를 하는 모습
• 맨발 걷기를 하는 사람과의 면담
• 맨발 걷기의 효과(관련 있는 신문 기사 참고)

① 맨발 걷기의 효과를 정리한 내용
② 맨발 걷기를 하다 다친 사람을 면담하는 장면
③ 맨발 걷기를 꾸준히 한 사람을 면담하는 장면
④ 맨발 걷기를 권하는 문구를 적어서 들고 있는 장면
⑤ 운동장 모래 위에서 사람들이 맨발 걷기를 하는 장면

14 발표 장면을 정할 때 주의할 점으로 알맞은 것은 어느 것입니까? (   )

① 어디선가 많이 본 듯한 장면을 정한다.
② 촬영이나 편집이 가능한 장면을 정한다.
③ 장면 내용이 쉬운 순서대로 차례를 정한다.
④ 분량이 많이 나올 수 있는 장면을 우선하여 정한다.
⑤ 주제가 무엇인지 잘 드러나지 않도록 장면을 정한다.

15 맨발 걷기를 직접 체험해 보는 내용을 촬영하려고 합니다. 촬영 계획을 세울 때 나누어 맡을 역할이 <u>아닌</u> 것은 어느 것입니까? (   )

① 연출   ② 편집
③ 촬영   ④ 대본
⑤ 배우

16 촬영하는 방법으로 알맞지 <u>않은</u> 것을 두 가지 고르시오. (　　　,　　　)

① 음성이 기록되는지 확인한다.
② 화면을 이동할 때에는 빠르게 한다.
③ 전하려는 내용이 잘 드러나게 촬영한다.
④ 삼각대를 이용하거나 흔들림 없이 안정된 자세로 촬영한다.
⑤ 면담 촬영은 질문 내용을 미리 준비하며 면담 대상이 몸을 많이 움직이게 한다.

17 촬영한 영상을 편집하는 방법을 생각해 보고, (　　) 안에 들어갈 알맞은 말을 보기 에서 찾아 쓰시오.

> **보기**
>
> 자막　　주제　　출처

(1) 인용한 내용은 (　　　　　　　　)을/를 넣는다.
(2) 제목은 (　　　　　　　　)이/가 잘 드러나게 한다.
(3) (　　　　　　　　)은/는 필요한 내용만 간단히 넣는다.

18 발표를 효과적으로 한 친구의 이름을 쓰시오.

> • 다정: 부탁할 내용이 갑자기 떠올라서 발표하는 도중에 말했어.
> • 경민: 너무 떨려서 발표할 때 집중하지 못하고 이리저리 움직였어.
> • 준서: 발표를 하기 전에 영상이나 음성에 문제가 없는지 미리 확인했어.

(　　　　　　　　　)

서술형 낭
19 다음 발표 상황을 파악하여 빈칸에 알맞은 내용을 쓰시오.

> **5분 영상 발표회**
>
> ○○초등학교 6학년을 대상으로 인물 탐구 영상 발표회를 개최합니다.
> • 때: ○○월 ○○일 ○○시
> • 곳: 시청각실
> • 대상: ○○초등학교 6학년 누구나
> • 주제: 주변 인물 탐구

정한 인물	(1)
그 까닭	(2)
전하고 싶은 주제	(3)

어려워 낭
20 다음 친구들은 다른 모둠이 만든 영상을 보고 잘된 점을 말했습니다. 알맞게 말한 친구의 이름을 모두 쓰시오.

> • 우영: 동물을 사랑으로 치료하는 수의사를 소개할 때 동물을 치료하는 장면을 생생하게 촬영한 것은 잘된 점이야.
> • 슬아: 중학교에 갈 친구들을 위해 중학교 생활을 소개할 때 중학교 선배를 면담해 주제에 대해 많은 정보를 알게 한 것은 잘된 점이야.
> • 규원: '요리사'라는 직업을 소개할 때 우리나라의 요리와 다른 나라의 요리를 비교해서 맛보는 영상은 주제를 잘 드러내기 때문에 잘된 점이야.

(　　　　　　　　　)

개념 ① 관점

- 관점은 사물이나 현상을 관찰할 때 그 사람이 바라보는 ①[ㅌㄷ]나 방향 또는 처지를 뜻합니다.

- 글쓴이의 관점이나 생각을 파악하며 글을 읽으면 내용을 더 깊게 이해할 수 있고, 글을 쓴 ②[ㅇㄷ]와 목적을 알 수 있습니다.

1 다음 광고를 만든 사람의 관점에 맞게 ○표 하시오.

> 지금 우리의 아이들은 우리말의 'ㅌ'보다 알파벳의 'E'를 먼저 배우고 있습니다.
> 아이에서부터 어른에 이르기까지 국어보다 영어에 익숙해진 우리들.
>
> 자랑스러운 우리말은 우리 민족의 정신입니다.

- 국어보다 영어에 익숙해진 상황을 (긍정적 , 부정적)으로 여긴다.

개념 ② 글쓴이의 생각을 파악하는 방법

- 제목, 글쓴이의 생각이 담긴 낱말이나 문장 같은 표현을 살펴봅니다.
- 글의 ③[ㄴㅇ]을 파악합니다.
- 글쓴이가 예상하는 ④[ㄷㅈ]를 생각합니다.
- 사진이나 그림을 살펴봅니다.
- 글쓴이가 글을 쓴 의도와 목적을 살펴봅니다.

2 다음 글에 나타난 글쓴이의 생각으로 알맞은 것을 찾아 ○표 하시오.

> 지금은 로봇 산업 발전에 투자해야 할 때이다. 특히 로봇 개발에 필요한 원천 기술에 더 집중해야 한다. 그래야 우리나라의 재산을 지키고 국내 로봇 산업을 이끌 수 있는 힘을 기를 수 있다. 따라서 우리나라의 미래 경쟁력인 로봇 산업을 키울 수 있도록 로봇세 도입을 늦추어야 한다.

(1) 로봇세를 도입하면 로봇 산업에 투자할 수 있는 비용을 마련할 수 있다. ( )
(2) 지금은 로봇 기술 개발에 더욱 집중할 때이므로 로봇세 도입을 늦추어야 한다. ( )

개념 ③ 자신의 생각과 상대의 생각을 비교하며 토론하기

- 토론 주제를 확인하고, 우리 편 주장의 ⑤[ㄱㄱ]를 마련합니다.

- 상대편 주장의 근거와 우리 편 주장에 대한 ⑥[ㅂㄹ]을 예상합니다.

- 우리 편 근거를 설명할 자료를 찾고, 토론에 효과적인 표현을 정합니다.

- 규칙과 절차를 지키며 토론합니다.

3 '착한 사마리아인의 법을 제정해야 한다'를 주제로 토론하려고 합니다. 찬성하는 의견을 말한 것에는 '찬', 반대하는 의견을 말한 것에는 '반'이라고 쓰시오.

> - 착한 사마리아인의 법: 위험에 처한 사람을 돕지 않으면 처벌할 수 있는 법 제도

(1) 도덕까지 법으로 규제하는 것은 강압에 가깝다고 생각한다. ( )

(2) 도덕적 의무를 따르지 않으면 법으로 처벌해야 한다고 생각한다. ( )

정답 ① 태도 ② 의도 ③ 내용 ④ 독자 ⑤ 근거 ⑥ 반론

[01~04]

가 나는 우리나라가 세계에서 가장 아름다운 나라가 되기를 원한다. 가장 부강한 나라가 되기를 원하는 것은 아니다. 내가 남의 침략에 가슴이 아팠으니, 내 나라가 남을 침략하는 것을 원치 아니한다. 우리의 부는 우리 생활을 풍족히 할 만하고, 우리의 힘은 남의 침략을 막을 만하면 족하다. 오직 한없이 가지고 싶은 것은 높은 문화의 힘이다. 문화의 힘은 우리 자신을 행복하게 하고, 나아가서 남에게도 행복을 주기 때문이다.

나 인류가 현재에 불행한 근본 이유는 인의가 부족하고, 자비가 부족하고, 사랑이 부족한 때문이다. 이 마음만 발달이 되면, 현재의 물질력으로 인류 20억이 다 편안히 살아갈 수 있을 것이다. 인류에게 이 정신을 배양하는 것은 오직 문화이다. 나는 우리나라가 남의 것을 모방하는 나라가 되지 말고, 이러한 높고 새로운 문화의 근원이 되고, 목표가 되고, 모범이 되기를 원한다.

다 이 일을 하기 위하여 우리가 할 일은 사상의 자유를 확보하는 정치 양식의 건립과 국민 교육의 완비이다. 내가 위에서 자유의 나라를 강조하고, 교육의 중요성을 말한 것도 이 때문이다. 최고의 문화를 건설하는 사명을 달성할 민족은 한마디로 말하면 국민 모두를 성인으로 만드는 데 있다.

01 글쓴이는 어떤 나라를 원한다고 했는지 글 가 에서 찾아 쓰시오.

( )

02 글쓴이는 인류가 현재 불행한 근본 이유가 무엇이라고 했습니까? ( )

① 물질력이 부족하기 때문에
② 서로가 서로를 침략하기 때문에
③ 인의, 자비, 사랑이 부족하기 때문에
④ 남의 것을 모방하려고 하지 않기 때문에
⑤ 부유한 나라와 가난한 나라로 나뉘기 때문에

03 글쓴이는 문화를 높이려면 우리가 해야 할 일이 무엇이라고 했는지 알맞은 것을 두 가지 고르시오. (,)

① 생활을 풍족히 한다.
② 국민 교육을 완비한다.
③ 부강한 나라를 달성한다.
④ 다른 나라로부터 나라를 지킨다.
⑤ 사상의 자유를 확보하는 정치 양식을 건립한다.

꼭나와 ♥

04 글쓴이가 이 글을 쓴 까닭으로 알맞은 것은 어느 것입니까? ( )

① 우리나라가 더 풍족해지기를 바라서
② 물질력이 없는 나라를 도와주어야 해서
③ 부강한 나라가 되는 것은 불행한 일이어서
④ 다른 나라를 침략할 수 있을 정도로 힘을 키워야 해서
⑤ 우리나라가 높은 문화를 이루어 세계에서 가장 아름다운 나라가 되기를 바라서

05 글 내용만 이해하고 읽을 때와 글쓴이의 생각을 파악하며 읽을 때의 차이점을 바르게 말한 친구의 이름을 모두 쓰시오.

• 윤찬: 글 내용만 이해하고 읽으면 제목을 그렇게 정한 까닭을 알기 어려워.
• 승아: 글에서 인상 깊은 부분은 글쓴이의 생각을 파악하며 읽을 때 찾을 수 있어.
• 주연: 글쓴이의 생각은 파악하지 않고 글 내용만 이해하고 읽어야 글의 주제를 쉽게 찾을 수 있어.

( )

[06~07]

㉠인공 지능 기술이 발전하면서 로봇이 사람을 대신해 일하는 영역이 늘어나고, 그 규모도 커지고 있다. 이에 따라 외국에서는 ㉡로봇을 소유한 기업이나 로봇에게 세금을 부과하자는 주장이 나오고 있다. 우리도 로봇세를 ㉢도입하여 ㉣인간과 로봇이 함께 살아가는 방법을 찾아야 한다.

세계 경제 포럼은 로봇이나 인공 지능이 이끄는 4차 산업 혁명으로 수많은 사람이 일자리를 잃을 것이라고 전망했다. 로봇 때문에 일자리를 잃고 소득을 얻지 못하는 사람들은 새로운 일자리를 찾기 위해 재교육을 받아야 한다. 로봇세를 도입하면 그 세금으로 일자리를 잃은 사람들에게 진로 상담이나 적성 검사, 기술 교육 등을 할 수 있다. 또 로봇세를 활용하면 일자리를 잃은 사람들이 재교육을 받고 새로운 일자리를 찾는 데 도움을 줄 수 있다.

06 세계 경제 포럼이 전망한 내용으로 알맞은 것은 어느 것입니까? (   )

① 로봇 기술은 더 발전하지 않을 것이다.
② 4차 산업 혁명은 일어나지 않을 것이다.
③ 로봇세를 도입하는 나라가 늘어날 것이다.
④ 인공 지능은 더 이상 필요하지 않을 것이다.
⑤ 4차 산업 혁명으로 수많은 사람들이 일자리를 잃을 것이다.

서술형 ⑧

07 글쓴이의 생각을 파악하며 다음 물음에 답하시오.

(1) ㉠~㉣ 중 글쓴이의 생각이 드러나는 것을 두 가지 찾아 기호를 쓰시오.

(   )

(2) (1)의 답을 바탕으로 글쓴이의 생각을 파악하여 쓰시오.

_____

_____

[08~10]

로봇세를 부과하는 근거가 명확하지 않기 때문에 세계의 모든 국가가 동시에 로봇세를 도입하기 어렵다. 서둘러 로봇세를 도입한 국가가 다른 국가에 비해 미래 경쟁력에서 뒤처질 수 있다. 지금도 로봇 기술은 외국의 대기업들이 독차지하고 있다. 그래서 우리의 기술 없이 로봇을 만들면 막대한 특허 사용료를 외국에 지급해야 한다. 그렇게 될 경우 로봇세를 도입한 국가는 다른 국가에 비해 기술 개발이 늦어질 수 있다. 국가의 미래 경쟁력을 기르려면 로봇 기술의 개발이 먼저 이루어져야 한다.

꼭나와 ㅂ

08 이 글의 제목은 「로봇세 도입을 늦추어야 한다」입니다. 제목을 그렇게 정한 까닭으로 알맞은 것을 두 가지 고르시오. (,   )

① 로봇 기술은 개발하기 쉽기 때문에
② 로봇 산업이 이미 발전했기 때문에
③ 로봇 산업 발전을 더디게 하기 때문에
④ 로봇 기술 개발에 집중할 때이기 때문에
⑤ 로봇세를 도입한 나라가 이미 있기 때문에

09 국가의 미래 경쟁력을 기르기 위해서 필요한 것이 무엇이라고 했는지 글에서 찾아 쓰시오.

(   )

10 글쓴이가 이 글을 쓴 의도를 알맞게 말한 친구의 이름을 쓰시오.

• 미란: 로봇세 도입이 필요하다고 생각하는 사람들에게 다른 관점으로도 생각할 수 있게 하려고 글을 썼을 거야.
• 희철: 로봇 기술 개발이 필요하다고 생각하는 사람들에게 다른 관점으로도 생각할 수 있게 하려고 글을 썼을 거야.

(   )

[11~14]

가 "나리! 저 같은 천민도 저런 똥오줌이나 깨진 기와 조각처럼 쓸모가 있을깝쇼?"

창대보다 먼저 입을 연 건 장복이였다.

나 "똥과 기와 조각은 사람의 손길에 따라 쓰임새가 정해지기도 하고, 버려지기도 하는 거다. ㉠사람으로 태어나서 어찌 다른 사람의 손길만 기다리겠느냐? 스스로 쓰임새를 찾는다면 어찌 똥오줌이나 깨진 기와 조각의 쓰임새에 비하겠으며, 그렇지 못하다면 그야말로 길거리에 굴러다니는 개똥보다 못할 것이니라."

"에이, 그게 뭡니까요? 맞으면 맞는다, 아니면 아니다 명확히 대답을 해 주셔야지요."

장복이의 응석에 나리는 다시 한번 꼬집어 말하였다.

"㉡스스로의 가치는 스스로가 매기는 거야. 다른 사람에게 맡길 것이 아닌 거야."

다 '나의 쓰임새는 과연 무엇인가?'

말고삐를 잡고 흙먼지를 마시는 것밖에 세상에서 창대가 할 수 있는 일은 없어 보였다. ㉢장복이는 그새 진지함은 게 눈 감추듯 하고, 흥얼흥얼 콧노래를 부르고 있었다.

창대는 저 멀리 서 있는 똥 누각이 차라리 부러웠다.

11 ㉠~㉢ 중 글쓴이의 생각이 담긴 표현이 아닌 것을 찾아 기호를 쓰시오.

( )

12 인물의 생각을 파악하며 다음 물음에 답하시오.

(1) 글 **다** 에서 창대는 무엇을 부러워했는지 쓰시오.

( )

(2) 창대가 (1)에서 답한 것을 부러워한 까닭을 짐작하여 쓰시오.

_____

_____

13 이 글의 시대적 배경이 조선 시대라는 것을 생각할 때, 글쓴이가 글을 쓰면서 예상한 독자는 누구이겠습니까? ( )

① 기와를 함부로 깨는 사람들

② 말고삐를 잡고 말을 타는 사람들

③ 고려 시대에 기와를 만든 사람들

④ 조선 시대 양반이나 관직에 있는 사람들

⑤ 사는 일이 힘들다고 응석을 부리는 미래의 사람들

14 글쓴이가 이 글을 쓴 의도로 알맞은 것을 **보기** 에서 찾아 기호를 쓰시오.

> **보기**
>
> ㉮ 조선 시대 사람들에게 신분 제도, 사물의 가치 따위에 대해 다른 관점으로 생각하게 하려고 글을 썼다.
>
> ㉯ 조선 시대 신분 제도에 대해 불만을 가진 사람들에게 신분 제도에 대해 다른 관점으로 생각하지 못하게 하려고 글을 썼다.

( )

15 '착한 사마리아인의 법을 제정해야 한다'는 주제에 찬성하는 편의 근거로 알맞은 것은 어느 것입니까? ( )

① 구조해야 하는 기준이 애매하다.

② 사람들이 지켜야 할 법이 너무 많다.

③ 당연한 일은 법으로 정할 필요가 없다.

④ 생명 보호에 대한 책임감을 가질 수 있다.

⑤ 사람들이 위험에 처하는 경우가 없어진다.

01 다음 광고를 만든 사람이 하고 싶은 말로 알맞은 것은 어느 것입니까? (   )

> 지금 우리의 아이들은 우리말의 'ㅌ'보다 알파벳의 'E'를 먼저 배우고 있습니다. 아이에서부터 어른에 이르기까지 국어보다 영어에 익숙해진 우리들.
>
> 자랑스러운 우리말은 우리 민족의 정신입니다.

① 영어를 배우자.
② 우리말을 사랑하자.
③ 외국어를 배우지 말자.
④ 자랑스러운 사람이 되자.
⑤ 영어와 국어의 차이점을 바르게 알자.

[02~04]

가 최고의 문화로 인류의 모범이 되는 것을 사명으로 삼는 우리 민족의 개개인은 이기적 개인주의자가 되어서는 안 된다. 우리는 개인의 자유를 극도로 주장하되, 그것은 저 짐승들과 같이 저마다 제 배를 채우기에 쓰는 자유가 아니요, 제 가족을, 제 이웃을, 제 국민을 잘 살게 하는 데 쓰이는 자유이다.

나 우리는 게으르지 아니하고 부지런하다. 사랑하는 처자를 가진 가장은 부지런할 수밖에 없다. 한없이 주기 위함이다. 힘든 일은 내가 앞서 하니 사랑하는 동포를 아낌이요, 즐거운 것은 남에게 권하니 사랑하는 자를 위하기 때문이다. 이것이 우리 조상들이 좋아하던 인자하고 어진 덕이다.

다 이상에 말한 것은 내가 바라는 새 나라의 용모의 일단을 그린 것이다. 동포 여러분! 이러한 나라가 된다면 얼마나 좋겠는가.

라 나는 우리의 힘으로, 특히 교육의 힘으로 반드시 이 일이 이루어질 것이라고 믿는다. 우리나라의 젊은 남녀가 다 이 마음을 가진다면 아니 이루어지고 어찌하랴!

02 글쓴이가 생각하는 진정한 자유로 알맞은 것은 어느 것입니까? (   )

① 부를 위해 쓰이는 자유
② 남을 위해 쓰이는 자유
③ 자신만을 위해 쓰이는 자유
④ 가족만을 위해 쓰이는 자유
⑤ 나라만을 위해 쓰이는 자유

03 글쓴이가 우리나라의 젊은 남녀가 가지기를 바라는 마음은 무엇이겠습니까? (   )

① 인자하고 어진 덕
② 게으름을 즐기는 배짱
③ 자기의 배만 채우려는 욕심
④ 최고가 되려고 노력하는 끈기
⑤ 자기의 생각을 주장할 수 있는 용기

서술형 상

04 이 글의 제목은 「내가 원하는 우리나라」입니다. 제목을 그렇게 정한 까닭을 짐작하여 쓰시오.

_____

_____

_____

05 글쓴이의 생각을 파악하며 글을 읽어야 하는 까닭으로 알맞은 것을 두 가지 고르시오.
(,   )

① 글을 빨리 읽을 수 있다.
② 어려운 낱말의 뜻을 알 수 있다.
③ 글쓴이와 같은 생각을 할 수 있다.
④ 글쓴이가 글을 쓴 의도와 목적을 알 수 있다.
⑤ 글의 내용을 좀 더 깊이 있게 이해할 수 있다.

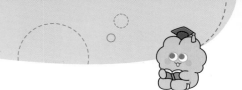

[06~09]

가 로봇세를 도입하면 그 세금으로 일자리를 잃은 사람들에게 진로 상담이나 적성 검사, 기술 교육 등을 할 수 있다. 또 로봇세를 활용하면 일자리를 잃은 사람들이 재교육을 받고 새로운 일자리를 찾는 데 도움을 줄 수 있다.

미래 사회에는 소수의 사람이 로봇으로 소득을 독점할 수 있다. 로봇을 소유하고 이용하는 사람이나 로봇에게 세금을 부과하면 소득의 독점을 막을 수 있다. 그런데 로봇에게 세금을 부과하려면 법적 근거를 마련해야 한다. 법적인 의미에서 자연인과 법인에게만 세금을 부과할 수 있다. 현행법으로는 기계인 로봇에게 세금을 부과할 수 없다. 그래서 2017년에 유럽 의회는 장기적으로 로봇에게 '특수한 권리와 의무를 가진 전자 인간'으로 법적 지위를 부여하는 입법을 집행 위원회가 추진하도록 결의했다. 이는 로봇을 소유하고 이용하는 사람뿐만 아니라 로봇에게도 세금을 부과할 수 있는 근거가 된다. 또 로봇세를 활용하면 소득을 재분배함으로써 국민의 복지 향상에 도움을 줄 수 있다.

나 로봇 산업이 ㉠본격적으로 발전하면 로봇은 인간을 대신하여 일을 하게 된다. 이럴 경우에 인간은 위험하거나 단순한 일, 반복적인 일에서 해방될 수 있다. 그런데 인간을 대신하여 일을 할 로봇에게 성급하게 세금을 부과한다면 로봇 산업 발전을 더디게 할 것이다. 특히 ㉡로봇 개발자는 개발 비용에 세금까지 더하여 마음의 ㉢부담을 느낄 수 있다. 로봇 개발자가 느끼는 마음의 부담은 로봇을 개발하는 과정에서 혁신적인 생각을 발전시키거나 과감한 투자를 하는 데에 ㉣걸림돌이 될 수 있다. 로봇세는 이제 발전하려는 로봇 산업에 방해가 된다.

06 글 **가**에 나타난 글쓴이의 생각에 어울리는 제목은 무엇입니까? (   )

① 소득을 재분배해야 한다
② 로봇세를 도입해야 한다
③ 로봇 기술 개발에 힘써야 한다
④ 로봇 관련 법이 제정되어야 한다
⑤ 로봇을 쉽게 소유할 수 있어야 한다

07 ㉠~㉣ 중 글 **나**의 글쓴이가 자신의 생각을 나타내려고 쓴 표현을 두 가지 찾아 기호를 쓰시오.

(   )

_{서술형 낭}

08 글 **나**에서 로봇세 도입이 로봇 산업 발전에 방해가 된다고 한 까닭을 쓰시오.

_____

_____

_____

_{어려워 낭}

09 글 **가**와 **나** 중 글쓴이가 다음 의도로 쓴 글의 기호를 쓰시오.

로봇세 도입에 부정적인 사람들에게 다른 관점으로도 생각할 수 있게 하려고 글을 썼다.

글 (   )

10 글을 읽고 글쓴이의 생각을 파악하는 방법으로 알맞지 **않은** 것은 어느 것입니까? (   )

① 글의 내용을 파악한다.
② 글쓴이가 글을 쓴 과정을 짐작한다.
③ 글쓴이가 예상하는 독자를 생각한다.
④ 글에 포함된 그림이나 사진을 살펴본다.
⑤ 제목과 글에서 사용한 표현을 통해 글쓴이의 관점을 알아본다.

[11~15]

가 "그러나 일류 선비는 뭐라고 말하는 줄 아느냐? 얼굴에 웃음기를 거두고 진지하고 근엄하게 말하곤 하지. '중국엔 도무지 볼 것이라곤 없습니다.' 사람들이 놀라 물으면, 일류 선비는 이렇게 대답할 것이다. '황제는 물론 장상과 대신 등 모든 관원과 백성이 머리를 깎았으니 오랑캐요, 오랑캐의 나라에서 볼 게 뭐가 있겠습니까?'"

나 "깨진 기와 조각은 천하에 쓸모없는 물건이다. 그러나 백성들의 집에 담을 쌓을 때 깨진 기와 조각을 둘씩 짝을 지어 물결무늬를 만들기도 하고, 혹은 네 조각을 모아 쇠사슬 모양이나 엽전 모양을 만들지 않느냐? 깨진 기와 조각도 알뜰하게 사용했기에 천하의 고운 빛깔을 다 낼 수 있었던 것이다."

다 "똥오줌을 생각해 보아라. 세상에 둘도 없이 더러운 것들이다. 하지만 거름으로 쓸 때는 한 덩어리라도 흘릴까 하여 조심하고, 말똥을 모으려 삼태기를 들고 말 꽁무니를 따라다니기도 하지 않느냐. 똥을 모아 그냥 두는 법도 없다. 네모반듯하게 쌓거나 팔각, 육각 등의 누각으로 쌓아 올려 똥거름 또한 모양을 만들어 두지 않았느냐. 그러니 나는 저 깨진 기와 조각과 똥 덩어리야말로 가장 볼만한 것이라 꼽을 것이다. 높디높은 성곽이나 궁실, 웅장한 사찰과 광활한 벌판보다 이것들이 더 아름답다 하지 않겠느냐."

말을 마친 나리는 흐뭇한 표정으로 주위를 둘러보았다.

라 장복이의 응석에 나리는 다시 한번 꼬집어 말하였다.

"스스로의 가치는 스스로가 매기는 거야. 다른 사람에게 맡길 것이 아닌 거야."

11 일류 선비가 중국에는 도무지 볼 것이 없다고 말하는 까닭은 무엇입니까? (   )

① 오랑캐의 나라이기 때문에
② 우리나라와 너무 다르기 때문에
③ 세계 여러 나라와 너무 비슷하기 때문에
④ 오랑캐의 문화를 받아들이지 않았기 때문에
⑤ 모든 관원과 백성의 머리 모양이 같기 때문에

12 나리는 똥오줌이 쓸모 있게 사용되는 때는 언제라고 했는지 글에서 찾아 쓰시오.

(   )

어려워 상

13 이 글에 나타난 글쓴이의 생각을 찾기 위해서 말한 내용이 알맞은 친구의 이름을 쓰시오.

• 민성: "얼굴에 웃음기를 거두고 진지하고 근엄하게 말하곤 하지."라는 말에 글쓴이의 생각이 담겨 있어.
• 수지: 이 글의 제목은 「기와 조각과 똥 덩어리」야. 글쓴이는 나리가 중국에서 기와 조각과 똥 덩어리를 인상 깊게 봤다고 생각했기 때문에 글의 제목을 그렇게 정했어.

(   )

14 이 글에 나타난 나리의 생각으로 알맞은 것은 어느 것입니까? (   )

① 비싸고 화려한 것이 소중하다.
② 사물의 쓰임새는 달라질 수 없다.
③ 사람의 가치는 태어날 때부터 정해진다.
④ 세상에서 제일 아름다운 곳은 중국이다.
⑤ 어떻게 쓰이느냐에 따라 사물의 가치가 달라질 수 있다.

서술형 상

15 이 글에 나타난 글쓴이의 생각과 자신의 생각을 비교하여 쓰시오.

_____

_____

_____

→ 바른답·알찬풀이 11쪽

[16~19]

1 1928년 미국의 한 부둣가… 산책하던 중 실수로 바다에 빠진 남자	**2** "살려 주세요." "살려 주세요."
3 그런데	**4** 다급한 구조 요청에도 무관심
5 젊은이를 상대로 소송을 낸 익사자 가족 "그때 도와줬다면 내 아들은 죽지 않았어요."	**6** 소송 기각 현재 법률엔 구조의 의무가 명시돼 있지 않다.
7 만약 1928년 '착한 사마리아인의 법'이 있었다면?	**8** 착한 사마리아인의 법: 위험에 처한 사람을 돕지 않으면 처벌할 수 있는 법 제도

16 구조 요청에 무관심한 젊은이가 했을 생각으로 알맞은 것을 두 가지 고르시오. (,   )

① 내 일이 아니야.
② 자기 자신만 생각하면 안 돼.
③ 주변에 관심을 가지고 살아야 해.
④ 어려움에 처한 사람을 도와주어야 해.
⑤ 괜히 도와주었다가 나도 다칠 수 있어.

17 착한 사마리아인의 법에 의해 처벌받지 않으려면, 위험에 처한 사람을 보았을 때 어떻게 해야 하는지 쓰시오.

(   )

18 '착한 사마리아인의 법을 제정해야 한다'를 주제로 토론할 때, 자신의 주장과 근거를 <u>잘못</u> 말한 친구의 이름을 쓰시오.

> • 정서: 착한 사마리아인의 법을 제정해야 해. 법으로 정해 놓아야 사람들이 지킬 거야.
> • 민경: 착한 사마리아인의 법을 제정하면 안 돼. 조심하지 않아서 생기는 위험은 스스로가 책임져야 해.
> • 은율: 착한 사마리아인의 법을 제정해야 해. 당연히 해야 할 일을 법으로 정해 놓으면 법이 너무 많아져.

(   )

어려워 😮

19 '착한 사마리아인의 법을 제정해야 한다'를 주제로 토론할 때, 다음 주장에 대해 반론할 내용으로 알맞은 것은 어느 것입니까? (   )

> 남을 돕는 것은 개인의 선택이므로 남을 돕는 것을 법으로 정하는 것은 개인의 자유를 침해하는 것이다.

① 남을 돕는 것은 힘든 일이다.
② 법을 만드는 과정은 별로 어렵지 않다.
③ 우리는 살면서 선택해야 할 일이 매우 많다.
④ 대부분의 사람들은 자유를 중요하게 생각한다.
⑤ 단순히 돕는 것은 선택이지만 사람의 생명이 걸린 일은 의무라고 생각해야 한다.

20 토론할 때 근거를 설명하기 위해 제시할 자료로 알맞지 <u>않은</u> 것은 어느 것입니까? (   )

① 책   ② 통계 자료
③ 신문 기사   ④ 사회자의 의견
⑤ 전문가의 의견

개념 1 뉴스가 우리 생활에 미치는 영향

- 새로운 ① ㅈ ㅂ 를 알려 줍니다.

- 어떤 일을 긍정적이거나 비판적인 ② ㅅ ㄱ 으로 보게 합니다.

- 여러 사람의 생각에 영향을 주어 여론을 형성합니다.

1 다음은 기후 협약에 대한 뉴스를 본 사람들의 반응입니다. 이처럼 뉴스가 사람들의 생각에 영향을 줄 때 형성되는 것은 무엇인지 쓰시오.

> 여 1: 지금은 힘들겠지만 다음 세대를 위해 환경을 보전하는 일은 꼭 필요해요.
> 남 1: 그럼요. 우리가 실천할 수 있는 방법을 찾아봐야겠어요.

(   )

개념 2 광고에 나타난 표현의 적절성 판단하기

- 사진이나 그림, 글, 소리, 글씨체, 글씨 크기와 색, 화면 구도와 색감, 반복되는 말 등을 살펴봅니다.

- ③ ㄱ ㅈ 하거나 감추거나 차별하는 내용이 있는지 살펴 과장 광고나 ④ ㅎ ㅇ 광고인지 판단합니다.

- '무조건', '절대로', '최고' 같은 과장된 표현을 비판적으로 살펴봅니다.

2 다음 광고에서 사용한 과장된 표현은 무엇입니까? (   )

신바람 자전거

기분 최고, 건강 최고, 기술력 최고!
신바람 자전거가 선사합니다.

① 기분　② 최고　③ 건강　④ 기술력　⑤ 신바람

개념 3 뉴스에 나타난 정보의 타당성 판단하기

- 뉴스는 '진행자의 도입 - 기자의 보도 - 기자의 마무리' 순서대로 진행됩니다.

- ⑤ ㄱ ㅊ 있고 중요한 뉴스인지, 뉴스의 관점과 보도 내용이 서로 관련 있는지 살펴봅니다.

- 활용한 자료들이 뉴스의 관점을 ⑥ ㄷ ㅂ ㅊ 하는지, 자료의 출처가 명확한지 살펴봅니다.

3 다음은 채민이가 스마트 기부 확산에 대한 뉴스를 보고 말한 내용입니다. 채민이가 뉴스의 타당성을 판단한 방법으로 알맞은 것을 찾아 ○표 하시오.

> • 채민: 뉴스의 관점을 뒷받침하려고 시민·전문가와의 면담 자료, 통계 자료를 활용했어.

(1) 자료의 출처가 명확한지 살피기 (   )
(2) 가치 있고 중요한 뉴스인지 살피기 (   )
(3) 뉴스의 관점과 보도 내용이 서로 관련 있는지 살피기
(   )
(4) 활용한 자료들이 뉴스의 관점을 뒷받침하는지 살피기
(   )

정답 ① 정보 ② 시각 ③ 과장 ④ 허위 ⑤ 가치 ⑥ 뒷받침

01 뉴스가 우리 생활에 미치는 영향으로 알맞지 <u>않은</u> 것을 두 가지 고르시오. (　,　)

① 사람들에게 새로운 정보를 알려 준다.
② 사람들이 어떤 상품을 선택하도록 설득한다.
③ 사람들이 남의 일에 관심을 가지지 않게 한다.
④ 여러 사람의 생각에 영향을 주어 여론을 형성한다.
⑤ 어떤 일을 긍정적이거나 비판적인 시각으로 보게 한다.

【02~05】

1 뭘 이렇게 많이 시켜? 다 못 먹으면 남기면 되지.	**2** 냉장고의 음식들은 다 어쩔 거니? 다 버릴 거예요.
3 남은 음식 싸 달라고 할까? 싸 가긴 뭘 싸 가, 창피하게.	**4** 음식물 쓰레기 경제적 손실 연간 약 20조 원
5 중형차 100만 대를 버리는 것과 같습니다.	**6** 버려야 할 것은 잘못된 음식 문화입니다.

02 이 광고에서는 한 해에 버려지는 음식물 쓰레기를 무엇과 비교했는지 찾아 쓰시오.

(　　　　　　　　)

서술형 상
03 광고의 표현 특성을 생각하며 다음 물음에 답하시오.

(1) 이 광고에서 바다에 떨어지고 있는 것은 무엇인지 쓰시오.

(　　　　　　　　)

(2) 이 광고에서 (1)의 답이 바다에 떨어지는 장면을 보여 준 까닭을 쓰시오.

_____

_____

꼭나와 ㄷ
04 눈에 쉽게 띄게 하기 위해서 이 광고에서 글자와 색깔을 표현한 방법을 에서 찾아 기호를 쓰시오.

보기
㉮ 글자의 크기를 모두 같게 했다.
㉯ 장면마다 글자색을 다르게 표현했다.
㉰ 중요한 글자의 배경을 빨간색으로 표시하고 더 크게 강조했다.

(　　　　　　　　)

05 이와 같은 광고를 볼 때 소리를 들으면 좋은 점을 두 가지 고르시오. (　,　)

① 주제를 더 잘 파악할 수 있다.
② 광고를 부정적으로 볼 수 있다.
③ 내용이 더 인상 깊게 느껴진다.
④ 사진이나 그림을 보지 않아도 된다.
⑤ 광고의 내용을 그대로 받아들여도 된다.

국어

[06~08]

무료하고 따분하고 재미있는 일이 없을 때, 당신의 일상에 ㉠신바람이 일어납니다.

건강해지려고 아령도 들고 줄넘기도 해 보지만 체력이 여전히 바닥일 때, 당신의 건강에 신바람이 일어납니다. 신바람 자전거!

당신의 즐거운 일상과 건강한 체력을 책임져 줄 단 한 가지! 신바람 자전거!

소비자 만족도 1위

독보적인 디자인과 튼튼한 내구성을 인정받아 소비자 만족도 1위를 달성했습니다.

신바람 자전거

기분 최고, 건강 최고, 기술력 최고! 신바람 자전거가 선사합니다.

06 무엇을 광고하고 있는지 쓰시오.

(   )

07 이 광고에서 광고 화면을 밝고 긍정적으로 표현한 까닭은 무엇입니까? (   )

① 제품의 단점을 과장하기 위해서
② 제품의 가격이 비싼 것을 감추기 위해서
③ 제품의 사용자가 어린이임을 알리기 위해서
④ 제품의 이미지를 긍정적으로 전달하기 위해서
⑤ 제품의 기능이 많다는 것을 강조하기 위해서

꼭나와 ♡

08 ㉠에서 과장하거나 감추는 내용으로 알맞은 것은 어느 것입니까? (   )

① 자전거를 타면 위험할 수도 있다.
② 아이들은 따분할 시간이 별로 없다.
③ 재미없는 일은 별로 일어나지 않는다.
④ 자전거를 타면 전혀 신바람이 나지 않는다.
⑤ 자전거를 탄다고 누구나 신바람이 나는 것은 아니다.

[09~10]

가 [㉠ 의 도입] 즐거운 성탄절이지만 어려움 속에서 도움을 기다리는 곳도 적지 않습니다. 다행히 기부가 늘어나고 있는데요. 올해 구세군에 모금된 금액은 44억 원으로 지난해보다 4억 원이 많아졌습니다. 사랑의 열매에는 1700억 원 넘게 모여서 목표액의 절반 이상을 채웠고 사랑의 온도 탑도 수은주가 50도를 넘어섰습니다. 어려운 경기 속에도 이렇게 기부가 늘어난 데는 재미와 감동이 함께하는 이른바 '스마트 기부'가 한몫을 하고 있습니다. 신방실 기자가 전해 드립니다.

나 [기자의 마무리] 디지털 기술의 진화가 이웃 사랑을 실천하는 촉매제가 되고 있습니다. KBS 뉴스 신방실입니다.

서술형 ♡

09 뉴스의 짜임을 생각하며 다음 물음에 답하시오.

(1) ㉠에 들어갈 알맞은 말을 쓰시오.

(   )

(2) (1)의 답은 뉴스에서 어떤 역할을 하는지 쓰시오.

_____

_____

10 이와 같은 뉴스의 타당성을 판단하는 방법으로 알맞지 <u>않은</u> 것은 어느 것입니까? (   )

① 자료의 출처가 명확한지 살핀다.
② 가치 있고 중요한 뉴스인지 살핀다.
③ 뉴스의 내용이 이해하기 쉬운지 살핀다.
④ 뉴스의 관점과 보도 내용이 서로 관련 있는지 살핀다.
⑤ 활용한 자료들이 뉴스의 관점을 뒷받침하는지 살핀다.

[11~13]

가 [진행자의 도입] 독감 때문에 요즘 감염 걱정이 많죠? 하지만 '30초 손 씻기'만 제대로 실천해도 웬만한 감염병은 막을 수 있다고 합니다. '30초의 기적'이라고까지 하는 올바른 손 씻기 방법을 이선주 기자가 알려 드립니다.

나 [기자의 보도] 하루에도 몇 번씩 씻는 손, 손을 씻는 방법은 제각각입니다.

<면담> 박윤철 6학년 1반 학생

"평소에는 그냥 물로 씻는 편이에요."

<면담> 금성혜 6학년 3반 학생

"그냥 물휴지 정도로 닦는 편이에요."

손을 어떻게 씻어야 손에 번식하는 세균을 없앨 수 있을지 알아보려고 손에 형광 물질을 바르고 실험했습니다. 10초 동안 비누로 손바닥과 손가락을 비벼 가며 열심히 씻는 것이 중요합니다. 이렇게 수시로 30초 동안 손을 씻으면 감염병의 70퍼센트는 예방할 수 있습니다.

<면담> 하영은 보건 선생님

"감기를 비롯해 장염, 식중독 따위도 모두 손을 깨끗이 씻으면 예방할 수 있습니다."

다 [기자의 마무리] 특히 중요한 것은 손으로 얼굴을 자주 만지지 않는 것입니다. 우리는 평균 한 시간에 3.6회나 얼굴을 만진다는 연구 결과도 있는데요, 이렇게 자주 얼굴을 만지면 눈, 코, 입으로 세균이 들어가 감염되기 쉽습니다.

11 이 뉴스를 보고 알 수 있는 내용은 무엇입니까?
( )

① 독감의 원인　　② 감기의 증상
③ 손의 더러움　　④ 감염병의 종류
⑤ 올바른 손 씻기 방법

12 이 뉴스에서 관점을 뒷받침하려고 활용한 자료가 <u>아닌</u> 것을 두 가지 고르시오. (　　,　　)

① 관련 실험　　② 통계 자료
③ 연구 결과　　④ 전문가 면담
⑤ 설문 조사 결과

꼭나와 ♥

13 이 뉴스의 관점과 보도 내용이 서로 관련 있는지 알맞게 판단하여 말한 친구의 이름을 쓰시오.

- 범석: 뉴스의 관점과 다르게 장염이나 식중독 이야기도 했어.
- 연서: 뉴스에 손으로 얼굴을 자주 만진다는 연구 결과의 출처가 없으므로 명확하게 제시해야 해.
- 경민: 뉴스의 관점과 관련해 사람들의 손 씻기 방법이 제각각임을 소개하고, 올바른 손 씻기 방법을 제시했어.

(　　　　　　　　)

14 뉴스의 주제를 정할 때 생각할 점으로 알맞은 것을 두 가지 고르시오. (　　,　　)

① 관련 자료를 찾기 쉬운가?
② 길게 보도할 수 있는 내용인가?
③ 여러 사람들이 이미 아는 내용인가?
④ 사람들이 관심 있어 할 만한 내용인가?
⑤ 사람들에게 알려 줄 만한 가치가 있는가?

15 뉴스를 발표할 때 주의할 점으로 알맞은 것은 어느 것입니까? (　　　　)

① 정확하지 않은 내용도 다양하게 전한다.
② 항상 슬픈 표정으로 뉴스 내용을 전한다.
③ 뉴스 원고를 책을 읽듯이 또박또박 읽는다.
④ 누구나 알아들을 수 있도록 느리게 말한다.
⑤ 적절하지 않은 표현이나 부정확한 내용은 뉴스 내용으로 구성하지 않는다.

[01~03]

지구 온난화를 막기 위해 전 세계가 참가한 보편적 기후 변화 협정이 프랑스 파리에서 체결됐습니다.

31쪽 분량의 '파리 협정' 최종 합의문 핵심은 지구의 기온 상승 폭을 산업화 이전 대비 섭씨 2도 아래로 억제하고, 가능하면 섭씨 1.5도까지 낮추는 것입니다.

또 온실가스 감축을 위해 선진국들이 2020년까지 매년 천억 달러, 우리 돈 118조 원의 기금을 개발 도상국에 지원하도록 하는 내용도 담겼습니다.

01 이 뉴스는 무엇에 대한 내용을 전하고 있는지 네 글자로 된 낱말을 찾아 쓰시오.

(   )

서술형

02 이 뉴스를 보고 어떤 생각이 들었는지 쓰시오.

_____

_____

03 다음은 이 뉴스를 본 사람들의 반응입니다. 뉴스가 우리 생활에 미치는 영향 중 무엇과 관련 있는지 가장 알맞은 것을 찾아 ○표 하시오.

> 남 1: 기후 협약이 체결되면 우리나라에서도 온실가스 배출 규정이 강화되어 사람들의 생활이 불편해질 수 있어.
> 여 1: 참여하지 않는 나라는 비판받을 만해.

(1) 사람들에게 있지도 않은 정보를 알려 준다.
(   )
(2) 상품이 잘 팔리게 하려고 상품 기능을 부풀린다. (   )
(3) 어떤 일을 긍정적이거나 비판적인 시각으로 보게 한다. (   )

[04~05]

뭘 이렇게 많이 시켜?
다 못 먹으면 남기면 되지.

냉장고의 음식들은 다 어쩔 거니?
다 버릴 거예요.

남은 음식 싸 달라고 할까?
싸 가긴 뭘 싸 가, 창피하게.

음식물 쓰레기 경제적 손실
연간 약 20조 원

중형차 100만 대를 버리는 것과 같습니다.

버려야 할 것은
잘못된 음식 문화입니다.

어려워

04 이 광고의 표현 특성으로 알맞은 것을 두 가지 고르시오. (,   )

① 어려운 낱말을 강조했다.
② 흥미를 느끼도록 분위기를 밝게 표현했다.
③ 쉽게 잊혀지도록 같은 말을 반복해 사용했다.
④ 효과적으로 표현하려고 비슷한 문장 구조를 반복했다.
⑤ 주제가 잘 드러나도록 글과 사진을 효과적으로 사용했다.

05 이 광고에서 말하려고 하는 내용은 무엇입니까?
(   )

① 일회용품 사용을 줄이자.
② 잘못된 음식 문화를 버리자.
③ 바다에 쓰레기를 버리지 말자.
④ 자동차를 줄여 대기 오염을 막자.
⑤ 적정 체중을 유지하기 위해 적당히 먹자.

[06~08]

무료하고 따분하고 재미 있는 일이 없을 때, 당신의 일상에 신바람이 일어납니다.

건강해지려고 아령도 들고 줄넘기도 해 보지만 체력이 여전히 바닥일 때, 당신의 건강에 신바람이 일어납니다.

당신의 즐거운 일상과 건강한 체력을 책임져 줄 단 한 가지! 신바람 자전거!

소비자 만족도 1위

독보적인 디자인과 튼튼한 내구성을 인정받아 ㉠ 소비자 만족도 1위를 달성했습니다.

신바람 자전거

기분 최고, 건강 최고, 기술력 최고! 신바람 자전거가 선사합니다.

06 이 광고에서 신바람 자전거는 어떤 점이 좋다고 했는지 알맞은 것을 두 가지 고르시오.

(,   )

① 가벼운 무게   ② 저렴한 가격
③ 화려한 색깔   ④ 튼튼한 내구성
⑤ 독보적인 디자인

07 이 광고에서 비판적으로 보아야 하는 표현은 무엇입니까? (   )

① 당신의 일상
② 당신의 건강
③ 체력이 여전히 바닥일 때
④ 신바람 자전거가 선사합니다.
⑤ 당신의 즐거운 일상과 건강한 체력을 책임져 줄 단 한 가지!

서술형 ✏

08 ㉠에서 과장하거나 감추는 내용을 쓰시오.

_____

_____

[09~10]

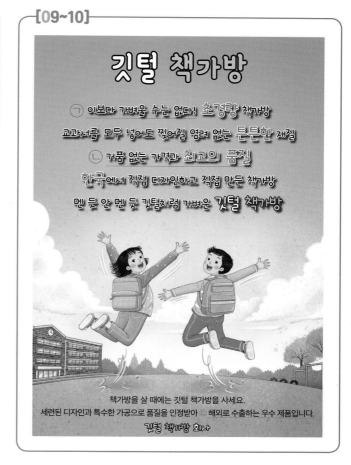

깃털 책가방

㉠ 이보다 가벼울 수는 없다! 초경량 책가방
교과서를 모두 넣어도 찢어질 염려 없는 튼튼한 재질
㉡ 거품 없는 가격과 최고의 품질
한국에서 직접 디자인하고 직접 만든 책가방
멘 듯 안 멘 듯 깃털처럼 가벼운 깃털 책가방

책가방을 살 때에는 깃털 책가방을 사세요.
세련된 디자인과 특수한 가공으로 품질을 인정받아 ㉢ 해외로 수출하는 우수 제품입니다.
깃털 책가방 회사

09 무엇을 광고하고 있는지 쓰시오.

(   )

어려워 🤔

10 ㉠~㉢에서 과장하거나 감추는 내용을 잘못 말한 친구의 이름을 쓰시오.

> • 병훈: ㉠은 더 가벼운 책가방이 있을 수 있기 때문에 과장되었어.
> • 지민: ㉡은 가격과 거품이라는 말이 어울리지 않기 때문에 과장되었어.
> • 예준: ㉢은 어떤 나라로 수출하는지와 관련 있는 자세한 정보를 감추고 있어.

(   )

11 광고 내용을 그대로 믿을 때 일어날 수 있는 문제점을 바르게 쓴 것을 보기에서 모두 찾아 기호를 쓰시오.

> **보기**
>
> ㉮ 광고 내용을 모두 믿고 제품을 구입하면 피해를 입을 수 있다.
> ㉯ 광고 내용을 그대로 믿으면 정확한 정보를 쉽게 얻게 되니까 좋지 않다.
> ㉰ 비판하지 않고 광고를 보면 그 내용을 모두 사실이라고 믿을 수 있어서 위험하다.

( )

[12~15]

가 [진행자의 도입] 즐거운 성탄절이지만 어려움 속에서 도움을 기다리는 곳도 적지 않습니다. 다행히 기부가 늘어나고 있는데요. 올해 구세군에 모금된 금액은 44억 원으로 지난해보다 4억 원이 많아졌습니다. 사랑의 열매에는 1700억 원 넘게 모여서 목표액의 절반 이상을 채웠고 사랑의 온도 탑도 수은주가 50도를 넘어섰습니다. 어려운 경기 속에도 이렇게 기부가 늘어난 데는 재미와 감동이 함께하는 이른바 '스마트 기부'가 한몫을 하고 있습니다. 신방실 기자가 전해 드립니다.

나 [기자의 보도] 기부 자판기도 새로 등장했습니다. 메뉴판엔 물이나 신발, 약이 있고 2천5백 원부터 만 원까지 금액도 있어, 원하는 것을 고르면 지구 반대편 어린이에게 그대로 전달됩니다.

이렇게 걷는 것만으로도 기부할 수 있는 스마트폰 앱도 있습니다. 100미터에 10원씩 기부금이 쌓이는 동안 건강까지 챙길 수 있습니다.

다 [기자의 마무리] 디지털 기술의 진화가 이웃 사랑을 실천하는 촉매제가 되고 있습니다. KBS 뉴스 신방실입니다.

12 어려운 경기 속에도 기부가 늘어난 것은 무엇 덕분이라고 했는지 쓰시오.

( )

13 이 뉴스의 짜임 중 전체 내용을 요약하거나 핵심 내용을 강조한 부분을 보기에서 찾아 쓰시오.

> **보기**
>
> 진행자의 도입, 기자의 보도, 기자의 마무리

( )

14 가~다 중 다음과 같은 전문가의 면담 내용이 들어가기에 알맞은 것의 기호를 쓰시오.

> <면담> ○○○(△△△병원 정신건강의학과 교수)
> "기부에 있어서 마일리지나 포인트 등을 이용할 수 있게 유도한다는 것은 조금 더 사람들이 기부에 손쉽게 다가갈 수 있는 방법 중 하나입니다."

( )

어려워

15 이 뉴스의 타당성을 다음의 방법으로 판단한 것은 어느 것입니까? ( )

> 가치 있고 중요한 뉴스인지 살피기

① 뉴스의 짜임에 맞게 뉴스 원고를 썼다.
② 뉴스를 취재한 기자가 누구인지 밝혔다.
③ 뉴스의 관점을 뒷받침하려고 통계 자료를 활용했다.
④ 뉴스의 관점에 맞게 스마트 기부의 종류를 소개했다.
⑤ 스마트 기부가 우리 사회에서 가치 있고 중요하기 때문에 이를 보도 내용으로 다루었다.

[16~17]

가 [진행자의 도입] 독감 때문에 요즘 감염 걱정이 많죠? 하지만 '30초 손 씻기'만 제대로 실천해도 웬만한 감염병은 막을 수 있다고 합니다. '30초의 기적'이라고까지 하는 올바른 손 씻기 방법을 이선주 기자가 알려 드립니다.

나 [기자의 보도] 손을 어떻게 씻어야 손에 번식하는 세균을 없앨 수 있을지 알아보려고 손에 형광 물질을 바르고 실험했습니다. 10초 동안 비누로 손바닥과 손가락을 비벼 가며 열심히 씻는 것이 중요합니다. 이렇게 수시로 30초 동안 손을 씻으면 감염병의 70퍼센트는 예방할 수 있습니다.

<면담> 하영은 보건 선생님

"감기를 비롯해 장염, 식중독 따위도 모두 손을 깨끗이 씻으면 예방할 수 있습니다."

다 [기자의 마무리] 특히 중요한 것은 손으로 얼굴을 자주 만지지 않는 것입니다. 우리는 평균 한 시간에 3.6회나 얼굴을 만진다는 연구 결과도 있는데요, 이렇게 자주 얼굴을 만지면 눈, 코, 입으로 세균이 들어가 감염되기 쉽습니다.

16 감염병을 예방하려면 얼마 동안 손을 씻으라고 했는지 쓰시오.

(   )

서술형

17 이 뉴스의 타당성을 다음의 방법으로 판단하여 쓰시오.

> 활용한 자료들이 뉴스의 관점을 뒷받침하는지 살피기

_____

_____

_____

18 뉴스를 만드는 과정에 맞게 순서대로 번호를 쓰시오.

(1) 뉴스 원고 쓰기   (   )
(2) 뉴스로 보도하기   (   )
(3) 알리려는 내용 취재하기   (   )
(4) 뉴스 영상을 제작하고 편집하기 (   )
(5) 어떤 내용을 보도할지 회의하기 (   )

19 자신이 만들고 싶은 뉴스의 주제를 정하고 어떤 관점으로 뉴스를 만들고 싶은지 알맞게 말한 친구의 이름을 쓰시오.

> • 정민: 일회용품을 많이 사용해서 일어나는 환경 문제를 알아보는 뉴스를 만들고 싶어. 일회용품의 종류를 늘리자는 관점을 제시할 거야.
> • 소율: 나는 갈수록 늘어나는 음식물 쓰레기 문제의 심각성을 알리는 뉴스를 만들고 싶어. 한 해에 버려지는 음식물 쓰레기 양을 조사하고, 어떻게 하면 가정에서 음식물 쓰레기를 줄일 수 있는지 해결책도 함께 제시할 거야.

(   )

20 뉴스 원고를 쓰는 방법으로 알맞지 **않은** 것은 어느 것입니까? (   )

① 타당한 정보를 제시한다.
② 길고 자세한 표현을 사용한다.
③ 인격을 존중하는 말을 사용한다.
④ 어려운 말은 쉽게 풀어서 말하듯이 쓴다.
⑤ 사람들이 쉽고 분명하게 그 내용을 알 수 있도록 정확한 표현을 사용한다.

개념 ① 글을 고쳐 쓰면 좋은 점

- 적절하지 않은 낱말이나 틀린 문장이 없으면 읽는 사람이 글을 더 쉽게 **①** ㅇ ㅎ 할 수 있습니다.

- 군더더기 없는 글을 쓰면 자신의 생각을 더 잘 전달할 수 있습니다.

- 필요한 내용을 더 쓰면 자세하고 내용이 **②** ㅍ ㅂ 한 글이 됩니다.

1 ㉠~㉣ 중 글쓴이의 생각을 더 잘 전달하기 위해서 삭제해야 하는 것을 두 가지 찾아 기호를 쓰시오.

> 여러분, 불량 식품을 먹지 맙시다. ㉠불량 식품을 먹고 나서 쓰레기를 버리는 사람이 많습니다. ㉡그렇게 버린 쓰레기들이 우리 학교 주변을 더럽혀 보기에도 좋지 않고, 악취도 납니다. ㉢불량 식품에는 무엇이 들어갔는지, 그리고 유통 기한은 언제까지인지 정확히 적혀 있지 않습니다. ㉣불량 식품을 먹으면 해로운 물질이 몸에 들어가 병에 걸리기 쉽습니다.

(   )

개념 ② 글을 고쳐 쓰는 방법

- 글, 문단, 문장, 낱말 수준에서 각각 고쳐야 할 점을 생각합니다.

- **③** ㅁ ㄷ 흐름이 자연스러운지, 중심 생각이 잘 나타났는지, 틀린 문장이나 낱말이 있는지 살펴봅니다.

- **④** ㄱ ㅈ ㅂ ㅎ 를 사용해 틀린 부분을 고쳐 씁니다.
  - 띄어 쓸 때 ∨, 붙여 쓸 때 ⌒, 한 글자를 고칠 때 ○, 여러 글자를 고칠 때 ＼＿, 글자를 뺄 때 ⤴, 글의 내용을 **⑤** ㅊ ㄱ 할 때 Y 사용하기

2 ㉠~㉤ 중 교정 부호를 사용해 바르게 고치지 **못한** 것은 어느 것입니까? (   )

> 하루 세끼 가운데에서 가장 ㉠중요한것이 아침밥이다. 부모님께서는 건강하려면 아침밥을 먹어야 한다고 말씀하신다. 비록 ㉡한 끼라서 아침밥을 거르거나 대충 때우면 ㉢하루 온종일 열량과 영양소가 부족해 건강을 잃게 된다. 아침밥을 거르면 영양소가 ㉣부족 해 몸도 마음도 힘들어진다. 그렇다면 아침밥을 먹어야 하는 ㉤까닥은 무엇일까?

① ㉠: 중요한것이 ∨
② ㉡: 한 끼라서   일지라도
③ ㉢: 하루
④ ㉣: 부족 해
⑤ ㉤: 까닥은

개념 ③ 자료를 활용해 주장하는 글 쓰기

- 문제와 관련한 자신의 **⑥** ㅈ ㅈ 을 정한 뒤 자료를 찾아 읽고, 근거와 뒷받침 자료를 정리합니다.

- 주장하는 글의 짜임을 생각하며 글을 씁니다.

3 다음 주장의 근거로 알맞은 것을 찾아 ○표 하시오.

> 동물 실험을 하지 말아야 한다.

(1) 동물의 종류는 매우 다양하다. (   )
(2) 동물의 생명도 똑같이 소중하다. (   )
(3) 동물 실험에 사용되는 동물을 잘 돌보면 문제가 없다. (   )

정답 **①** 이해 **②** 풍부 **③** 문단 **④** 교정 부호 **⑤** 추가 **⑥** 주장

[01~02]

쓰레기가 되는 불량 식품

여러분, 불량 식품을 먹지 맙시다. 불량 식품을 먹고 나서 쓰레기를 버리는 사람이 많습니다. 그렇게 버린 쓰레기들이 우리 학교 주변을 더럽혀 보기에도 좋지 않고, 악취도 납니다. 불량 식품에는 무엇이 들어갔는지, 그리고 유통 기한은 언제까지인지 정확히 적혀 있지 않습니다. 불량 식품을 먹으면 해로운 물질이 몸에 들어가 병에 걸리기 쉽습니다. 불량 식품은 아무리 맛있어서 먹으면 안 됩니다.

01 이 글의 주제는 무엇인지 ( ) 안에 들어갈 알맞은 말을 쓰시오.

• (   )을/를 먹지 말자.

02 이 글의 문제점으로 알맞은 것을 두 가지 고르시오. (,   )

① 다섯 문장으로 글을 완성했다.
② 맞춤법에 어긋난 낱말이 있다.
③ 주제와 관련 없는 내용이 있다.
④ 주제를 직접 드러낸 제목을 붙였다.
⑤ 문장의 호응이 어색한 부분이 있다.

03 글을 고쳐 쓰면 좋은 점으로 알맞은 것을 보기에서 모두 찾아 기호를 쓰시오.

> **보기**
> ㉮ 많은 생각을 전달할 수 있다.
> ㉯ 자세하고 내용이 풍부한 글이 된다.
> ㉰ 읽는 사람이 글을 더 쉽게 이해할 수 있다.

(   )

[04~05]

요즘 많은 어린이가 이야기할 때 은어나 비속어를 ㉠사용했다. 국립국어원 조사에 따르면 조사 대상 초등학생의 93퍼센트가 비속어를 사용한 적이 있다고 한다. 만약 학생 열 명이 ㉡있기 때문에 적어도 아홉 명은 비속어를 사용한 적이 있는 것이다. 비속어가 아닌 고운 말을 사용해야 하는 까닭은 무엇일까?

고운 말을 사용하면 서로 존중하는 마음을 전할 수 있다. ㉢흔히 말이 눈에 보이지 않는 마음임을 표현할 때 "말은 마음의 거울"이라는 격언을 사용한다. ㉣고운 말을 사용해야 하는 것은 어린이만이 아니다. ㉤존중하는 마음이 없다면 고운 말도 나오지 않는다.

꼭나와 ㅂ

04 ㉠과 ㉡을 모두 바르게 고쳐 쓴 것은 어느 것입니까? (   )

① ㉠: 사용한다 ㉡: 있어도
② ㉠: 사용한다 ㉡: 있기에
③ ㉠: 사용한다 ㉡: 있다면
④ ㉠: 사용합시다 ㉡: 있다면
⑤ ㉠: 사용합시다 ㉡: 있을지라도

서술형 ㅂ

05 글에서 고쳐 써야 할 부분을 생각하며 다음 물음에 답하시오.

(1) ㉢~㉤ 중 필요 없는 문장을 찾아 기호를 쓰시오.

(   )

(2) (1)에서 답한 문장이 필요 없는 까닭을 쓰시오.

_____

_____

[06~08]

고운 말을 사용하면 다른 사람과 원활하게 대화할 수 있다. 은어나 비속어는 〔 ⊙ 〕 대화를 어렵게 하고 오해를 불러일으킨다. ⓒ단순히 재미있으려고 은어나 비속어를 사용했다가 친구들끼리 투쟁으로 이어지는 경우도 있고, 어른과 어린이의 일상적인 대화가 어려워지는 경우도 있다.

ⓒ고운 말을 사용하면 친구 관계가 좋아진다. 말은 우리 민족의 혼이 담긴 소중한 문화유산이다. 은어나 비속어를 사용한다면 그것이 우리 후손에게 그대로 전해질 것이다. 고운 말을 사용해 아름다운 우리말을 지켜야 한다.

06 ⊙에 들어갈 가장 알맞은 말은 무엇입니까?

( )

① 빠른 　② 원활한 　③ 지나친
④ 편리한 　⑤ 화려한

07 ⓒ을 고쳐 쓰는 방법으로 알맞은 것은 어느 것입니까? ( )

① '단순히'를 삭제한다.
② '일상적인'을 삭제한다.
③ '있고'를 '있으며'로 고쳐 쓴다.
④ '투쟁'을 '싸움'으로 고쳐 쓴다.
⑤ '어려워지는'을 '쉬워지는'으로 고쳐 쓴다.

08 ⓒ을 뒷받침 문장들과 어울리도록 바꾸어 쓴 것을 보기에서 찾아 기호를 쓰시오.

보기

㉮ 고운 말을 사용하면 친구가 많아진다.
㉯ 우리말에는 우리 민족의 혼이 담겨 있다.
㉰ 고운 말을 사용하는 것은 우리말을 지키는 것과 같다.

( )

[09~10]

아침밥의 중요성

하루 세끼 가운데에서 가장 중요한 것이 아침밥이다. 부모님께서는 건강하려면 아침밥을 먹어야 한다고 말씀하신다. 비록 한 끼일지라도 아침밥을 거르거나 대충 때우면 온종일 열량과 영양소가 부족해 건강을 잃게 된다. 아침밥을 거르면 영양소가 부족해 몸도 마음도 힘들어진다. 그렇다면 아침밥을 먹어야 하는 까닭은 무엇일까?

아침밥은 장수의 필수 조건이다. 날마다 아침밥을 거르면 밤새 분비된 위산이 중화되지 않아 위가 ⊙불편해졌다. 이런 습관이 ⓒ오래지속되면 위염이나 위궤양으로 진행될 수 있다. 또 밤새 써 버린 수분을 보충하기 어렵고 체내에 저장해 두었던 영양소가 소모된다. 그래서 피부는 푸석푸석해지고 주름에 빈혈까지 생겨 건강이 나빠진다.

아침밥을 먹으면 몸도 건강해지고 하루를 활기차게 시작할 수 있다. 우리 모두 아침밥을 거르지 말고 꼭 먹자.

꼭나와 ♥

09 ⊙을 고친 것으로 바른 것은 어느 것입니까?

( )

① 불편해지다
② 불편해진다
③ 불편해져야 한다
④ 불편해질 예정이다
⑤ 불편해졌기 때문이다

10 ⓒ을 고칠 때 사용해야 하는 교정 부호는 무엇입니까? ( )

① ∨　　　　② ⌀
③ ꝋ　　　　④ ⌣
⑤ ⌒

[11~14]

가 동물 실험을 반대하는 사람들이 늘어나고 있다. 사람과 동물의 몸은 차이가 크기 때문에 이러한 동물 실험은 소용이 없다고 주장한다. 실제로 동물 실험을 통과한 신약 후보 열 개 가운데 아홉 개는 사람에게 효과가 없거나 부작용을 일으킨다고 한다.

동물 실험을 다른 방법으로 대체해야 한다는 목소리도 높다. 한 국민 의식 조사에 따르면 동물 실험을 대체할 수 있도록 사회적 지원을 하는 데 응답자 대부분이 찬성했다. 특히 동물 실험을 대체하는 연구에 자신이 내는 세금을 사용할 수 있도록 하는 데 85퍼센트가 동의했다.

나 동물 실험도 하지 않고 개발한 약을 사람들에게 사용하면 부작용이 발생할 수 있다. 1937년에 한 제약 회사에서 술파닐아미드라는 약을 새롭게 개발했다. 그런데 동물 실험을 거치지 않고 사람들에게 이 약을 판매했다. 그 결과, 이 약을 복용한 많은 사람이 부작용으로 사망하는 불행한 일이 일어났다.

일부 사람들은 동물 실험을 당장 다른 방법으로 대체해야 한다고 주장한다. 그러나 대체 방법을 개발하는 데 6년 이상의 시간과 약 400억 원 이상의 비용이 필요하다. 이처럼 오랜 개발 기간과 막대한 비용 때문에 빠른 시일 안에 동물 실험을 대체하기는 어렵다.

11 글 **가**와 **나** 중 다음 제목이 어울리는 글의 기호를 쓰시오.

> 동물의 희생, 동물 실험을 반대한다

글 (   )

12 글 **나**에서 동물 실험을 다른 방법으로 대체하는 것이 어렵다고 한 것은 무엇 때문인지 알맞은 것을 두 가지 고르시오. (,   )

① 막대한 비용   ② 실험의 어려움
③ 연구자의 안전   ④ 개발 능력 부족
⑤ 오랜 개발 기간

서술형   **13** 글의 내용을 떠올리며 다음 물음에 답하시오.

(1) 글 **가**와 **나** 중 자신과 주장이 같은 글의 기호를 쓰시오.

글 (   )

(2) (1)에서 답한 글을 활용해 자신의 주장을 뒷받침할 근거를 한 가지만 정리하여 쓰시오.

_____

_____

꼭나와   **14** 동물 실험에 반대하는 주장을 담아 글을 쓸 때 추가할 뒷받침 자료를 알맞게 말한 친구의 이름을 쓰시오.

> • 지은: 화장품을 개발할 때 동물 실험을 하는 것을 금지하는 법이 나왔다는 뉴스를 봤어.
> • 성빈: 동물 실험을 거친 다양한 백신 덕분에 인류는 여러 가지 질병으로 인한 위기를 극복해 낼 수 있었어.

(   )

15 자신이 쓴 글을 고쳐 쓸 때 문단 수준에서 점검할 내용으로 알맞은 것을 두 가지 고르시오.

(,   )

① 읽는 사람을 고려했는가?
② 제목이 글 내용과 어울리는가?
③ 문단이 몇 문장으로 이루어졌는가?
④ 한 문단에 하나의 중심 생각만 있는가?
⑤ 중심 문장과 뒷받침 문장이 자연스럽게 연결되는가?

[01~04]

가 쓰레기가 되는 불량 식품

여러분, 불량 식품을 먹지 맙시다. 불량 식품을 먹고 나서 쓰레기를 버리는 사람이 많습니다. 그렇게 버린 쓰레기들이 우리 학교 주변을 더럽혀 보기에도 좋지 않고, 악취도 납니다. 불량 식품에는 무엇이 들어갔는지, 그리고 유통 기한은 언제까지인지 정확히 적혀 있지 않습니다. 불량 식품을 먹으면 해로운 물질이 몸에 들어가 병에 걸리기 쉽습니다. 불량 식품은 아무리 맛있어서 먹으면 안 됩니다.

나 [　　⊙　　]

여러분, 불량 식품을 먹지 맙시다. 불량 식품에는 무엇이 들어갔는지, 그리고 유통 기한은 언제까지인지 정확히 적혀 있지 않습니다. 불량 식품을 먹으면 해로운 물질이 몸에 들어가 병에 걸리기 쉽습니다. ⓛ그리고 유통 기한을 알 수 없어 신선하지 않은 식품을 먹게 될 수도 있습니다. 불량 식품은 [　　ⓒ　　].

01 글 **나**는 글 **가**를 고쳐 쓴 것입니다. ⊙에 들어갈 제목으로 알맞은 것은 어느 것입니까? (　　)

① 불량 식품의 유통 기한
② 값싸고 맛있는 불량 식품
③ 건강을 해치는 불량 식품
④ 다양한 종류의 불량 식품
⑤ 불량 식품에 들어가는 물질

서술형 냥
02 글 **나**에 ⓛ을 추가한 까닭을 쓰시오.

_____

_____

어려워 냥
03 ⓒ에 들어갈 내용으로 알맞은 것은 어느 것입니까? (　　)

① 아무리 맛있지만 먹어야 합니다
② 아무리 맛있을지라도 먹어야 합니다
③ 아무리 맛있다면 먹지 말아야 합니다
④ 아무리 맛있어도 먹지 말아야 합니다
⑤ 아무리 맛있기 때문에 먹으면 안 됩니다

04 불량 식품을 먹으면 좋지 않은 까닭으로 알맞은 것을 두 가지 고르시오. (　　 , 　　)

① 플라스틱 쓰레기가 많아지기 때문에
② 학교 주변의 환경 오염을 일으키기 때문에
③ 유통 기한이 정확히 적힌 식품을 먹게 되기 때문에
④ 신선하지 않은 식품을 먹게 될 수도 있기 때문에
⑤ 해로운 물질이 몸에 들어가 병에 걸리기 쉽기 때문에

05 글을 고쳐 쓰는 방법으로 알맞은 것을 **보기**에서 모두 찾아 기호를 쓰시오.

보기

㉮ 중심 생각과 관련 없는 부분을 확인하여 삭제한다.
㉯ 필요 없더라도 더 추가할 수 있는 내용이면 써넣는다.
㉰ 적절하지 않은 낱말이나 틀린 문장은 바르게 고쳐 쓴다.

(　　　　)

[06~10]

고운 말을 사용하자

가 요즘 많은 어린이가 이야기할 때 은어나 비속어를 사용한다. 국립국어원 조사에 따르면 조사 대상 초등학생의 93퍼센트가 비속어를 사용한 적이 있다고 한다. 만약 학생 열 명이 있다면 적어도 아홉 명은 비속어를 사용한 적이 있는 것이다. 비속어가 아닌 고운 말을 사용해야 하는 까닭은 무엇일까?

나 고운 말을 사용하면 서로 존중하는 마음을 전할 수 있다. 흔히 말이 눈에 보이지 않는 마음임을 표현할 때 "말은 마음의 거울"이라는 격언을 사용한다. 고운 말을 사용해야 하는 것은 어린이만이 아니다. 존중하는 마음이 없다면 고운 말도 나오지 않는다.

다 ㉠고운 말은 다른 사람을 존중하는 마음을 전할 수 있게 하고, 다른 사람과 대화를 원활하게 할 수 있게 한다. 또 ㉡무조건 고운 말을 사용하는 것만이 우리말을 아름답게 가꾸고 지키는 일이다. ㉢이제라도 고운 말을 사용하는 바른 언어 습관을 기르려고 노력하면 좋을 수도 있다.

라 고운 말을 사용하면 다른 사람과 원활하게 대화할 수 있다. 은어나 비속어는 원활한 대화를 어렵게 하고 오해를 불러일으킨다. 단순히 재미있으려고 은어나 비속어를 사용했다가 친구들끼리 싸움으로 이어지는 경우도 있고, 어른과 어린이의 일상적인 대화가 어려워지는 경우도 있다.

마 고운 말을 사용하는 것은 우리말을 지키는 것과 같다. 말은 우리 민족의 혼이 담긴 소중한 문화유산이다. 은어나 비속어를 사용한다면 그것이 우리 후손에게 그대로 전해질 것이다. 고운 말을 사용해 아름다운 우리말을 지켜야 한다.

06 글쓴이가 이 글을 쓴 목적으로 알맞은 것은 어느 것입니까? (   )

① 비속어의 문제점을 알려 주려는 것
② 고운 말을 쓰는 방법을 알려 주려는 것
③ 대화를 많이 해야 한다고 주장하려는 것
④ 문화유산을 지켜야 한다고 주장하려는 것
⑤ 고운 말을 사용해야 한다고 주장하려는 것

어려워 ☆

07 이 글을 읽고 글 수준에서 고쳐야 할 점을 바르게 말한 친구의 이름을 쓰시오.

> • 현민: 글의 제목을 글의 내용에 맞게 고쳐 써야 해.
> • 서희: 고운 말을 사용해야 하는 근거를 하나만 남기고 모두 삭제해야 해.
> • 유성: 인터넷 매체에서 비속어를 접하는 학생들의 실태를 추가하면 좋을 것 같아.

(   )

08 글의 흐름에 맞게 문단 **가**~**마**의 차례를 정하여 순서대로 기호를 쓰시오.

가 → **나** → (   ) → (   ) → (   )

09 ㉠을 고쳐 쓰는 방법으로 알맞은 것은 어느 것입니까? (   )

① 문장을 좀 더 길게 쓴다.
② 두 문장으로 나누어 쓴다.
③ 문장의 호응이 어색한 부분을 고쳐 쓴다.
④ 뜻에 맞지 않게 사용한 낱말을 고쳐 쓴다.
⑤ 글쓴이의 생각과 관련이 없으므로 삭제한다.

서술형 ☆

10 ㉡과 ㉢을 바르게 고쳐 쓰시오.

㉡	(1)
㉢	(2)

11 교정 부호와 쓰임을 선으로 알맞게 이으시오.

(1) ∨ ·

(2) Y ·

(3) ⌒ ·

· ㉮ 띄어 쓸 때

· ㉯ 한 글자를 고칠 때

· ㉰ 글의 내용을 추가할 때

[12~14]

　하루 세끼 가운데에서 가장 중요한 것이 아침밥이다. 부모님께서는 건강하려면 아침밥을 먹어야 한다고 말씀하신다. 비록 한 끼일지라도 아침밥을 거르거나 대충 때우면 온종일 열량과 영양소가 부족해 건강을 잃게 된다. 아침밥을 거르면 영양소가 부족해 몸도 마음도 힘들어진다. 그렇다면 아침밥을 먹어야 하는 까닭은 무엇일까?
　아침밥은 장수의 필수 조건이다. 날마다 아침밥을 거르면 밤새 분비된 위산이 중화되지 않아 위가 불편해진다. 이런 습관이 오래 지속되면 위염이나 위궤양으로 진행될 수 있다. 또 ㉠밤새 써 버린 수분을 물을 보충하기 어렵고 체내에 저장해 두었던 영양소가 소모된다. 그래서 ㉡피부는 푸석 푸석해지고 주름에 빈혈까지 생겨 건강이 나빠진다.
　아침밥을 먹으면 몸도 건강해지고 하루를 활기차게 시작할 수 있다. 우리 모두 아침밥을 거르지 말고 꼭 먹자.

12 아침밥을 거르면 생길 수 있는 일로 알맞지 <u>않은</u> 것은 어느 것입니까? (　　　)

① 빈혈이 생긴다.
② 주름이 생긴다.
③ 위가 불편해진다.
④ 위염이나 위궤양이 생길 수 있다.
⑤ 체내에 영양소의 불균형이 생긴다.

13 교정 부호를 사용해 고쳐 쓸 때, ㉠에서 쓰일 교정 부호와 같은 교정 부호를 사용해야 하는 것은 어느 것입니까? (　　　)

① 마나러 간다.
② 기분 좋은하루
③ 사랑 하는 사람을
④ 가족과 함께 저녁 음식을 먹었다.
⑤ 온 가족이 모여서 마신게 먹었다.

14 ㉡의 문장을 교정 부호를 사용하여 바르게 고쳐 쓰시오.

　피부는 푸석 푸석해지고 주름에 빈혈까지 생겨 건강이 나빠진다.

15 동물 실험에 반대하는 주장에 대한 근거로 알맞은 것을 에서 모두 찾아 기호를 쓰시오.

보기

㉮ 동물과 사람에게 나타나는 반응이 똑같지 않다.
㉯ 동물의 생명보다 인간의 생명이 더 소중하다.
㉰ 동물 실험을 대신할 수 있는 대체 실험도 가능하다.
㉱ 동물 실험을 통해 개발한 약을 사용하면 효과가 있다.

(　　　　　　　)

[16~18]

최근 미국 ○○대학교 연구진은 전 세계적으로 680여 명이 희생된 중동호흡기증후군[메르스]의 백신을 개발했다. 연구진이 동물 실험으로 그 효과를 확인하려고 백신을 원숭이에게 투여했다. 그리고 이 백신이 중동호흡기증후군[메르스]을 예방할 수 있다는 확신을 가졌다. 이렇게 동물 실험은 새로운 약 개발에 중요한 역할을 한다.

동물 실험도 하지 않고 개발한 약을 사람들에게 사용하면 부작용이 발생할 수 있다. 1937년에 한 제약 회사에서 술파닐아미드라는 약을 새롭게 개발했다. 그런데 동물 실험을 거치지 않고 사람들에게 이 약을 판매했다. 그 결과, 이 약을 복용한 많은 사람이 부작용으로 사망하는 불행한 일이 일어났다.

일부 사람들은 동물 실험을 당장 다른 방법으로 대체해야 한다고 주장한다. 그러나 대체 방법을 개발하는 데 6년 이상의 시간과 약 400억 원 이상의 비용이 필요하다. 이처럼 오랜 개발 기간과 막대한 비용 때문에 빠른 시일 안에 동물 실험을 대체하기는 어렵다.

16 이 글에서 주장하는 것은 무엇입니까? (   )

① 동물 실험을 해야 한다.
② 약 복용을 줄여야 한다.
③ 동물 실험에 동물의 희생이 따른다.
④ 정부는 새로운 약 개발에 힘써야 한다.
⑤ 동물 실험을 대체할 방법을 찾아야 한다.

17 이 글에서 알 수 있는 사실로 알맞지 <u>않은</u> 것을 두 가지 고르시오. (,   )

① 동물 실험을 대체할 방법은 전혀 없다.
② 동물 실험을 통과한 약도 부작용이 있다.
③ 동물 실험은 약 개발에 중요한 역할을 한다.
④ 동물 실험의 대체 방법을 개발하는 데는 시간과 비용이 많이 든다.
⑤ 동물 실험을 하지 않고 개발한 약을 사람들에게 사용하면 부작용이 발생할 수 있다.

18 이 글을 바탕으로 동물 실험에 찬성하는 글을 쓸 때 뒷받침 자료로 쓸 내용을 알맞게 말한 친구의 이름을 쓰시오.

• 민우: "대체 방법을 개발하는 데 6년 이상의 시간과 약 400억 원 이상의 비용이 필요하다."라는 사실을 인용해 대체 실험이 쉽지 않다는 것을 강조하면 좋을 것 같아.
• 아림: "중동호흡기증후군[메르스] 백신을 개발할 때 동물 실험을 했다."라는 사실을 인용해 얼마나 많은 동물이 고통받고 있는지 쓰면 좋을 것 같아.

(   )

19 자신이 쓴 글을 고쳐 쓸 때 문장과 낱말 수준에서 점검할 내용으로 알맞지 <u>않은</u> 것은 어느 것입니까? (   )

① 알맞은 낱말을 사용했는가?
② 분명하지 않은 표현이 있는가?
③ 문장 호응이 잘 이루어지는가?
④ 글의 목적에 맞는 내용을 썼는가?
⑤ 지나치게 단정적인 표현이 있는가?

서술형 냥

20 인간과 자연이 조화를 이루며 발전할 수 있는 실천 방안을 글로 쓰려고 합니다. 알맞은 내용을 정리하여 쓰시오.

글 제목	(1)
인간과 자연이 조화를 이루며 발전해야 하는 까닭	(2)
실천 방안	(3)

개념 ① 영화를 감상하는 방법

• 영화 ① ㅈ ㄱ ㄹ 와 인물의 성격, 인물들의 관계 등을 이해하며 감상합니다.

• ② ㅇ ㅅ 의 특징과 화면 구도도 함께 살펴보며 감상합니다.

1 다음 친구는 영화를 무엇을 중심으로 감상했는지 알맞은 것을 보기 에서 찾아 기호를 쓰시오.

보기
㉮ 인물의 성격
㉯ 영화 줄거리
㉰ 영상의 특징
㉱ 인물들의 관계

이 영화는 만화와 촬영한 영상을 함께 사용해서 과거와 현재의 모습을 비교하며 살펴볼 수 있도록 구성했어.

(   )

개념 ② 영화 감상문을 쓰는 방법

• 영화 속 내용과 비슷한 자신의 ③ ㄱ ㅎ 과 자신이 본 다른 영화나 책을 함께 떠올려 씁니다.

• 영화를 보게 된 까닭, 줄거리, 영화 주제, 영화를 본 ④ ㄴ ㄲ 과 감상을 씁니다.

• 글의 내용을 잘 드러내거나 읽는 사람의 관심을 끄는 제목을 씁니다.

2 다음은 영화 감상문에 들어갈 내용 중 무엇을 쓴 것입니까?

(   )

용은 다섯 살에 해외로 입양된다. 하지만 용은 벨기에의 가족과 자신의 피부색이 다르다는 사실과 한국에 친부모가 있을지도 모른다는 생각에 잘 적응하지 못하고 힘들어한다. 게다가 용의 가족은 한국에서 여자아이를 한 명 더 입양한다. 용은 한국에서 새로 입양된 여동생과 자신이 닮았다는 말을 듣기 싫어하며 동생과 가족을 멀리한다. 그리고 용은 학교에서 말썽을 일으키고 집에서 거짓말까지 하면서 점점 더 엇나가는 행동을 한다.

① 영화 줄거리
② 영화를 보게 된 까닭
③ 영화에서 인상 깊은 내용
④ 영화를 보며 떠오른 경험
⑤ 영화를 본 뒤의 전체적인 느낌

개념 ③ 자신의 경험을 떠올리며 작품 감상하기

• 인물이 겪는 일을 상상하며 작품을 읽고, 작품과 관련 있는 자신의 경험을 떠올려 ⑤ ㅂ ㄱ 합니다.

• 작품을 읽은 소감을 잘 표현하는 제목, 작품을 읽게 된 ⑥ ㄷ ㄱ, 줄거리, 비슷한 영화나 책의 내용 등을 넣어 독서 감상문을 씁니다.

3 다음 글의 내용과 관련 있는 경험으로 알맞은 것에 ○표 하시오.

가자. 교역을 하러 가자. 어머니가 돌아오기 전에 빚을 갚는 거야. 상단을 지키는 거야. 대상주 금기옥의 딸답게.
홍라는 눈물을 닦았다. 언제부터인가 울고 있었던 것이다. 하지만 이제는 울지 않을 생각이었다.

(1) 동생과 싸워서 엄마께 꾸중을 들었던 경험 (   )

(2) 키가 작아서 놀이기구를 타지 못해 속상했던 경험 (   )

(3) 태권도 승급 시험에서 떨어졌을 때 다시 열심히 해서 꼭 붙겠다고 결심했던 경험 (   )

국어

01 여행 가고 싶은 곳의 정보를 얻고 싶을 때 활용할 수 있는 자료로 알맞지 <u>않은</u> 것은 어느 것입니까? (   )

① 지역 소개 자료
② 도서관에 있는 책
③ 누리집에 있는 악보
④ 누리집에 있는 영상 자료
⑤ 누리집에 있는 사진 자료

02 다음은 여행 계획 중에서 무엇에 해당합니까?
(   )

> 먼저 성삼재 휴게소까지는 차로 이동해서 노고단까지 가는 길에 도전합니다. 거리상으로 1.1킬로미터라서 왕복 두 시간 정도 걸리므로 크게 힘들이지 않고 겨울에 등반하기 좋기 때문입니다.

① 준비할 일
② 여행 일정
③ 여행 비용
④ 여행 기간과 장소
⑤ 같이 가고 싶은 사람

꼭나와 ♨

03 영화를 감상하는 방법으로 알맞지 <u>않은</u> 것은 어느 것입니까? (   )

① 화면 구도를 살펴본다.
② 영화 줄거리를 이해한다.
③ 영상의 특징을 살펴본다.
④ 인물들의 관계를 이해한다.
⑤ 등장하는 인물의 수를 확인한다.

[04~05]

> 「피부 색깔=꿀색」이라는 영화를 보았다. 제목부터가 뭔가 전하고 싶은 이야기가 많은 영화라고 생각했다. 이 영화는 벨기에에 입양된 우리 동포 융이라는 사람이 어린 시절을 회상하며 이야기가 시작된다.
>
> 융은 다섯 살에 해외로 입양된다. 하지만 융은 벨기에의 가족과 자신의 피부색이 다르다는 사실과 한국에 친부모가 있을지도 모른다는 생각에 잘 적응하지 못하고 힘들어한다. 게다가 융의 가족은 한국에서 여자아이를 한 명 더 입양한다. 융은 한국에서 새로 입양된 여동생과 자신이 닮았다는 말을 듣기 싫어하며 동생과 가족을 멀리한다. 그리고 융은 학교에서 말썽을 일으키고 집에서 거짓말까지 하면서 점점 더 엇나가는 행동을 한다.

04 글쓴이가 본 영화에 대한 설명으로 알맞은 것은 어느 것입니까? (   )

① 미래를 배경으로 하고 있다.
② 제목은 「피부 색깔=꿀색」이다.
③ 벨기에의 역사에 대해 다루었다.
④ 주인공의 여동생 이름은 '융'이다.
⑤ 환경 보호에 대한 내용을 담고 있다.

서술형 ♨

05 영화를 보고 글을 쓰는 방법을 생각하며 다음 물음에 답하시오.

(1) 이 글의 종류를 쓰시오.

(   )

(2) (1)에서 답한 글을 쓸 때 제목을 정하는 방법을 쓰시오.

_____

_____

[06~08]

가 융의 장난만큼은 아니지만 나도 가끔은 친구나 동생에게 심한 장난을 한다. 하지만 융의 행동이 주위의 관심과 사랑을 받고 싶고 자신이 누구인지를 찾으려는 몸부림이라는 것을 알았을 때 마음이 많이 아팠다. 자신이 누구인지 알 수 없어 방황하던 융은 영화의 마지막에 이렇게 말한다. "엄마, 누가 내 고향을 물으면 여기도 되고 거기도 된다고 하세요." 나는 융의 말을 모두 이해할 수는 없지만 '꿀색'이라는 말이 따뜻하게 느껴졌다.

나 예전에 「국가 대표」라는 영화를 보았다. 그 영화에서 주인공은 엄마를 찾으려고 국가 대표가 되려고 했다. 해외 입양 문제는 우리나라의 아픈 역사를 보여 주는 한 부분이다.

06 글쓴이가 영화를 보면서 떠올린 자신의 경험은 무엇입니까? (   )

① 친구와 싸웠던 경험
② 동생을 도와주었던 경험
③ 엄마를 잃어버렸던 경험
④ 친구나 동생에게 심한 장난을 했던 경험
⑤ 친구의 관심을 받기 위해 노력했던 경험

07 글쓴이가 영화 속 융을 보고 느낀 마음으로 알맞은 것은 어느 것입니까? (   )

① 융이 부럽다.
② 융에게 미안하다.
③ 융처럼 살아 보고 싶다.
④ 융의 행동이 철없게 느껴진다.
⑤ 융의 행동을 이해하고 나니 마음이 아프다.

꼭나와 ㅂ

08 글 **가**와 **나** 중 글쓴이가 예전에 보았던 영화를 떠올려 쓴 글의 기호를 쓰시오.

글 (   )

[09~10]

가 [앞부분 이야기] 열세 살인 홍라는 금씨 상단 대상주의 딸이다. 대상주인 어머니를 따라 일본으로 교역을 갔다가 바다에서 풍랑을 만난다. 그래서 홍라는 어머니와 헤어지고 겨우 살아남아 집으로 돌아온다. 상단으로 돌아온 홍라에게 남은 건 교역의 실패로 생긴 엄청난 빚뿐이다.

나 홍라는 탁자 위에 지도를 펼쳤다. 오래된 가죽 냄새를 맡으니 어머니에 대한 그리움이 밀려들었다. 어머니는 지도를 펼치는 것으로 하루를 시작했다. 어머니의 손길로 반들반들해진 지도였다. 지도에 새겨진 길을 손끝으로 더듬자 어머니의 목소리가 들려오는 것 같았다.

보아라, 길이다. 세상 모든 곳으로 통하는 길이다.
돈피 지도의 윗부분에는 금씨 상단이라는 네 글자와 목단꽃 그림이 새겨져 있었다. 그 아래에는 발해에서 사방으로 뻗어 나가는 교역로가 있었다.

09 홍라에 대한 설명으로 알맞지 <u>않은</u> 것은 어느 것입니까? (   )

① 열세 살이다.
② 금씨 상단 대상주의 딸이다.
③ 어머니를 따라 일본으로 교역을 갔었다.
④ 어머니가 홍라에게 엄청난 재산을 남겼다.
⑤ 바다에서 풍랑을 만나 어머니와 헤어졌다.

10 홍라가 지도를 보면서 어머니를 그리워한 까닭은 무엇입니까? (   )

① 값이 매우 비싼 지도이기 때문에
② 어머니가 직접 만든 지도이기 때문에
③ 어머니가 생일 선물로 준 지도이기 때문에
④ 어머니가 남긴 유일한 물건이 지도이기 때문에
⑤ 어머니가 매일 아침 펼쳐 보았던 지도이기 때문에

[11~14]

 가 가자. 교역을 하러 가자. 어머니가 돌아오기 전에 빚을 갚는 거야. 상단을 지키는 거야. 대상주 금기옥의 딸답게.

홍라는 눈물을 닦았다. 언제부터인가 울고 있었던 것이다. 하지만 이제는 울지 않을 생각이었다. 상단을 이끌고 교역을 떠나야 했다. 상단을 지켜야 했다.

나 이틀 동안 길 떠날 준비를 했다. 준비랄 것도 없었다. 집안 일꾼들 모르게 몇 가지를 챙기는 게 전부였다. 창고 점검을 한다는 핑계로 말린 고기며 곡식 가루를 좀 챙겼다.

다 모든 준비를 마친 뒤, 홍라는 방으로 들어왔다. 탁자 앞에 앉아 옥상자를 열었다. 어머니가 남겨 준 열쇠, 그리고 아버지의 선물인 소동인이 있었다.

홍라는 소동인과 열쇠 두 개를 가죽끈에 꿰어 목에 걸었다.

11 홍라가 교역을 하러 떠나기로 결심한 까닭은 무엇입니까? (　　　)

① 어머니를 찾으려고
② 살기 편한 곳을 찾으려고
③ 빚을 갚고 상단을 지키려고
④ 부자가 되어서 편하게 살려고
⑤ 새로운 대상주를 찾아 상단에 들어가려고

12 이 글의 제목은 「대상주 홍라」입니다. 홍라를 '대상주'라고 부른 까닭으로 알맞은 것을 **보기**에서 찾아 기호를 쓰시오.

> ㉮ 여러 번 대상주가 되었기 때문이다.
> ㉯ 어머니가 대상주의 자리를 물려주었기 때문이다.
> ㉰ 어머니를 대신해서 상단을 살리려고 교역을 떠나기 때문이다.

(　　　　　)

13 교역을 떠나는 홍라에게 하고 싶은 말을 알맞게 말한 친구의 이름을 쓰시오.

> • 민아: 자신감을 가져. 잘할 수 있을 거야.
> • 인호: 왜 도전을 하지 않니? 도전을 해야 발전할 수 있어.
> • 주영: 중요한 일을 결정할 때에는 어머니와 함께 의논해야 해.

(　　　　　　　)

서술형 **14** 글의 장면을 떠올리며 다음 물음에 답하시오.

(1) 이 글에서 인상 깊은 장면을 쓰시오.

(　　　　　　　)

(2) (1)의 답이 인상 깊은 까닭을 쓰시오.

_____

_____

15 경험한 내용을 영화로 만드는 과정에 맞게 순서대로 기호를 쓰시오.

> ㉮ 보완하기
> ㉯ 주제 정하기
> ㉰ 음악과 자막 넣기
> ㉱ 사진이나 영상 넣기
> ㉲ 설명할 내용 정하기
> ㉳ 자료를 수집하고 정리하기

(　　　) → (　　　) → ㉲ → ㉱ → (　　　) → ㉮

01 다음은 여행 계획서를 쓴 것입니다. (1)~(4)에 들어갈 내용을 보기에서 찾아 기호를 쓰시오.

보기

| ㉮ 여행 장소 | ㉯ 여행 기간 |
| ㉰ 준비할 일 | ㉱ 같이 가고 싶은 사람 |

(1)	2월 중순 무렵에 2박 3일 동안
(2)	지리산
(3)	가족
(4)	겨울 산을 오르는데 필요한 비상식량, 물, 입장료, 지리산 지도 등

[02~04]

이 영화는 감독이 실제 자신의 이야기를 영화로 만든 거야.

「피부 색깔 = 꿀색」

이 영화는 만화와 촬영한 영상을 함께 사용해서 과거와 현재의 모습을 비교하며 살펴볼 수 있도록 구성했어.

흑백처럼 표현한 만화를 보고 인물이 겪은 시대의 모습을 더 잘 이해할 수 있었어.

02 영화 「피부 색깔=꿀색」을 보고 친구들이 이야기를 나누었습니다. 함께 이야기를 나눌 때 생각할 점으로 알맞지 않은 것은 어느 것입니까? (　　　)

① 영화 줄거리　　② 인물의 성격
③ 인물들의 관계　　④ 가장 흥미로운 사건
⑤ 인물들이 말한 대사의 길이

03 영화 「피부 색깔=꿀색」을 보고 만든 질문 중 친구들의 생각을 알고 싶은 질문은 무엇입니까?
(　　　)

① 주인공 이름은 무엇인가요?
② 주인공은 왜 힘들어했나요?
③ 주인공을 만난다면 어떤 말을 해 주고 싶나요?
④ 주인공이 어릴 때 살던 곳은 어떤 상황이었나요?
⑤ 주인공은 외국에 처음 갔을 때 어떤 마음이 들었을까요?

04 다음은 영화 「피부 색깔=꿀색」을 보고 어떤 내용을 쓴 것인지 쓰시오.

"난 어딜 가든 입양인이에요."라고 말하는 장면이 가슴에 와닿습니다. 입양 가서 힘들고 소외받는 모습에 마음이 아팠기 때문입니다.

(　　　　　　　　　　　)

05 다음은 영화 감상문에 들어갈 내용 중 무엇을 쓴 것입니까? (　　　)

「피부 색깔=꿀색」이라는 영화를 보았다. 제목부터가 뭔가 전하고 싶은 이야기가 많은 영화라고 생각했다.

① 영화의 주제
② 영화를 보게 된 까닭
③ 영화에서 인상 깊은 내용
④ 영화를 본 뒤의 전체적인 느낌
⑤ 영화 속 내용과 비슷한 자신의 경험

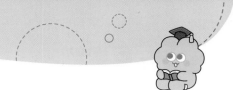

[06~09]

가 융은 다섯 살에 해외로 입양된다. 하지만 융은 벨기에의 가족과 자신의 피부색이 다르다는 사실과 한국에 친부모가 있을지도 모른다는 생각에 잘 적응하지 못하고 힘들어한다. 게다가 융의 가족은 한국에서 여자아이를 한 명 더 입양한다. 융은 한국에서 새로 입양된 여동생과 자신이 닮았다는 말을 듣기 싫어하며 동생과 가족을 멀리한다. 그리고 융은 학교에서 말썽을 일으키고 집에서 거짓말까지 하면서 점점 더 엇나가는 행동을 한다.

나 융의 장난만큼은 아니지만 나도 가끔은 친구나 동생에게 심한 장난을 한다. 하지만 융의 행동이 주위의 관심과 사랑을 받고 싶고 자신이 누구인지를 찾으려는 몸부림이라는 것을 알았을 때 마음이 많이 아팠다. 자신이 누구인지 알 수 없어 방황하던 융은 영화의 마지막에 이렇게 말한다. "엄마, 누가 내 고향을 물으면 여기도 되고 거기도 된다고 하세요." 나는 융의 말을 모두 이해할 수는 없지만 '꿀색'이라는 말이 따뜻하게 느껴졌다.

다 예전에 「국가 대표」라는 영화를 보았다. 그 영화에서 주인공은 엄마를 찾으려고 국가 대표가 되려고 했다. 해외 입양 문제는 우리나라의 아픈 역사를 보여 주는 한 부분이다.

라 이 영화를 보면서 나는 융이라는 사람에게 이런 말을 해 주고 싶었다. "비록 우리나라의 아픈 역사 때문에 벨기에에서 살지만 우리는 똑같은 한국인입니다."라고 말이다. 영화를 보는 내내 나는 입양된 사람들이 우리 역사에서 겪은 아픔을 생각했다. 본인의 의지와 상관없이 다른 나라에서 살아야 하는 사람들, 그리고 우리나라에 온 사람들까지. 나는 우리가 지금 서로를 따뜻하게 감싸 안아야 할 때라고 생각한다.

06 글쓴이가 본 영화의 내용으로 알맞은 것은 어느 것입니까? ( )

① 융은 한국으로 입양되었다.

② 융은 학교생활을 무척 잘했다.

③ 융은 벨기에에서 잘 적응하지 못했다.

④ 융은 한국에 친부모가 없다고 생각했다.

⑤ 융의 가족은 남자아이를 한 명 더 입양했다.

어려워 ☺

07 이 영화 감상문에 들어 있는 내용이 <u>아닌</u> 것은 어느 것입니까? ( )

① 영화 줄거리

② 영상의 특성

③ 영화에서 인상 깊은 내용

④ 영화 속 내용과 비슷한 자신의 경험

⑤ 영화를 본 뒤의 전체적인 느낌이나 주제

08 글쓴이가 영화를 보면서 「국가 대표」를 떠올린 까닭은 무엇이겠습니까? ( )

① 두 영화에 같은 배우가 나와서

② 두 영화에 같은 음악이 나와서

③ 두 영화 모두 벨기에가 배경이어서

④ 두 영화 모두 운동선수가 주인공이어서

⑤ 두 영화 모두 해외 입양 문제를 다루어서

서술형 ☺

09 영화 속 융을 만난다면 어떤 말을 해 주고 싶은지 쓰시오.

_____

_____

10 자신이 쓴 영화 감상문을 읽고 고쳐 쓸 때 생각할 점으로 알맞지 <u>않은</u> 것은 어느 것입니까?

( )

① 인물들이 한 행동을 빠짐없이 썼는가?

② 문단에는 중심 문장이 잘 담겨 있는가?

③ 영화 내용이나 소개가 잘 담겨 있는가?

④ 영화를 본 느낌과 감상이 잘 드러나는가?

⑤ 제목은 내용을 드러내거나 읽는 사람의 관심을 끄는가?

[11~15]

가 홍라는 소그드의 은화를 가만히 들여다보았다. 그러다 다시 지도로 눈길을 돌렸다. / 솔빈으로 가서 은화를 팔고……. 그래! 솔빈의 말을 사자!

나 상단의 믿음직한 일꾼들은 지난 풍랑으로 거의 잃었다. 상단에 남아 있던 일꾼들은 대상주를 찾기 위해 동경에 가 있었다. 그러고도 남아 있는 일꾼들은 나이가 많거나 혹은 너무 어렸다. 그렇다고 표 나게 사람을 모을 수는 없었다. 빚쟁이들의 눈총이 무서웠다.

다 "장안으로 교역을 나설 거야. 월보, 비녕자, 같이 갈 수 있지?"

선심 쓰는 듯 말했지만, 속으로 좀 걱정이 되었다. 월보에게도 아직 품삯을 주지 못했다. 상단이 망해 간다는 소문이 파다한데, 월보가 따라나서 줄지 걱정이었다. 비녕자의 불만에 찬 표정도 마음에 걸렸다.

하지만 월보는 반색해 주었다.

"자, 장안이라고요? 네! 네, 갈게요. 가겠습니다!"

비녕자는 여전히 뚱한 얼굴이지만 그래도 고개를 끄덕였다. / 반가워서 손이라도 잡아 주고 싶었다. 하지만 대상주답게 굴어야 했다. ㉠홍라는 애써 엄한 표정을 지었다.

라 홍라는 하인들에게 말을 팔 거라는 핑계를 대고 세 마리를 미리 빼돌렸다. 출발하는 날 아침에 조용히 집을 나서려고 미리 준비해 둔 것이다. 월보가 말들을 성문 근처의 객줏집에 맡겨 두었다. 홍라의 말 하니와 친사의 말은, 팔 거라는 핑계를 댈 수 없으니 그냥 집에 두었다.

홍라는 월보를 은밀히 불렀다.

"내일 새벽, 성문을 여는 북소리가 울릴 때 만나자. 말을 맡겨 둔 객줏집에서."

마 드디어 떠난다. 홍라의 가슴이 세차게 고동쳤다. 대상주가 되어 교역을 떠난다. 빚을 갚고 상단을 구할 것이다. 걱정거리가 없지 않지만, 다 이겨 낼 수 있을 것만 같았다. 이겨 내야만 했다.

11 교역을 떠나기로 한 홍라가 가장 먼저 갈 곳은 어디인지 쓰시오.

( )

12 이 글의 내용으로 보아, 홍라가 일꾼을 모으기 힘들었던 까닭으로 알맞지 <u>않은</u> 것은 어느 것입니까? ( )

① 남아 있는 일꾼들은 나이가 많거나 어려서
② 교역을 하러 가고 싶어 하는 일꾼이 없어서
③ 지난 풍랑으로 믿음직한 일꾼들을 거의 잃어서
④ 상단에 남아 있던 일꾼들은 대상주를 찾으러 가서
⑤ 빚쟁이들의 눈총에 표 나게 사람을 모을 수 없어서

서술형

13 ㉠에서 홍라가 애써 엄한 표정을 지은 까닭을 쓰시오.

_____

_____

14 홍라가 몰래 길 떠날 준비를 하는 장면의 분위기로 가장 알맞은 것은 무엇입니까? ( )

① 정답다.　　② 우습다.
③ 답답하다.　　④ 긴장된다.
⑤ 활기차다.

15 장안으로 길을 떠날 때 홍라의 마음을 알맞게 짐작한 친구의 이름을 쓰시오.

- 희선: 매우 불안하지만 뭔가 희망이 보이는 듯한 느낌일 것 같아.
- 민성: 길을 떠날 준비를 완벽하게 했기 때문에 기쁜 마음만 들었을 거야.
- 지유: 자신이 꼭 해야 할 일을 하는 것이 아니기 때문에 귀찮을 것 같아.

( )

국어

[16~19]

드디어 떠난다. 홍라의 가슴이 세차게 고동쳤다. 대상주가 되어 교역을 떠난다. 빚을 갚고 상단을 구할 것이다. 걱정거리가 없지 않지만, 다 이겨 낼 수 있을 것만 같았다. 이겨 내야만 했다.

홍라가 어머니를 따라 먼 교역길에 나서 본 게 세 번이었다. 신라, 일본, 그리고 당나라의 장안이었다.

서라벌에 갔던 건 너무 어려서라 기억에 남아 있는 게 없었다. 다만 그때 어머니가 사 준 신라 모전이 아직도 홍라 침상에 깔려 있었다. 그리고 이번에 일본에 다녀왔고, 이 년 전에는 장안에 간 적이 있었다.

장안. 당나라 황제의 대명궁이 있는 장안은 인구 백 만이 넘는 대도시로 비단처럼 화려한 빛깔로 눈부셨다. 푸른 하늘로 날아오를 듯 맵시 있는 기와지붕들이 물결치며 이어졌고, 밤이면 색색의 등불이 별빛보다 더 아름답게 반짝였다. 온갖 나라의 사람들이 저마다의 멋을 뽐내며 거리거리를 수놓았다. 동방의 상인들이 장사하는 동부 시장도 그랬지만, 서역 상인들의 서부 시장은 더욱 경이로웠다. 소그드 상인은 물론이고 페르시아나 로마에서 온 상인들도 진귀한 물건을 내놓고 팔았다. 장안은 세계적인 교역 도시였다.

홍라는 장안을 떠나며 언젠가 자신의 상단을 이끌고 다시 오겠다고 다짐했다. 장안까지, 아니 세상의 끝까지 가 보고 싶었다. 그 누구의 발도 닿지 않은 새로운 길로 떠나고 싶었다.

그런 날이 생각보다 빨리 왔다. 생각했던 것과는 달리 너무도 초라한 출발이었다. 그러나 반드시 금씨 상단에 걸맞은 모습으로 돌아오리라. 홍라는 목에 건 소동인과 열쇠를 꼭 쥐었다. 쿵쿵쿵쿵. 힘차게 뛰는 심장 박동이 느껴졌다. 아버지와 어머니가 보내는 응원의 소리인지도 몰랐다.

16 홍라가 교역을 가 보지 못한 곳을 두 가지 고르시오. (,   )

① 신라   ② 로마
③ 일본   ④ 장안
⑤ 페르시아

17 장안에 대한 설명으로 알맞지 <u>않은</u> 것은 어느 것입니까? (   )

① 세계적인 교역 도시이다.
② 당나라 황제의 대명궁이 있다.
③ 당나라 상인들만 물건을 판다.
④ 인구 백 만이 넘는 대도시이다.
⑤ 화려하고 온갖 나라의 사람들이 모인다.

서술형 ❺

18 이 글의 내용과 비슷한 자신의 경험을 떠올려 쓰시오.

_____

_____

_____

어려워 ❺

19 이 글을 읽고 난 뒤의 느낌으로 알맞은 것을 에서 찾아 기호를 쓰시오.

보기

㉮ 용기 있고 씩씩한 홍라를 본받고 싶다.
㉯ 익숙한 일만 하려고 하는 홍라의 행동이 이해되지 않는다.
㉰ 가족보다 자신의 성공을 더 중요하게 생각하는 것은 옳지 않다.

(   )

20 여름에 바다에 가서 물놀이를 한 것을 주제로 하여 영화를 만들 때, 영화의 제목으로 알맞은 것은 어느 것입니까? (   )

① 수영장 나들이
② 바다에서의 하루
③ 아쉬운 여름 방학
④ 겨울 바다로의 여행
⑤ 물놀이를 할 때 주의할 점

학습을 시작하기 전에 숨은 그림을 찾아보세요.

숨은 그림

| 풀 | 아이스크림 | 휴지통 | 탬버린 | 지구본 | 농구공 | 양초 | 화분 |

수학

개념 1 분모가 같은 (분수)÷(분수)

분자끼리 나누고, 나누어떨어지지 않으면 몫을 분수로 나타냅니다.

분자끼리 나누어떨어지는 경우	분자끼리 나누어떨어지지 않는 경우
$\frac{6}{7} \div \frac{2}{7} = 6 \div 2 = 3$	$\frac{5}{8} \div \frac{3}{8} = 5 \div 3 = \frac{5}{3} = 1\frac{2}{3}$

1 ☐ 안에 알맞은 수를 써넣으시오.

$$\frac{4}{5} \div \frac{2}{5}$$
$$= \boxed{} \div \boxed{} = \boxed{}$$

개념 2 분모가 다른 (분수)÷(분수)

통분하여 분자끼리 나누어 계산합니다.

$$\frac{3}{4} \div \frac{1}{3} = \frac{9}{12} \div \frac{4}{12} = 9 \div 4 = \frac{9}{4} = 2\frac{1}{4}$$

통분하기: $\left(\frac{3}{4}, \frac{1}{3}\right) \Rightarrow \left(\frac{3 \times 3}{4 \times 3}, \frac{1 \times 4}{3 \times 4}\right) \Rightarrow \left(\frac{9}{12}, \frac{4}{12}\right)$

2 ☐ 안에 알맞은 수를 써넣으시오.

$$\frac{2}{3} \div \frac{2}{9} = \frac{\boxed{}}{9} \div \frac{2}{9}$$
$$= \boxed{} \div 2 = \boxed{}$$

개념 3 (자연수)÷(분수)

(자연수)÷(단위분수)	(자연수)÷(분수)
자연수에 단위분수의 분모를 곱해 계산합니다.	나눗셈을 곱셈으로 나타내고 나누는 분수의 분모와 분자를 바꾸어 계산합니다.
$4 \div \frac{1}{5} = 4 \times 5 = 20$	$5 \div \frac{2}{3} = 5 \times \frac{3}{2} = \frac{15}{2} = 7\frac{1}{2}$

3 ☐ 안에 알맞은 수를 써넣으시오.

$$10 \div \frac{1}{6}$$
$$= 10 \times \boxed{} = \boxed{}$$

개념 4 (분수)÷(분수)를 분수의 곱셈으로 나타내어 계산하기

나눗셈을 곱셈으로 나타내고 나누는 분수의 분모와 분자를 바꾸어 계산합니다.

$$\frac{7}{10} \div \frac{2}{3} = \frac{7}{10} \div 2 \times 3 = \frac{7}{10} \times \frac{1}{2} \times 3 = \frac{7}{10} \times \frac{3}{2} = \frac{21}{20} = 1\frac{1}{20}$$

(분수)÷(분수)=(분수)÷$\frac{(분자)}{(분모)}$=(분수)×$\frac{(분모)}{(분자)}$

4 ☐ 안에 알맞은 수를 써넣으시오.

$$\frac{3}{8} \div \frac{4}{5}$$
$$= \frac{3}{8} \times \boxed{} = \boxed{}$$

개념 5 대분수의 나눗셈

방법 1 통분하여 계산하기

$$2\frac{1}{3} \div 1\frac{3}{5} = \frac{7}{3} \div \frac{8}{5} = \frac{35}{15} \div \frac{24}{15} = 35 \div 24 = \frac{35}{24} = 1\frac{11}{24}$$

방법 2 분수의 곱셈으로 나타내어 계산하기

$$2\frac{1}{3} \div 1\frac{3}{5} = \frac{7}{3} \div \frac{8}{5} = \frac{7}{3} \times \frac{5}{8} = \frac{35}{24} = 1\frac{11}{24}$$

5 ☐ 안에 알맞은 수를 써넣으시오.

$$1\frac{2}{7} \div 1\frac{3}{4}$$
$$= \frac{9}{7} \times \boxed{} = \boxed{}$$

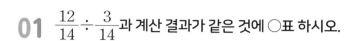
01 $\dfrac{12}{14} \div \dfrac{3}{14}$ 과 계산 결과가 같은 것에 ○표 하시오.

| $12 \div 3$ | $3 \div 12$ |

( ) ( )

02 계산해 보시오.

(1) $\dfrac{10}{11} \div \dfrac{2}{11}$

(2) $\dfrac{7}{8} \div \dfrac{4}{8}$

꼭나와 ㅂ

03 가 색 테이프의 길이는 나 색 테이프의 길이의 몇 배인지 구하시오.

가 ⬛⬛⬛⬛⬛⬛ $\dfrac{5}{7}$ m

나 ⬛⬛⬛ $\dfrac{3}{7}$ m

( )

04 주스 $\dfrac{16}{17}$ L를 한 컵에 $\dfrac{4}{17}$ L씩 나누어 담으려고 합니다. 주스를 몇 컵에 나누어 담을 수 있는지 구하시오.

( )

05 $\dfrac{1}{2}$ 은 $\dfrac{1}{10}$ 의 몇 배인지 구하시오.

( )

06 빈칸에 알맞은 수를 써넣으시오.

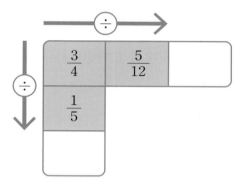

서술형 ㅂ

07 계산 결과가 더 작은 것의 기호를 쓰려고 합니다. 풀이 과정을 쓰고, 답을 구하시오.

| ㉠ $\dfrac{9}{14} \div \dfrac{2}{7}$ | ㉡ $\dfrac{2}{3} \div \dfrac{3}{8}$ |

풀이

❶ ㉠과 ㉡의 계산 결과를 각각 구하기

_____

_____

❷ 계산 결과가 더 작은 것의 기호를 쓰기

_____

_____

답

08 ㉠을 ㉡으로 나눈 몫은 얼마인지 구하시오.

$$㉠ \frac{1}{4} \div \frac{3}{7} \qquad ㉡ \frac{1}{3}$$

(   )

09 빈칸에 알맞은 수를 써넣으시오.

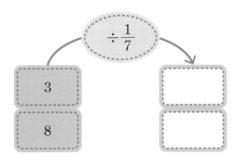

10 계산 결과를 비교하여 ○ 안에 >, =, <를 알맞게 써넣으시오.

$$9 \div \frac{3}{10} \bigcirc 21 \div \frac{7}{8}$$

꼭나와 ㉧
11 계산 결과가 나머지와 다른 하나는 어느 것입니까? (   )

① $10 \div \frac{5}{6}$ ② $7 \div \frac{7}{12}$ ③ $8 \div \frac{2}{3}$

④ $6 \div \frac{3}{8}$ ⑤ $9 \div \frac{3}{4}$

서술형 ㉧
12 길이가 $400\,cm$인 끈을 $\frac{2}{5}$ m씩 잘라 리본을 만들려고 합니다. 만들 수 있는 리본은 모두 몇 개인지 풀이 과정을 쓰고, 답을 구하시오.

풀이

❶ 끈의 길이를 m 단위로 나타내기

_____

_____

❷ 만들 수 있는 리본은 모두 몇 개인지 구하기

_____

_____

답 _____

13 보기 와 같은 방법으로 계산해 보시오.

보기
$$\frac{7}{5} \div \frac{4}{9} = \frac{7}{5} \times \frac{9}{4} = \frac{63}{20} = 3\frac{3}{20}$$

$$\frac{5}{7} \div \frac{3}{8} = \underline{\hspace{4cm}}$$

_____

14 계산 결과가 1보다 큰 것의 기호를 쓰시오.

$$㉠ \frac{3}{8} \div \frac{4}{5} \qquad ㉡ \frac{2}{5} \div \frac{2}{9}$$

(   )

➡ 바른답·알찬풀이 18쪽

15 농구공의 무게는 $\frac{3}{4}$ kg이고, 축구공의 무게는 $\frac{9}{20}$ kg입니다. 농구공의 무게는 축구공의 무게의 몇 배인지 구하시오.

( )

16 ㉠÷㉡의 몫은 얼마인지 구하시오.

㉠ $\frac{1}{10}$ 이 7개인 수   ㉡ $\frac{1}{9}$ 이 4개인 수

( )

17 계산해 보시오.

(1) $1\frac{7}{9} \div \frac{5}{6}$

(2) $1\frac{4}{7} \div 2\frac{3}{4}$

꼭나와 ♥

18 작은 수를 큰 수로 나눈 몫을 구하시오.

$3\frac{2}{3}$ $2\frac{5}{6}$

( )

19 들이가 $10\frac{1}{2}$ L인 빈 어항이 있습니다. 들이가 $\frac{3}{4}$ L인 컵에 물을 가득 담아 어항에 물을 가득 채우려면 적어도 몇 번 부어야 하는지 구하시오.

( )

서술형 ♥

20 길이가 $3\frac{3}{4}$ km인 도로의 한쪽에 처음부터 끝까지 $\frac{5}{16}$ km 간격으로 나무를 심으려고 합니다. 필요한 나무는 모두 몇 그루인지 풀이 과정을 쓰고, 답을 구하시오. (단, 나무의 두께는 생각하지 않습니다.)

풀이

❶ 나무 사이의 간격은 몇 군데인지 구하기

_____

_____

❷ 필요한 나무는 모두 몇 그루인지 구하기

_____

_____

답 _____

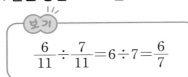
01 보기와 같은 방법으로 계산해 보시오.

> 보기
> $$\frac{6}{11} \div \frac{7}{11} = 6 \div 7 = \frac{6}{7}$$

$$\frac{5}{13} \div \frac{8}{13} = \underline{\hspace{4cm}}$$

05 계산해 보시오.

(1) $\frac{1}{2} \div \frac{5}{6}$

(2) $\frac{5}{7} \div \frac{3}{5}$

02 큰 수를 작은 수로 나눈 몫을 구하시오.

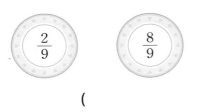

$\frac{2}{9}$ $\frac{8}{9}$

(   )

06 ♥와 ★에 알맞은 수를 각각 구하시오.

$$\frac{1}{4} \div \frac{2}{5} = \frac{♥}{★} \div \frac{8}{★} = ♥ \div 8 = \frac{♥}{8}$$

♥: (   )

★: (   )

꼭나와 ⬆

03 계산 결과가 더 작은 것의 기호를 쓰시오.

⊙ $\frac{6}{7} \div \frac{5}{7}$ ⓛ $\frac{8}{11} \div \frac{3}{11}$

(   )

서술형 ⬆

07 현수는 $\frac{5}{12}$ km를 걸었고, 은아는 $\frac{2}{9}$ km를 걸었습니다. 현수가 걸은 거리는 은아가 걸은 거리의 몇 배인지 풀이 과정을 쓰고, 답을 구하시오.

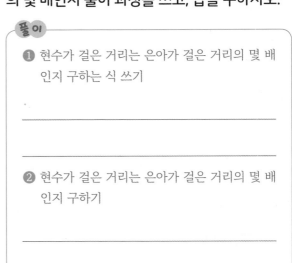

> 풀이
>
> ❶ 현수가 걸은 거리는 은아가 걸은 거리의 몇 배인지 구하는 식 쓰기
>
> _____
>
> _____
>
> ❷ 현수가 걸은 거리는 은아가 걸은 거리의 몇 배인지 구하기
>
> _____
>
> _____
>
> 답 _____

04 넓이가 $\frac{4}{7}$ m²인 직사각형이 있습니다. 이 직사각형의 가로가 $\frac{2}{7}$ m일 때 세로의 길이는 몇 m입니까?

(   )

08 ☐ 안에 알맞은 수를 구하시오.

$$☐ \times \frac{2}{21} = \frac{6}{7}$$

( )

09 자연수를 분수로 나눈 몫을 구하시오.

$$\frac{5}{8} \qquad 3$$

( )

10 나눗셈의 몫이 더 작은 것에 ○표 하시오.

$$12 \div \frac{1}{2} \qquad\qquad 9 \div \frac{1}{3}$$

( )   ( )

11 감자 $16\,\mathrm{kg}$을 한 봉지에 $\frac{8}{9}\,\mathrm{kg}$씩 나누어 담으려고 합니다. 감자를 모두 담으려면 봉지는 몇 개 필요한지 구하시오.

( )

12 들이가 $2\,\mathrm{L}$인 병 5개에 우유가 가득 들어 있습니다. 이 우유를 한 사람에게 $\frac{2}{3}\,\mathrm{L}$씩 준다면 모두 몇 명에게 나누어 줄 수 있는지 풀이 과정을 쓰고, 답을 구하시오.

풀이

❶ 전체 우유의 양은 몇 L인지 구하기

_____

_____

❷ 우유를 모두 몇 명에게 나누어 줄 수 있는지 구하기

_____

_____

답 _____

13 분수의 나눗셈을 분수의 곱셈으로 나타내어 계산해 보시오.

(1) $\frac{2}{3} \div \frac{3}{5} =$ _____

(2) $\frac{3}{4} \div \frac{5}{7} =$ _____

14 빈칸에 알맞은 수를 써넣으시오.

$$\frac{1}{2} \xrightarrow{\div\frac{5}{6}} \boxed{} \xrightarrow{\div\frac{3}{8}} \boxed{}$$

15 넓이가 $\dfrac{3}{5}$ m²인 평행사변형이 있습니다. 이 평행사변형의 밑변이 $\dfrac{7}{10}$ m일 때 높이는 몇 m인지 구하시오.

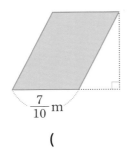

$\dfrac{7}{10}$ m

(   )

꼭나와 😀

16 □ 안에 들어갈 수 있는 자연수를 모두 구하시오.

$$\dfrac{8}{9} \div \dfrac{5}{12} > □$$

(   )

17 $9\dfrac{5}{8} \div 2\dfrac{3}{4}$ 의 몫에 색칠하시오.

$3\dfrac{1}{2}$ $4\dfrac{1}{2}$

18 가장 큰 수를 가장 작은 수로 나눈 몫을 구하시오.

$3\dfrac{5}{9}$ $9\dfrac{3}{5}$ $7\dfrac{3}{7}$

(   )

19 유라 어머니께서 간장을 $7\dfrac{1}{2}$ L 만드셨습니다. 이 간장을 병 한 개에 $\dfrac{5}{6}$ L씩 모두 옮겨 담는다면 병은 몇 개 필요한지 구하시오.

(   )

서술형 상

20 어느 공장에서 장난감 한 개를 만드는 데 15분이 걸린다고 합니다. 이 공장에서 $6\dfrac{1}{2}$시간 동안 만들 수 있는 장난감은 모두 몇 개인지 풀이 과정을 쓰고, 답을 구하시오.

풀이

❶ 15분은 몇 시간인지 분수로 나타내기

_____

_____

❷ 만들 수 있는 장난감은 모두 몇 개인지 구하기

_____

_____

답 _____

01 빈칸에 알맞은 수를 써넣으시오.

$$÷$$

$\dfrac{5}{7}$	$\dfrac{3}{7}$	
$\dfrac{12}{13}$	$\dfrac{7}{13}$	

02 승효네 집에서 우체국까지의 거리는 승효네 집에서 병원까지의 거리의 몇 배인지 구하시오.

승효네 집

$\dfrac{15}{17}$ km $\dfrac{5}{17}$ km

우체국 병원

( )

03 ☐ 안에 알맞은 수가 더 큰 것의 기호를 쓰시오.

㉠ $\dfrac{\square}{11} ÷ \dfrac{5}{11} = 2$ ㉡ $\dfrac{\square}{15} ÷ \dfrac{2}{15} = 4$

( )

어려워

04 주말농장에서 수확한 들깨로 들기름 1 L를 짰습니다. 그중에서 $\dfrac{5}{12}$ L는 할머니께 드렸습니다. 남은 들기름의 양은 할머니께 드린 들기름의 양의 몇 배인지 구하시오.

( )

05 몫이 자연수인 나눗셈을 말한 친구의 이름을 쓰시오.

• 승윤: $\dfrac{3}{4} ÷ \dfrac{5}{8}$ • 민주: $\dfrac{2}{3} ÷ \dfrac{1}{6}$

( )

06 몫이 가장 작은 것을 찾아 기호를 쓰시오.

㉠ $\dfrac{5}{6} ÷ \dfrac{3}{4}$ ㉡ $\dfrac{8}{15} ÷ \dfrac{2}{5}$ ㉢ $\dfrac{5}{7} ÷ \dfrac{5}{6}$

( )

서술형

07 ☐ 안에 들어갈 수 있는 자연수 중에서 가장 큰 수를 구하려고 합니다. 풀이 과정을 쓰고, 답을 구하시오.

$$\dfrac{11}{15} ÷ \dfrac{1}{6} > \square$$

풀이

답

08 둘레가 $\frac{3}{7}$ m인 정다각형이 있습니다. 한 변이 $\frac{1}{14}$ m일 때 이 정다각형의 이름은 무엇인지 쓰시오.

(   )

09 몫을 찾아 선으로 알맞게 이으시오.

$12 \div \frac{4}{9}$ $10 \div \frac{5}{9}$ $16 \div \frac{4}{5}$

20   18   27

10 ☐ 안에 알맞은 수를 써넣으시오.

$$\boxed{} \times \frac{1}{6} = 13$$

11 ㉠과 ㉡의 몫의 차는 얼마인지 구하시오.

㉠ $9 \div \frac{3}{5}$ ㉡ $14 \div \frac{7}{12}$

(   )

어려워

12 ☐ 안에 들어갈 수 있는 자연수를 모두 구하시오.

$$10 < 21 \div \frac{3}{\boxed{}} < 30$$

(   )

13 삼각형 안에 있는 수를 사각형 안에 있는 수로 나눈 몫을 구하시오.

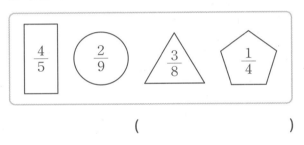

(   )

서술형

14 몫이 다른 나눗셈을 찾아 기호를 쓰려고 합니다. 풀이 과정을 쓰고, 답을 구하시오.

㉠ $\frac{2}{3} \div \frac{5}{7}$ ㉡ $\frac{14}{15} \div \frac{2}{3}$ ㉢ $\frac{2}{5} \div \frac{3}{7}$

풀이

답

→ 바른답·알찬풀이 20쪽

15 진호네 반 전체 학생의 $\frac{6}{11}$은 남학생이고, 남학생은 12명입니다. 진호네 반 전체 학생은 몇 명인지 구하시오.

(   )

16 넓이가 $\frac{8}{9}$ m²인 삼각형이 있습니다. 이 삼각형의 높이가 $\frac{4}{5}$ m일 때 밑변의 길이는 몇 m인지 구하시오.

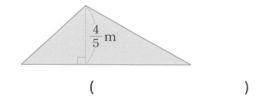

(   )

17 가 선물 상자의 무게는 나 선물 상자의 무게의 몇 배인지 구하시오.

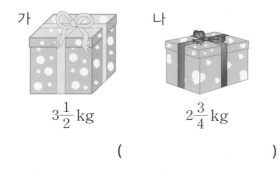

가   나

$3\frac{1}{2}$ kg $2\frac{3}{4}$ kg

(   )

서술형 상

18 연진이는 공원을 한 바퀴 뛰는 데 15분이 걸립니다. 연진이가 $1\frac{1}{2}$시간 동안 공원을 몇 바퀴 뛸 수 있는지 구하려고 합니다. 풀이 과정을 쓰고, 답을 구하시오.

풀이

_____

_____

_____

_____

답 _____

19 어떤 수를 $\frac{2}{5}$로 나누어야 할 것을 잘못하여 곱했더니 $2\frac{2}{5}$가 되었습니다. 바르게 계산한 값을 구하시오.

(   )

어려워

20 부피가 $17\frac{7}{8}$ cm³인 직육면체가 있습니다. 이 직육면체의 가로가 $2\frac{1}{2}$ cm, 세로가 $2\frac{1}{5}$ cm일 때 높이는 몇 cm인지 구하시오.

(   )

2. 공간과 입체

→ 바른답·알찬풀이 22쪽

개념 ① 위, 앞, 옆에서 본 모양 그리기

위, 앞, 옆의 보이는 부분에 다른 색을 칠해 각 방향에서 본 모양을 그립니다.

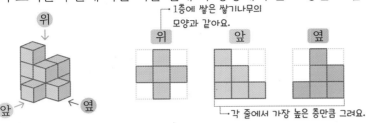

1층에 쌓은 쌓기나무의 모양과 같아요.

각 줄에서 가장 높은 층만큼 그려요.

개념 ② 쌓기나무의 개수 구하기

• 위에서 본 모양에 수를 써서 쌓기나무의 개수 구하기

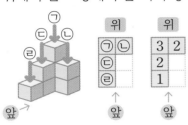

위에서 본 모양의 각 자리에 기호를 붙인 후 각 자리에 쌓은 쌓기나무의 개수를 씁니다.

→ (쌓기나무의 개수)
＝3＋2＋2＋1＝8(개)

• 층별로 나누어 쌓기나무의 개수 구하기

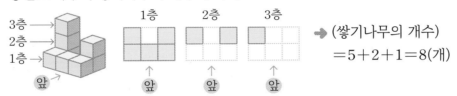

→ (쌓기나무의 개수)
＝5＋2＋1＝8(개)

개념 ③ 쌓은 모양 알아보기

• 위에서 본 모양 이용하기

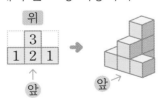

• 층별로 나타낸 모양 이용하기

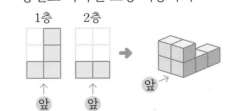

개념 ④ 조건에 따라 모양 만들기

 모양에 쌓기나무 1개를 붙여서 서로 다른 모양을 만들어 봅니다.

이때 돌리거나 뒤집었을 때 모양이 같으면 같은 모양입니다.

  → 3가지

1 쌓기나무로 쌓은 모양을 보고 어느 방향에서 본 모양인지 알맞은 방향을 찾아 ○표 하시오.

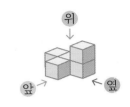

(위 , 앞 , 옆)

2 쌓기나무로 쌓은 모양과 1층 모양을 보고 2층 모양을 그려 보시오.

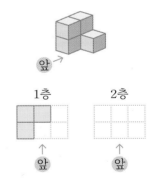

3 쌓기나무로 쌓은 모양을 층별로 나타낸 모양입니다. 쌓은 모양에 ○표 하시오.

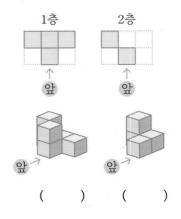

(   )   (   )

01 쌓기나무로 쌓은 왼쪽 모양을 보고 위에서 본 모양을 그렸습니다. 바르게 그린 것에 ○표 하시오.

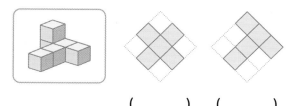

(   ) (   )

꼭나와 ♥

02 쌓기나무로 오른쪽과 같이 쌓은 모양을 위에서 본 모양입니다. 앞과 옆에서 본 모양을 각각 그려 보시오.

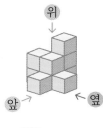

위   앞   옆

03 오른쪽 모양과 똑같이 쌓을 때 필요한 쌓기나무는 몇 개입니까?

(   )

04 쌓기나무로 쌓은 모양과 위에서 본 모양입니다. 똑같이 쌓을 때 필요한 쌓기나무는 몇 개입니까?

위

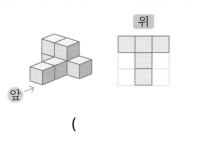

(   )

05 쌓기나무로 쌓은 모양을 보고 1층과 2층 모양을 각각 그려 보시오.

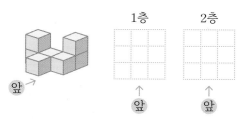

1층   2층

↑   ↑
앞   앞

06 쌓기나무 9개로 쌓은 모양입니다. 위에서 본 모양에 수를 써서 나타내시오.

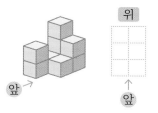

위

↑
앞

서술형 ♥

07 쌓기나무로 쌓은 모양을 보고 위에서 본 모양에 수를 썼습니다. 사용된 쌓기나무가 더 적은 것의 기호를 쓰려고 합니다. 풀이 과정을 쓰고, 답을 구하시오.

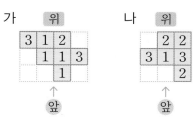

풀이

❶ 사용된 쌓기나무의 개수를 각각 구하기

_____

_____

❷ 사용된 쌓기나무가 더 적은 것의 기호를 쓰기

_____

답 _____

08 쌓기나무로 쌓은 모양을 보고 위에서 본 모양에 수를 썼습니다. 층별로 나누어 그린 후 똑같이 쌓을 때 필요한 쌓기나무는 몇 개인지 구하시오.

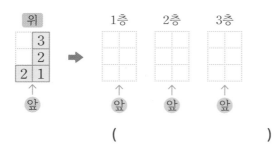

( )

09 오른쪽 그림은 쌓기나무로 쌓은 모양을 보고 위에서 본 모양에 수를 쓴 것입니다. 앞에서 보았을 때 보이는 쌓기나무는 몇 개인지 구하시오.

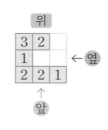

( )

[10~11] 오른쪽 그림은 쌓기나무로 쌓은 모양을 위, 앞, 옆에서 본 모양입니다. 물음에 답하시오.

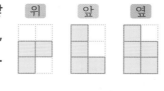

10 위에서 본 모양을 보고 1층의 모양을 찾아 ○표 하시오.

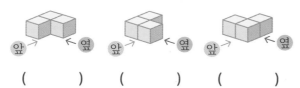

( ) ( ) ( )

꼭나와 ♥
11 앞과 옆에서 본 모양을 보고 쌓기나무로 쌓은 모양에 ○표 하시오.

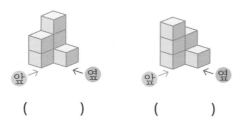

( ) ( )

12 층별로 나타낸 그림을 보고 쌓기나무로 쌓은 모양을 찾아 ○표 하시오.

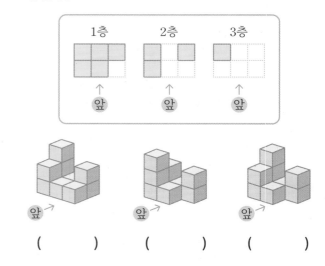

( ) ( ) ( )

13 쌓기나무로 쌓은 모양을 보고 위에서 본 모양에 수를 썼습니다. 보기의 모양은 앞과 옆 중에서 어느 방향에서 본 모양인지 쓰시오.

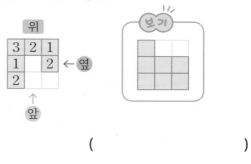

( )

14 쌓기나무로 쌓은 모양을 보고 위에서 본 모양에 수를 썼습니다. 앞과 옆에서 본 모양을 각각 그려 보시오.

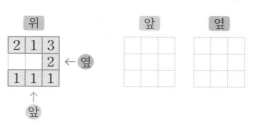

➔ 바른답·알찬풀이 22쪽

15 쌓기나무로 쌓은 모양을 보고 위에서 본 모양에 수를 썼습니다. 앞에서 본 모양이 다른 것을 찾아 기호를 쓰시오.

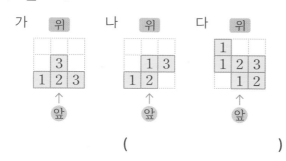

( )

16 쌓기나무로 쌓은 모양을 보고 위에서 본 모양에 수를 썼습니다. 앞에서 본 모양과 옆에서 본 모양이 같은 것의 기호를 쓰시오.

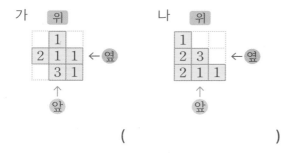

( )

17 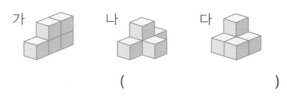 모양에 쌓기나무 1개를 더 붙여서 만들 수 있는 모양이 <u>아닌</u> 것을 찾아 기호를 쓰시오. (단, 돌리거나 뒤집어서 모양이 같은 것은 하나의 모양으로 생각합니다.)

( )

18 쌓기나무 4개로 만든 모양입니다. 같은 모양끼리 모은 친구를 찾아 이름을 쓰시오.

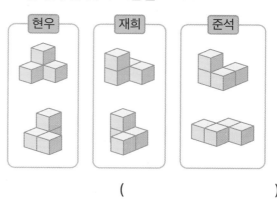

( )

꼭나와 ♥
19 가, 나, 다 모양 중 두 가지를 사용하여 오른쪽 모양을 만들었습니다. 사용한 두 가지 모양을 찾아 기호를 쓰시오.

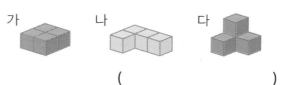

( )

20 두 가지 모양을 합쳐 새로운 모양을 만들었습니다. 어떻게 만들었는지 구분하여 색칠하시오.

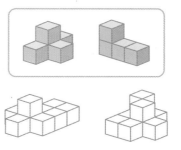

01 쌓기나무로 오른쪽과 같이 쌓은 모양을 각각 어느 방향에서 본 모양인지 위, 앞, 옆을 ( ) 안에 알맞게 쓰시오.

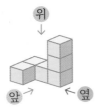

( ) ( ) ( )

02 쌓기나무로 오른쪽과 같이 쌓은 모양을 위, 앞, 옆에서 본 모양 중에서 하나를 잘못 그렸습니다. 잘못 그린 모양을 찾아 ×표 하시오.

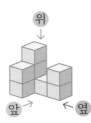

위 　　 앞 　　 옆

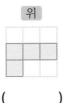  

( ) ( ) ( )

[03~04] 쌓기나무로 오른쪽과 같이 쌓은 모양을 보고 물음에 답하시오.

03 쌓기나무로 쌓은 모양을 보고 위에서 본 모양에 수를 써서 나타내시오.

꼭나와 ♥

04 주어진 모양과 똑같이 쌓을 때 필요한 쌓기나무는 몇 개입니까?

( )

05 쌓기나무로 쌓은 모양을 1층부터 3층까지 층별로 나타낸 모양입니다. 각각 몇 층을 나타낸 모양인지 ( ) 안에 알맞게 쓰시오.

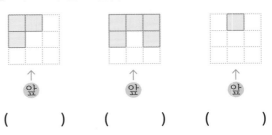

( ) ( ) ( )

06 쌓기나무로 쌓은 모양을 보고 위에서 본 모양에 수를 썼습니다. 관계있는 것끼리 선으로 알맞게 이으시오.

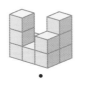

•　　　　•　　　　•

•　　　　•　　　　•

| 2 | 3 | 2 |
| 1 | 2 | 1 |

| 3 | 1 | 2 |
| 2 | 1 | 1 |

| 1 | 1 | 3 |
| 3 | 1 | 2 |

서술형 ♥

07 쌓기나무로 쌓은 모양을 층별로 나타낸 모양입니다. 아래의 모양을 만들고 쌓기나무가 13개 남았다면 처음에 있던 쌓기나무는 몇 개인지 풀이 과정을 쓰고, 답을 구하시오.

1층　　　2층　　　3층

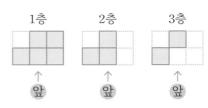

↑　　　↑　　　↑
앞　　　앞　　　앞

풀이

❶ 사용한 쌓기나무는 몇 개인지 구하기

_____

❷ 처음에 있던 쌓기나무는 몇 개인지 구하기

_____

답 _____

08 쌓기나무로 쌓은 모양을 층별로 나타낸 모양입니다. 위에서 본 모양에 수를 써서 나타내시오.

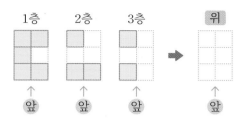

09 위, 앞, 옆에서 본 모양이 모두 오른쪽과 같게 쌓기나무를 쌓으려고 합니다. 쌓기나무는 적어도 몇 개 필요한지 구하시오.

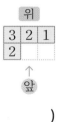

( )

[10~11] 쌓기나무로 쌓은 모양을 보고 물음에 답하시오.

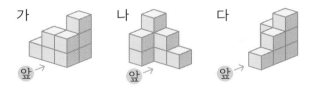

10 오른쪽 그림은 쌓기나무로 쌓은 모양을 보고 위에서 본 모양에 수를 쓴 것입니다. 쌓은 모양을 찾아 기호를 쓰시오.

( )

11 쌓기나무로 쌓은 모양을 층별로 나타낸 모양입니다. 쌓은 모양을 찾아 기호를 쓰시오.

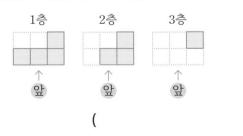

( )

12 위, 앞, 옆에서 본 모양을 보고 쌓기나무로 쌓은 모양을 찾아 ○표 하시오.

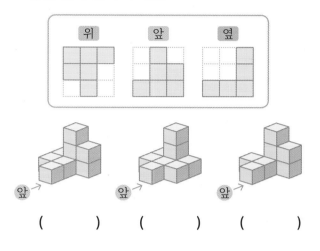

( ) ( ) ( )

13 쌓기나무로 쌓은 모양을 층별로 나타낸 모양입니다. 같은 모양을 앞에서 본 모양을 그려 보시오.

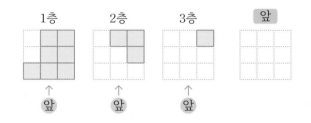

14 쌓기나무로 쌓은 모양을 보고 위에서 본 모양에 각각 수를 썼습니다. 옆에서 본 모양이 다른 하나를 찾아 기호를 쓰시오.

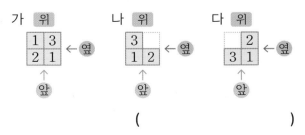

( )

15 쌓기나무 7개로 쌓은 모양을 위, 앞, 옆에서 본 모양입니다. 가능한 모양을 모두 찾아 기호를 쓰시오.

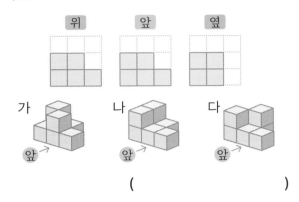

( )

16 오른쪽 그림은 쌓기나무로 쌓은 모양을 보고 위에서 본 모양에 수를 쓴 것입니다. 앞과 옆에서 본 모양이 같을 때 ㉠에 알맞은 수를 구하시오.

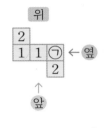

( )

꼭나와 ⌣

17 주어진 두 가지 모양을 합쳐서 만들 수 있는 모양에 ○표 하시오.

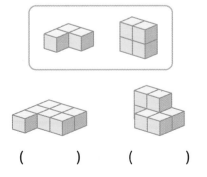

( ) ( )

18 쌓기나무 8개로 쌓았고 1층에 쌓기나무가 4개 있는 모양을 찾아 기호를 쓰시오.

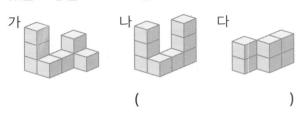

( )

19 쌓기나무를 4개씩 붙여서 만든 두 가지 모양을 사용하여 만들 수 있는 모양을 모두 찾아 기호를 쓰시오.

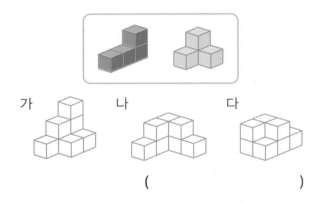

( )

20 주어진 모양에 쌓기나무 1개를 더 붙여서 만들 수 있는 모양은 모두 몇 가지인지 구하시오. (단, 돌리거나 뒤집어서 모양이 같은 것은 하나의 모양으로 생각합니다.)

( )

01 쌓기나무로 오른쪽과 같이 쌓은 모양을 위에서 본 모양입니다. 앞과 옆에서 본 모양을 각각 그려 보시오.

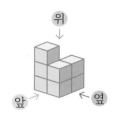

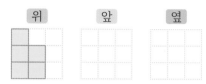

어려워

02 쌓기나무로 쌓은 모양을 위, 앞, 옆에서 보고 그렸는데 표시를 하지 않았습니다. 위, 앞, 옆에서 본 모양을 각각 찾아 ( ) 안에 기호를 쓰시오.

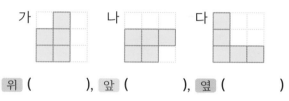

위 ( ), 앞 ( ), 옆 ( )

[03~04] 쌓기나무로 쌓은 모양을 위, 앞, 옆에서 본 모양입니다. 물음에 답하시오.

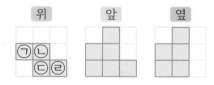

03 ㉠, ㉡, ㉢, ㉣에 쌓인 쌓기나무는 각각 몇 개인지 알아보시오.

㉠: [ ]개, ㉡: [ ]개, ㉢: [ ]개, ㉣: [ ]개

04 주어진 모양과 똑같이 쌓을 때 필요한 쌓기나무는 몇 개입니까?

( )

05 쌓기나무로 쌓은 모양을 보고 층별로 나누어 그리고, 똑같이 쌓을 때 필요한 쌓기나무는 몇 개인지 구하시오.

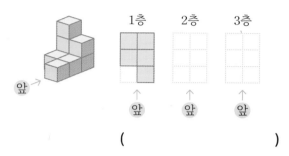

( )

06 쌓기나무로 쌓은 모양과 위에서 본 모양입니다. 똑같이 쌓을 때 쌓기나무가 더 많이 필요한 것의 기호를 쓰시오.

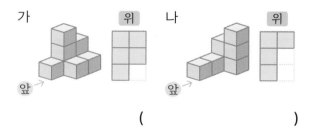

( )

서술형

07 쌓기나무 25개를 사용하여 다음과 같은 모양을 만들었습니다. 모양을 만들고 남은 쌓기나무는 몇 개인지 풀이 과정을 쓰고, 답을 구하시오.

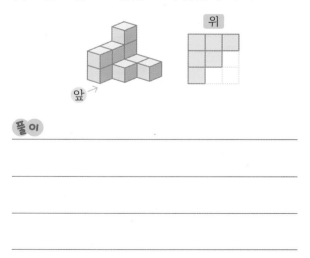

풀이

답

08 오른쪽 그림은 한 변이 1 cm 인 정육면체 모양의 쌓기나 무 8개로 쌓은 모양입니다. 겉넓이는 몇 cm²인지 구하 시오.

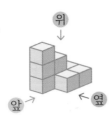

(   )

어려워 ☺

09 쌓기나무로 쌓은 모양과 위에서 본 모양입니다. 이 모양에 쌓기나무를 더 쌓아 만들 수 있는 가장 작은 정육면체를 만들려고 합니다. 더 필요한 쌓 기나무는 몇 개인지 구하시오.

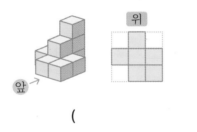

(   )

[10~11] 쌓기나무로 쌓은 모양을 위, 앞, 옆에서 본 모양입니다. 물음에 답하시오.

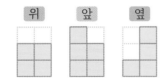

10 위에서 본 모양을 보고 1층의 모양을 다음과 같 이 쌓았습니다. 옆에서 본 모양을 보고 더 쌓지 않아도 되는 자리를 모두 찾아 기호를 쓰시오.

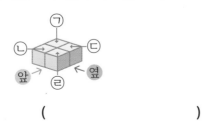

(   )

11 앞에서 본 모양을 보고 쌓기나무로 쌓은 모양을 찾아 ○표 하시오.

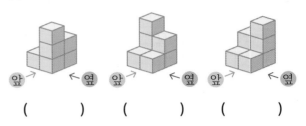

(   ) (   ) (   )

12 쌓기나무로 쌓은 모양을 보고 위에서 본 모양에 수를 썼습니다. 앞에서 본 모양을 그려 보시오.

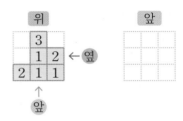

13 위, 앞, 옆에서 본 모양을 보고 쌓기나무를 쌓았 습니다. <u>잘못</u> 쌓은 쌓기나무를 찾아 ×표 하시오.

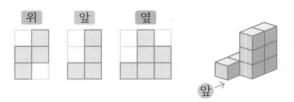

14 오른쪽 그림은 쌓기나무로 쌓 은 모양을 보고 위에서 본 모양 에 수를 쓴 것입니다. <u>잘못</u> 말한 친구를 찾아 이름을 쓰시오.

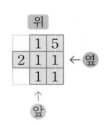

- 지현: 이 모양은 5층까지 쌓았어.
- 채아: 이 모양의 1층에 쌓은 쌓기나무는 6개야.
- 규진: 이 모양을 쌓는 데 사용한 쌓기나무는 12개야.

(   )

15 쌓기나무로 1층 위에 2층과 3층을 쌓으려고 합니다. 1층 모양을 보고 쌓을 수 있는 2층과 3층으로 알맞은 모양을 각각 찾아 기호를 쓰시오.

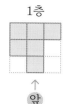

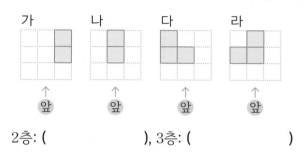

2층: (   ), 3층: (   )

어려워

16 위, 앞, 옆에서 본 모양을 보고 쌓기나무를 쌓을 때 필요한 쌓기나무의 개수가 가장 많을 때와 가장 적을 때의 차는 몇 개인지 구하시오.

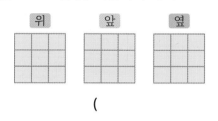

(   )

17 두 가지 모양을 합쳐 새로운 모양을 만들었습니다. 사용한 모양을 찾아 선으로 알맞게 이으시오.

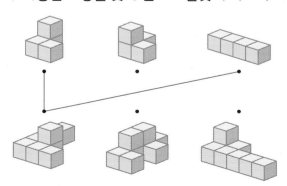

18 쌓기나무를 4개씩 붙여서 만든 두 가지 모양을 사용하여 새로운 모양을 만들었습니다. 어떻게 만들었는지 구분하여 색칠하시오.

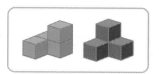

19 주어진 모양에 쌓기나무 1개를 더 붙여서 만들 수 있는 모양은 모두 몇 가지인지 구하시오. (단, 돌리거나 뒤집어서 모양이 같은 것은 하나의 모양으로 생각합니다.)

(   )

서술형

20 그림과 같이 일정한 규칙에 따라 쌓을 때 열 번째에 올 모양의 쌓기나무는 몇 개인지 구하려고 합니다. 풀이 과정을 쓰고, 답을 구하시오.

첫 번째   두 번째   세 번째

풀이 _____

_____

_____

_____

답 _____

개념 1 자릿수가 같은 (소수)÷(소수)

나누는 수와 나누어지는 수의 소수점을 똑같이 옮겨서 계산합니다.

- (소수 한 자리 수)÷(소수 한 자리 수)

$$0.4\overline{)12.8} \rightarrow 4\overline{)128}$$

소수점을 똑같이
한 자리씩 옮겨요.

```
      3 2
 4)1 2 8
   1 2
       8
       8
       0
```

- (소수 두 자리 수)÷(소수 두 자리 수)

$$0.06\overline{)2.94} \rightarrow 6\overline{)294}$$

소수점을 똑같이
두 자리씩 옮겨요.

```
      4 9
 6)2 9 4
   2 4
     5 4
     5 4
       0
```

1 소수의 나눗셈을 계산하기 위해 소수점을 바르게 옮긴 것에 ○표 하시오.

$$0.7\overline{)5.6} \qquad 0.7\overline{)5.6}$$

(   ) (   )

개념 2 자릿수가 다른 (소수)÷(소수)

방법1 나누는 수와 나누어지는 수를 자연수로 만들어 계산하기

$$0.40\overline{)3.68} \rightarrow 40\overline{)368.0}$$

```
        9.2
 40)3 6 8.0
    3 6 0
        8 0
        8 0
          0
```

방법2 나누는 수를 자연수로 만들어 계산하기

$$0.4\overline{)3.68} \rightarrow 4\overline{)36.8}$$

```
       9.2
 4)3 6.8
   3 6
      8
      8
      0
```

2 □ 안에 알맞은 수를 써넣으시오.

2.16÷0.9는 2.16과 0.9를 각각 10배씩 하여 계산하면

21.6÷□=□

입니다.

개념 3 (자연수)÷(소수)

나누는 수를 자연수로 만들어 계산합니다.

- (자연수)÷(소수 한 자리 수)

$$3.5\overline{)21.0} \rightarrow 35\overline{)210}$$

```
        6
 35)2 1 0
    2 1 0
        0
```

- (자연수)÷(소수 두 자리 수)

$$2.25\overline{)9.00} \rightarrow 225\overline{)900}$$

```
          4
 225)9 0 0
     9 0 0
         0
```

3 □ 안에 알맞은 수를 써넣으시오.

```
         □
 1.25)1 0.0 0
 _____
         0
```

개념 4 몫을 반올림하여 나타내기

나눗셈의 몫이 간단한 소수로 구해지지 않을 때는 몫을 반올림하여 나타낼 수 있습니다.

```
    0.4 2 8
 7)3.0 0 0
   2 8
     2 0
     1 4
       6 0
       5 6
         4
```

① 몫을 반올림하여 소수 첫째 자리까지 나타내기

3÷7=0.42… → 0.4

└ 2이므로 버려요.

② 몫을 반올림하여 소수 둘째 자리까지 나타내기

3÷7=0.428… → 0.43

└ 8이므로 올려요.

4 나눗셈식을 보고 몫을 반올림하여 소수 첫째 자리까지 나타내시오.

25÷6=4.166…

→ 반올림한 몫: □

01 그림을 보고 ☐ 안에 알맞은 수를 써넣으시오.

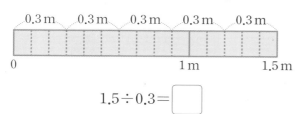

$$1.5 \div 0.3 = \boxed{}$$

02 계산해 보시오.

(1)

$$2.3 \overline{)1\ 6.1}$$

(2)

$$0.5\ 2\overline{)7.2\ 8}$$

03 빈칸에 알맞은 수를 써넣으시오.

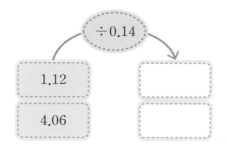

꼭나와 ㅂ

04 몫을 찾아 선으로 알맞게 이으시오.

$6.36 \div 0.12$ ·	· 17
$78.4 \div 1.4$ ·	· 53
$14.79 \div 0.87$ ·	· 56

서술형 상

05 ㉠과 ㉡의 몫의 차를 구하려고 합니다. 풀이 과정을 쓰고, 답을 구하시오.

| ㉠ $3.72 \div 0.62$ | ㉡ $40.5 \div 2.7$ |

풀이

❶ ㉠과 ㉡의 몫을 각각 구하기

_____

_____

❷ ㉠과 ㉡의 몫의 차를 구하기

_____

_____

답 _____

06 길이가 19.2 m인 철사를 소연이는 0.6 m씩, 현민이는 0.4 m씩 잘랐습니다. 소연이와 현민이가 자른 조각은 각각 몇 개인지 구하시오.

소연: (   )

현민: (   )

07 $16.38 \div 2.1$의 몫을 구하려고 합니다. 소수점을 바르게 옮긴 것에 ○표 하시오.

| $1.638 \div 21$ | $163.8 \div 21$ |

(   )   (   )

08 □안에 알맞은 수를 써넣으시오.

6.4 ➡ ÷0.32 ➡ □

09 계산 결과를 비교하여 ○ 안에 >, =, <를 알맞게 써넣으시오.

31.85÷3.5 ◯ 5.16÷0.6

서술형

10 가장 큰 수를 가장 작은 수로 나눈 몫을 구하려고 합니다. 풀이 과정을 쓰고, 답을 구하시오.

| 12.35 | 0.82 | 1.3 | 20.5 |

풀이

❶ 가장 큰 수와 가장 작은 수를 각각 구하기

_____

_____

❷ 가장 큰 수를 가장 작은 수로 나눈 몫을 구하기

_____

_____

답 _____

꼭나와 ♥

11 집에서 병원까지의 거리는 집에서 우체국까지의 거리의 몇 배입니까?

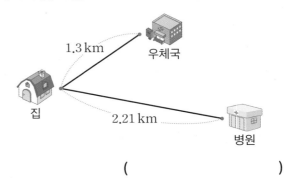

1.3 km 우체국

집 2.21 km 병원

( )

12 5÷1.25와 몫이 같은 것에 ◯표 하시오.

| 500÷125 | 50÷125 |

( ) ( )

13 자연수를 소수로 나눈 몫을 구하시오.

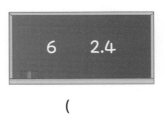

6 2.4

( )

14 계산 결과가 <u>틀린</u> 것을 찾아 기호를 쓰시오.

㉠ 64÷12.8=5
㉡ 45÷7.5=6
㉢ 72÷2.4=3

( )

15 몫이 작은 것부터 차례대로 ◯ 안에 1, 2, 3을 써넣으시오.

| 23÷0.92 | 32÷1.6 | 20÷1.25 |

◯   ◯   ◯

16 넓이가 52 cm²인 직사각형이 있습니다. 이 직사각형의 가로가 6.5 cm일 때 세로의 길이는 몇 cm입니까?

(   )

17 나눗셈식을 보고 ◯ 안에 알맞은 수를 써넣으시오.

$$7 \overline{)5.80} \quad \begin{array}{r} 0.8\,2 \\ \hline 5.8\,0 \\ 5\,6 \\ \hline 2\,0 \\ 1\,4 \\ \hline 6 \end{array}$$

(1) 몫을 반올림하여 일의 자리까지 나타내면
◯ 입니다.

(2) 몫을 반올림하여 소수 첫째 자리까지 나타내면
◯ 입니다.

18 19÷6의 몫을 반올림하여 주어진 자리까지 나타내시오.

소수 첫째 자리	소수 둘째 자리

19 리본 12.5 m를 한 사람에게 3 m씩 나누어 주려고 합니다. 나누어 줄 수 있는 사람은 몇 명이고, 남는 리본은 몇 m인지 알기 위해 다음과 같이 계산했습니다. ◯ 안에 알맞은 수를 써넣으시오.

$$12.5 - 3 - 3 - 3 - 3 = \boxed{}$$

나누어 줄 수 있는 사람: ◯ 명

남는 리본: ◯ m

서술형

20 몫을 반올림하여 일의 자리까지 나타낸 수가 가장 큰 것을 찾아 기호를 쓰려고 합니다. 풀이 과정을 쓰고, 답을 구하시오.

| ㉠ 10÷3 | ㉡ 38÷9 | ㉢ 3÷1.8 |

풀이

❶ 몫을 반올림하여 일의 자리까지 각각 나타내기

_____

_____

❷ 몫을 반올림하여 일의 자리까지 나타낸 수가 가장 큰 것을 찾아 기호를 쓰기

_____

_____

답 _____

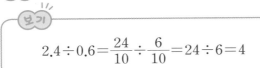

01 보기 와 같은 방법으로 계산해 보시오.

보기

$$2.4 \div 0.6 = \frac{24}{10} \div \frac{6}{10} = 24 \div 6 = 4$$

$7.2 \div 0.9 =$ _____

_____

02 큰 수를 작은 수로 나눈 몫을 구하시오.

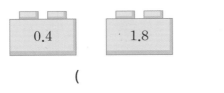

( )

꼭나와 ☺
03 멜론의 무게는 복숭아의 무게의 몇 배입니까?

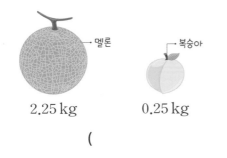

2.25 kg   0.25 kg

( )

04 계산 결과를 비교하여 ○ 안에 >, =, <를 알맞게 써넣으시오.

$21.7 \div 3.1$ ○ $32.4 \div 5.4$

05 미영이네 집 거실의 넓이는 $43.68 \, \text{m}^2$이고, 화장실의 넓이는 $3.64 \, \text{m}^2$입니다. 미영이네 집 거실의 넓이는 화장실의 넓이의 몇 배인지 구하시오.

( )

서술형 ☺
06 몫이 작은 것부터 차례대로 기호를 쓰려고 합니다. 풀이 과정을 쓰고, 답을 구하시오.

㉠ $2.16 \div 0.24$
㉡ $9.8 \div 0.7$
㉢ $15.6 \div 2.6$

풀이

❶ 몫을 각각 구하기

_____

_____

❷ 몫이 작은 것부터 차례대로 기호를 쓰기

_____

_____

답 _____

07 $5.7 \div 0.19$를 계산하려고 합니다. ☐ 안에 알맞은 수를 써넣으시오.

5.7과 0.19를 각각 100배씩 하여 계산하면

☐ ÷ ☐ = ☐ 입니다.

08 빈칸에 알맞은 수를 써넣으시오.

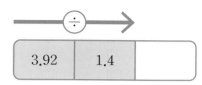

3.92	1.4	

꼭나와

09 몫이 다른 것을 찾아 ○표 하시오.

2.45÷0.7	8.4÷0.24	17.85÷5.1
( )	( )	( )

서술형 상

10 휘발유 0.08 L를 넣으면 1 km를 갈 수 있는 자동차가 있습니다. 이 자동차에 휘발유 4.8 L를 넣으면 몇 km를 갈 수 있는지 풀이 과정을 쓰고, 답을 구하시오.

풀이

❶ 몇 km를 갈 수 있는지 구하는 식 쓰기

_____

_____

❷ 몇 km를 갈 수 있는지 구하기

_____

_____

답 _____

11 넓이가 30.07 cm²인 마름모가 있습니다. 이 마름모의 한 대각선이 9.7 cm일 때 다른 대각선의 길이는 몇 cm인지 구하시오.

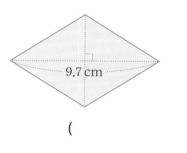

9.7 cm

(   )

12 계산해 보시오.

(1)

$15.2\overline{)76}$

(2)

$1.25\overline{)5}$

13 몫을 찾아 선으로 알맞게 이으시오.

9÷0.45	•		•	40
20÷0.5	•		•	20
15÷0.6	•		•	25

14 몫이 50보다 큰 나눗셈에 색칠하시오.

72÷1.6   66÷1.2

15 승주의 몸무게는 $38.5\,kg$이고, 아버지의 몸무게는 $77\,kg$입니다. 아버지의 몸무게는 승주의 몸무게의 몇 배인지 구하시오.

(   )

16 1부터 9까지의 자연수 중에서 ☐ 안에 들어갈 수 있는 수를 모두 구하시오.

$$26 \div 6.5 > \square$$

(   )

17 계산해 보고, 몫을 반올림하여 소수 첫째 자리까지 나타내시오.

(1) $3\,)\,\overline{8.5}$ (2) $9\,)\,\overline{2\ 9.5}$

(   )   (   )

꼭나와 ㅂ

18 몫을 반올림하여 바르게 나타낸 친구의 이름을 쓰시오.

- 혜미: $8.9 \div 7$의 몫을 반올림하여 소수 첫째 자리까지 나타내면 1.2야.
- 진성: $6 \div 1.3$의 몫을 반올림하여 소수 둘째 자리까지 나타내면 4.62야.

(   )

19 호두 $14.7\,kg$을 한 명에게 $2\,kg$씩 나누어 주려고 합니다. 나누어 줄 수 있는 사람은 몇 명이고, 남는 호두는 몇 kg인지 각각 알아보시오.

나누어 줄 수 있는 사람: ☐ 명

남는 호두: ☐ kg

서술형 ㅂ

20 굵기가 일정한 나무 막대 $2\,m\ 30\,cm$의 무게는 $15\,kg$입니다. 이 나무 막대 $1\,m$의 무게는 몇 kg인지 반올림하여 소수 첫째 자리까지 나타내려고 합니다. 풀이 과정을 쓰고, 답을 구하시오.

풀이

❶ $2\,m\ 30\,cm$를 m 단위로 나타내기

_____

❷ 나무 막대 $1\,m$의 무게는 몇 kg인지 반올림하여 소수 첫째 자리까지 나타내기

_____

_____

답 _____

01 ☐ 안에 알맞은 수를 써넣으시오.

$$1.17 \div 0.13 = \boxed{} \div 13 = \boxed{}$$

02 몫이 3.5인 나눗셈을 찾아 색칠하시오.

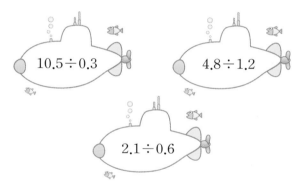

$$10.5 \div 0.3 \qquad 4.8 \div 1.2$$

$$2.1 \div 0.6$$

03 골프공의 무게는 $45.9\,g$이고, 탁구공의 무게는 $2.7\,g$입니다. 골프공의 무게는 탁구공의 무게의 몇 배인지 풀이 과정을 쓰고, 답을 구하시오.

풀이

답 _____

04 몫이 3에 가장 가까운 나눗셈을 말한 친구를 찾아 이름을 쓰시오.

경아 $8.5 \div 2.5$ 　　영선 $0.45 \div 0.18$ 　　민주 $8.4 \div 4.2$

(　　　　　　　　)

05 직육면체의 높이는 몇 m인지 ☐ 안에 알맞은 수를 써넣으시오.

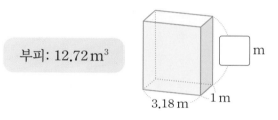

부피: $12.72\,m^3$

☐ m

$3.18\,m$ 　　$1\,m$

06 수 카드 5 , 8 , 6 을 한 번씩 모두 사용하여 몫이 가장 작은 나눗셈을 만들려고 합니다. ☐ 안에 알맞은 수를 써넣고, 몫을 구하시오.

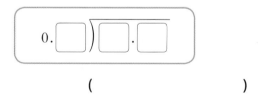

$$0.\boxed{}\,)\,\boxed{}.\boxed{}$$

(　　　　　　　　)

07 빈칸에 알맞은 수를 써넣으시오.

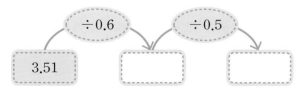

$\div 0.6$ 　　$\div 0.5$

3.51

08 몫이 더 큰 것에 ○표 하시오.

| $2.34 \div 0.9$ | $9.28 \div 3.2$ |

(　　　　)　　　　(　　　　)

09 식빵 1개를 만드는 데 효모균 4.75 g이 필요합니다. 효모균 66.5 g으로는 식빵을 몇 개 만들 수 있는지 구하시오.

(　　　　　　　　　)

10 □ 안에 들어갈 수 있는 가장 작은 자연수를 구하시오.

$$40.28 \div 5.3 < □$$

(　　　　　　　　　)

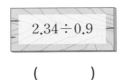

11 경비행기가 일정한 빠르기로 23.2 km를 가는 데 7분 15초가 걸렸습니다. 이 경비행기가 1분 동안 간 거리는 몇 km인지 구하시오.

(　　　　　　　　　)

12 양동이의 들이는 냄비의 들이의 몇 배인지 구하시오.

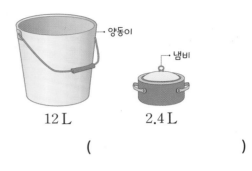

양동이
냄비
12 L　　2.4 L

(　　　　　　　　　)

13 두 나눗셈의 몫의 합을 구하시오.

| • $20 \div 2.5$ | • $3 \div 0.06$ |

(　　　　　　　　　)

14 □ 안에 알맞은 수가 더 작은 것의 기호를 쓰려고 합니다. 풀이 과정을 쓰고, 답을 구하시오.

| ㉠ $1.5 \times □ = 18$ | ㉡ $3.2 \times □ = 48$ |

풀이

_____

_____

_____

_____

답 _____

15 감자가 한 상자에 $15\,kg$씩 7상자 있습니다. 이 감자를 한 봉지에 $1.75\,kg$씩 모두 나누어 담는다면 몇 봉지에 담을 수 있는지 구하시오.

(   )

어려워 ☺

16 몫의 소수 52째 자리 숫자를 구하시오.

$$34 \div 5.5$$

(   )

17 나눗셈의 몫을 자연수까지 구하여 ⬚ 안에 써넣고, 남는 수를 ◯ 안에 써넣으시오.

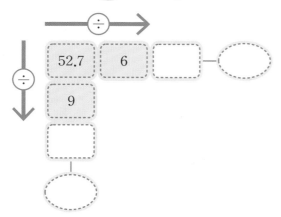

18 계산 결과를 비교하여 ◯ 안에 $>$, $=$, $<$를 알맞게 써넣으시오.

> $3.8 \div 9$의 몫을 반올림하여 소수 첫째 자리까지 나타낸 수 ◯ $3.8 \div 9$

19 어떤 수를 0.9로 나누어야 할 것을 잘못하여 6으로 나누었더니 몫이 10이 되었습니다. 바르게 계산했을 때의 몫을 반올림하여 소수 첫째 자리까지 나타내시오.

(   )

서술형 ☺

20 수 카드를 한 번씩 모두 사용하여 (소수 한 자리 수) ÷ (소수 두 자리 수)를 만들려고 합니다. 몫이 가장 클 때의 몫을 반올림하여 소수 둘째 자리까지 나타낸 수는 얼마인지 풀이 과정을 쓰고, 답을 구하시오.

풀이 _____

_____

_____

_____

 답 _____

4. 비례식과 비례배분

➡ 바른답·알찬풀이 28쪽

개념 1 비의 성질

- 비의 전항과 후항

  비 2 : 5에서 기호 ' : ' 앞에 있는 2를 전항, 뒤에 있는 5를 후항이라고 합니다.

- 비의 성질

  ① 비의 전항과 후항에 0이 아닌 같은 수를 곱해도 비율은 같습니다.

  ② 비의 전항과 후항을 0이 아닌 같은 수로 나누어도 비율은 같습니다.

  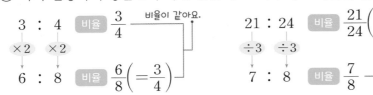

  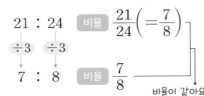

1 전항에 ◯표, 후항에 △표 하시오.

$$9 : 5$$

개념 2 간단한 자연수의 비로 나타내기

- 자연수의 비: 전항과 후항을 두 수의 공약수로 나눕니다.

  $10 : 12$ ➡ $(10 \div 2) : (12 \div 2)$ ➡ $5 : 6$

- 소수의 비: 전항과 후항에 10, 100, 1000, ...을 곱합니다.

  $0.7 : 0.9$ ➡ $(0.7 \times 10) : (0.9 \times 10)$ ➡ $7 : 9$

- 분수의 비: 전항과 후항에 두 분모의 공배수를 곱합니다.

  $\frac{1}{4} : \frac{5}{6}$ ➡ $\left(\frac{1}{4} \times 12\right) : \left(\frac{5}{6} \times 12\right)$ ➡ $3 : 10$

2 ☐ 안에 알맞은 수를 써넣으시오.

$0.4 : 0.3$

➡ $(0.4 \times 10) : (0.3 \times 10)$

➡ ☐ : ☐

개념 3 비례식 / 비례식의 성질

- 비례식: 비율이 같은 두 비를 기호 '='를 사용하여 나타낸 식

  외항

  $4 : 7 = 8 : 14$

  내항

  ➡ 바깥쪽에 있는 4와 14를 외항,
  안쪽에 있는 7과 8을 내항이라고 합니다.

- 비례식의 성질: 비례식에서 외항의 곱과 내항의 곱은 같습니다.

  외항의 곱: $5 \times 8 = 40$

  $5 : 4 = 10 : 8$

  내항의 곱: $4 \times 10 = 40$

  ➡ 외항의 곱과 내항의 곱이 40으로 같습니다.

3 비례식을 보고 외항과 내항을 각각 쓰시오.

$$20 : 28 = 5 : 7$$

- 외항: ☐ , ☐

- 내항: ☐ , ☐

개념 4 비례배분

- 비례배분: 전체를 주어진 비로 배분하는 것

  예 사탕 12개를 형과 동생에게 2 : 1로 나누어 주기

  형: $12 \times \dfrac{2}{2+1} = 8$(개), 동생: $12 \times \dfrac{1}{2+1} = 4$(개)

  └── 전항과 후항의 합 ──┘

4 9를 1 : 2로 비례배분해 보시오.

- $9 \times \dfrac{1}{1+2} = $ ☐

- $9 \times \dfrac{2}{1+2} = $ ☐

01 비의 성질을 이용하여 □ 안에 알맞은 수를 써넣으시오.

(1)
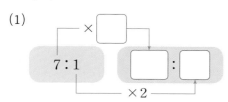

(2)
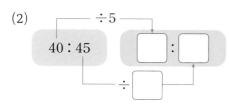

꼭나와 ♨

02 비의 성질을 이용하여 9 : 4와 비율이 같은 비에 색칠하시오.

 4 : 9    27 : 12

03 비의 성질을 이용하여 10 : 24와 비율이 같은 비를 2개 쓰시오.

(   ), (   )

04 3.5 : 3.1을 간단한 자연수의 비로 나타내려고 합니다. □ 안에 알맞은 수를 써넣으시오.

3.5와 3.1이 소수 한 자리 수이므로 전항과 후항에 □ 을 곱합니다.

3.5 : 3.1 ➡ 35 : □

05 60 : 84를 간단한 자연수의 비로 나타내려고 합니다. 전항과 후항을 나눌 수 <u>없는</u> 수는 어느 것입니까? (   )

① 3　　　　② 4　　　　③ 6
④ 8　　　　⑤ 12

06 2 : 3과 비율이 같은 비를 찾아 기호를 쓰시오.

$\bigcirc$ $\frac{1}{2} : \frac{1}{3}$　　$\bigcirc$ $\frac{1}{2} : \frac{3}{4}$　　$\bigcirc$ $\frac{3}{8} : \frac{5}{16}$

(   )

서술형 ♨

07 직사각형의 세로의 길이와 가로의 길이의 비를 간단한 자연수의 비로 나타내려고 합니다. 풀이 과정을 쓰고, 답을 구하시오.

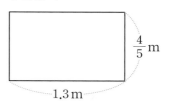
$\frac{4}{5}$ m
1.3 m

풀이

❶ 직사각형의 세로의 길이와 가로의 길이의 비를 구하기

_____

_____

❷ 직사각형의 세로의 길이와 가로의 길이의 비를 간단한 자연수의 비로 나타내기

_____

_____

답 _____

08 외항의 곱과 내항의 곱을 각각 구하고 알맞은 말에 ○표 하시오.

$$5 : 7 = 10 : 14$$

외항의 곱: ☐ , 내항의 곱: ☐

➡ 비례식에서 외항의 곱과 내항의 곱은 (같습니다 , 다릅니다).

꼭나와 ♡

09 비례식의 성질을 이용하여 ☐ 안에 알맞은 수를 구하시오.

$$6 : ☐ = 18 : 21$$

(   )

10 5 : 8과 비율이 같은 비를 찾아 비례식을 완성하시오.

| 3 : 4 | 20 : 40 | 30 : 48 |

$$5 : 8 = ☐ : ☐$$

11 비례식을 바르게 세운 친구의 이름을 쓰시오.

$0.3 : 0.4 = 5 : 6$ 성민

$\dfrac{1}{5} : \dfrac{1}{6} = 18 : 15$ 소진

(   )

12 두 비의 비율을 비교한 것입니다. 두 비로 비례식을 세워 보시오.

$$\dfrac{6}{7} = \dfrac{12}{14}$$ ➡ (   )

13 두 비례식에서 ㉠과 ㉡에 알맞은 수의 합을 구하시오.

• $9 : 6 = ㉠ : 18$
• $4 : 7 = 32 : ㉡$

(   )

서술형 ♡

14 어느 미술관의 초등학생과 어른의 입장료의 비는 3 : 5입니다. 초등학생의 입장료가 2400원일 때 어른의 입장료는 얼마인지 풀이 과정을 쓰고, 답을 구하시오.

풀이

❶ 어른의 입장료를 ☐원이라 하여 비례식을 세우기

_____

_____

❷ 어른의 입장료는 얼마인지 구하기

_____

_____

답 _____

15 $\dfrac{8}{12}$과 비율이 같은 두 비를 찾아 비례식을 세워 보시오.

> 0.3 : 0.2   2 : 3   1.5 : 0.9   40 : 60

(   )

16 70을 3 : 4로 비례배분하려고 합니다. 그림을 보고 ☐ 안에 알맞은 수를 써넣으시오.

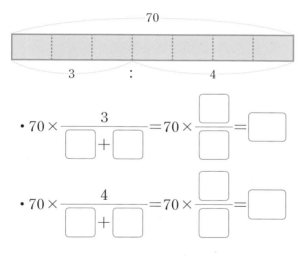

꼭나와 ☺

17 96을 7 : 5로 비례배분한 것의 기호를 쓰시오.

> ㉠ 56, 40   ㉡ 64, 32

(   )

18 420을 가 : 나＝0.8 : 1.3으로 비례배분하려고 합니다. 가와 나에 알맞은 수를 각각 구하시오.

가: (   )
나: (   )

19 어느 날 낮과 밤의 길이가 5 : 3이었습니다. 이날 밤은 몇 시간이었는지 구하시오.

(   )

서술형 ⦸

20 어떤 직사각형의 가로의 길이와 세로의 길이의 비가 9 : 4이고, 둘레가 78 cm입니다. 이 직사각형의 가로의 길이는 몇 cm인지 풀이 과정을 쓰고, 답을 구하시오.

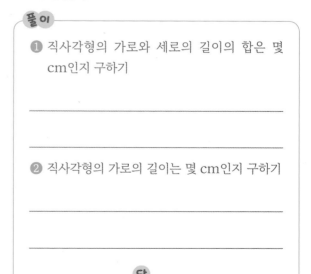

01 비율이 같은 비를 만들려고 합니다. ◯ 안에 공통으로 들어갈 수 없는 수는 어느 것입니까?

(   )

$$8 : 5 \Rightarrow (8 \times \boxed{}) : (5 \times \boxed{})$$

① 2   ② 5   ③ 0
④ 9   ⑤ 11

꼭나와 ♥
02 비의 성질을 이용하여 비율이 같은 비를 찾아 선으로 알맞게 이으시오.

4 : 9	•		•	10 : 40
15 : 40	•		•	12 : 27
1 : 4	•		•	3 : 8

03 32 : 48과 비율이 같은 비 중에서 후항이 6인 비를 구하시오.

(   )

04 주어진 비를 간단한 자연수의 비로 나타내시오.

(1) 1.7 : 2.3 ➡ (   )

(2) $\frac{2}{5} : \frac{1}{6}$ ➡ (   )

05 간단한 자연수의 비로 바르게 나타낸 것을 찾아 기호를 쓰시오.

> ㉠ 1.5 : 0.4 ➡ 4 : 15
> ㉡ $\frac{1}{6} : \frac{1}{7}$ ➡ 6 : 7
> ㉢ 26 : 39 ➡ 2 : 3

(   )

06 후항이 64인 비를 간단한 자연수의 비로 나타냈더니 3 : 8이 되었습니다. 간단한 자연수의 비로 나타내기 전 비의 전항을 구하시오.

(   )

서술형 ♥
07 준영이는 아버지께서 주신 용돈 5000원 중에서 2000원을 동생에게 주었습니다. 준영이와 동생이 나누어 가진 용돈의 비를 간단한 자연수의 비로 나타내려고 합니다. 풀이 과정을 쓰고, 답을 구하시오.

풀이
❶ 준영이가 동생에게 주고 남은 용돈 구하기

_____

_____

❷ 준영이와 동생이 나누어 가진 용돈의 비를 간단한 자연수의 비로 나타내기

_____

_____

답 _____

08 비례식의 성질을 이용하여 ☐ 안에 알맞은 수를 써넣으시오.

(1) $3 : 4 = 9 : \boxed{}$

(2) $25 : \boxed{} = 10 : 4$

꼭나와

09 내항이 3과 8인 비례식을 모두 찾아 기호를 쓰시오.

㉠ $3 : 8 = 9 : 24$ ㉡ $2 : 3 = 8 : 12$
㉢ $1 : 8 = 3 : 24$ ㉣ $16 : 6 = 8 : 3$

(   )

10 비례식 $2 : 7 = 12 : 42$에 대한 설명으로 잘못된 것을 찾아 기호를 쓰시오.

㉠ 두 비의 비율이 $\dfrac{7}{2}$로 같으므로 기호 '='를 사용하여 비례식으로 나타낼 수 있습니다.
㉡ 비례식에서 외항은 2와 42입니다.
㉢ 비례식에서 내항은 7과 12입니다.

(   )

11 ☐ 안에 알맞은 수가 더 작은 것의 기호를 쓰시오.

㉠ $8 : \boxed{} = 80 : 30$ ㉡ $21 : 15 = \boxed{} : 5$

(   )

12 비례식에서 외항의 곱이 135일 때 ㉠과 ㉡에 알맞은 수를 각각 구하시오.

$9 : ㉠ = 5 : ㉡$

㉠: (   )
㉡: (   )

13 수 카드 중에서 4장을 골라 비례식을 세워 보시오.

| 2 | 5 | 1 | 6 | 30 |

(   )

서술형

14 어느 야구 선수가 15타수 중에서 안타를 5번 쳤습니다. 이와 같은 비율로 안타를 친다면 300타수 중에서 안타를 몇 번 치게 되는지 풀이 과정을 쓰고, 답을 구하시오.

풀이

❶ 300타수 중에서 치게 되는 안타 수를 ☐번이라 하여 비례식을 세우기

_____

_____

❷ 300타수 중에서 안타를 몇 번 치게 되는지 구하기

_____

_____

답 _____

15 조건 에 맞게 비례식을 세워 보시오.

조건

- 두 비를 비율로 나타내면 $\frac{1}{3}$입니다.
- 내항의 곱은 84입니다.

$$7 : \boxed{} = \boxed{} : \boxed{}$$

16 ☐ 안의 수를 주어진 비로 비례배분하여 (,) 안에 쓰시오.

$$\boxed{49} \quad 2:5 \Rightarrow (\qquad , \qquad)$$

17 물과 설탕을 $8:3$으로 섞어 설탕물 $220\,g$을 만들려고 합니다. 물을 몇 g 섞었는지 구하는 과정을 보고 ◯ 안에 알맞은 수를 써넣으시오.

설탕물을 만드는 데 섞은 물의 양은 전체

설탕물의 $\dfrac{\boxed{}}{8+\boxed{}}$이므로

$$220 \times \dfrac{\boxed{}}{\boxed{}} = \boxed{} \text{ (g)입니다.}$$

18 꼭나와 ♡ 어느 서점에서 오늘 판 동화책 수와 만화책 수의 비가 $7:9$였습니다. 오늘 판 동화책과 만화책이 모두 112권이라면 오늘 판 동화책과 만화책은 각각 몇 권인지 구하시오.

동화책: (   )

만화책: (   )

19 밑변의 길이와 높이의 합이 $36\,cm$인 평행사변형이 있습니다. 이 평행사변형의 밑변의 길이와 높이의 비가 $4:5$일 때 넓이는 몇 cm^2인지 구하시오.

(   )

20 서술형 ♡ 색종이 42장을 지후와 소희가 $4:3$으로 나누어 가지려고 합니다. 지후는 소희보다 색종이를 몇 장 더 많이 가지게 되는지 풀이 과정을 쓰고, 답을 구하시오.

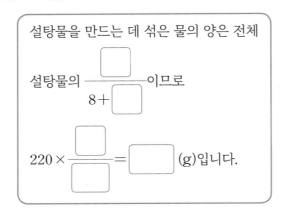

풀이

❶ 지후와 소희가 색종이를 각각 몇 장씩 가지게 되는지 구하기

_____

_____

❷ 지후는 소희보다 색종이를 몇 장 더 많이 가지게 되는지 구하기

_____

_____

답 _____

 실전

4. 비례식과 비례배분

01 70 : 28과 비율이 다른 것을 찾아 ○표 하시오.

35 : 14   10 : 4   7 : 2

(   )   (   )   (   )

02 구슬을 보고 <u>잘못</u> 말한 친구의 이름을 쓰시오.

- 선아: 초록색 구슬 수와 주황색 구슬 수의 비는 8 : 4야.
- 강희: 초록색 구슬 수와 주황색 구슬 수의 비는 1 : 2로 나타낼 수 있어.

(   )

03 다음 두 비를 비율로 나타내면 모두 $\frac{5}{8}$일 때 ㉠과 ㉡에 알맞은 수를 각각 구하려고 합니다. 풀이 과정을 쓰고, 답을 구하시오.

10 : ㉠   ㉡ : 40

풀이

_____

_____

_____

_____

답 ㉠:   , ㉡:

04 □ 안에 알맞은 수를 써넣어 간단한 자연수의 비로 나타내시오.

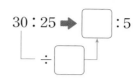

05 진아는 빨간색 페인트 $\frac{1}{2}$ L와 흰색 페인트 $\frac{2}{7}$ L를 섞어서 분홍색 페인트를 만들었습니다. 진아가 분홍색 페인트를 만들기 위해 사용한 빨간색 페인트 양과 흰색 페인트 양의 비를 간단한 자연수의 비로 나타내시오.

(   )

06 직사각형 가의 넓이와 나의 넓이의 비를 간단한 자연수의 비로 나타내시오.

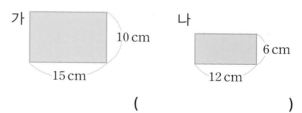

(   )

07 똑같은 일을 하는 데 세호는 5시간, 은아는 6시간이 걸렸습니다. 두 친구가 각각 일정한 빠르기로 일을 했을 때 세호와 은아가 1시간 동안 한 일의 양을 가장 간단한 자연수의 비로 나타내시오.

(   )

4. 비례식과 비례배분 **111**

08 비례식에서 11 × □의 값을 구하시오.

$$3 : 11 = □ : 33$$

(   )

09 비율이 같은 두 비를 찾아 비례식을 세워 보시오.

| 2 : 7 | 4 : 5 | 8 : 35 | 16 : 20 |

□ : □ = □ : □

서술형

10 어떤 비례식에서 내항의 곱이 160입니다. 한 외항이 8일 때 다른 외항을 구하려고 합니다. 풀이 과정을 쓰고, 답을 구하시오.

풀이 _____

_____

_____

_____

답 _____

11 외항이 8과 3, 내항이 2와 12인 비례식을 세워 보시오.

(   )

12 다혜네 텃밭에서 수확한 감자 양과 고구마 양의 비는 7 : 9입니다. 고구마를 54 kg 수확했다면 감자는 몇 kg 수확했는지 구하시오.

(   )

13 밑변의 길이와 높이의 비가 5 : 4인 직각삼각형이 있습니다. 이 직각삼각형의 높이가 16 cm일 때 넓이는 몇 cm²인지 구하시오.

(   )

어려워

14 지도에서 병원과 소방서 사이의 거리는 1 cm인데 실제 거리는 400 m입니다. 병원과 영화관 사이의 실제 거리는 몇 m입니까?

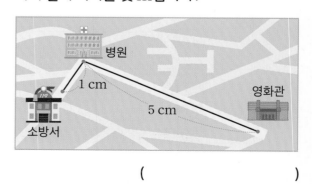

(   )

15 한 시간에 3분씩 느려지는 시계가 있습니다. 오늘 오전 9시에 시계를 정확히 맞추었다면 오늘 오후 7시에 이 시계가 가리키는 시각은 오후 몇 시 몇 분인지 구하시오.

(   )

16 길이가 91 cm인 끈을 주어진 비로 나누려고 합니다. 나눈 두 끈의 길이는 각각 몇 cm인지 구하시오.

$$4:9 \Rightarrow \boxed{} \text{cm}, \boxed{} \text{cm}$$

17 74를 주어진 비로 비례배분하여 (,) 안에 쓰시오.

$$1.9 : 1\frac{4}{5}$$

(,   )

서술형 상

18 어떤 수를 5 : 12로 비례배분했더니 더 큰 쪽의 수가 180이었습니다. 어떤 수는 얼마인지 풀이 과정을 쓰고, 답을 구하시오.

풀이 _____

_____

_____

_____

답 _____

19 예인이는 3시간 동안 산에 올라갔다가 내려왔습니다. 산을 올라갈 때 걸린 시간과 내려올 때 걸린 시간의 비가 3 : 2일 때 산을 내려올 때 걸린 시간은 몇 시간 몇 분인지 구하시오.

(   )

어려워 상

20 밑변이 100 cm, 높이가 90 cm인 삼각형 모양의 종이를 넓이의 비가 $\frac{1}{4} : \frac{1}{5}$이 되도록 2개로 나누었습니다. 나누어진 2개의 종이 중 더 좁은 종이의 넓이는 몇 cm²입니까?

(   )

개념 1 원주 / 원주율

- 원주: 원의 둘레 → 원의 지름이 길어지면 원주도 길어져요.
- 원주율 알아보기
  ① 원의 지름에 대한 원주의 비율을 원주율이라고 합니다.
    ➡ (원주율)＝(원주)÷(지름)
  ② 원의 크기와 관계없이 원주율은 항상 일정합니다.

1 원주가 더 짧은 것에 ○표 하시오.

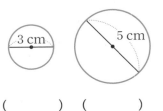

(   ) (   )

개념 2 원주와 지름 구하기

- 지름을 알 때 원주 구하기

  (원주율)＝(원주)÷(지름)
  ➡ (원주)＝(지름)×(원주율)

  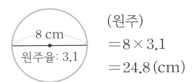

  (원주)
  ＝8×3.1
  ＝24.8 (cm)

- 원주를 알 때 지름 구하기

  (원주율)＝(원주)÷(지름)
  ➡ (지름)＝(원주)÷(원주율)

  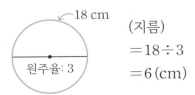

  (지름)
  ＝$18 \div 3$
  ＝6 (cm)

2 지름이 $6\,cm$인 원의 원주를 구하려고 합니다. ☐ 안에 알맞은 수를 써넣으시오.

(원주율: 3.1)

(원주)＝$6 \times$ ☐

＝ ☐ (cm)

개념 3 원의 넓이 구하기

(원의 넓이)＝(반지름) × (원주) × $\frac{1}{2}$

＝(반지름) × (지름) × (원주율) × $\frac{1}{2}$

＝(반지름) × (반지름) × (원주율)

[3~4] 그림을 보고 물음에 답하시오. (원주율: 3)

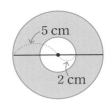

3 큰 원의 넓이와 작은 원의 넓이를 각각 구하시오.

- 큰 원: ☐ cm^2

- 작은 원: ☐ cm^2

개념 4 원의 넓이 활용하기

주어진 도형의 일부분을 옮기거나 빼서 색칠한 부분의 넓이를 구합니다.

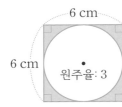

(색칠한 부분의 넓이)
＝(정사각형의 넓이)－(원의 넓이)
＝$(6 \times 6)－(3 \times 3 \times 3)$
＝$36－27＝9$ (cm²)

4 색칠한 부분의 넓이를 구하시오.

☐ cm^2

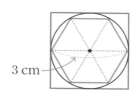

[01~02] 그림을 보고 물음에 답하시오.

3 cm

01 정육각형과 정사각형의 둘레는 각각 몇 cm인지 구하시오.

정육각형: (   )

정사각형: (   )

02 ☐ 안에 알맞은 수를 써넣으시오.

(원의 지름) × ☐ < (원주)

(원주) < (원의 지름) × ☐

03 원주가 15.5 cm일 때 원주는 지름의 몇 배인지 구하시오.

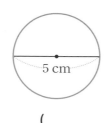

5 cm

(   )

꼭나와 ㅂ

04 원주는 몇 cm인지 구하시오. (원주율: 3.14)

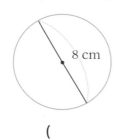

8 cm

(   )

05 둘레가 55.8 cm인 원 모양의 시계가 있습니다. 이 시계의 지름은 몇 cm입니까? (원주율: 3.1)

(   )

06 길이가 47.1 cm인 종이띠를 겹치지 않게 붙여서 원을 만들었습니다. 만든 원의 지름은 몇 cm 입니까? (원주율: 3.14)

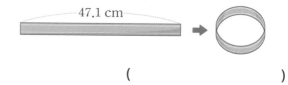

47.1 cm

(   )

서술형 ㅂ

07 컴퍼스를 4.5 cm만큼 벌려서 그린 원의 둘레는 몇 cm인지 구하려고 합니다. 풀이 과정을 쓰고, 답을 구하시오. (원주율: 3)

풀이

❶ 그린 원의 지름은 몇 cm인지 구하기

_____

_____

❷ 그린 원의 둘레는 몇 cm인지 구하기

_____

_____

답 _____

수 학

08 빨간색 털실과 노란색 털실을 각각 겹치지 않게 이어 붙여서 원을 2개 만들었습니다. 만든 두 원의 지름의 차는 몇 cm인지 구하시오. (원주율: 3.1)

40.3 cm

31 cm

( )

09 동주의 훌라후프는 바깥쪽 지름이 80 cm이고, 윤아의 훌라후프는 바깥쪽 원주가 246 cm입니다. 훌라후프가 더 큰 친구는 누구인지 풀이 과정을 쓰고, 답을 구하시오. (원주율: 3)

풀이

❶ 동주의 훌라후프의 바깥쪽 원주는 몇 cm인지 구하기

＿＿＿＿＿＿＿＿＿＿＿＿＿＿＿＿＿

＿＿＿＿＿＿＿＿＿＿＿＿＿＿＿＿＿

❷ 훌라후프가 더 큰 친구는 누구인지 쓰기

＿＿＿＿＿＿＿＿＿＿＿＿＿＿＿＿＿

답 ＿＿＿＿＿＿＿＿＿＿

10 색칠한 부분의 둘레는 몇 cm입니까?

(원주율: 3.1)

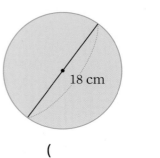

16 cm

16 cm

( )

11 모눈을 세어 원의 넓이를 어림하려고 합니다. ◯ 안에 알맞은 수를 써넣으시오.

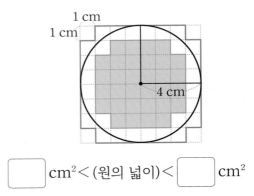

1 cm

1 cm

4 cm

□ cm² < (원의 넓이) < □ cm²

12 원의 넓이는 몇 cm²입니까? (원주율: 3)

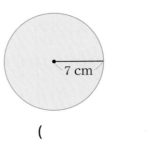

7 cm

( )

13 끈의 길이를 반지름으로 하는 원의 넓이는 몇 cm²입니까? (원주율: 3.1)

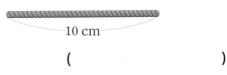

10 cm

( )

14 원의 넓이는 몇 cm²입니까? (원주율: 3.14)

18 cm

( )

➜ 바른답·알찬풀이 31쪽

15 가장 넓은 원을 찾아 기호를 쓰시오. (원주율: 3.1)

> ㉠ 지름이 14 cm인 원
> ㉡ 반지름이 6 cm인 원
> ㉢ 넓이가 198.4 cm²인 원

(   )

16 두 원의 넓이의 합은 몇 cm²인지 구하시오.

(원주율: 3.14)

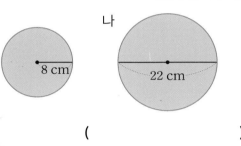

가   나

8 cm   22 cm

(   )

서술형

17 원주가 75.36 cm인 원의 넓이는 몇 cm²인지 구하려고 합니다. 풀이 과정을 쓰고, 답을 구하시오. (원주율: 3.14)

> **풀이**
>
> ❶ 원의 반지름은 몇 cm인지 구하기
>
> ＿＿＿＿＿＿＿＿＿＿＿＿＿＿＿＿＿
>
> ＿＿＿＿＿＿＿＿＿＿＿＿＿＿＿＿＿
>
> ❷ 원의 넓이는 몇 cm²인지 구하기
>
> ＿＿＿＿＿＿＿＿＿＿＿＿＿＿＿＿＿
>
> ＿＿＿＿＿＿＿＿＿＿＿＿＿＿＿＿＿
>
> **답** ＿＿＿＿＿＿＿＿＿＿＿＿＿

18 색칠한 부분의 넓이를 구하려고 합니다. ☐ 안에 알맞은 수를 써넣으시오. (원주율: 3)

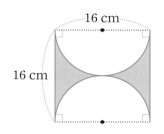

16 cm

16 cm

(색칠한 부분의 넓이)
＝(정사각형의 넓이)
　　－(지름이 16 cm인 원의 넓이)

$= 16 \times 16 - 8 \times \boxed{} \times \boxed{}$

$= \boxed{} - \boxed{} = \boxed{}$ (cm²)

19 색칠한 부분의 넓이는 몇 m²입니까?

(원주율: 3.1)

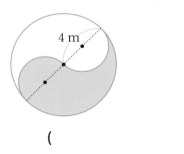

4 m

(   )

20 색칠한 부분의 넓이는 몇 m²입니까? (원주율: 3)

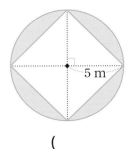

5 m

(   )

[01~02] 크기가 다른 원 모양 냄비 뚜껑 2개의 지름과 원주를 각각 재었습니다. 물음에 답하시오.

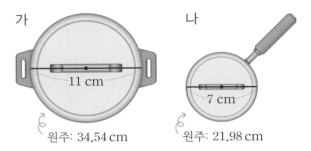

가   나

11 cm   7 cm

원주: 34.54 cm   원주: 21.98 cm

01 원 모양 냄비 뚜껑 2개의 원주율을 각각 구하시오.

가: (   )

나: (   )

02 알맞은 말을 찾아 ○표 하시오.

(1) 원의 지름이 짧아지면 원주는
   (짧아집니다 , 변함없습니다 , 길어집니다).

(2) 원의 지름이 짧아지면 원주율은
   (작아집니다 , 변함없습니다 , 커집니다).

(3) 원의 크기가 달라도
   (원주 , 지름 , 원주율)은/는 같습니다.

03 꼭나와 ♡
설명이 <u>잘못된</u> 것을 찾아 기호를 쓰시오.

> ㉠ 원의 크기와 상관없이 원주율은 일정합니다.
> ㉡ 원주율은 3, 3.1, 3.14 등으로 어림하여 사용합니다.
> ㉢ 원주율은 원의 반지름에 대한 원주의 비율입니다.

(   )

04 원주가 12.56 cm인 원의 지름은 몇 cm입니까? (원주율: 3.14)

(   )

05 원주는 몇 cm인지 구하시오. (원주율: 3.1)

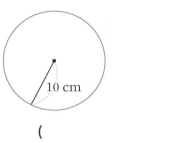

10 cm

(   )

06 큰 원의 둘레는 몇 cm인지 구하시오. (원주율: 3)

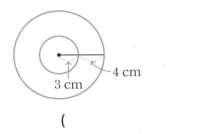

3 cm   4 cm

(   )

07 서술형 ♡
지름이 더 긴 것의 기호를 쓰려고 합니다. 풀이 과정을 쓰고, 답을 구하시오. (원주율: 3.14)

> ㉠ 원주가 94.2 cm인 원
> ㉡ 반지름이 16 cm인 원

풀이

❶ ㉠과 ㉡의 지름은 각각 몇 cm인지 구하기

_____

_____

❷ 지름이 더 긴 것의 기호를 쓰기

_____

_____

답 _____

08 바깥쪽 지름이 $60\,\text{cm}$인 원 모양의 굴렁쇠를 같은 방향으로 3바퀴 굴렸습니다. 굴렁쇠가 굴러 간 거리는 몇 cm입니까? (원주율: 3.1)

(   )

09 두 원의 원주의 차는 몇 cm인지 구하시오.

(원주율: 3.1)

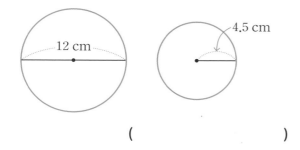

(   )

서술형 상

10 색칠한 부분의 둘레는 몇 m인지 풀이 과정을 쓰고, 답을 구하시오. (원주율: 3.1)

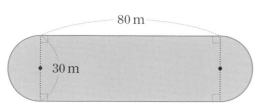

풀이

❶ 곡선 부분의 길이의 합은 몇 m인지 구하기

_____

_____

❷ 색칠한 부분의 둘레는 몇 m인지 구하기

_____

_____

답 _____

11 원을 한없이 잘라서 이어 붙였더니 직사각형이 되었습니다. ☐ 안에 알맞은 수를 써넣으시오.

(원주율: 3.14)

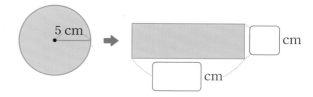

12 공원에 반지름이 $9\,\text{m}$인 원 모양의 잔디밭을 만들었습니다. 만든 잔디밭의 넓이는 몇 m^2입니까?

(원주율: 3.1)

(   )

꼭나와 ♥

13 지수는 컴퍼스를 $8\,\text{cm}$만큼 벌려서 원을 그렸습니다. 지수가 그린 원의 넓이는 몇 cm^2입니까?

(원주율: 3)

(   )

14 정사각형 모양의 가 피자와 원 모양의 나 피자가 있습니다. 두 피자의 두께가 같을 때 가 피자와 나 피자 중에서 양이 더 많은 것은 어느 것인지 쓰시오. (원주율: 3)

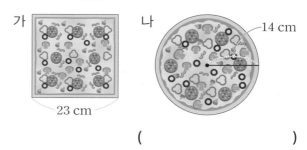

(   )

15 넓이가 111.6 cm²인 원이 있습니다. 이 원의 반지름은 몇 cm입니까? (원주율: 3.1)

(   )

서술형

16 직사각형 모양의 종이를 잘라 만들 수 있는 가장 큰 원의 넓이는 몇 cm²인지 풀이 과정을 쓰고, 답을 구하시오. (원주율: 3.1)

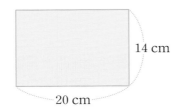

14 cm
20 cm

풀이

❶ 가장 큰 원의 반지름은 몇 cm인지 구하기

_____

_____

❷ 만들 수 있는 가장 큰 원의 넓이는 몇 cm²인지 구하기

_____

답 _____

17 오른쪽 그림에서 색칠한 부분의 넓이를 구하려고 합니다. ☐ 안에 알맞은 수를 써넣으시오. (원주율: 3)

12 cm

(색칠한 부분의 넓이)
= (정사각형의 넓이) − (원의 넓이)
= 12 × ☐ − ☐ × ☐ × 3
= ☐ − ☐ = ☐ (cm²)

18 반지름이 각각 2 cm, 4 cm인 원이 있습니다. 두 원의 원주와 넓이를 각각 구하고, ☐ 안에 알맞은 수를 써넣으시오. (원주율: 3)

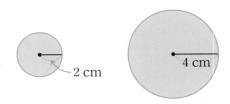

2 cm
4 cm

반지름(cm)	2	4
원주(cm)		
넓이(cm²)		

반지름이 2배가 되면 원주는 ☐ 배,

넓이는 ☐ 배가 됩니다.

꼭나와

19 꽃밭의 넓이는 몇 m²인지 구하시오. (원주율: 3.1)

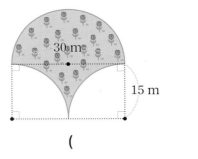

30 m
15 m

(   )

20 색칠한 부분의 넓이는 몇 cm²입니까?

(원주율: 3.14)

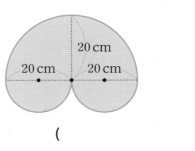

20 cm
20 cm   20 cm

(   )

01 바르게 말한 친구의 이름을 쓰시오.

> • 명호: 원이 커지면 원주율도 커져.
> • 다혜: 지름이 짧아지면 원주도 짧아져.

(   )

02 교통 표지판의 둘레는 81.7 cm, 지름은 26 cm 입니다. 교통 표지판의 둘레는 지름의 몇 배인지 반올림하여 소수 둘째 자리까지 나타내시오.

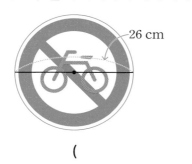

26 cm

(   )

서술형

03 원주가 가장 긴 원을 찾아 기호를 쓰려고 합니다. 풀이 과정을 쓰고, 답을 구하시오.

> ㉠ 지름이 12 cm인 원
> ㉡ 지름이 15 cm인 원
> ㉢ 반지름이 7 cm인 원

풀이 _____

_____

_____

답 _____

04 원주가 다음과 같을 때 ☐ 안에 알맞은 수를 써넣으시오. (원주율: 3.1)

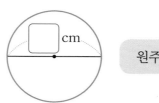

cm

원주: 15.5 cm

05 현수는 지름이 80 m인 원 모양 공원의 둘레를 따라 4바퀴 걸었습니다. 현수가 걸은 거리는 몇 m인지 구하시오. (원주율: 3)

(   )

06 철사를 겹치지 않게 사용하여 원을 2개 만들었습니다. 사용한 철사의 길이는 몇 cm인지 구하시오. (원주율: 3.1)

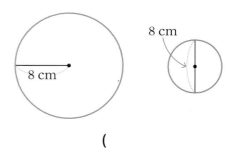

8 cm

8 cm

(   )

어려워

07 도형의 둘레는 몇 cm입니까? (원주율: 3.14)

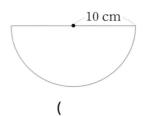

10 cm

(   )

08 색칠한 부분의 둘레는 몇 cm인지 구하시오.

(원주율: 3)

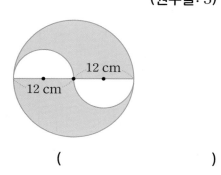

(   )

어려워 🐝

09 반지름이 3 cm인 원 모양 음료수 캔 4개를 다음 과 같이 끈으로 겹치지 않게 묶었습니다. 사용한 끈의 길이는 몇 cm인지 구하시오. (단, 원주율 은 3.14이고 매듭의 길이는 생각하지 않습니다.)

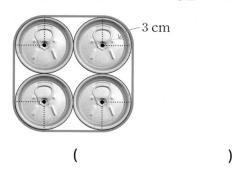

(   )

10 오른쪽 원의 넓이는 몇 cm²입 니까? (원주율: 3.14)

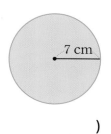

(   )

11 지름이 28 cm인 원의 넓이는 몇 cm²입니까?

(원주율: 3.1)

(   )

12 가 원의 넓이는 나 원의 넓이의 몇 배인지 구하 시오. (원주율: 3)

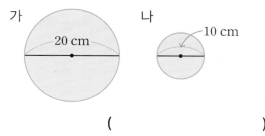

(   )

13 한 변이 26 cm인 정사각형 모양의 종이에 그릴 수 있는 가장 큰 원의 넓이는 몇 cm²인지 구하 시오. (원주율: 3)

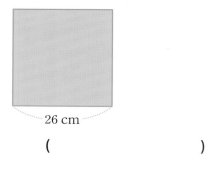

(   )

서술형 상

14 넓이가 78.5 cm²인 원의 원주는 몇 cm인지 풀 이 과정을 쓰고, 답을 구하시오. (원주율: 3.14)

풀이 _____

_____

_____

_____

답 _____

➡ 바른답·알찬풀이 33쪽

15 과녁에서 빨간색 부분의 넓이는 몇 cm²인지 구하시오. (원주율: 3.1)

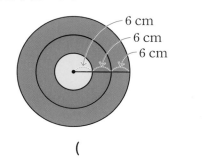

(   )

서술형 ✐

16 색칠한 부분의 넓이가 직사각형의 넓이의 $\frac{1}{3}$일 때 직사각형의 가로는 몇 cm인지 풀이 과정을 쓰고, 답을 구하시오. (원주율: 3)

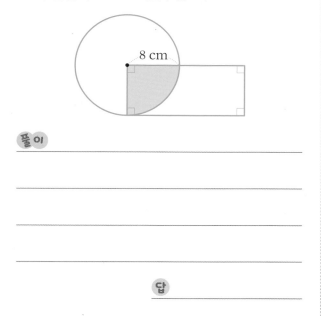

풀이
_____

_____

_____

답 _____

17 색칠한 부분의 넓이는 몇 cm²입니까? (원주율: 3)

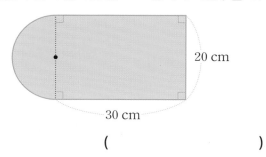

(   )

18 원 모양의 밭에 삼각형 모양에는 배추를 심고, 배추를 심고 남은 부분에는 무를 심으려고 합니다. 무를 심을 밭의 넓이는 몇 m²인지 구하시오. (원주율: 3.1)

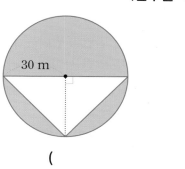

(   )

19 어느 동네에 오른쪽과 같은 원 모양의 놀이터가 있습니다. 색칠한 부분은 자전거 전용 도로일 때 자전거 전용 도로의 넓이는 몇 m²입니까? (원주율: 3.14)

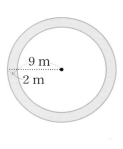

(   )

어려워 ✏

20 그림은 반원과 밑변이 18 cm인 직각삼각형을 겹쳐 놓은 것입니다. 색칠한 ㉮와 ㉯ 부분의 넓이가 같을 때 직각삼각형의 높이는 몇 cm입니까? (원주율: 3.14)

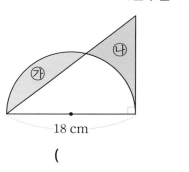

(   )

개념 1 원기둥과 원뿔

• 원기둥: 서로 합동이고 평행한 두 원을 면으로 하는 입체도형
• 원기둥의 구성 요소
　① 밑면: 서로 합동이고 평행한 두 원
　② 옆면: 두 밑면과 만나는 굽은 면
　③ 높이: 두 밑면 사이의 거리
• 원뿔: 한 원을 면으로 하는 뿔 모양의 입체도형
• 원뿔의 구성 요소
　① 원뿔의 꼭짓점: 뾰족한 부분의 점
　② 모선: 원뿔의 꼭짓점과 밑면인 원의 둘레의 한 점을 이은 선분
　③ 높이: 원뿔의 꼭짓점에서 밑면에 수직으로 내린 선분의 길이

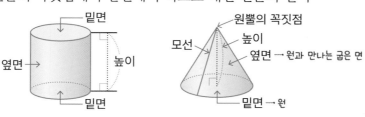

1 원기둥에 ○표 하시오..

(　　　　)　　(　　　　)

2 원뿔에 ○표 하시오.

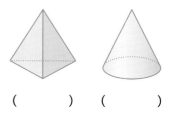

(　　　　)　　(　　　　)

개념 2 구

• 구: 반원을 지름을 기준으로 한 바퀴 돌려서 만든 입체도형
• 구의 구성 요소
　① 구의 중심: 구에서 가장 안쪽에 있는 점
　② 구의 반지름: 구의 중심에서 구의 겉면
　　의 한 점을 이은 선분

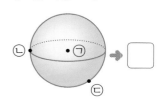

3 구의 중심을 찾아 ☐ 안에 기호를 써넣으시오.

개념 3 원기둥의 전개도

원기둥의 모든 면이 이어지도록 잘라서 평면 위에 펼친 그림을 원기둥의 전개도라고 합니다.

① 전개도에서 옆면의 가로는 원기둥의 밑면의 둘레와 같습니다.
② 전개도에서 옆면의 세로는 원기둥의 높이와 같습니다.

4 ☐ 안에 알맞은 말을 써넣으시오.

원기둥의 전개도에서 옆면의 ☐ 는 원기둥의 높이와 같습니다.

[01~02] 입체도형을 보고 물음에 답하시오.

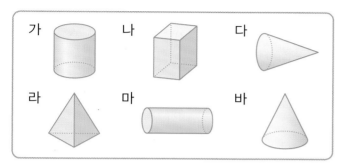

가 나 다
라 마 바

01 원기둥을 모두 찾아 기호를 쓰시오.

( )

02 원뿔을 모두 찾아 기호를 쓰시오.

( )

꼭나와 ♡

03 원뿔의 모선을 나타내는 선분을 모두 찾아 쓰시오.

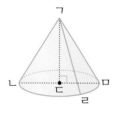

( )

04 원기둥의 높이는 몇 cm입니까?

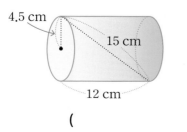

4.5 cm
15 cm
12 cm

( )

05 원뿔에는 있지만 원기둥에는 없는 것을 찾아 기호를 쓰시오.

㉠ 옆면 ㉡ 꼭짓점 ㉢ 밑면

( )

06 ◻ 안에 알맞은 수를 써넣으시오.

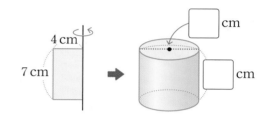

4 cm
7 cm
◻ cm
◻ cm

서술형 ♡

07 원뿔에서 삼각형 ㄱㄴㄷ의 둘레는 몇 cm인지 풀이 과정을 쓰고, 답을 구하시오.

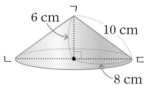

6 cm
10 cm
8 cm

풀이

❶ 선분 ㄴㄷ의 길이는 몇 cm인지 구하기

_____

_____

❷ 삼각형 ㄱㄴㄷ의 둘레는 몇 cm인지 구하기

_____

_____

답 _____

08 밑면이 원이고, 밑면의 지름이 10 cm, 높이가 13 cm인 입체도형이 있습니다. 이 입체도형을 찾아 기호를 쓰시오.

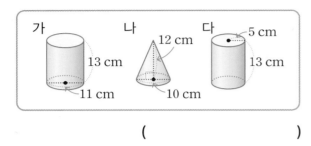

(   )

서술형

09 ㉠, ㉡, ㉢의 합은 몇 개인지 풀이 과정을 쓰고, 답을 구하시오.

> ㉠ 원기둥의 밑면의 수
> ㉡ 원뿔의 꼭짓점의 수
> ㉢ 원뿔의 밑면의 수

풀이

❶ ㉠, ㉡, ㉢은 각각 몇 개인지 구하기

_____

_____

❷ ㉠, ㉡, ㉢의 합은 몇 개인지 구하기

_____

답 _____

10 구를 두 가지 고르시오. (,   )

① ② ③
④ ⑤

11 원기둥과 구로 만든 모양의 기호를 쓰시오.

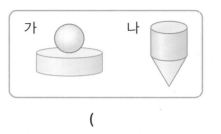

(   )

12 구의 반지름은 몇 cm입니까?

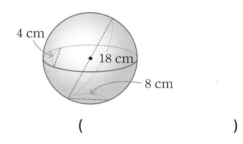

(   )

13 원뿔의 모선의 길이와 구의 지름의 합은 몇 cm 입니까?

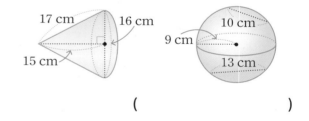

(   )

꼭나와 ♡

14 원기둥, 원뿔, 구에 대해 잘못 설명한 것을 찾아 기호를 쓰시오.

> ㉠ 원기둥은 밑면이 2개이고, 원뿔은 밑면이 1개입니다.
> ㉡ 원뿔은 꼭짓점이 있고, 원기둥과 구는 꼭짓점이 없습니다.
> ㉢ 원기둥은 어느 방향에서 보아도 모양이 원입니다.

(   )

서술형 답

15 구의 반지름이 7 cm인 구가 있습니다. 이 구를 위에서 본 모양의 넓이는 몇 cm²인지 풀이 과정을 쓰고, 답을 구하시오. (원주율: 3.1)

풀이

❶ 구를 위에서 본 모양을 설명하기

_____

_____

❷ 구를 위에서 본 모양의 넓이는 몇 cm²인지 구하기

_____

_____

답 _____

[16~17] 원기둥의 전개도를 보고 물음에 답하시오.

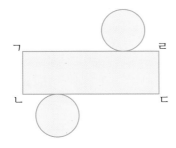

16 전개도에서 원기둥의 밑면의 둘레와 길이가 같은 선분을 모두 찾아 쓰시오.

( )

17 선분 ㄱㄴ은 원기둥의 무엇과 같습니까?

( )

 꼭나와 ㅂ

18 원기둥을 만들 수 있는 전개도를 찾아 기호를 쓰시오.

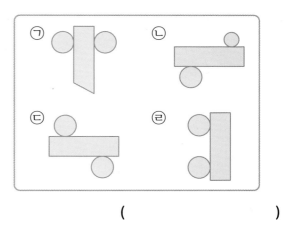

( )

19 원기둥의 전개도에서 밑면의 반지름은 몇 cm입니까? (원주율: 3)

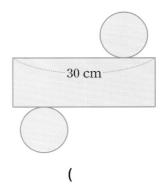

30 cm

( )

20 원기둥의 전개도에서 옆면의 둘레는 몇 cm입니까? (원주율: 3.1)

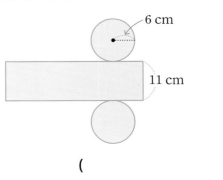

6 cm

11 cm

( )

01 원뿔의 어느 부분을 재는 그림인지 보기에서 찾아 쓰시오.

보기
모선의 길이
높이
밑면의 지름

(   )

02 원기둥과 원뿔에 대해 바르게 설명한 것에 ○표, 잘못 설명한 것에 ×표 하시오.

(1) 원기둥과 원뿔의 밑면은 원입니다. (   )

(2) 원기둥과 원뿔의 옆면은 평평한 면입니다.

(   )

(3) 원뿔은 꼭짓점이 있습니다. (   )

꼭나와 ☺
03 원기둥은 모두 몇 개인지 구하시오.

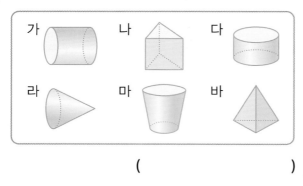

가   나   다
라   마   바

(   )

04 원뿔을 보고 모선의 길이, 높이, 밑면의 지름은 각각 몇 cm인지 구하시오.

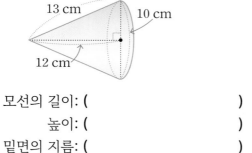

13 cm   10 cm
12 cm

모선의 길이: (   )
높이: (   )
밑면의 지름: (   )

서술형 ☺
05 원기둥과 원뿔 중에서 높이가 더 낮은 것을 쓰려고 합니다. 풀이 과정을 쓰고, 답을 구하시오.

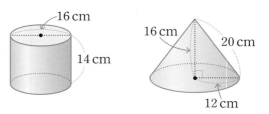

16 cm   16 cm   20 cm
14 cm   12 cm

풀이
❶ 원기둥과 원뿔의 높이는 각각 몇 cm인지 구하기

_____

❷ 원기둥과 원뿔 중에서 높이가 더 낮은 것을 쓰기

_____

답 _____

06 원뿔에서 모선의 길이와 높이의 차는 몇 cm입니까?

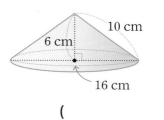

10 cm
6 cm
16 cm

(   )

07 원기둥에서 밑면의 반지름과 높이의 합은 몇 cm입니까?

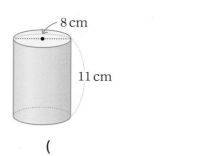

8 cm
11 cm

(   )

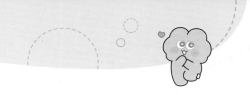

서술형

08 직각삼각형 모양의 종이를 한 변을 기준으로 한 바퀴 돌렸을 때 만들어지는 입체도형의 밑면의 넓이는 몇 cm^2인지 풀이 과정을 쓰고, 답을 구하시오. (원주율: 3.1)

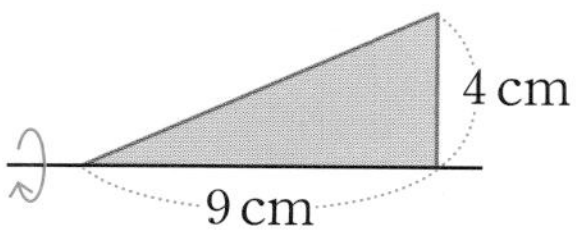

풀이

❶ 만들어지는 입체도형을 설명하기

❷ 만들어지는 입체도형의 밑면의 넓이는 몇 cm^2인지 구하기

답

09 어떤 평면도형을 한 변을 기준으로 한 바퀴 돌렸을 때 만들어진 입체도형입니다. 돌리기 전 평면도형의 넓이는 몇 cm^2입니까?

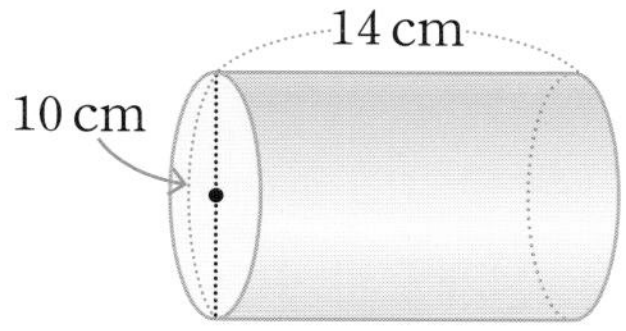

(　　　　　　　　)

10 다음 모양에서 찾을 수 있는 입체도형을 모두 쓰시오.

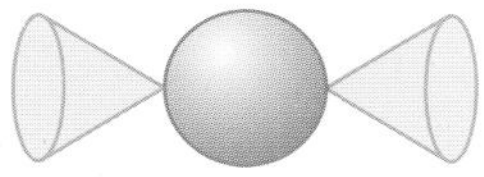

(　　　　　　　　)

꼭나와

11 오른쪽은 반원 모양의 종이를 지름을 기준으로 한 바퀴 돌려 만든 입체도형입니다. ㉠에 알맞은 수를 구하시오.

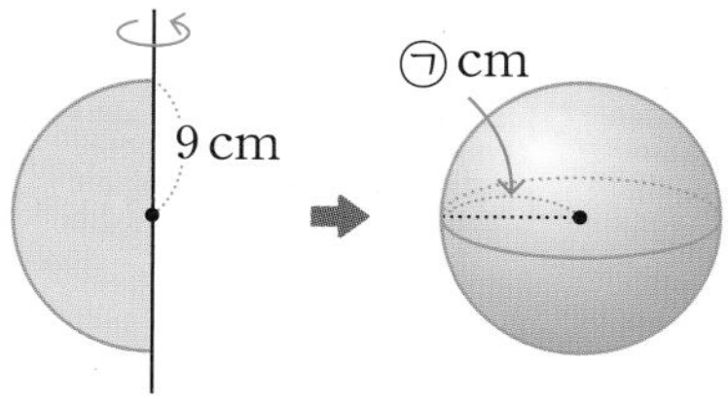

(　　　　　　　　)

12 입체도형을 앞에서 본 모양을 찾아 선으로 알맞게 이으시오.

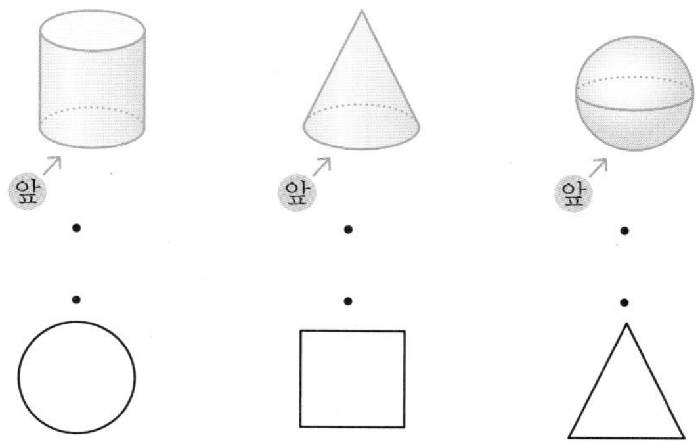

13 오른쪽 볼링공을 위에서 본 모양의 둘레는 몇 cm입니까? (원주율: 3)

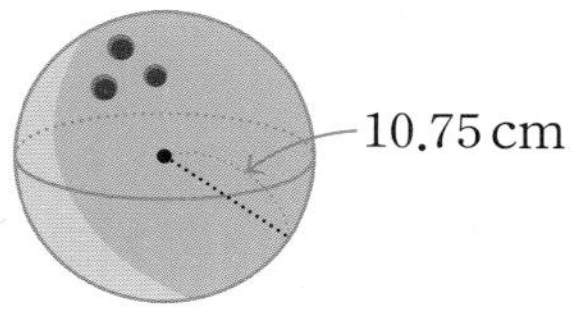

(　　　　　　　　)

14 직각삼각형과 반원 모양의 종이를 각각 한 변과 지름을 기준으로 한 바퀴씩 돌려 원뿔과 구를 만들었습니다. 길이가 가장 긴 것을 찾아 기호를 쓰시오.

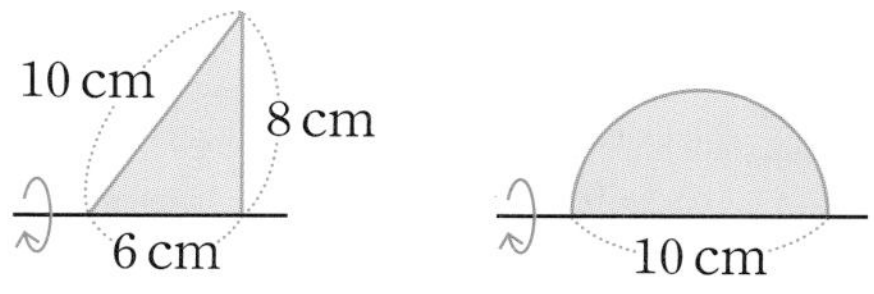

㉠ 원뿔의 밑면의 반지름
㉡ 원뿔의 모선의 길이
㉢ 구의 반지름

(　　　　　　　　)

수학

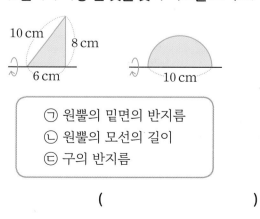

서술형 상

15 구를 똑같이 반으로 잘랐을 때 나오는 한 면의 넓이는 몇 cm²인지 풀이 과정을 쓰고, 답을 구하시오. (원주율: 3.14)

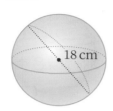

풀이

❶ 반으로 잘랐을 때 나오는 한 면을 설명하기

_____

_____

❷ 반으로 잘랐을 때 나오는 한 면의 넓이는 몇 cm²인지 구하기

_____

답 _____

[16~17] 밑면의 지름이 12 cm, 높이가 8 cm인 원기둥의 전개도를 보고 물음에 답하시오.

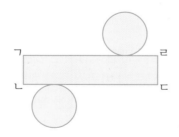

16 선분 ㄱㄴ의 길이는 몇 cm입니까?

(   )

17 선분 ㄴㄷ의 길이는 몇 cm입니까? (원주율: 3.1)

(   )

18 원기둥의 전개도를 보고 <u>잘못</u> 설명한 친구를 찾아 이름을 쓰시오.

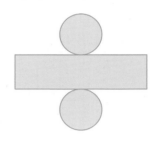

- 하은: 밑면은 2개이고, 서로 합동이야.
- 성규: 옆면의 가로와 세로는 길이가 같아.
- 승원: 옆면의 세로는 원기둥의 높이와 같아.

(   )

꼭나와 ㉧

19 원기둥과 원기둥의 전개도를 보고 ☐ 안에 알맞은 수를 써넣으시오. (원주율: 3.14)

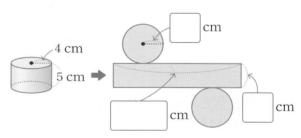

20 직사각형 모양의 종이에 원기둥의 전개도를 그렸습니다. 전개도로 만든 원기둥의 높이는 몇 cm입니까? (원주율: 3)

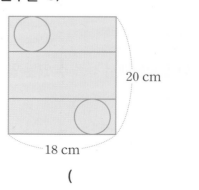

(   )

01 원뿔의 밑면의 지름은 몇 cm인지 구하시오.

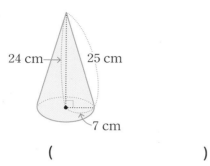

24 cm → 25 cm

7 cm

(   )

02 원기둥에 대한 설명으로 <u>틀린</u> 것은 어느 것입니까? (   )

① 옆면은 굽은 면으로 둘러싸여 있습니다.
② 밑면은 서로 합동입니다.
③ 두 밑면 사이의 거리를 높이라고 합니다.
④ 밑면은 2개입니다.
⑤ 모서리와 꼭짓점이 있습니다.

서술형

03 원기둥이 <u>아닌</u> 이유를 쓰시오.

이유 _____

_____

_____

04 오른쪽 직각삼각형 모양의 종이를 한 변을 기준으로 한 바퀴 돌렸을 때 만들어지는 입체도형의 밑면의 지름과 높이는 각각 몇 cm인지 구하시오.

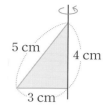

5 cm   4 cm

3 cm

밑면의 지름: (   )
높이: (   )

05 원기둥 모양의 선물 상자가 있습니다. 가와 나의 밑면의 지름의 차는 몇 cm입니까?

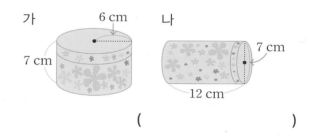

가   6 cm   나

7 cm   7 cm

12 cm

(   )

06 원뿔을 보고 나눈 대화입니다. 원뿔의 모선의 길이는 몇 cm입니까?

위에서 본 모양은 반지름이 8 cm인 원이야.

앞에서 본 모양은 정삼각형이야.

유아   앞   종호

(   )

어려워

07 원기둥 모양 나무토막의 옆면에 도화지를 빈틈없이 붙이려고 합니다. 필요한 도화지의 넓이는 적어도 몇 cm² 입니까? (원주율: 3)

6 cm

10 cm

(   )

08 오른쪽은 왼쪽 원뿔을 앞에서 본 모양입니다. 삼각형 ㄱㄴㄷ의 둘레가 36 cm일 때 모선의 길이는 몇 cm입니까?

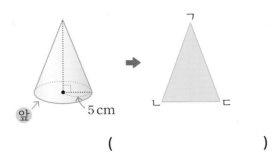

(   )

서술형 ⓑ

09 원기둥 모양의 롤러에 페인트를 묻힌 후 3바퀴 굴렸더니 색칠된 부분의 넓이가 847.8 cm²였습니다.
롤러의 밑면의 지름은 몇 cm인지 풀이 과정을 쓰고, 답을 구하시오. (단, 롤러의 옆면에 묻힌 페인트는 모두 칠해지고, 원주율은 3.14입니다.)

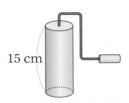

풀이 _____

_____

_____

답 _____

10 어느 방향에서 보아도 원 모양인 것을 찾아 기호를 쓰시오.

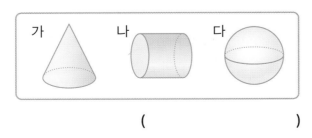

(   )

11 구에 대해 **잘못** 설명한 것을 찾아 기호를 쓰시오.

> ㉠ 구의 중심은 1개입니다.
> ㉡ 구의 반지름은 무수히 많습니다.
> ㉢ 구는 꼭짓점이 1개입니다.

(   )

12 반원 모양의 종이를 지름을 기준으로 한 바퀴 돌려서 구를 만들었습니다. 구의 중심에서 구의 겉면에 있는 점 ㄱ까지의 거리는 몇 cm입니까?

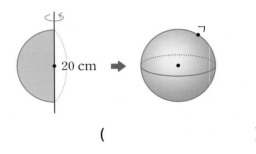

(   )

13 오른쪽 모양을 만드는 데 가장 많이 사용한 입체도형은 무엇인지 쓰시오.

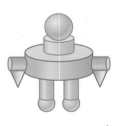

(   )

어려워 ⓗ

14 어떤 평면도형을 한 바퀴 돌렸을 때 만들어진 입체도형입니다. 돌리기 전 평면도형의 넓이는 몇 cm²입니까? (원주율: 3.1)

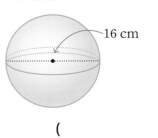

(   )

→ 바른답·알찬풀이 36쪽

15 원뿔과 구를 앞에서 본 모양의 넓이가 같습니다. 구의 반지름은 몇 cm입니까? (원주율: 3)

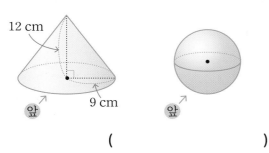

( )

16 원기둥과 원기둥의 전개도입니다. ㉠, ㉡, ㉢의 길이는 각각 몇 cm인지 구하시오. (원주율: 3)

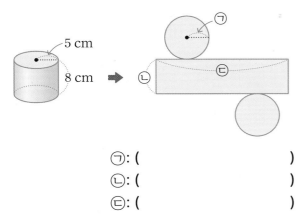

㉠: ( )

㉡: ( )

㉢: ( )

서술형

17 원기둥의 전개도가 될 수 없는 이유를 쓰시오.

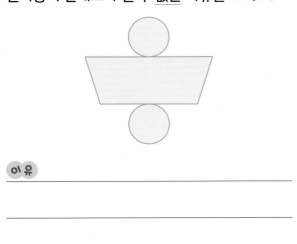

이유 _____

_____

_____

18 원기둥과 원기둥의 전개도를 보고 옆면의 넓이는 몇 cm²인지 구하시오. (원주율: 3)

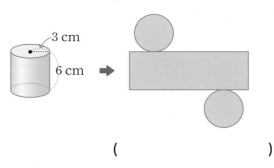

( )

19 원기둥의 전개도에서 옆면의 둘레가 32 cm일 때 이 전개도로 만든 원기둥의 높이는 몇 cm입니까? (원주율: 3)

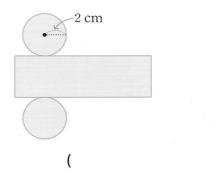

( )

어려워

20 가로가 24 cm, 세로가 30 cm인 두꺼운 종이에 원기둥의 전개도를 그리고 오려 붙여 원기둥 모양의 상자를 만들려고 합니다. 만들 수 없는 원기둥을 찾아 기호를 쓰시오. (원주율: 3)

	밑면의 반지름(cm)	높이(cm)
가	3.5	16
나	4	14
다	5	5

( )

세계 기후 체험

온대 기후

건조 기후

냉대 기후

열대 기후

한대 기후

숨은그림

| 젓가락 | 도화새우 | 한복 | 북극곰 | 게르 | 세계 지도 | 케밥 | 지구본 |

사회

개념 ① 지리 정보가 담긴 공간 자료

① ❶ [ㅈㄱㅂ]
- 뜻: 둥근 지구의 모습을 본떠 작게 만든 모형입니다.
- 특징: 세계 여러 나라의 위치·거리·모양·면적 등이 비교적 정확하나, 전 세계의 위치나 영역을 한눈에 보기 어렵고, 가지고 다니기에 불편합니다.

② 세계 지도
- 뜻: 둥근 지구의 모습을 평면으로 나타낸 것입니다.
- 특징: 가지고 다니기 편하고, 세계 여러 나라의 위치나 영역을 한눈에 볼 수 있으나, 나라와 바다의 모양이나 거리가 실제와 다르게 표현되기도 합니다.

③ 디지털 영상 지도
- 뜻: 위성 사진, 항공 사진 등을 바탕으로 지리 정보를 디지털화하여 만든 지도입니다.
- 특징: 확대와 축소가 자유롭고 다양한 ❷ [ㅈㅂ]를 얻을 수 있으나, 스마트폰·컴퓨터 등의 기기와 인터넷 연결이 필요합니다.

개념 ② 세계의 주요 대륙

→ 대륙은 바다로 둘러싸인 큰 땅덩어리로, 그린란드보다 영토 면적이 넓어요.

❸ [ㅇㅅㅇ]	• 우리나라가 속해 있는 대륙임. • 가장 큰 대륙으로, 세계 육지 면적의 약 30%를 차지함.
아프리카	두 번째로 큰 대륙으로, 대륙 가운데에 적도가 통과함.
유럽	두 번째로 작은 대륙으로 좁은 면적에 비해 나라가 많으며, 북반구에 있음.
오세아니아	가장 작은 대륙으로, 대부분 ❹ [ㄴㅂㄱ]에 있음.
북아메리카	북반구에 있으며, 북쪽은 북극해와 접해 있음.
남아메리카	대부분 남반구에 있으며, 북쪽은 적도, 남쪽은 남극해와 접해 있음.
남극	지구의 가장 남쪽에 있으며, 땅의 대부분이 얼음으로 덮여 있음.

→ 전 세계를 6대륙으로 구분하면 남극을 대륙에서 제외하기도 해요.

개념 ③ 세계의 주요 대양

→ 우리나라와 인접해 있어요.

태평양	가장 큰 바다로 아시아, 오세아니아, 북아메리카, 남아메리카 대륙 사이에 있음.
대서양	두 번째로 큰 바다로 아프리카, 유럽, 북아메리카, 남아메리카 대륙 사이에 있음.
인도양	아시아, 아프리카, 오세아니아 대륙 등에 인접해 있음.
북극해	• 북극 주변의 바다로, 가장 작은 바다이며, 대부분 ❺ [ㅇㅇ]에 덮여 있음. • 아시아, 유럽, 북아메리카 대륙에 둘러싸여 있음.
남극해	남극 대륙을 둘러싸고 있는 바다임.

개념 ④ 각 대륙에 있는 여러 나라

아시아	대한민국, 중국, 일본, 사우디아라비아 등
아프리카	수단, 케냐, 이집트, 남아프리카 공화국 등
❻ [ㅇㄹ]	독일, 영국, 프랑스, 에스파냐 등
오세아니아	투발루, 뉴질랜드, 파푸아 뉴기니, 오스트레일리아 등
북아메리카	미국, 멕시코, 캐나다, 자메이카 등
남아메리카	페루, 브라질, 수리남, 아르헨티나 등

개념 ⑤ 세계 여러 나라의 영토 특징

① 세계 여러 나라의 영토 면적: 세계에서 영토 면적이 가장 넓은 나라는 ❼ [ㄹㅅㅇ]이고, 세계에서 영토 면적이 가장 좁은 나라는 바티칸 시국입니다.

② 세계 여러 나라의 영토 모양
- 국경선이 단조로운 나라: 수단, 이집트, 사우디아라비아 등
- 해안선이 복잡한 나라: 대한민국, 일본, 아이슬란드, 인도네시아 등
- 영토가 긴 나라: 칠레, 러시아, 베트남, 노르웨이, 아르헨티나 등

정답 ❶ 지구본 ❷ 정보 ❸ 아시아 ❹ 남반구 ❺ 얼음 ❻ 유럽 ❼ 러시아

➔ 바른답·알찬풀이 **38쪽**

자료 ① 위도와 경도

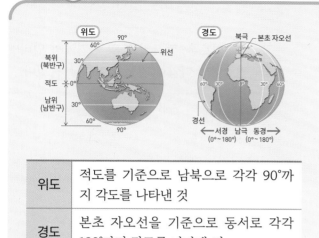

위도	적도를 기준으로 남북으로 각각 90°까지 각도를 나타낸 것
경도	본초 자오선을 기준으로 동서로 각각 180°까지 각도를 나타낸 것

POINT
위도와 경도를 이용하면 세계 여러 나라의 위치를 쉽게 찾을 수 있고, 그 위치를 숫자로 정확하게 나타낼 수 있습니다.

1-1 지구본과 세계 지도에서 가로선을 (경선 , 위선), 세로선을 (경선 , 위선)이라고 합니다.

1-2 (   )은/는 적도를 기준으로 남북으로 90°까지 각도를 나타낸 것입니다.

1-3 경도는 (   )을/를 기준으로 동서로 각각 180°까지 각도를 나타낸 것입니다.

자료 ② 세계의 대륙과 대양

POINT
세계에서 가장 큰 대륙은 아시아이고, 가장 큰 바다는 태평양입니다.

2-1 (   ) 대륙은 아시아 대륙 다음으로 크며, 대륙 가운데에 적도가 통과합니다.

2-2 가장 큰 바다로, 우리나라와 인접해 있는 대양은 어디인지 쓰시오.   (   )

자료 ③ 세계 여러 나라의 영토 모양

⬆ 칠레   ⬆ 미국   ⬆ 뉴질랜드

⬆ 몽골   ⬆ 이집트   ⬆ 이탈리아

POINT
영토 모양은 해안선이나 주변 국가들과 맞닿아 있는 국경선에 따라 결정됩니다.

3-1 칠레는 영토가 (동서 , 남북) 방향으로 긴 형태로, 모양은 거꾸로 세운 지팡이를 닮았습니다.

3-2 (   )은/는 국경선이 단조롭고, 영토 모양은 사각형인 나라입니다.

3-3 (뉴질랜드 , 이탈리아)는 영토의 삼면이 바다이고 다른 면은 육지에 연결된, 장화 모양의 나라입니다.

01 지구본에 대한 설명으로 알맞지 <u>않은</u> 것은 어느 것입니까? (   )

① 실제 지구의 모습과 비슷하다.
② 가지고 다니며 사용하기에 불편하다.
③ 자유롭게 회전할 수 있는 입체적인 도구이다.
④ 둥근 지구의 모습을 본떠 작게 만든 모형이다.
⑤ 세계 여러 나라의 위치나 영역을 한눈에 볼 수 있다.

서술형

02 세계 지도의 장점을 한 가지만 쓰시오.

_____

_____

03 다음 ㉠, ㉡에 들어갈 알맞은 말을 골라 ○표 하시오.

㉠ (지구본 , 세계 지도)은/는 세계 여러 나라의 위치, 거리, 모양, 면적 등이 비교적 정확하지만, ㉡ (지구본 , 세계 지도)은/는 나라와 바다의 모양이나 거리가 실제와 다르게 표현되기도 한다.

04 다음에서 설명하는 지리 정보가 담긴 공간 자료로 알맞은 것은 어느 것입니까? (   )

스마트폰, 컴퓨터 등의 기기에서 인터넷을 연결하면 다양한 기능을 이용할 수 있다.

① 나침반   ② 지구본
③ 세계 지도   ④ 사회과 부도
⑤ 디지털 영상 지도

05 다음 ㉠, ㉡에 들어갈 알맞은 대륙을 쓰시오.

• (㉠)은/는 좁은 면적에 비해 나라가 많으며, 북반구에 위치한다.
• (㉡)은/는 대륙 중에서 가장 크며, 세계 육지 면적의 약 30%를 차지한다.

㉠: (   ), ㉡: (   )

06 세계의 여러 대륙에 대한 설명으로 알맞은 것은 어느 것입니까? (   )

① 남극은 땅의 대부분이 얼음으로 덮여 있다.
② 북아메리카는 남아메리카의 서쪽에 위치한다.
③ 북아메리카는 대륙 가운데에 적도가 통과한다.
④ 오세아니아는 가장 작은 대륙으로, 북반구에 있다.
⑤ 남아메리카는 북쪽은 남극해, 남쪽은 적도와 접해 있다.

➡ 바른답·알찬풀이 38쪽

07 다음 ( ) 안에 들어갈 알맞은 대양을 쓰시오.

> ( )은/는 세계에서 가장 큰 바다로, 아시아·오세아니아·북아메리카·남아메리카 대륙 사이에 있다.

( )

08 다음 ㉠, ㉡에 들어갈 대양을 알맞게 짝 지은 것은 어느 것입니까? ( )

> • (㉠): 북극 주변에 있는 바다로, 대부분 얼음에 덮여 있다.
> • (㉡): 세계에서 두 번째로 큰 바다로, 아프리카·유럽·북아메리카·남아메리카 대륙 사이에 있다.

	㉠	㉡
①	북극해	대서양
②	북극해	인도양
③	북극해	태평양
④	남극해	대서양
⑤	남극해	태평양

09 다음 중 남아메리카 대륙에 있는 나라가 아닌 것은 어디입니까? ( )

① 인도　　　　② 페루
③ 브라질　　　④ 수리남
⑤ 아르헨티나

10 각 대륙에 위치한 나라들을 선으로 알맞게 이으시오.

(1) 아시아　　•

(2) 북아메리카　•

(3) 오세아니아　•

• ㉠ 미국, 멕시코, 캐나다 등

• ㉡ 대한민국, 중국, 일본 등

• ㉢ 뉴질랜드, 오스트레일리아 등

11 세계에서 영토 면적이 가장 넓은 나라와 영토 면적이 가장 좁은 나라를 각각 쓰시오.

(1) 영토 면적이 가장 넓은 나라:
( )

(2) 영토 면적이 가장 좁은 나라:
( )

12 각 나라의 영토 모양으로 알맞은 것은 어느 것입니까? ( )

①
🔼 몽골

②
🔼 칠레

③
🔼 이집트

④
🔼 뉴질랜드

> 한 지역에서 오랫동안 나타나는 평균적인 날씨로, 해당 지역의 기온과 강수량 등을 기준으로 구분해요.

개념 ① 세계의 주요 기후 구분

❶ ㅇㄷ 기후	가장 추운 달의 평균 기온이 18 ℃ 이상으로 일 년 내내 덥고, 연 강수량이 많음.
건조 기후	일 년 동안의 강수량 합이 500 mm 미만이며, 강수량보다 증발량이 많음.
온대 기후	❷ ㅅㄱㅈ 이 비교적 뚜렷하고 기온이 온화하며, 비가 적당히 내려 사람들이 살기에 유리함.
냉대 기후	사계절이 나타나지만 온대 기후보다 겨울이 춥고 길며, 기온의 연교차가 큰 편임.
한대 기후	가장 따뜻한 달의 평균 기온이 10 ℃ 미만으로 매우 춥고, 땅이 대부분 얼어 있음.
고산 기후	해발 고도가 높은 지역에서 나타나며, 적도 부근의 고산 기후 지역은 일 년 내내 온화한 기후가 나타남.

개념 ② 기후에 따른 생활 모습

> 숲이 울창하고, 비가 많이 내려 흙 속의 영양분이 씻겨 내려가기 때문에 화전 농업을 해요.

열대 기후 지역	• 화전 농업으로 얌·카사바 등을 재배하고, 고상 가옥에서 생활함. • 최근에는 생태 관광 산업이 발달함.
건조 기후 지역	• ❸ ㅅㅁ 지역: 흙집에서 생활하고, 밀과 대추야자 등을 재배함. • 초원 지역: 유목 생활을 하며 이동식 집에서 생활함.
온대 기후 지역	• 벼·올리브 등 다양한 농작물을 재배함. • 인구가 많고, 도시와 여러 산업이 발달함.
냉대 기후 지역	• 여름 동안 밀·감자·옥수수 등을 재배함. • 침엽수림이 널리 분포하여 통나무집에서 생활하고, 목재 및 펄프 공업이 발달함.
❹ ㅎㄷ 기후 지역	• 짧은 여름 동안 얼음이 녹는 지역: 순록을 기르는 유목 생활을 함. • 일 년 내내 얼음으로 덮인 지역: 자연환경을 연구하는 연구소나 기지를 세움.
고산 기후 지역	감자와 옥수수 등을 재배하고, 라마와 알파카 등의 가축을 기름.

개념 ③ 세계의 다양한 의식주 생활 모습

의생활	• 사리: 인도에서는 ❺ ㅎㄷㄱ 의 영향으로 자르거나 바느질하지 않은 한 장의 천으로 몸을 휘감음. • 부르카: 이슬람교 여성들은 얼굴이나 피부를 드러내지 않는 옷을 입음. • 판초와 솜브레로: 멕시코에서는 낮과 밤의 기온 차가 커 판초를 입고, 솜브레로를 씀.
식생활	• 푸푸: 가나에서는 카사바, 옥수수 등으로 반죽 덩어리를 만들어 수프에 찍어 먹음. • 케밥: 튀르키예의 유목민들은 고기를 잘라 꼬챙이에 끼운 채로 구워 간편하게 요리함. • 항이: 뉴질랜드는 화산 지형이 많아 원주민인 마오리족은 땅의 열기를 이용해 고기와 채소를 익혀 먹음.
주생활	• ❻ ㄱㄹ : 몽골 사람들은 물과 풀을 찾아 이동하는 유목 생활을 위해 접고 펼치기 쉬운 조립식 집에서 생활함. • 고상 가옥: 열대 기후 지역에서는 열기와 습기, 해충을 막고자 땅 위에 집을 띄워 지음. • 흰색 벽 집: 그리스의 산토리니섬은 강한 햇볕을 차단하기 위해 집 벽을 흰색으로 칠함.

개념 ④ 세계의 다양한 생활 모습 이해하기

① 세계의 다양한 생활 모습 사례
• 케냐: 장례를 치를 때 음악을 틀고 춤을 추기도 합니다.
• 이슬람교를 믿는 지역: 라마단 기간 동안 낮에 물과 음식을 먹지 않습니다.
• 에스파냐와 그리스: 점심을 먹고 한두 시간 동안 낮잠을 자거나 가게 문을 닫고 쉬는 ❼ ㅅㅇㅅㅌ 풍습이 있습니다.

② 세계의 다양한 생활 모습을 대하는 태도: 세계 여러 나라의 생활 모습에는 그 나라 사람들의 지혜와 고유한 가치가 담겨 있으므로, 서로 다른 생활 모습을 이해하고 존중하려는 마음가짐이 필요합니다.

정답 ❶ 열대 ❷ 사계절 ❸ 사막 ❹ 한대 ❺ 힌두교 ❻ 게르 ❼ 시에스타

자료 ① 세계의 기후 분포

[출처: 필립스 현대 학교 지도, 2019, 기타]

POINT
저위도 지역에서 고위도 지역으로 갈수록 태양 에너지를 적게 받아 기온이 점차 낮아집니다.

1-1 (   ) 기후는 적도 부근 지역에서 주로 나타나는 기후입니다.

1-2 (온대 , 한대) 기후는 고위도 지역에 주로 나타나고, 일 년 내내 평균 기온이 매우 낮습니다.

자료 ② 기후에 따른 생활 모습

↑ 열대 기후 지역: 화전 농업

↑ 건조 기후 지역: 유목

↑ 온대 기후 지역: 벼농사

↑ 냉대 기후 지역: 펄프 공업

POINT
사람들은 기후에 적응하며 살아가기 때문에 기후에 따라 생활 모습이 달라집니다.

2-1 열대 기후 지역은 비가 많이 내려 흙 속의 영양분이 풍부하기 때문에 화전 농업을 합니다.

(○ , ×   )

2-2 (   )은/는 물과 풀이 있는 곳을 찾아 가축과 함께 이동하는 생활 모습으로, 건조 기후 지역 및 한대 기후 지역에서 볼 수 있습니다.

자료 ③ 세계의 다양한 의식주 생활 모습

의생활
↑ 부르카

식생활
↑ 항이

주생활
↑ 고상 가옥

↑ 흰색 벽 집

POINT
나라마다 지형, 기후 등의 자연환경과 풍습, 종교 등의 인문환경이 다르기 때문에 다양한 생활 모습이 나타납니다.

3-1 이슬람교를 믿는 여성들은 얼굴이나 피부를 드러내지 않기 위해 (   )을/를 입습니다.

3-2 (   )은/는 뉴질랜드의 원주민인 마오리족이 땅의 열기를 이용해 고기와 채소를 익혀 먹은 음식입니다.

3-3 그리스의 산토리니섬에서는 강한 햇볕을 차단하기 위해 집 벽을 (흰색 , 검은색)으로 칠합니다.

사회

01 세계의 기후에 대한 설명으로 알맞지 <u>않은</u> 것은 어느 것입니까? (   )

① 지역별로 기후가 다르게 나타난다.
② 위도에 따라 지역마다 받는 태양 에너지의 양이 다르다.
③ 기후는 한 지역에서 오랫동안 나타나는 평균적인 날씨이다.
④ 기후는 해당 지역의 기온과 강수량 등을 기준으로 구분할 수 있다.
⑤ 기온은 대체로 저위도 지역에서 고위도 지역으로 갈수록 점차 높아진다.

02 위도에 따라 주로 나타나는 기후를 알맞게 짝 지은 것은 어느 것입니까? (   )

	저위도	중위도	고위도
①	건조 기후	냉대 기후	온대 기후
②	건조 기후	한대 기후	온대 기후
③	냉대 기후	한대 기후	온대 기후
④	열대 기후	온대 기후	한대 기후
⑤	열대 기후	한대 기후	건조 기후

03 다음에서 설명하는 기후는 어느 것입니까?
(   )

> 가장 추운 달의 평균 기온이 18 °C 이상으로 일 년 내내 덥고, 연 강수량이 많은 기후이다.

① 건조 기후   ② 고산 기후
③ 냉대 기후   ④ 열대 기후
⑤ 한대 기후

서술형

04 열대 기후 지역의 생활 모습을 한 가지만 쓰시오.

_____

_____

05 온대 기후 지역에 사는 사람들의 생활 모습으로 알맞은 것을 보기 에서 모두 골라 기호를 쓰시오.

> **보기**
> ㉠ 라마와 알파카 등의 가축을 기른다.
> ㉡ 인구가 많고, 도시와 여러 산업이 발달하였다.
> ㉢ 벼, 올리브, 포도 등 다양한 농작물을 재배한다.
> ㉣ 초원 지역에서 유목 생활을 하며, 이동식 집에서 산다.

(   )

06 냉대 기후 지역의 생활 모습으로 알맞은 것을 두 가지 고르시오. (,   )

① 화전 농업으로 얌, 카사바 등을 재배한다.
② 주변에서 쉽게 구할 수 있는 통나무로 집을 짓는다.
③ 침엽수림을 이용한 목재와 펄프 공업이 발달하였다.
④ 오아시스나 강 주변에서 밀과 대추야자 등을 재배한다.
⑤ 지구의 자연환경을 연구하기 위해 연구소나 기지를 세우고 있다.

07 한대 기후 지역의 생활 모습으로 알맞은 것을 에서 모두 골라 기호를 쓰시오.

> ┌─보기─────────────────────┐
> ⊙ 고상 가옥에서 생활한다.
> ⓒ 순록을 기르는 유목 생활을 한다.
> ⓒ 연구소나 기지를 세워 자연환경을 연구한다.
> ② 땅의 열기와 습기를 피하기 위해 고상 가옥을 짓는다.
> └────────────────────────┘

(   )

08 다음 ( ) 안에 들어갈 알맞은 나라를 쓰시오.

> ( )은/는 낮과 밤의 기온 차가 커서 사람들이 판초를 입고, 솜브레로를 쓴다.

(   )

09 다음 ( ) 안에 들어갈 음식으로 알맞은 것은 어느 것입니까? ( )

> ( )은/는 뉴질랜드에서 볼 수 있는 음식으로, 이 지역에 사는 마오리족은 화산 지형이 많은 자연환경을 이용하여 땅에서 나오는 열로 고기와 채소를 익혀 먹는다.

① 케밥   ② 푸푸
③ 항이   ④ 팟타이
⑤ 나시고렝

서술형 상
10 몽골 사람들이 다음과 같은 집에서 생활하는 까닭을 쓰시오.

⊙ 게르

_____

_____

_____

11 다음 ( ) 안에 들어갈 종교로 알맞은 것은 어느 것입니까? ( )

> ( )를 믿는 지역에서는 사람들이 라마단 기간 동안 낮에 물과 음식을 먹지 않습니다.

① 불교   ② 유교
③ 기독교   ④ 힌두교
⑤ 이슬람교

12 세계의 다양한 생활 모습을 대하는 바람직한 태도를 알맞게 말한 친구의 이름을 모두 쓰시오.

> • 유정: 우리와 다른 생활 모습은 무시해야 해.
> • 성민: 우리나라보다 더 부유한 나라의 생활 모습을 그대로 따라야 해.
> • 시현: 서로 다른 생활 모습을 이해하려는 마음가짐이 필요해.
> • 진호: 한 나라의 생활 모습에는 그 나라 사람들의 지혜와 고유한 가치가 담겨 있으므로 존중해야 해.

(   )

사
회

→ 교통·통신 기술의 발달로 나라 간 교류가 늘면서
전 세계는 더욱 긴밀한 관계를 맺고 있어요.

개념 ① 이웃 나라의 자연환경과 인문환경

① 중국

자연환경	• 영토가 넓어 지역에 따라 다양한 기후가 나타남. • 서쪽에는 ❶ ㄱㅇ 과 산지, 동쪽에는 넓은 평야가 있어 동쪽보다 서쪽의 지형이 더 높음.
인문환경	• 풍부한 지하자원과 노동력을 바탕으로 여러 산업이 발달함. • 동부 지역 바닷가에 주요 항구와 대도시가 자리 잡고 있음.

② 일본

자연환경	• 네 개의 큰 섬과 수많은 작은 섬들로 이루어져 있음. • 영토가 남북으로 길어 남쪽과 북쪽의 기후 차이가 나타남. • 화산 활동과 지진이 잦음.
인문환경	• ❷ ㅌㅍㅇ 연안을 따라 주요 도시와 공업 지역이 발달함. • 원료를 수입 및 가공하여 물건을 만드는 제조업이 발달함.

③ 러시아

→ 영토가 한반도 전체 크기의 약 78배로, 세계에서 영토 면적이 가장 넓어요.

자연환경	• 위도가 높아 냉대 기후가 넓게 나타남. • 동부는 주로 고원과 산악 지대이고, 서부에는 평원이 넓게 펼쳐져 있음.
인문환경	• 대부분의 인구가 서부 지역에 밀집함. • 석유, 천연가스 등 풍부한 ❸ ㅊㅇㅈㅇ 을 바탕으로 산업이 발달함.

개념 ② 우리나라와 이웃 나라의 생활 모습

① 우리나라, 중국, 일본은 한자를 공통으로 사용하지만, 러시아는 한자를 사용하지 않습니다.

② 우리나라, 중국, 일본은 쌀밥이 주식이며, 식사할 때 ❹ ㅈㄱㄹ 을 사용합니다. 하지만 러시아는 빵이 주식이며, 식사할 때 포크와 나이프를 주로 사용합니다. → 러시아는 영토의 대부분이 아시아에 속하지만, 언어나 음식 문화 등의 생활 모습은 유럽과 비슷해요.

개념 ③ 우리나라와 세계 여러 나라의 교류

① 우리나라와 이웃 나라의 교류 모습

경제적 교류	• 무역 교류: ❺ ㅈㄱ 에 수입·수출하는 비중이 가장 큼. • 에너지 협력: 국경을 초월하여 전력망을 연결하는 사업을 추진함.
문화적 교류	학술 연구 및 유학, 합작 영화 제작, 문화 공연 교류 등이 활발하게 이루어짐.
정치적 교류	정상 회담 등을 개최해 경제 협력 방안과 환경 보전 대책 등을 논의함.

② 우리나라와 관계 깊은 나라의 교류 모습

미국	다인종·다민족 국가로, 우리나라 교민이 가장 많이 살며, 풍부한 자원과 다양한 산업을 바탕으로 세계 경제를 이끎.
❻ ㅂㅌㄴ	세계적인 쌀 수출국으로, 일자리와 결혼, 유학 등의 목적으로 우리나라로 유입되는 사람들이 늘고 있음.
사우디 아라비아	우리나라가 원유를 수입하는 대표적인 나라로, 우리나라의 기업이 사우디아라비아에 도로, 항만, 발전소 등을 건설함.

③ 우리나라와 세계 여러 나라의 교류 모습

경제적 교류	• ❼ ㅊㄹ 와 최초로 자유 무역 협정(FTA)을 맺음. • 오스트레일리아에서 철광석의 약 70%를 수입함.
문화적 교류	• 프랑스와 독일에서 공연, 전시, 학술제 등을 개최함. • 캐나다와 항공 우주, 정보 통신, 생명 과학과 관련된 연구를 함께 진행함. • 전 세계적으로 '❽ ㅎㄹ' 열풍이 불어 우리나라의 영화, 드라마, 음악 등의 문화가 주목받고 있음.
정치적 교류	• 세계 여러 나라와 정상 회담을 통해 다양한 분야에서 협력함. • 국제 연합(UN)에 가입하여 전 세계의 다양한 문제를 해결하기 위해 노력함.

정답 ❶ 고원 ❷ 태평양 ❸ 천연자원 ❹ 젓가락 ❺ 이웃 나라 ❻ 베트남 ❼ 칠레 ❽ 한류

자료 ① 우리나라와 이웃 나라의 위치

POINT
우리나라의 서쪽에는 중국, 동쪽에는 일본, 북쪽에는 러시아가 위치해 있습니다.

1-1 (중국 , 일본)은 우리나라의 서쪽에 위치해 있습니다.

1-2 (　　　　　)은/는 우리나라의 북쪽에 위치한 나라로, 세계에서 영토 면적이 가장 넓습니다.

자료 ② 우리나라와 중국, 일본의 생활 모습

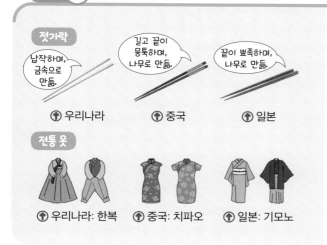

POINT
우리나라와 중국, 일본은 오래전부터 활발하게 교류하며 밀접한 관계를 유지해 왔기 때문에 생활 모습에 비슷한 점이 많습니다.

2-1 우리나라와 중국은 한자를 사용하지만, 일본은 한자를 사용하지 않습니다.　(○ , ×)

2-2 우리나라는 (　　　　　)(으)로 만든 젓가락을 사용하고, 중국과 일본은 (　　　　　)(으)로 만든 젓가락을 사용합니다.

2-3 (치파오 , 기모노)는 일본의 전통 옷입니다.

자료 ③ 우리나라의 경제적 교류 모습

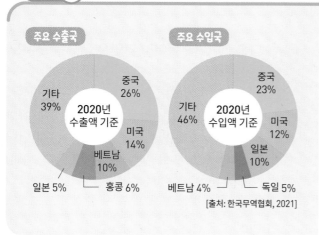

POINT
우리나라는 세계 여러 나라와 긴밀하게 영향을 주고받으며 활발하게 교류하고 있습니다.

3-1 우리나라는 (　　　　　)에 수출과 수입을 가장 많이 합니다.

3-2 (　　　　　)은/는 중국과 미국 다음으로 우리나라에서 수출액이 큰 나라입니다.

3-3 (　　　　　)은/는 중국 다음으로 우리나라에서 수입액이 큰 나라입니다.

01 다음 ㉠~㉢에 들어갈 알맞은 나라를 쓰시오.

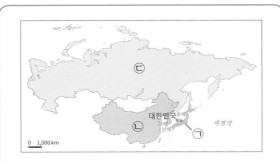

우리나라의 동쪽에는 (㉠), 우리나라의 서쪽에는 (㉡), 우리나라의 북쪽에는 (㉢)이/가 위치해 있다.

㉠: (   )

㉡: (   )

㉢: (   )

02 중국에 대한 설명으로 알맞지 <u>않은</u> 것은 어느 것입니까? (   )

① 동쪽보다 서쪽의 지형이 더 높다.

② 서부의 고원에 주요 대도시가 자리 잡고 있다.

③ 고원과 산지, 평야 등 다양한 지형이 나타난다.

④ 영토가 넓어 지역에 따라 다양한 기후가 나타난다.

⑤ 풍부한 노동력을 바탕으로 여러 산업이 발달하였다.

서술형 낭

03 일본에 나타나는 기후와 지형의 특징을 쓰시오.

_____

_____

04 러시아에 대해 잘못 말한 친구의 이름을 쓰시오.

- 미정: 러시아는 석유, 천연가스 등 천연자원이 풍부해.
- 은우: 러시아는 위도가 낮기 때문에 열대 기후가 넓게 나타나.
- 지호: 러시아는 세계에서 영토가 가장 넓은 나라로, 영토가 한반도 전체 크기의 약 78배야.

(   )

05 다음 사진은 우리나라와 중국, 일본의 젓가락입니다. 밑줄 친 부분에 들어갈 알맞은 젓가락을 골라 기호를 쓰시오.

우리나라에서는 주로 _____ 모양의 젓가락을 사용한다. 왜냐하면 김치처럼 절인 음식을 먹을 때 젓가락에 국물이 스며들지 않게 하기 위해서이다.

(   )

06 다음 ㉠, ㉡에 들어갈 알맞은 대륙을 쓰시오.

러시아는 영토의 대부분이 (㉠)에 속한다. 그러나 사람들은 (㉡)에 가까운 서부 지역에 많이 모여 살기 때문에 언어나 음식 문화 등의 생활 모습은 (㉡)과/와 비슷하다.

㉠: (   ), ㉡: (   )

→ 바른답·알찬풀이 39쪽

07 다음 그래프를 보고, 우리나라에서 수출 비중이 가장 큰 나라와 수입 비중이 가장 큰 나라를 각각 쓰시오.

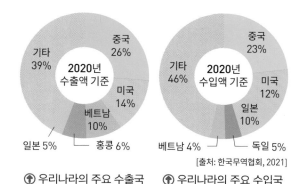

일본 5%　　홍콩 6%　　베트남 4%　　독일 5%

[출처: 한국무역협회, 2021]

⬆ 우리나라의 주요 수출국　　⬆ 우리나라의 주요 수입국

(1) 수출 비중이 가장 큰 나라: (　　　　　　)
(2) 수입 비중이 가장 큰 나라: (　　　　　　)

08 다음 (　　) 안에 들어갈 알맞은 물품은 어느 것입니까? (　　　　)

사우디아라비아는 우리나라가 (　　　　) 을/를 수입하는 대표적인 나라로, 우리나라의 기업이 사우디아라비아에 도로, 항만, 발전소 등을 건설하였다.

① 밀　　　　　② 쌀
③ 석탄　　　　④ 원유
⑤ 철광석

09 다음에서 설명하는 나라는 어디인지 쓰시오.

우리나라의 주요 무역 상대국으로, 벼농사가 발달하여 세계 여러 나라에 쌀을 수출하고 있다. 또한 일자리나 결혼, 유학 등의 목적으로 이 나라에서 우리나라로 오는 사람들의 수가 늘고 있다.

(　　　　　　)

10 우리나라와 세계 여러 나라의 교류를 보여 주는 사례로 알맞지 <u>않은</u> 것은 어느 것입니까?

(　　　　)

① 외국 학생들이 우리나라에서 공부한다.
② 우리나라 기업이 외국에 건물을 짓는다.
③ 서울에서 만든 음식을 전국에서 판매한다.
④ 우리나라 예술가들이 외국에서 전시회를 연다.
⑤ 우리나라의 전자 기업과 미국의 패션 기업이 협력하여 스마트폰을 만든다.

11 우리나라와 세계 여러 나라의 교류에 대한 설명으로 알맞은 것을 보기에서 모두 골라 기호를 쓰시오.

보기

㉠ 우리나라는 주로 브라질에서 철광석을 수입한다.
㉡ 우리나라는 멕시코와 최초로 자유 무역 협정(FTA)을 맺었다.
㉢ '한류' 열풍으로 우리나라의 영화, 드라마, 음악 등이 전 세계에서 인기를 끌고 있다.
㉣ 우리나라는 캐나다와 항공 우주, 정보 통신, 생명 과학과 관련된 연구를 함께 진행하고 있다.

(　　　　　　)

서술형 낭

12 우리나라와 세계 여러 나라의 정치적 교류 모습을 한 가지만 쓰시오.

_____
_____
_____
_____

01 다음 그림에서 (　　) 안에 들어갈 알맞은 말을 찾아 두 가지 쓰시오.

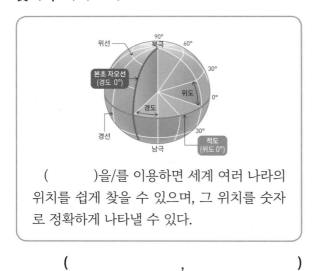

（　　　　）을/를 이용하면 세계 여러 나라의 위치를 쉽게 찾을 수 있으며, 그 위치를 숫자로 정확하게 나타낼 수 있다.

(　　　　　,　　　　　)

02 다음과 같은 지리 정보가 담긴 공간 자료의 장점을 두 가지 쓰시오.

꼭 들어가야 할 말 : 확대, 축소, 다양한 정보

_____

_____

03 다음 세계 지도의 ㉠, ㉡에 들어갈 알맞은 대륙과 대양을 쓰시오.

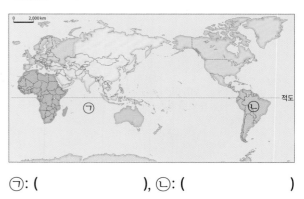

㉠: (　　　　　　　　), ㉡: (　　　　　　　　)

04 대서양에 대한 설명으로 알맞은 것을 두 가지 고르시오. (　　　　,　　　　)

① 북극 주변의 바다이다.
② 세계에서 가장 큰 바다이다.
③ 남극 대륙을 둘러싸고 있다.
④ 세계에서 두 번째로 큰 바다이다.
⑤ 아프리카, 유럽, 북아메리카, 남아메리카 대륙 사이에 있다.

05 다음에서 설명하는 대륙에 있는 나라가 아닌 것은 어디입니까? (　　　　)

가장 큰 대륙으로 북반구에 있으며, 세계 육지 면적의 약 30%를 차지한다.

① 일본　　　　　　② 중국
③ 대한민국　　　　④ 에스파냐
⑤ 사우디아라비아

06 세계 여러 나라의 영토 면적에 대한 설명으로 알 맞은 것을 보기 에서 골라 기호를 쓰시오.

> 보기
>
> ㉠ 세계 여러 나라는 영토 면적이 서로 비슷 하다.
> ㉡ 바티칸 시국은 세계에서 영토 면적이 가 장 좁은 나라이다.
> ㉢ 러시아는 세계에서 영토 면적이 두 번째 로 넓은 나라이다.

( )

07 세계 여러 나라의 영토에 대한 설명으로 알맞지 않은 것은 어느 것입니까? ( )

① 이탈리아의 영토는 장화를 닮았다.
② 사우디아라비아는 국경선이 단조롭다.
③ 인도네시아는 해안선이 복잡한 나라이다.
④ 칠레의 영토는 동서 방향으로 긴 모양이다.
⑤ 영토 모양은 해안선이나 국경선에 따라 결정 된다.

08 다음 ( ) 안에 들어갈 말로 알맞은 것을 두 가 지 고르시오. (,)

> 세계의 기후는 해당 지역의 ( ) 등을 기준으로 열대 기후, 건조 기후, 온대 기후, 냉대 기후, 한대 기후, 고산 기후 등으로 구분 할 수 있다.

① 기온 ② 시차
③ 종교 ④ 강수량
⑤ 영토 모양

09 다음 지도에 나타난 세계 기후의 특징으로 알맞 지 않은 것은 어느 것입니까? ( )

① 냉대 기후는 기온의 연교차가 크다.
② 건조 기후는 증발량보다 강수량이 많다.
③ 온대 기후는 사계절이 비교적 뚜렷하다.
④ 한대 기후는 일 년 내내 평균 기온이 매우 낮다.
⑤ 열대 기후는 일 년 내내 평균 기온이 높고, 연 강수량이 많다.

서술형

10 다음 사진은 열대 기후 지역에서 나타나는 집의 모습입니다. 이와 같은 집의 형태를 무엇이라고 하는지 쓰고, 이러한 형태로 집을 지은 까닭을 쓰 시오.

(1) 집의 형태: ( )

(2) 집을 지은 까닭: _____

_____

꼭나와 ㉧

11 다음과 같은 생활 모습을 볼 수 있는 기후 지역을 두 가지 고르시오. (,   )

> 물과 풀이 있는 곳을 찾아 가축과 함께 이동하는 생활 모습이다.

① 열대 기후 지역
② 건조 기후 지역
③ 온대 기후 지역
④ 냉대 기후 지역
⑤ 한대 기후 지역

서술형 ㉧

12 다음 밑줄 친 부분에 들어갈 알맞은 생활 모습을 한 가지만 쓰시오.

> 냉대 기후 지역에는 침엽수림이 널리 분포한다. 이로 인해 냉대 기후 지역에서는 _____
> _____

_____

_____

13 세계의 다양한 생활 모습에 대한 설명으로 알맞지 <u>않은</u> 것은 어느 것입니까? (   )

① 그리스의 산토리니섬은 햇빛이 강해 집 벽을 흰색으로 칠한다.
② 이슬람교 여성들은 부르카를 입어 얼굴이나 피부를 드러내지 않는다.
③ 멕시코에서는 낮과 밤의 기온 차가 커 판초를 입고, 솜브레로를 쓴다.
④ 튀르키예의 유목민들은 고기를 간단히 요리하여 푸푸를 만들어 먹는다.
⑤ 뉴질랜드의 원주민인 마오리족은 땅의 열기를 이용해 고기와 채소를 익혀 먹는다.

14 다음 글에 대한 친구들의 대화를 읽고, 바람직하지 <u>않은</u> 태도를 지닌 친구의 이름을 쓰시오.

> 유럽의 에스파냐와 그리스에서는 사람들이 점심을 먹고 한두 시간 동안 낮잠을 자거나 가게 문을 닫고 쉰다.

> • 인규: 일하다가 낮잠을 자다니 게으른 사람들이네.
> • 시은: 이 지역은 여름에 한낮의 기온이 매우 높기 때문에 사람들이 활동하기 어려워.
> • 하은: 그렇구나. 한낮에 잠시 쉬면 더 열심히 일할 수 있겠다!

(   )

15 다음 ㉠, ㉡에 들어갈 알맞은 말을 골라 ○표 하시오.

> 위 지도를 보면, 러시아의 ㉠ (동부 , 서부)는 주로 고원과 산악 지대이며, ㉡ (동부 , 서부)에는 평원이 넓게 펼쳐져 있다.

꼭나와 ⓣ

16 일본에 대한 설명으로 알맞지 <u>않은</u> 것은 어느 것입니까? ( )

① 세계에서 영토 면적이 가장 넓은 나라이다.
② 네 개의 큰 섬과 수많은 작은 섬들로 이루어져 있다.
③ 태평양 연안을 따라 주요 도시와 공업 지역이 발달하였다.
④ 영토가 남북으로 길어서 남쪽과 북쪽의 기후차이가 나타난다.
⑤ 원료를 수입 및 가공하여 물건을 만드는 제조업이 발달하였다.

서술형 ⓣ

17 다음 밑줄 친 부분에 들어갈 알맞은 내용을 쓰시오.

> 우리나라와 이웃한 나라인 중국과 일본은
> _____ 때문에 언어, 의식주,
> 풍습 등에서 우리나라와 비슷한 점이 많다.

꼭 들어가야 할 말   지리, 기후, 교류

_____

_____

18 다음은 우리나라와 이웃 나라의 교류 중 어느 분야의 교류 모습입니까? ( )

> 동북아시아에서 발생하는 황사와 미세 먼지, 기후 변화 대응 등의 문제를 논의하기 위해 한·중·일 환경 장관이 모여 회의를 했다.

① 경제   ② 문화   ③ 역사
④ 정치   ⑤ 스포츠

19 우리나라와 다른 나라의 국가 간 교류 사례를 알맞게 말한 친구들의 이름을 모두 쓰시오.

우리나라는 오스트레일리아에 철광석을 수출해. 유연

우리나라가 프랑스에서 전시회를 열었어. 수민

우리나라는 유럽 연합(EU)에 가입하여 다른 나라들과 협력하고 있어. 태훈

우리나라가 캐나다와 항공 우주와 관련된 연구를 진행했어. 영진

( )

20 다음 밑줄 친 부분에 들어갈 내용으로 알맞은 것은 어느 것입니까? ( )

> 세계 여러 나라는 나라마다 자연환경과 생산 기술, 문화 등이 다르기 때문에 서로에게 필요한 물건이나 서비스를 주고받으며 살아간다. 특히 _____ 때문에 교류가 늘면서 더욱 긴밀한 관계를 맺고 있다.

① 각 나라의 문화를 이해하지 않아도 되기
② 다른 나라와 도움을 주고받지 않아도 되기
③ 나라 간에 협력하지 않아도 경제가 발전하기
④ 교통·통신 기술의 발달로 물자 이동이 편리해졌기
⑤ 한 나라의 문제가 주변 나라에 영향을 미치지 않기

사
회

01 보기 에서 다음 지리 정보가 담긴 공간 자료의 특징을 모두 골라 기호를 쓰시오.

보기

㉠ 가지고 다니며 사용하기에 불편하다.
㉡ 세계 여러 나라의 위치나 영역을 한눈에 볼 수 있다.
㉢ 확대와 축소가 자유롭고, 다양한 정보를 얻을 수 있다.
㉣ 세계 여러 나라의 위치, 거리, 모양, 면적 등이 비교적 정확하게 표현되어 있다.

(　　　　　　)

서술형 능

02 다음 밑줄 친 부분에 들어갈 알맞은 내용을 쓰시오.

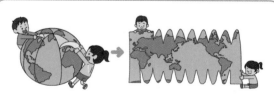

　세계 지도는 지구를 귤껍질을 벗기는 것처럼 일정한 크기로 잘라서 펼친 후, 위아래에 생긴 빈 공간을 확대하고 이어서 만든다. 둥근 지구를 평면으로 나타냈기 때문에 ＿＿＿＿＿＿＿＿＿＿ 단점이 생긴다.

＿＿＿＿＿＿＿＿＿＿＿＿＿＿＿＿＿＿＿

＿＿＿＿＿＿＿＿＿＿＿＿＿＿＿＿＿＿＿

03 다음 ㉠, ㉡에 들어갈 알맞은 대양과 대륙을 쓰시오.

• 세계의 주요 대양: 태평양, (㉠), 인도양, 북극해, 남극해
• 세계의 주요 대륙: 아시아, 유럽, 아프리카, (㉡), 북아메리카, 남아메리카, 남극

㉠: (　　　　　), ㉡: (　　　　　)

[04~05] 다음 지도를 보고, 물음에 답하시오.

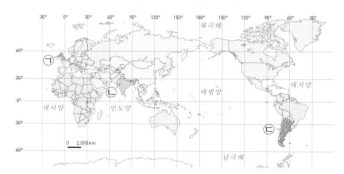

어려워 능

04 ㉠~㉢ 나라에 대한 설명으로 알맞지 않은 것은 어느 것입니까? (　　　　)

① ㉠은 대서양과 접해 있다.
② ㉡은 태평양과 접해 있다.
③ ㉠은 유럽 대륙에 위치한다.
④ ㉡은 아시아 대륙에 위치한다.
⑤ ㉢은 남아메리카 대륙에 위치한다.

05 ㉠~㉢ 중 남반구에 위치한 나라를 골라 기호를 쓰시오.

(　　　　　　)

06 다음 ( ) 안에 들어갈 알맞은 나라를 쓰시오.

아프리카 대륙의 북쪽에 위치한 ( )은/는 동서남북 모든 방향에서 영토의 길이가 비슷하며, 영토의 모양이 사각형이다.

( )

서술형

07 다음 밑줄 친 부분에 들어갈 알맞은 내용을 기후와 관련하여 쓰시오.

적도 부근에서는 태양 에너지가 좁은 지역에 집중되어 열을 많이 받아 더운 열대 기후가 나타나지만, 극지방으로 갈수록 _____

_____

_____

[08~10] 다음 사진을 보고, 물음에 답하시오.

(가)

(나)

(다)

(라)

08 (가)~(라)에 나타난 집을 부르는 말로 알맞은 것은 어느 것입니까? ( )

① (가) - 흙집
② (나) - 게르
③ (다) - 이글루
④ (라) - 통나무집
⑤ (라) - 고상 가옥

어려워

09 (가)~(라) 집을 지은 까닭이 알맞게 연결된 것을 에서 모두 골라 기호를 쓰시오.

보기

㉠ (가) - 유목 생활을 하기 위해
㉡ (나) - 땅이 얼었다 녹기 때문에
㉢ (다) - 사막에서 흙을 구하기 쉽기 때문에
㉣ (라) - 열기와 습기, 해충을 피하기 위해

( )

10 (가)~(라) 중 건조 기후 지역에서 볼 수 있는 집의 형태를 모두 골라 기호를 쓰시오.

( )

11 다음 ( ) 안에 들어갈 알맞은 나라는 어디입니까? ( )

힌두교를 믿는 ( ) 사람들은 자르거나 바느질하지 않은 옷을 깨끗하다고 생각하여, 길고 넓은 한 장의 천으로 몸을 휘감는 사리를 입는다.

① 인도
② 중국
③ 프랑스
④ 탄자니아
⑤ 사우디아라비아

서술형 &

12 다음과 같이 세계 여러 나라의 식생활 모습이 다양한 까닭을 쓰시오.

• 가나에서는 카사바, 옥수수 등으로 만든 반죽 덩어리인 푸푸를 수프에 찍어 먹는다.
• 뉴질랜드의 원주민인 마오리족은 땅의 열기를 이용해 고기와 채소를 익혀 만든 항이를 먹는다.
• 튀르키예의 유목민들은 고기를 잘라 꼬챙이에 끼운 채로 구워 간편하게 요리한 케밥을 먹는다.

_____

_____

13 다음 글에 대한 친구들의 대화를 읽고, 바람직한 태도를 지닌 친구의 이름을 쓰시오.

아프리카 대륙의 케냐 사람들은 장례를 치를 때 음악을 틀고 춤을 추기도 한다.

• 서윤: 돌아가신 분을 생각하며 슬퍼하지 않고 춤을 추다니 예의가 없네.
• 지영: 죽음이 새로운 출발이나 여행이라 생각하면 기쁜 마음으로 추모할 수 있을 것 같아.

( )

어려워 &

14 우리나라의 이웃 나라에 대한 설명으로 알맞지 않은 것은 어느 것입니까? ( )

① 러시아는 풍부한 천연자원을 바탕으로 산업이 발달하였다.
② 일본은 영토가 남북으로 길어 남쪽과 북쪽의 기후 차이가 나타난다.
③ 중국은 동부 지역 바닷가에 주요 항구와 대도시가 자리 잡고 있다.
④ 일본은 원료를 수입 및 가공하여 물건을 만드는 제조업이 발달하였다.
⑤ 러시아는 영토의 대부분이 유럽 대륙에 속하지만, 생활 모습은 아시아 대륙과 비슷하다.

15 러시아에 대한 설명으로 알맞은 것을 에서 모두 골라 기호를 쓰시오.

보기

㉠ 동부는 주로 고원과 산악 지대이다.
㉡ 위도가 높아 냉대 기후가 넓게 나타난다.
㉢ 대부분의 인구가 동부 지역에 밀집하였다.
㉣ 화산 활동이 활발하고 지진이 자주 발생한다.

( )

16 우리나라와 중국, 일본의 문화에 대해 잘못 설명한 친구의 이름을 쓰시오.

> • 세영: 우리나라와 중국, 일본은 쌀밥이 주식이야.
> • 다인: 우리나라와 중국, 일본은 모두 한자를 사용해.
> • 현우: 우리나라는 중국, 일본과 달리 나무로 만든 젓가락을 사용해.
> • 유찬: 우리나라의 전통 옷은 한복이고, 중국의 전통 옷은 치파오야.

(   )

어려워 🌶

17 다음 그래프에 대한 설명으로 알맞은 것을 보기에서 모두 골라 기호를 쓰시오.

🔺 우리나라에 오는 이웃 나라 관광객 비율

> **보기**
> ㉠ 중국에서 관광객들이 가장 많이 온다.
> ㉡ 일본 관광객의 비율은 점점 줄어들고 있다.
> ㉢ 세 나라 중 러시아에서 우리나라로 오는 관광객 비율이 가장 낮다.
> ㉣ 우리나라에는 중국, 일본, 러시아 관광객들만 방문한다.

(   )

18 다음 그래프에 대한 설명으로 알맞은 것을 보기에서 모두 골라 기호를 쓰시오.

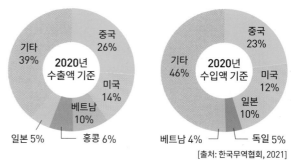

🔺 우리나라의 주요 수출국   🔺 우리나라의 주요 수입국

[출처: 한국무역협회, 2021]

> **보기**
> ㉠ 우리나라는 홍콩에 수출을 가장 많이 한다.
> ㉡ 우리나라는 중국에서 수입을 가장 많이 한다.
> ㉢ 우리나라는 베트남과 경제적으로 교류하고 있다.
> ㉣ 우리나라의 무역 규모에서 가장 큰 비중을 차지하는 나라는 일본이다.

(   )

19 다음에서 설명하는 나라는 어디입니까?
(   )

> • 50개의 주로 이루어진 다인종·다민족 국가
> • 우리나라 교민이 가장 많이 사는 나라
> • 풍부한 자원 보유 및 다양한 산업 발달

① 미국   ② 일본   ③ 칠레
④ 베트남   ⑤ 사우디아라비아

20 다음 (   ) 안에 들어갈 알맞은 말을 쓰시오.

> 전 세계적으로 (   ) 열풍이 불어 우리나라의 영화, 드라마, 음악 등이 주목받고 있다.

(   )

사회

→ 신라 장군 이사부가 우산국을 정벌하여
　우산국이 신라의 영토가 됐어요.

개념 ① 우리 땅 독도

① 독도의 위치와 중요성 → 독도는 행정구역상
　　　　　　　　　　　　경상북도 울릉군 울릉읍에 속해요.

위치	• 우리나라의 ❶ [ㄷㅉ] 끝에 있는 섬임. • 북위 37°, 동경 132° 근처에 있음. • 독도에서 울릉도까지의 거리가 일본 오키섬보다 가까움.
중요성	동해의 한가운데에 자리 잡고 있어 군사 및 해상 교통의 중심지로서 중요한 위치에 있음.

② 독도의 자연환경과 가치

자연환경	• 두 개의 큰 섬(동도, 서도)과 그 주위에 89개의 바위섬으로 이루어짐. • 경사가 급한 ❷ [ㅎㅅㅅ]으로, 대부분 암석으로 이루어졌으며 독특한 지형과 경관이 나타남. • 동해의 영향으로 기온이 온화하고, 겨울에 눈이 많이 내림.
가치	• 다양한 동식물이 서식하는 생태계의 보고로, 우리나라는 독도를 ❸ [ㅊㅇㄱㄴㅁ]로 지정해 보호하고 있음. • 독도의 아름다운 경관을 보러 독도를 찾는 관광객이 늘고 있음. • 주변 바다는 차가운 바닷물과 따뜻한 바닷물이 만나 먹이가 풍부해 다양한 해양 생물이 살고 있음. • 독도 바다 밑에 미래 에너지로 주목받는 가스 하이드레이트가 묻혀 있음.

개념 ② 독도와 관련된 역사적 자료

우리나라 자료	• 옛 지도: 「❹ [ㅍㄷㅊㄷ]」(1531년), 「동국대지도」(18세기) • 옛 기록: 『세종실록지리지』(1454년), 「대한 제국 칙령 제41호」(1900년)
다른 나라 자료	• 옛 지도: 「조선왕국전도」(1737년), 「삼국접양지도」(1785년) • 옛 기록: 「태정관 지령」(1877년), 「연합국 최고 사령관 각서 제677호」(1946년)

개념 ③ 독도를 지키기 위한 노력

옛날의 노력	조선 시대에 ❺ [ㅇㅇㅂ]이 일본에 가서 울릉도와 독도가 조선의 영토임을 일본으로부터 확인받고 돌아옴.
오늘날의 노력	• 우리나라가 공식적으로 파견한 독도 경비대가 독도 해안 경계를 하고 있음. • 정부가 독도에 여러 시설을 설치하고, 독도의 생태계를 보호하는 여러 법령을 시행함. • 민간단체가 외국에 독도를 알릴 수 있는 홍보 활동을 함. ⑩ 반크

개념 ④ 남북통일을 위한 다양한 노력

① 남북통일이 필요한 까닭

남북 분단으로 겪는 어려움	전쟁에 대한 두려움, ❻ [ㅇㄱㅈ]의 고통, 언어와 문화의 차이, 과도한 국방비 지출 등 여러 어려움을 겪고 있음.
남북통일의 필요성	• 새로운 민족 공동체를 건설할 수 있음. • 과도한 국방비를 줄여 복지, 문화, 경제 분야 등에 사용할 수 있음. • 남한의 기술과 북한의 자원을 이용하여 경쟁력 있는 제품을 만들어 수출하면 많은 이익을 얻을 수 있음.

② 남북통일을 위한 노력

정치적 노력	7·4 남북 공동 성명 발표(1972년), 최초의 이산가족 상봉(1985년), 남북 기본 합의서 채택(1991년), 남북 정상 회담 개최(2000년, 2007년, 2018년)
경제적 노력	끊어진 도로와 철도 연결, 금강산 관광 사업(1998 ~ 2008년), 개성 공단 운영(2004 ~ 2016년) → 남한의 자본과 기술력에 북한의 노동력이 결합되었어요.
사회·문화적 노력	남북 예술단 합동 공연(2018년), 평창 동계 올림픽 남북 선수단 공동 입장(2018년)

③ ❼ [ㅌㅇ] 한국의 미래: 새로운 직업과 일자리가 늘어나고, 반도국의 장점이 살아나 대륙과 해양을 연결하는 물류와 교통의 중심지로 성장할 것입니다.

자료 ① 독도의 독특한 지형과 동식물

⬆ 코끼리바위

⬆ 탕건봉

⬆ 천장굴

⬆ 괭이갈매기

⬆ 해국

⬆ 도화새우

POINT
독도에서는 독특한 지형과 경관을 볼 수 있고, 다양한 동식물이 서식합니다.

1-1 독도는 화산 활동으로 만들어진 (　　　　　)(으)로, 독특한 지형과 경관이 나타납니다.

1-2 독도에는 괭이갈매기, 해국, 도화새우, 살오징어 등 다양한 동식물이 서식합니다.
(　○ , × 　)

자료 ② 독도와 관련된 역사적 자료

「팔도총도」	현재 남아 있는 우리나라의 옛 지도 중에서 우산도가 그려진 가장 오래된 지도임. → 독도가 울릉도의 서쪽에 그려져 있어요.
『세종실록지리지』	울릉도와 독도가 강원도 울진현에 속한 두 섬이라고 기록되어 있음.
「삼국접양지도」	일본 지도로, 죽도(울릉도)와 그 옆의 섬이 조선의 것이라 표기됨.
「태정관지령」	일본 태정관이 울릉도와 독도가 일본의 영토와 관계없다고 선언함.

POINT
옛날 우리나라의 자료와 다른 나라의 자료를 보면 옛날부터 독도를 우리 영토로 인식하고 있었음을 알 수 있습니다.

2-1 현재 남아 있는 우리나라의 옛 지도 중 독도가 그려진 가장 오래된 지도는 무엇인지 쓰시오.
(　　　　　　　　)

2-2 『세종실록지리지』에서 울릉도와 독도가 강원도 울진현에 속한 두 섬이라고 기록되어 있습니다.
(　○ , × 　)

2-3 「삼국접양지도」에서 울릉도와 독도가 (조선 , 일본)의 것이라 표기되어 있습니다.

자료 ③ 남북 분단으로 인한 어려움

⬆ 전쟁에 대한 두려움

⬆ 이산가족의 고통

물고기떡 ＝ 어묵
⬆ 언어와 문화의 차이

⬆ 과도한 국방비 지출

POINT
남북 분단으로 전쟁에 대한 두려움, 이산가족의 고통, 언어와 문화의 차이, 과도한 국방비 지출 등의 어려움을 겪고 있습니다.

3-1 남북 분단으로 전쟁에 대한 두려움이 사라졌습니다.
(　○ , × 　)

3-2 남북 분단으로 (　　　　　　　)들이 고향에 가지 못해 고통을 겪고 있습니다.

3-3 남북 분단으로 남한과 북한의 (외교비 , 국방비) 지출이 많아 경제적으로 큰 손실이 있습니다.

사회

[01~02] 다음 사진을 보고, 물음에 답하시오.

⬆ 코끼리바위

⬆ 탕건봉

⬆ 천장굴

⬆ 독립문바위

01 위 사진과 같은 독특한 지형을 볼 수 있는 섬은 어디인지 쓰시오.

(   )

02 문제 1번 답의 섬에 대한 설명으로 알맞지 <u>않은</u> 것은 어느 것입니까? (   )

① 경사가 급한 화산섬이다.
② 대부분 암석으로 이루어졌다.
③ 우리나라의 서쪽 끝에 있는 섬이다.
④ 독도에서 울릉도까지의 거리가 일본 오키섬보다 가깝다.
⑤ 동해의 한가운데에 자리 잡고 있어 군사 및 해상 교통의 중심지로서 중요한 위치에 있다.

서술형 ⓒ
03 우리나라가 독도를 천연기념물로 지정해 보호하는 까닭을 쓰시오.

_____

_____

04 다음 주장을 뒷받침하는 역사적 자료로 알맞지 <u>않은</u> 것은 어느 것입니까? (   )

> 옛날 우리나라의 자료와 다른 나라의 자료를 보면 옛날부터 독도를 우리 영토로 인식하고 있었음을 알 수 있다.

① 「팔도총도」
② 「동국대지도」
③ 「삼국접양지도」
④ 「시마네현 고시 제40호」
⑤ 「대한 제국 칙령 제41호」

05 다음과 같은 내용이 기록되어 있는 역사적 자료는 무엇인지 쓰시오.

> 우산(지금의 독도)과 무릉(지금의 울릉도), 두 섬이 울진현의 정동쪽 바다에 있다. 두 섬은 거리가 멀지 않아 날씨가 맑으면 서로 바라볼 수 있다.

(   )

06 다음에서 설명하는 인물은 누구입니까?

(   )

> 조선 숙종 때 울릉도와 독도 근처에서 고기잡이를 하는 일본 어부들을 꾸짖다 일본 어부들에 의해 일본으로 끌려갔다. 일본에서도 울릉도와 독도가 조선의 땅임을 주장하였다.

① 권율   ② 강감찬
③ 안용복   ④ 이사부
⑤ 이순신

07 오늘날 독도를 지키려는 노력으로 알맞지 <u>않은</u> 것은 어느 것입니까? (   )

① 정부가 독도에 여러 시설을 설치하였다.
② 정부가 일반인의 독도 방문을 막고 있다.
③ 독도 경비대가 독도 해안 경계를 하고 있다.
④ 정부가 독도의 생태계를 보호하는 여러 법령을 시행하고 있다.
⑤ 민간단체가 외국에 독도를 알릴 수 있는 홍보 활동을 하고 있다.

서술형 상

08 다음 그림을 보고 알 수 있는 남북 분단으로 겪는 어려움을 쓰시오.

_____

_____

09 다음 ㉠, ㉡에 들어갈 알맞은 말을 골라 ◯표 하시오.

> 남북통일을 이루면 ㉠ (남한 , 북한)의 기술과 ㉡ (남한 , 북한)의 자원을 이용하여 경쟁력 있는 제품을 만들어 수출할 수 있을 것이다.

10 남북통일을 위한 정치적 노력 사례를 에서 모두 골라 기호를 쓰시오.

> **보기**
> ㉠ 남북 정상 회담 개최
> ㉡ 남북 기본 합의서 채택
> ㉢ 7·4 남북 공동 성명 발표
> ㉣ 남북한 예술단의 합동 공연

(   )

11 다음은 어느 분야에서의 남북통일을 위한 노력입니까? (   )

> • 남북이 끊어진 도로와 철도를 연결하려고 노력하였다.
> • 남한의 자본과 기술력에 북한의 노동력이 결합된 개성 공단을 운영하였다.

① 경제적 노력   ② 문화적 노력
③ 사회적 노력   ④ 역사적 노력
⑤ 정치적 노력

12 통일 이후 한국의 변화 모습을 <u>잘못</u> 말한 친구의 이름을 쓰시오.

> • 민지: 남과 북을 자유롭게 다닐 수 있게 될 거야.
> • 재민: 일자리가 줄어들어서 경제 발전이 어려워질 거야.
> • 이경: 대륙과 해양을 연결하는 물류와 교통의 중심지로 성장할 거야.

(   )

사
회

개념 ① 지구촌에서 일어나는 갈등

① 지구촌 갈등의 원인: 영토, 자원, ❶ ㅈ ㄱ , 인종, 민족, 정치 등으로 원인이 다양하며, 여러 가지 원인이 복잡하게 얽혀 나타나기도 합니다.

② 지구촌 갈등의 사례 →지구촌 갈등으로 삶의 터전이나 가족을 잃고, 다치거나 가난에 시달리기도 해요.

❷ ㅋ ㅅ ㅁ ㄹ 분쟁	인도가 영국에서 독립할 때 카슈미르 주민 대부분이 이슬람교를 믿어 파키스탄에 속하기를 원했지만 힌두교가 많은 인도에 속하게 되면서 종교 분쟁이 일어남.
이스라엘과 팔레스타인 분쟁	유대교를 믿는 유대인이 팔레스타인 지역에 이스라엘을 세우면서 이슬람교를 믿는 팔레스타인인과 분쟁이 시작됨. → 영토 분쟁에서 종교 분쟁으로 확대됨.
시리아 내전	독재 정치에 반대하는 시위대와 정부군의 갈등으로 내전이 일어남. → 수많은 사람이 죽거나 난민으로 살아감.
북극해 주변국들의 갈등	최근 북극해에 매장된 많은 양의 원유와 천연가스의 개발 및 항로 이용 가능성이 커지면서 러시아, 미국, 캐나다, 덴마크, 노르웨이 등 북극해 주변국들 간에 갈등이 생김.

개념 ② 지구촌 갈등을 해결하는 방법

① 지구촌 갈등 해결이 어려운 까닭
- 자기 나라의 ❸ ㅇ ㅇ 을 먼저 생각하기 때문입니다.
- 국제법이 강제성이 없기 때문입니다.
- 갈등의 원인이 복잡하고 갈등이 오래 지속되어 화해가 쉽지 않기 때문입니다.

② 지구촌 갈등 해결을 위해 우리가 실천할 수 있는 방법
- 지구촌 갈등 해결을 위한 ❹ ㅋ ㅍ ㅇ 에 참여합니다.
- 지구촌 갈등 해결을 위한 홍보 동영상을 만듭니다.
- 지구촌 갈등과 관련된 정보를 찾고, 갈등 해결을 위해 노력하는 단체에 관심을 가집니다.

③ 국제기구, 국가, 개인 등 지구촌 구성원 모두가 지구촌 갈등을 해결하기 위해 서로 노력해야 합니다.

개념 ③ 지구촌 갈등 해결을 위한 노력

→여러 나라가 모여 지구촌 갈등을 함께 해결하려고 만든 국제 조직이에요.

① 대표적 국제기구인 국제 연합(UN)

설립	1945년에 세계 여러 나라가 서로 협력하여 지구촌 갈등을 해결하고 평화를 이루기 위해 만듦.
활동	지구촌 ❺ ㅍ ㅎ 유지, 전쟁 방지, 국제 협력 증진 등의 활동을 함.
산하 기구	국제 연합 아동 기금(UNICEF), 국제 연합 교육 과학 문화 기구(UNESCO), 국제 연합 난민 기구(UNHCR), 국제 노동 기구(ILO), 국제 원자력 기구(IAEA) 등이 지구촌 갈등 해결을 위해 노력함.

② 지구촌 갈등 해결을 위한 국가의 노력
- 국제기구에 가입하여 지구촌 문제 해결에 협력합니다.
- 국제 연합에 유엔 평화 유지군을 파견합니다.
- 지구촌에서 일어나는 문제를 여러 나라와 함께 고민하고 해결하려는 다양한 ❻ ㅇ ㄱ 활동을 합니다.
- 어려움을 겪는 세계의 여러 지역을 도울 수 있는 조직을 만들어 활동합니다. 예 우리나라의 한국 국제 협력단(KOICA)

③ 지구촌 갈등 해결을 위한 ❼ ㅂ ㅈ ㅂ ㄱ ㄱ 의 노력

비정부 기구	지구촌의 여러 문제를 해결하려고 뜻을 같이하는 사람들이 모여 활동하는 민간 조직
노력	비정부 기구는 지구촌 평화와 발전을 이루기 위해 인권, 환경, 보건, 빈곤 퇴치, 성평등 등 다양한 분야에서 활동을 함.

④ 지구촌 갈등 해결을 위한 개인의 노력

넬슨 만델라	남아프리카 공화국의 ❽ ㅎ ㅇ 인권 운동가로 인종 차별에 반대하여 백인 정부에 저항함. → 대통령이 된 후 여러 인종이 평화롭게 공존하는 나라를 만들려고 노력함.
이태석 신부	남수단에서 의료 봉사와 교육에 헌신하여 '한국의 슈바이처'로 불림. →남수단에 병원과 학교를 지었어요.
말랄라 유사프 자이	탈레반 점령 지역의 생활과 여학생 교육의 문제점을 누리 소통망 서비스를 이용하여 세상에 알림. →아프가니스탄에서 결성된 무장 이슬람 정치 단체예요.

핵심 자료

→ 바른답·알찬풀이 42쪽

자료 ① 지구촌 갈등 해결을 위한 실천 방법

⬆ 지구촌 갈등에 관심을 갖고 관련 정보 찾기

⬆ 지구촌 갈등 해결을 위한 홍보 동영상 제작

POINT
지구촌 구성원 모두가 지구촌 갈등에 지속적인 관심을 기울이며, 평화로운 지구촌을 만들기 위해 노력해야 합니다.

1-1 지구촌 문제를 평화롭게 해결하려면 지구촌 문제에 관심을 가지지 말아야 합니다.
(○ , ×)

1-2 우리가 지구촌 갈등을 해결하기 위해 (국제 기구 , 홍보 동영상)을/를 만들 수 있습니다.

자료 ② 국제 연합(UN)의 다양한 기구들

국제 연합 아동 기금	질병 예방, 교육 등 어린이의 권리를 보장하기 위한 활동을 함.
국제 연합 교육 과학 문화 기구	교육, 과학, 문화 분야의 국제 협력을 통해 세계 평화를 추구하고 세계 유산을 지정하여 보호함.
국제 연합 난민 기구	난민을 보호하고 난민들이 고향으로 돌아가거나 다른 나라에 정착할 수 있도록 도와줌.

POINT
국제 연합은 지구촌 평화 유지, 전쟁 방지, 국제 협력 증진 등의 활동을 하며 다양한 산하 기구가 있습니다.

2-1 (국제 연합 아동 기금 , 국제 연합 교육 과학 문화 기구)은/는 어린이의 권리를 보장하기 위해 다양한 활동을 합니다.

2-2 국제 연합 난민 기구는 난민들이 고향으로 돌아가거나 다른 나라에 정착할 수 있도록 도와줍니다.
(○ , ×)

자료 ③ 다양한 비정부 기구

⬆ 도움이 필요한 사람들에게 의료 지원을 제공함.

⬆ 어린이의 생명과 생활을 보호하기 위해 노력함.

⬆ 인권이 보장되는 사회를 목표로 활동함.

⬆ 지뢰의 위험성을 알려 지뢰를 제거함.

POINT
여러 비정부 기구가 지구촌 문제를 해결하기 위해 다양한 활동을 하고 있습니다.

3-1 지구촌의 여러 문제를 해결하려고 뜻을 같이하는 사람들이 모여 활동하는 민간 조직을 무엇이라고 하는지 쓰시오.
( )

3-2 (국제 앰네스티 , 국경 없는 의사회)는 인종, 종교, 성별 등과 관계없이 도움이 필요한 사람들에게 의료 지원을 제공합니다.

3-3 ( )은/는 분쟁 지역이나 빈곤 지역 어린이의 생명과 생활을 보호하기 위해 노력하는 비정부 기구입니다.

01 지구촌 갈등의 원인으로 알맞지 <u>않은</u> 것은 어느 것입니까? ( )

① 민족   ② 영토
③ 인종   ④ 자원
⑤ 평화

02 종교 때문에 갈등을 겪고 있는 사례를 보기 에서 모두 골라 기호를 쓰시오.

> **보기**
> ㉠ 시리아 내전
> ㉡ 카슈미르 분쟁
> ㉢ 북극해 주변국들의 갈등
> ㉣ 이스라엘과 팔레스타인 분쟁

( )

03 다음 ( ) 안에 들어갈 알맞은 말은 어느 것입니까? ( )

최근 지구 온난화로 북극의 빙하가 녹으면서 막대한 원유와 천연가스의 개발 및 항로이용 가능성이 커지자 러시아, 미국, 캐나다 등의 나라들이 ( )을/를 둘러싼 갈등을 겪고 있다.

① 대서양   ② 인도양
③ 태평양   ④ 북극해
⑤ 남극해

04 다음은 지구촌 갈등이 쉽게 해결되지 않는 까닭에 대한 친구들의 대화입니다. 잘못 말한 친구의 이름을 쓰고, 옳게 고쳐 쓰시오.

> • 현준: 자기 나라보다 다른 나라의 이익을 먼저 생각하기 때문이야.
> • 이랑: 국가 간에 지켜야 할 국제법이 있지만 강제성이 없어 효과가 작기 때문이야.
> • 호석: 갈등의 원인이 복잡하고 갈등이 오래 지속되어 화해가 쉽지 않기 때문이야.

_____

_____

05 지구촌 갈등을 평화롭게 해결하기 위한 실천 방법으로 알맞지 <u>않은</u> 것은 어느 것입니까?

( )

① 난민들을 돕기 위한 서명 운동을 한다.
② 지구촌 갈등에 관심을 갖고 관련 정보를 검색한다.
③ 지구촌 갈등을 평화적으로 해결하는 홍보 동영상을 만든다.
④ 누리 소통망 서비스에 지구촌 갈등의 심각성을 알리는 글을 올린다.
⑤ 국가가 나서서 해결하도록 개인 활동을 금지하자는 글을 인터넷에 올린다.

06 다음에서 설명하는 국제기구는 무엇인지 쓰시오.

> 1945년에 만들어진 국제기구로, 지구촌 평화 유지, 전쟁 방지, 국제 협력 증진 등의 활동을 한다.

( )

➔ 바른답·알찬풀이 42쪽

07 다음과 같은 일을 하는 국제 연합에 소속된 국제 기구는 어느 것입니까? (   )

> 교육, 과학, 문화 분야의 국제 협력을 통해 세계 평화를 추구하고, 세계 유산을 지정하여 보호하는 일도 한다.

① 국제 노동 기구(ILO)
② 국제 원자력 기구(IAEA)
③ 국제 연합 아동 기금(UNICEF)
④ 국제 연합 난민 기구(UNHCR)
⑤ 국제 연합 교육 과학 문화 기구(UNESCO)

08 지구촌 갈등 해결을 위한 국가의 노력으로 알맞지 <u>않은</u> 것은 어느 것입니까? (   )

① 국제 연합에 유엔 평화 유지군을 파견한다.
② 국제기구에 가입하여 지구촌 문제 해결에 협력한다.
③ 비정부 기구를 만들어 지구촌 갈등 해결에 앞장선다.
④ 어려움을 겪는 세계의 여러 지역을 도울 수 있는 조직을 만들어 활동한다.
⑤ 지구촌 문제를 여러 나라와 함께 고민하고 해결하려는 다양한 외교 활동을 한다.

09 다음 (   ) 안에 들어갈 알맞은 말을 쓰시오.

> (   )은/는 지구촌의 인권, 환경, 보건, 빈곤 퇴치 등 여러 문제를 해결하려고 뜻을 같이하는 사람들이 모여 활동하는 민간 조직을 말한다.

(   )

10 다음과 같은 활동을 하는 비정부 기구는 어느 것입니까? (   )

아프거나 다친 사람에게 의료 지원을 제공해요.

① 그린피스
② 국제 앰네스티
③ 국제 노동 기구
④ 국경 없는 의사회
⑤ 국제 지뢰 금지 운동

11 다음에서 설명하는 인물은 누구인지 쓰시오.

> • 남아프리카 공화국의 흑인 인권 운동가로, 인종 차별에 반대하여 백인 정부에 저항하였다.
> • 남아프리카 공화국의 대통령이 된 후 여러 인종이 평화롭게 공존하는 나라를 만들려고 노력하였다.

(   )

서술형 냥
12 이태석 신부가 지구촌 평화에 기여한 점을 쓰시오.

_____

_____

→ 지구촌 곳곳에서 발생하는 여러 문제가 사람들의 지속 가능한 미래를 위협하고 있어요.

개념 ① 지구촌에서 나타나는 다양한 환경 문제

① 환경 문제의 발생: 환경을 생각하지 않는 무분별한 개발이 이루어지면서 공기, 물, 흙 등이 오염되어 여러 가지 환경 문제가 발생하고 있습니다.

② 다양한 환경 문제 ·····→ 지구촌은 인간뿐만 아니라 모든 생물이 함께 살아가는 공간이에요.

❶ ㄷㄱ 오염	• 공장과 자동차 등에서 배출되는 매연으로 공기가 오염됨. • 오염된 공기는 사람들의 건강을 해치고, 다른 나라에도 영향을 줌.
열대 우림 파괴	• 숲을 농지나 도시로 개발하거나 목재를 얻으려고 무분별하게 나무를 벰. • 동식물의 생활 터전이 줄어듦.
사막화	• 오랜 가뭄이나 지나친 삼림 훼손으로 사막 주변의 초원 지대가 점점 사막이 됨. • 농경지가 감소하고 식량이 부족해짐.
지구 **❷ ㅇㄴㅎ**	• 석유나 석탄 등 화석 연료를 사용하면서 온실가스 배출량이 늘어나 지구의 평균 기온이 점점 올라감. • 극지방의 빙하가 녹아내리고 세계 곳곳에서 이상 기후 현상이 나타남.

개념 ② 지구촌 환경 문제를 해결하기 위한 노력

개인의 노력	일회용품 사용 줄이기, 에너지 절약하기, **❸ ㄷㅈㄱㅌ** 이용하기, 쓰레기 분리배출하기 등 다양한 노력을 함.
기업의 노력	쓰레기가 덜 나오는 제품을 만들고 친환경 소재를 개발함.
국가의 노력	• 다양한 법과 제도를 마련하여 환경 문제를 해결하려고 힘씀. • 태양광, 바람 등을 활용한 **❹ ㅊㅎㄱ** 에너지 개발을 지원함.
세계의 노력	• 국제기구, 여러 나라가 환경 문제를 해결하기 위해 서로 협력하며 많은 노력을 기울이고 있음. • 여러 나라가 모여 환경 문제를 해결하기 위한 약속을 만들어 지킴. **예** 파리 협정

195개의 나라가 지구 온난화의 원인이 되는 ·····← 온실가스 배출을 줄이기로 약속한 협정이에요.

개념 ③ 지속 가능한 미래를 위한 과제

① **❺ ㅈㅅ** 가능한 미래: 지구촌 사람들이 현재와 미래 세대의 환경을 보호하고 사회적·경제적으로 책임감 있게 행동해 지속 가능성을 높여 가는 것입니다.

② 지속 가능한 미래를 위협하는 문제

생산과 소비 과정의 문제	물건을 생산하고 소비하는 과정에서 환경 파괴가 일어나고 있음.
❻ ㅂㄱ 과 기아 문제	• 가뭄과 전쟁이 계속되어 물과 식량이 부족해져 빈곤과 기아 문제가 심각해지고 있음. • 가족의 생계를 위해 학교에 가지 못하고 일하는 어린이가 있음.
문화적 편견과 차별 문제	종교, 옷차림, 음식 문화 등이 다르다는 이유로 편견과 차별에 고통받는 사람들이 있음. →서로 다른 문화를 존중하지 않기 때문이에요.

개념 ④ 지속 가능한 미래를 만들기 위한 노력

① 친환경적 생산과 소비를 위한 노력
• 친환경 용기를 개발하여 플라스틱 쓰레기 문제를 해결합니다.
• 친환경 인증 제품을 생산합니다.
• **❼ ㅈㅎㅇ** 할 수 있는 물건을 구입합니다.
• 환경을 생각하여 생산한 식재료를 구입합니다.

② 빈곤과 기아 문제를 해결하기 위한 노력
• 모금 활동을 하고 물품을 지원합니다.
• 학교를 짓거나 교육 시설을 만들어 가난 때문에 교육받지 못하는 학생들이 배울 수 있도록 합니다.
• 식량 문제를 해결할 수 있게 농업 기술을 알려 줍니다.
• 지구촌 사람들이 빈곤과 기아 문제에 관심을 가질 수 있도록 다양한 홍보 활동을 합니다.

③ 문화적 편견과 차별 문제를 해결하기 위한 노력
• 문화적 편견과 차별로 어려움을 겪는 사람들에게 상담을 지원하고 필요한 도움을 줍니다.
• 문화적 편견과 차별을 극복하고 **❽ ㄷㅇㅅ** 을 존중하는 교육을 합니다.
• 다양한 문화를 체험하며 이해하는 행사를 개최합니다.

정답 ❶ 대기 ❷ 온난화 ❸ 대중교통 ❹ 친환경 ❺ 지속 ❻ 빈곤 ❼ 재활용 ❽ 다양성

➡ 바른답·알찬풀이 42쪽

자료 ① 다양한 환경 문제

⬆ 대기 오염

⬆ 열대 우림 파괴

⬆ 사막화

⬆ 지구 온난화

POINT 무분별한 개발로 대기 오염, 열대 우림 파괴, 사막화, 지구 온난화 등 환경 문제가 일어납니다.

1-1 환경을 생각하지 않는 무분별한 개발이 이루어지면서 (　　　　　)이/가 발생하고 있습니다.

1-2 열대 우림 파괴로 동물과 식물의 생활 터전이 줄어들고 있습니다. 　　　　(　○　,　×　)

1-3 화석 연료 사용으로 온실가스 배출량이 늘어나 지구의 평균 기온이 점점 올라가는 현상을 무엇이라고 하는지 쓰시오.
(　　　　　　　　　)

자료 ② 문화적 편견과 차별 문제

옷차림이 다르다고 사람들이 저를 이상하게 생각해요.

손으로 음식을 먹는 음식 문화를 사람들이 더럽다고 생각해요.

POINT 서로 다른 문화를 존중하지 못해 편견과 차별 문제가 일어나고 있습니다.

2-1 종교, 옷차림, 음식 문화 등이 (같다 , 다르다)는 이유로 편견과 차별에 고통받는 사람들이 있습니다.

2-2 문화적 편견과 차별을 해결하려면 서로 다른 문화를 이해하고 존중해야 합니다.
(　○　,　×　)

자료 ③ 세계 시민 실천 점검표

내용	잘함.	보통	노력
도움이 필요한 다른 나라 사람들을 돕고 있다.			
세계의 다양한 문화를 알고 이해할 수 있다.			
세계의 모든 사람이 동등하지만 생각이 다를 수 있음을 안다.			
환경 문제가 심각하다는 것을 알고 환경 보호를 실천한다.			

* '잘함.'이 많을수록 세계 시민의 자세를 잘 실천하고 있음.

POINT 세계 시민은 지구촌 문제가 우리의 문제임을 알고 이를 해결하려고 협력하는 자세를 지닌 사람입니다.

3-1 지구촌에서 일어나고 있는 문제를 해결하기 위해서는 (　　　　　)의 자세를 지니고 행동해야 합니다.

3-2 세계 시민으로서 세계의 모든 사람 중에서 중요한 사람과 그렇지 않은 사람을 구분해야 합니다.
(　○　,　×　)

3-3 세계 시민으로서 (환경 , 문화적 편견) 문제를 해결하기 위해 음식을 먹을 만큼 덜어 먹어야 합니다.

서술형

01 오늘날 다음과 같은 문제가 발생하는 까닭을 쓰시오.

> 공기, 물, 흙 등이 오염되어 여러 가지 환경 문제가 발생하고 있다.

_____

_____

02 열대 우림 파괴가 일으키는 피해로 알맞은 것은 어느 것입니까? (　　　)

① 인구가 줄어든다.
② 주택이 부족해진다.
③ 극지방의 빙하가 녹아내린다.
④ 동식물의 생활 터전이 줄어든다.
⑤ 오염된 공기가 사람들의 건강을 해친다.

03 다음 사진과 관련 있는 환경 문제는 어느 것입니까? (　　　)

① 사막화
② 대기 오염
③ 지구 온난화
④ 산호 백화 현상
⑤ 열대 우림 파괴

04 다양한 주체들이 환경 문제를 해결하기 위해 하는 노력을 선으로 알맞게 이으시오.

(1) 개인　·

(2) 기업　·

(3) 국가　·

· ㉠ 친환경 소재를 개발함.

· ㉡ 다양한 법과 제도를 마련함.

· ㉢ 에너지 절약, 쓰레기 분리배출하기 등을 실천함.

05 파리 협정의 내용으로 알맞은 것은 어느 것입니까? (　　　)

① 온실가스 배출량을 줄이자.
② 도심에서 자가용을 이용하지 말자.
③ 에너지 사용량이 높은 제품 생산을 줄이자.
④ 친환경 소재를 개발하여 사회적 책임을 다하자.
⑤ 플라스틱 쓰레기가 덜 나오는 제품을 생산하자.

06 다음에서 설명하는 것은 무엇인지 쓰시오.

> 지구촌 사람들이 현재와 미래 세대의 환경을 보호하고 사회적·경제적으로 책임감 있게 행동해 지속 가능성을 높여 가는 것이다.

(　　　　　　　　　)

→ 바른답·알찬풀이 42쪽

07 지속 가능한 미래를 위협하는 문제를 [보기]에서 모두 골라 기호를 쓰시오.

> [보기]
> ㉠ 정보화
> ㉡ 빈곤과 기아
> ㉢ 문화적 편견과 차별
> ㉣ 생산과 소비 과정에서 일어나는 환경 파괴

( )

08 다음 ( ) 안에 들어갈 알맞은 말을 두 가지 고르시오. (,)

> 가뭄과 전쟁이 계속되어 물과 식량이 부족해져 ( ) 문제가 심각해지고 있다.

① 기아　　　　② 빈곤
③ 차별　　　　④ 종교
⑤ 문화적 편견

09 친환경적 생산과 소비를 하기 위한 노력으로 옳은 것에 ○표, 옳지 않은 것에 ×표 하시오.

(1) 친환경 용기를 개발한다. ( )

(2) 재활용할 수 있는 물건을 구입한다.
( )

(3) 농약을 많이 사용하여 벌레가 없고 싱싱한 농산물을 생산한다. ( )

10 빈곤과 기아 문제를 해결하기 위한 노력으로 알맞지 않은 것은 어느 것입니까? ( )

① 모금 활동을 하고 물품을 지원한다.
② 환경을 생각하여 생산한 식재료를 구입한다.
③ 식량 문제를 해결할 수 있도록 농업 기술을 알려 준다.
④ 지구촌 사람들이 빈곤과 기아 문제에 관심을 가질 수 있도록 다양한 홍보 활동을 한다.
⑤ 학교를 짓거나 교육 시설을 만들어 가난 때문에 교육받지 못하는 학생들이 배울 수 있도록 한다.

[서술형]

11 문화적 편견과 차별 문제를 해결하기 위한 노력을 한 가지만 쓰시오.

_____

_____

_____

_____

12 다음 ( ) 안에 공통으로 들어갈 말을 쓰시오.

> ( )은/는 지구촌 문제가 우리의 문제임을 알고 이를 해결하려고 협력하는 자세를 지닌 사람을 말한다. 음식을 먹을 만큼만 덜어 먹고, 사용하지 않는 물건을 필요한 사람과 나누고, 에너지를 절약하는 습관을 기르는 것 등은 모두 ( )이/가 실천해야 할 일이다.

( )

서술형상

01 다음에서 설명하는 섬의 지명을 쓰고, 이 섬의 중요성을 위치와 관련하여 쓰시오.

- 우리나라의 동쪽 끝에 있는 섬이다.
- 동도와 서도인 두 개의 큰 섬과 그 주위에 89개의 바위섬으로 이루어져 있다.

(1) 지명: (   )

(2) 중요성: _____

_____

_____

꼭나와ㅂ

02 독도의 가치에 대한 설명으로 알맞지 <u>않은</u> 것은 어느 것입니까? (   )

① 주변 바다에 다양한 해양 생물이 살고 있다.
② 다양한 동식물이 서식하는 생태계의 보고이다.
③ 바다 밑에는 원유, 천연가스 등의 자원이 풍부하다.
④ 탕건봉, 천장굴, 독립문바위 등 독특한 지형과 경관이 나타난다.
⑤ 독도의 아름다운 경관을 보러 독도를 찾는 관광객이 늘고 있다.

03 다음에서 설명하는 역사적 자료는 어느 것입니까? (   )

현재 남아 있는 우리나라의 옛 지도 중에서 우산도가 그려진 가장 오래된 지도로, 독도가 울릉도의 서쪽에 그려져 있다.

① 「팔도총도」   ② 「조선전도」
③ 「동국대지도」   ④ 「삼국접양지도」
⑤ 「조선왕국전도」

04 다음 (   ) 안에 들어갈 알맞은 인물을 쓰시오.

조선 숙종 때 (   )이/가 일본에 가서 울릉도와 독도가 조선의 영토임을 일본으로부터 확인받고 돌아왔다.

(   )

05 남북 분단으로 겪는 어려움으로 알맞지 <u>않은</u> 것은 어느 것입니까? (   )

① 이산가족이 아픔을 겪고 있다.
② 전쟁에 대한 두려움을 겪고 있다.
③ 남북의 언어와 문화가 달라져서 혼란을 겪고 있다.
④ 다른 나라를 자유롭게 여행하는 데 어려움을 겪고 있다.
⑤ 국방비가 과도하게 지출되어 경제적으로 큰 손실이 발생하고 있다.

06 다음 밑줄 친 내용을 뒷받침하는 사례를 두 가지 고르시오. (,   )

> 남북통일을 위해 정치적·경제적으로 뿐만 아니라 사회·문화적으로도 <u>노력하고 있다.</u>

① 개성 공단을 운영하였다.
② 남북 기본 합의서를 채택하였다.
③ 남북한 예술단이 합동 공연을 벌였다.
④ 세 차례 남북 정상 회담을 개최하였다.
⑤ 평창 동계 올림픽 대회에서 남북한 선수단이 공동 입장을 하였다.

07 통일 한국의 미래 모습에 대해 알맞게 설명한 친구의 이름을 모두 쓰시오.

연주: 전쟁 가능성이 높아져 해외 관광객이 줄어들 거야.

서우: 새로운 직업과 일자리가 늘어나 경제가 발전할 거야.

필상: 지구촌 평화의 중요성을 알리는 나라가 될 거야.

승아: 반도국의 장점이 살아나 대륙과 해양을 연결하는 물류와 교통의 중심지로 성장할 거야.

(   )

08 다음 (   ) 안에 들어갈 알맞은 나라를 쓰시오.

> 유대인이 팔레스타인 지역에 (   )을/를 세우면서 주변국 간에 전쟁이 일어났다. 아랍 민족과 유대 민족의 다툼은 영토 분쟁에서 종교 분쟁으로 확대되어 지금까지 계속되고 있다.

(   )

09 지구촌 갈등 해결이 어려운 까닭을 <u>보기</u> 에서 모두 골라 기호를 쓰시오.

> **보기**
>
> ㉠ 갈등의 원인이 단순하기 때문이다.
> ㉡ 자기 나라의 이익을 먼저 생각하기 때문이다.
> ㉢ 갈등이 오래 지속되어 화해가 쉽지 않기 때문이다.
> ㉣ 국가 간에 지켜야 할 국제법이 강제성이 없기 때문이다.

(   )

꼭나와 ♨

10 지구촌 갈등을 평화롭게 해결하기 위해 우리가 실천할 수 있는 방법으로 알맞지 <u>않은</u> 것은 어느 것입니까? (   )

① 지구촌 갈등 해결을 위한 캠페인에 참여한다.
② 지구촌 갈등 해결을 위한 홍보 동영상을 만든다.
③ 지구촌 갈등으로 어려움을 겪는 친구들에게 생활용품을 보낸다.
④ 지구촌 갈등 해결을 위해 노력하는 단체에 관심을 가지지 않는다.
⑤ 블로그, 인터넷 카페, 누리 소통망 서비스 등을 통해 지구촌 갈등의 심각성을 널리 알린다.

꼭나와 ㅂ

11 국제 연합에 대한 설명으로 알맞지 <u>않은</u> 것은 어느 것입니까? (   )

① 개인이 만든 비정부 기구이다.
② 세계 여러 나라가 협력하여 만들었다.
③ 지구촌 갈등을 해결하기 위해 다양한 전문 기구를 두고 있다.
④ 지구촌 평화 유지, 전쟁 방지, 국제 협력 증진 등의 활동을 한다.
⑤ 1945년에 세계 여러 나라가 서로 협력하여 지구촌 갈등을 해결하고 평화를 이루기 위해 설립되었다.

서술형 ㅂ

12 지구촌 평화를 지키기 위해 우리나라가 하고 있는 노력을 두 가지 쓰시오.

> **꼭 들어가야 할 말**   평화 유지군, 외교

_____

_____

_____

13 세이브 더 칠드런이 하는 일로 알맞은 것에 ○표 하시오.

(1) 분쟁 지역이나 빈곤 지역 어린이의 생명과 생활을 보호하기 위해 노력한다. (   )
(2) 세계 각국의 인권 침해 상황을 알리고, 인권이 보장되는 사회를 목표로 활동한다.
(   )

14 다음 인물들이 지구촌 평화를 위해 노력한 일을 선으로 알맞게 이으시오.

(1) 이태석 신부   •   • ㉠ 남아프리카 공화국의 흑인 인권을 위해 활동함.

(2) 넬슨 만델라   •   • ㉡ 남수단에 병원과 학교를 짓고 의료 봉사를 함.

(3) 말랄라 유사프자이   •   • ㉢ 탈레반 점령 지역의 여학생 교육 문제를 세상에 알림.

15 다음에서 설명하는 환경 문제는 어느 것입니까?
(   )

> 공장과 자동차 등에서 배출되는 매연으로 공기가 오염되고 있다. 오염된 공기는 다른 나라에도 영향을 주어 전 세계적인 문제가 되고 있다.

①
⬆ 대기 오염

②
⬆ 열대 우림 파괴

③
⬆ 사막화

④
⬆ 지구 온난화

➜ 바른답·알찬풀이 43쪽

16 지구촌 환경 문제를 해결하기 위한 개인의 노력으로 알맞지 <u>않은</u> 것은 어느 것입니까? (   )

① 에너지를 절약한다.
② 쓰레기를 분리배출한다.
③ 일회용품 사용을 줄인다.
④ 실내 적정 온도를 지킨다.
⑤ 가까운 거리도 자가용을 이용한다.

17 지구촌 환경 문제를 해결하기 위해 다음과 같은 노력을 하는 주체는 누구입니까? (   )

> • 태양광, 바람 등을 활용한 친환경 에너지 개발을 지원한다.
> • 다양한 법과 제도를 마련하여 환경 문제를 해결하려고 힘쓴다.

① 개인   ② 국가
③ 기업   ④ 시민 단체
⑤ 비정부 기구

18 다음과 같은 상황이 일어나는 까닭을 쓰시오.

> • 무함마드: 나는 종교에 따라 돼지고기를 먹지 않아.
> • 하린: 에이, 그런 게 어딨어. 그래도 먹어 봐.

> **꼭 들어가야 할 말**   다른, 문화, 존중

_____

_____

19 다음 그림에 나타난 문제를 해결하기 위한 노력을 보기 에서 모두 골라 기호를 쓰시오.

> 돈을 버느라 학교에 못 가.

> **보기**
> ㉠ 모금 활동을 하고 물품을 지원한다.
> ㉡ 다양한 문화를 체험하며 이해하는 행사를 개최한다.
> ㉢ 가난 때문에 고통받는 아이들에게 일자리를 제공한다.
> ㉣ 지구촌 사람들이 빈곤 문제에 관심을 가질 수 있도록 홍보 활동을 한다.

(   )

20 세계 시민 실천 점검표에 들어갈 내용으로 알맞지 <u>않은</u> 것은 어느 것입니까? (   )

① 세계의 다양한 문화를 알고 이해할 수 있다.
② 도움이 필요한 다른 나라 사람들을 돕고 있다.
③ 지구촌 문제는 어른들이 해결해야 할 문제라고 생각한다.
④ 환경 문제가 심각하다는 것을 알고 환경 보호를 실천한다.
⑤ 세계 시민으로서 세계 곳곳에서 일어나는 문제에 관심을 가진다.

01 독도에 대한 설명으로 알맞지 <u>않은</u> 것은 어느 것입니까? (   )

① 화산 활동으로 생긴 화산섬이다.

② 우리나라 울릉도보다 일본 오키섬에 더 가까이 있다.

③ 우리나라는 독도를 천연기념물로 지정해 보호하고 있다.

④ 동해의 영향으로 기온이 온화하고, 겨울에 눈이 많이 내린다.

⑤ 독도 바다 밑에 미래 에너지로 주목받는 가스 하이드레이트가 묻혀 있다.

어려워 ㅎ

02 다음 역사적 자료들을 통해 알 수 있는 점은 어느 것입니까? (   )

⬆ 「팔도총도」

⬆ 「삼국접양지도」

① 독도는 원래 일본의 영토였다.

② 독도는 우리나라의 동쪽 끝에 있는 섬이다.

③ 오늘날 독도에는 사람들이 아무도 살지 않는다.

④ 옛날에 우리나라와 일본이 독도를 둘러싸고 전쟁을 벌였다.

⑤ 우리나라와 다른 나라가 모두 옛날부터 독도를 우리 영토로 인식하고 있었다.

---

03 독도를 지키기 위한 노력을 에서 모두 골라 기호를 쓰시오.

> **보기**
>
> ㉠ 독도에 공항을 설치하였다.
>
> ㉡ 독도의 생태계를 보호하는 법을 시행한다.
>
> ㉢ 외국에 독도를 알릴 수 있는 홍보 활동을 한다.
>
> ㉣ 국민들이 자발적으로 독도 해안 경계를 하고 있다.

(   )

---

04 다음 (   ) 안에 들어갈 알맞은 말을 쓰시오.

> 남북 분단으로 인해 분단이나 전쟁 등으로 만날 수 없거나 소식을 모르는 가족인 (   )이/가 고향에 못 가거나, 가족을 만나지 못하는 아픔을 겪고 있다.

(   )

서술형 ㅎ

05 다음 자료를 통해 알 수 있는 남북통일의 필요성을 쓰시오.

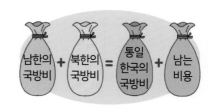

> 통일이 되면 현재 남한과 북한이 각각 쓰는 국방비보다 국방비가 줄어 남는 비용이 발생할 것이다.

_____

_____

06 다음은 어느 분야에서의 남북통일을 위한 노력입니까? (   )

> • 1972년에 7·4 남북 공동 성명을 발표하였다.
> • 1991년에 남북 기본 합의서를 채택하였다.
> • 2000년, 2007년, 2018년 세 차례에 걸쳐 남북 정상 회담을 개최하였다.

① 군사적 노력   ② 경제적 노력
③ 문화적 노력   ④ 사회적 노력
⑤ 정치적 노력

07 다음 (   ) 안에 들어갈 알맞은 말을 쓰시오.

> 남북통일을 이루기 위한 경제적 노력으로 2004 ~ 2016년에 걸쳐 남한의 자본과 기술력에 북한의 노동력이 결합된 (   )이/가 운영되었다.

(   )

08 지구촌 갈등에 대한 설명으로 옳은 것에 ○표, 옳지 않은 것에 ✕표 하시오.

(1) 하나의 지구촌 갈등은 한 가지 원인으로 인해 일어난다.   (   )

(2) 영토, 자원, 종교, 인종, 민족, 정치 등으로 원인이 다양하다.   (   )

(3) 지구촌 갈등으로 사람들이 삶의 터전이나 가족을 잃고, 다치거나 가난에 시달리기도 한다.   (   )

어려워 🐢

09 다음 글에 나타난 분쟁의 원인으로 가장 알맞은 것은 어느 것입니까? (   )

> 카슈미르는 인도와 파키스탄이 경계를 이루고 있는 지역으로, 크고 작은 분쟁이 계속되면서 갈등이 끊이지 않고 있다.

① 주변국의 간섭 때문이다.
② 종교가 서로 다르기 때문이다.
③ 하나의 민족만 있기 때문이다.
④ 인종 간의 갈등이 심하기 때문이다.
⑤ 많은 양의 지하자원이 묻혀 있기 때문이다.

사 회

서술형 🐢

10 다음 그림을 참고하여 지구촌 갈등을 평화롭게 해결하기 위해 우리가 실천할 수 있는 일을 두 가지 쓰시오.

_____

_____

_____

11 다음과 같은 일을 하는 국제 연합에 소속된 국제 기구는 어느 것입니까? (   )

어린이의 권리를 보장하기 위한 활동을 해요.

① 국제 노동 기구
② 국제 원자력 기구
③ 국제 연합 아동 기금
④ 국제 연합 난민 기구
⑤ 국제 연합 교육 과학 문화 기구

12 지구촌 갈등 해결을 위한 국가의 노력으로 알맞은 것을 에서 모두 골라 기호를 쓰시오.

보기

㉠ 갈등을 겪는 나라들끼리 전쟁을 벌여 해결한다.
㉡ 국제기구에 가입하여 지구촌 문제 해결에 협력한다.
㉢ 어려움을 겪는 세계의 여러 지역을 도울 수 있는 조직을 만들어 활동한다.
㉣ 지구촌에서 일어나는 문제를 여러 나라와 함께 해결하려는 다양한 외교 활동을 한다.

(   )

13 다음에서 설명하는 조직에 해당하지 <u>않는</u> 것은 어느 것입니까? (   )

　지구촌의 인권, 환경, 보건, 빈곤 퇴치 등 여러 문제를 해결하려고 뜻을 같이하는 사람들이 모여 활동하는 민간 조직이다.

① 국제 연합
② 국제 앰네스티
③ 국경 없는 의사회
④ 세이브 더 칠드런
⑤ 국제 지뢰 금지 운동

어려워 ♥
14 다음 (   ) 안에 공통으로 들어갈 인물을 쓰시오.

　(   )은/는 파키스탄 정부군과 탈레반이 싸움을 벌이던 곳에 살았다. (   )은/는 훗날 이곳을 차지한 탈레반이 여자아이들을 학교에 가지 못하도록 막자, 누리 소통망 서비스를 이용하여 이 소식을 세상에 알렸다.

(   )

15 다음 밑줄 친 '환경 문제'에 해당하지 <u>않는</u> 것은 어느 것입니까? (   )

　환경을 생각하지 않는 무분별한 개발이 이루어지면서 여러 가지 <u>환경 문제</u>가 발생하고 있다.

① 사막화
② 대기 오염
③ 지구 온난화
④ 열대 우림 파괴
⑤ 문화적 편견과 차별

➡ 바른답·알찬풀이 44쪽

16 다음 환경 문제가 일으키는 피해를 두 가지 고르 시오. (,)

오랜 가뭄이나 지나친 삼림 훼손으로 사막 주변의 초원 지대가 점점 사막이 된다.

① 농경지가 감소한다.
② 식량이 부족해진다.
③ 극지방의 빙하가 녹아내린다.
④ 오염된 공기가 사람들의 건강을 해친다.
⑤ 온실 가스 배출량이 늘어나 지구의 평균 기온이 올라간다.

어려워 ❝

17 세계 여러 나라가 다음과 같은 캠페인을 벌인 까닭으로 알맞은 것은 어느 것입니까? ( )

'세계 차 없는 날'은 1997년 프랑스에서 "도심에서 자가용을 이용하지 맙시다."라는 시민 운동으로 시작되었다. 현재 세계 약 40개 나라에서 차 없는 날 캠페인에 참여하고 있다.

① 에너지 사용량을 늘리기 위해서이다.
② 쓰레기 배출량을 줄이기 위해서이다.
③ 지구촌의 대기 오염을 개선하기 위해서이다.
④ 멸종 위기의 동식물을 보호하기 위해서이다.
⑤ 지구촌 갈등을 평화적으로 해결하기 위해서이다.

18 다음 대화에 나타난 지속 가능한 미래를 위협하는 문제는 어느 것입니까? ( )

• 다니엘: 물과 식량이 부족해 영양 상태가 좋지 않아요.
• 라일라: 가족의 생계를 책임져야 해서 학교에 가지 못하고 일을 하고 있어요.

① 저출산 문제
② 빈곤과 기아 문제
③ 문화적 편견 문제
④ 문화적 차별 문제
⑤ 생산과 소비 과정에서 일어나는 환경 파괴

서술형 ❝

19 친환경적 생산과 소비를 위해 할 수 있는 일을 두 가지 쓰시오.

_____
_____
_____

20 문화적 편견과 차별 문제를 해결하기 위한 방법을 알맞게 설명한 친구의 이름을 모두 쓰시오.

• 진주: 다양한 문화를 가진 사람들이 서로 만나지 못하게 해.
• 우재: 문화적 편견과 차별을 극복하고 다양성을 존중하는 교육을 해.
• 미라: 문화적 편견과 차별로 어려움을 겪는 사람들에게 상담을 지원하고 필요한 도움을 줘.

( )

학습을 시작하기 전에 숨은 그림을 찾아보세요.

봄

여름

가을

겨울

숨은 그림

| 전지 | 전구 | 태양 전지 | 온도계 | 소화기 | 지구 | 초 | 다리미 |

과학

개념 1 전기 회로의 전구에 불을 켜는 방법

① 전기 회로: 전지, 전선, 전구와 같은 전기 부품을 연결해 ❶ ㅈㄱ 가 흐르게 만든 것

② 전기 회로의 전구에 불이 켜지는 조건

• 전기 부품에서 전기가 잘 통하는 부분끼리 연결해야 합니다.

• 전구와 전선을 ❷ ㅈㅈ 의 (+)극과 (−)극에 중간에 끊긴 곳이 없게 연결해야 합니다.

전지 끼우개 전지
집게 달린 전선
전구
전구 끼우개

전기가 잘 통하지 않는 부분
전기가 잘 통하는 부분

⬆ 전구에 불이 켜진 전기 회로

③ 전기가 잘 통하는 물질과 잘 통하지 않는 물질: 집게 달린 전선에서 집게 부분은 전기가 잘 통하는 ❸ ㄱㅅ 으로 만들고, 손으로 잡는 부분은 전기가 잘 통하지 않게 고무나 비닐 등으로 만듭니다.

개념 2 전구의 직렬연결과 병렬연결

① 전구의 직렬연결과 병렬연결

전구의 직렬연결	전구의 병렬연결
두 개 이상의 전구를 ❹ ㅎㅈ 로 연결함.	두 개 이상의 전구를 여러 줄에 한 개씩 연결함.

② 전구의 연결 방법에 따른 특징 →전구의 밝기가 밝을수록 전기 에너지가 많이 소비돼요.

• 두 전구를 병렬연결한 전기 회로의 전구가 직렬연결한 전구보다 밝고, 전지가 빨리 닳습니다.

• 직렬연결한 전구는 한 전구가 꺼지면 나머지 전구가 꺼지지만, 병렬연결한 전구는 한 전구가 꺼져도 나머지 전구가 꺼지지 않습니다.

개념 3 전기를 안전하게 사용하고 절약하는 방법

① 전기를 안전하게 사용하는 방법 →화재나 감전 사고의 위험이 있으므로 전기를 안전하게 사용해야 해요.

• 젖은 손으로 전기 기구를 만지지 않습니다.

• 콘센트 한 개에 여러 개의 플러그를 한꺼번에 꽂아서 사용하지 않습니다.

• 콘센트에서 코드를 뽑을 때에는 전선을 당기지 않고, 플러그의 ❺ ㅁㄹ 부분을 잡고 뽑습니다.

• 겨울에 전열 기구를 사용할 때 타는 물질을 옆에 두지 않고, 사용 후에는 항상 꺼야 합니다.

② 전기를 절약하는 방법 →전기를 만들 때 환경을 오염시키는 물질이 나오기 때문에 전기를 절약해야 해요.

• 냉장고를 사용하고 냉장고 문을 바로 닫습니다.

• 사용하지 않는 조명이나 전기 기구의 전원을 끕니다.

개념 4 전자석의 성질

① 전자석: 전기가 흐를 때에만 ❻ ㅈㅅ 의 성질을 띠는 자석

② 전자석 만들기

❶ 종이테이프로 둥근머리 볼트를 감싸기
❷ 에나멜선을 한쪽 방향으로 100 회 이상 촘촘히 감기
❸ 에나멜선 양쪽 끝부분의 겉면을 벗기기
❹ 에나멜선 양쪽 끝부분을 전지, 전선, 스위치와 연결해 전자석을 완성하기

전자석
클립 전지
스위치

⬆ 스위치를 닫았을 때: 클립이 붙음.

③ 전자석의 성질

• 전자석은 전기가 흐를 때에만 자석의 성질을 띱니다.

• 전자석에 연결한 전지의 개수가 많을수록 전자석의 세기가 ❼ ㅅ 집니다.

• 전지의 두 극을 연결한 방향이 반대로 바뀌면 전자석의 극이 반대로 바뀝니다.

④ 전자석을 이용하는 예: 전자석 기중기, 자기 부상 열차, 스피커, 선풍기, 머리말리개, 세탁기 등

정답 ❶ 전기 ❷ 전지 ❸ 금속 ❹ 한 줄 ❺ 머리 ❻ 자석 ❼ 세

과
학

자료 ① 전구의 직렬연결과 병렬연결

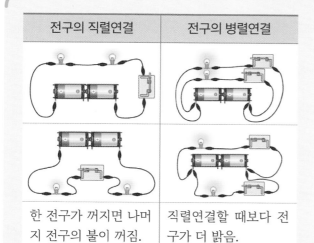

전구의 직렬연결	전구의 병렬연결
한 전구가 꺼지면 나머지 전구의 불이 꺼짐.	직렬연결할 때보다 전구가 더 밝음.

POINT

같은 전지와 전구를 사용하더라도 전기 회로에 두 전구를 병렬연결하면 직렬연결할 때보다 전구가 더 밝습니다.

1-1 두 개 이상의 전구를 한 줄로 연결하는 방법을 무엇이라고 하는지 쓰시오.

전구의 (   )

1-2 두 전구를 병렬연결한 전기 회로의 전구가 직렬연결한 전기 회로의 전구보다 더 밝습니다.

(○ , ×   )

1-3 전구의 직렬연결과 병렬연결 중 한 전구가 꺼져도 나머지 전구는 꺼지지 않는 것은 어느 것인지 쓰시오.

전구의 (   )

자료 ② 전기를 안전하게 사용하고 절약하는 방법

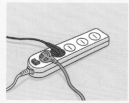 

⬆ 콘센트에 너무 많은 플러그를 한꺼번에 꽂지 않기

⬆ 창문과 문을 모두 닫고 냉방기 사용하기

POINT

전기를 위험하게 사용하면 감전되거나 화재가 발생할 수 있고, 전기를 절약하지 않으면 환경 문제가 발생할 수 있습니다.

2-1 콘센트에 여러 개의 플러그를 한꺼번에 연결해 사용하면 위험합니다. (○ , ×   )

2-2 전기를 절약하려면 창문과 문을 모두 (열고 , 닫고) 냉방기를 사용해야 합니다.

자료 ③ 전자석의 성질

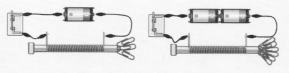

⬆ 전지의 수와 전자석의 세기 관계: 전자석에 연결한 전지의 개수가 많을수록 전자석의 세기가 세짐.

N극   S극   S극   N극

⬆ 전지의 두 극을 연결한 방향과 전자석의 극의 관계: 전지의 두 극을 연결한 방향이 바뀌면 전자석의 극이 바뀜.

POINT

전자석은 세기를 달라지게 할 수 있고, 전지의 두 극을 연결한 방향을 바꾸어 전자석의 극을 바꿀 수도 있습니다.

3-1 전기가 흐를 때에만 자석의 성질을 띠는 자석을 무엇이라고 하는지 쓰시오.

(   )

3-2 전자석에 서로 다른 극끼리 일렬로 연결된 전지의 개수가 (적을수록 / 많을수록) 전자석의 세기가 세집니다.

3-3 전자석에 연결된 전지의 연결 방향을 바꾸면 전자석의 (   )이/가 바뀝니다.

[01~02] 다음은 전지, 전선, 전구를 연결한 전기 회로입니다. 물음에 답하시오.

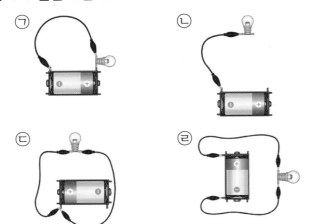

01 위 ㉠~㉣ 중 전구에 불이 켜지는 것을 모두 골라 기호를 쓰시오.

( )

꼭나와 ㉴

02 위 ㉠~㉣ 중 전구에 불이 켜진 전기 회로의 공통점을 두 가지 고르시오. (,)

① 전구를 전지의 (+)극에만 연결했다.
② 전구를 전지의 (−)극에만 연결했다.
③ 전구의 유리 부분에 전지를 연결했다.
④ 전구를 전지의 (+)극과 (−)극에 모두 연결했다.
⑤ 전기 부품의 전기가 잘 통하는 부분끼리 연결했다.

03 다음의 집게 달린 전선에서 전기가 잘 통하는 부분을 골라 기호를 쓰시오.

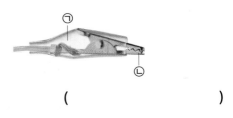

( )

[04~06] 다음과 같이 전지, 전선, 전구, 스위치를 연결하여 전기 회로를 만들었습니다. 물음에 답하시오.

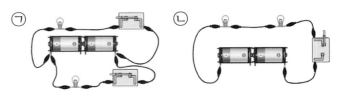

04 위 ㉠과 ㉡에서 전구의 연결 방법을 각각 쓰시오.

㉠: ( ), ㉡: ( )

05 위 ㉠과 ㉡에서 전구의 밝기를 옳게 비교한 친구의 이름을 쓰시오.

유미: ㉠ 전구의 밝기가 ㉡ 전구의 밝기보다 밝아.

지훈: ㉡ 전구의 밝기가 ㉠ 전구의 밝기보다 밝아.

민주: ㉠, ㉡ 전구의 밝기가 비슷해.

( )

06 앞의 ㉠과 ㉡에서 전구 끼우개에 연결된 전구 중에서 한 개를 빼고 스위치를 모두 닫을 때 나머지 전구의 변화를 알맞게 짝 지은 것은 어느 것입니까? (   )

	㉠	㉡
①	불이 꺼짐.	불이 꺼짐.
②	불이 꺼짐.	불이 꺼지지 않음.
③	불이 꺼지지 않음.	불이 꺼짐.
④	불이 꺼지지 않음.	불이 깜빡거림.
⑤	불이 꺼지지 않음.	불이 꺼지지 않음.

07 다음은 전지, 전선, 전구를 연결한 전기 회로입니다.

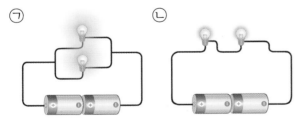

(1) 위 ㉠과 ㉡ 중 전지가 더 빨리 닳는 것을 골라 기호를 쓰시오.

(   )

(2) 위 (1)번 답과 같이 생각한 까닭을 전구의 밝기와 관련지어 쓰시오.

_____

_____

08 ㉠과 ㉡ 중 전기를 올바르게 사용하고 있는 모습을 골라 기호를 쓰시오.

㉠
⤴ 젖은 손으로 전기 기구를 만짐.

㉡
⤴ 사용하지 않는 전기 기구의 전원을 꺼 둠.

(   )

09 전기를 안전하게 사용하는 모습으로 옳은 것은 어느 것입니까? (   )

① 전선으로 장난을 친다.
② 외출할 때에도 전등을 켜 둔다.
③ 젖은 수건을 전기 기구에 올려 둔다.
④ 콘센트 한 개에 여러 개의 플러그를 한꺼번에 꽂아서 사용한다.
⑤ 겨울에 전열 기구를 사용할 경우 타는 물질을 옆에 두지 않는다.

10 전기를 절약하는 방법으로 옳은 것을 보기 에서 모두 골라 기호를 쓰시오.

보기
㉠ 사용하지 않는 전등을 끈다.
㉡ 냉장고 문을 계속 열어둔다.
㉢ 사용하지 않는 컴퓨터의 전원을 켜 둔다.
㉣ 냉방기를 사용할 때 문과 창문을 닫는다.

(   )

11 다음은 전자석을 만드는 방법을 순서 없이 나타낸 것입니다. 순서대로 기호를 쓰시오.

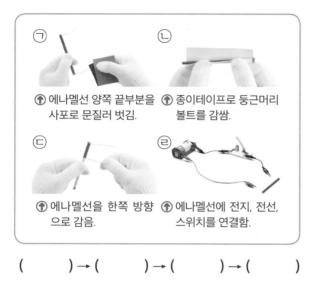

ⓒ 에나멜선 양쪽 끝부분을 사포로 문질러 벗김.

ⓛ 종이테이프로 둥근머리 볼트를 감쌈.

ⓒ 에나멜선을 한쪽 방향으로 감음.

ⓛ 에나멜선에 전지, 전선, 스위치를 연결함.

( ) → ( ) → ( ) → ( )

12 다음은 스위치를 열거나 닫은 후 전자석 끝부분을 클립에 가져다 댔을 때의 모습입니다. ㉠과 ㉡ 중 스위치가 닫혀 있는 것을 골라 기호를 쓰시오.

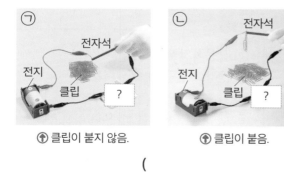

ⓒ 클립이 붙지 않음.

ⓒ 클립이 붙음.

( )

13 ( ) 안에 들어갈 알맞은 말을 쓰시오.

전자석을 연결한 전기 회로의 스위치를 닫으면 전자석에 ( )의 성질이 생긴다.

( )

[14~15] 다음과 같이 전자석에 전지와 스위치를 연결했습니다. 물음에 답하시오.

ⓒ 전지를 한 개 연결할 때

ⓒ 전지를 두 개 연결할 때

14 위 실험에서 스위치를 모두 닫고 전자석 끝부분을 클립에 가져다 댈 때 붙은 클립의 개수를 비교하여 >, =, < 중 ( ) 안에 들어갈 알맞은 기호를 쓰시오.

㉠에 붙은 클립의 개수 ( ) ㉡에 붙은 클립의 개수

15 위 실험 결과를 통해 알 수 있는 점을 한 가지만 쓰시오.

꼭 들어가야 할 말 전지의 개수, 전자석의 세기

_____

_____

➡ 바른답·알찬풀이 45쪽

[16~18] 다음은 전자석의 한쪽 끝에 나침반을 놓고 스위치를 닫은 모습입니다. 물음에 답하시오.

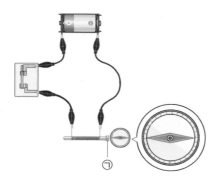

꼭나와 ㅂ

16 위 실험에서 전자석 ㉠ 부분의 극을 쓰시오.

( )극

17 위 실험에서 전지의 두 극만 반대로 연결할 때 나침반의 모습으로 옳은 것은 어느 것입니까?
( )

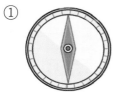

①

②

③

④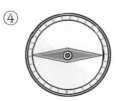

서술형 ㅂ

18 문제 **17**번 답과 같이 생각한 까닭을 전자석의 성질과 관련지어 쓰시오.

꼭 들어가야 할 말   전지의 두 극, 전자석의 극

_____

_____

19 막대자석과 전자석의 성질을 선으로 알맞게 이으시오.

· ㉠ 자석의 세기를 조절할 수 있음.

(1) 막대자석 ·

· ㉡ 자석의 극이 변하지 않음.

(2) 전자석 ·

· ㉢ 항상 자석의 성질이 나타남.

· ㉣ 두 극의 위치를 바꿀 수 있음.

20 생활 속에서 전자석을 이용한 예로 옳은 것을 두 가지 고르시오. (,)

①
⬆ 선풍기

②
⬆ 나침반

③
⬆ 머리말리개

④
⬆ 자석 다트

과학

01 전구에 불이 켜지지 않는 전기 회로는 어느 것입니까? (   )

①

②

③

④

서술형

02 다음 전기 회로의 전구에는 불이 켜지지 않습니다. 전구에 불이 켜지게 하는 방법을 쓰시오.

_____

_____

어려워

03 다음 전기 부품에서 전기가 통하는 부분을 모두 골라 기호를 쓰시오.

↑ 스위치

(   )

[04~05] 다음과 같이 전지, 전선, 전구, 스위치를 연결하여 전기 회로를 만들었습니다. 물음에 답하시오.

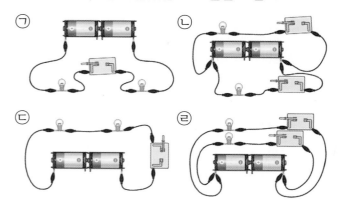

04 위 ㉠~㉢ 중 다음 설명에 해당하는 것을 모두 골라 각각 기호를 쓰시오.

(1) 전구 두 개가 한 줄로 연결되어 있다.

(   )

(2) 전구 두 개가 각각 다른 줄에 나누어 한 개씩 연결되어 있다.   (   )

05 위 ㉠~㉢의 스위치를 모두 닫았을 때 전구의 밝기가 더 밝은 것을 모두 골라 기호를 쓰시오.

(   )

[06~07] 다음은 전지, 전선, 전구, 스위치를 연결한 전기 회로입니다. 물음에 답하시오.

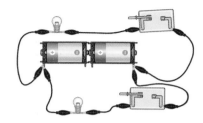

06 위와 같은 전구의 연결 방법을 무엇이라고 하는지 쓰시오.

전구의 (   )

어려워 상

07 위 전기 회로에 대한 설명으로 옳은 것을 두 가지 고르시오. (,   )

① 전구 두 개를 한 줄로 연결했다.
② 전구 두 개를 두 줄에 한 개씩 연결했다.
③ 전구의 밝기는 전구 두 개를 한 줄로 연결했을 때보다 어둡다.
④ 전기 회로의 스위치를 모두 닫았을 때 두 전구의 밝기가 다르다.
⑤ 전구 한 개를 뺀 후 스위치를 모두 닫아도 나머지 전구의 불이 꺼지지 않는다.

08 (   ) 안에 들어갈 알맞은 말을 골라 ○표 하시오.

전구를 병렬연결하면 직렬연결할 때보다 전구의 밝기가 밝으므로 전기 에너지가 더 (적게 , 많이) 소비된다.

09 전기를 사용하는 방법을 옳게 말한 친구의 이름을 쓰시오.

전기를 만들 때 환경에 좋은 물질이 나오므로 많이 사용해도 돼.

감전 사고가 일어날 수 있으므로 전기는 안전하게 사용해야 해.

전기는 화재의 위험이 없으므로 안심하고 사용해도 돼.

유미   지훈   민수

(   )

서술형 상

10 다음과 같이 콘센트에서 코드를 뽑을 때 전기를 안전하게 사용하는 방법을 쓰시오.

_____

_____

11 전기를 올바르게 사용하는 모습은 어느 것입니까? (   )

①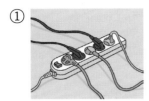

⊙ 한 콘센트에 여러 개의 플러그를 동시에 연결함.

②

⊙ 냉장고 문을 계속 열어 놓고 음식을 꺼내 먹음.

③

⊙ 창문과 문을 모두 닫고 냉방기를 사용함.

④

⊙ 사용하지 않는 전기 기구의 전원을 켜 둠.

12 다음은 스위치를 열거나 닫고 전자석의 끝부분을 클립에 가져다 댔을 때의 결과에 대한 설명입니다. (   ) 안에 들어갈 알맞은 말을 골라 ○표 하시오.

• 스위치를 열고 전자석의 끝부분을 클립에 가져다 대면 전자석에 클립이 ㉠ (붙는다 , 붙지 않는다).

• 스위치를 닫고 전자석의 끝부분을 클립에 가져다 대면 전자석에 클립이 ㉡ (붙는다 , 붙지 않는다).

어려워 ♨

13 전자석을 만드는 과정에 대한 설명으로 옳지 않은 것은 어느 것입니까? (   )

① 종이테이프로 둥근머리 볼트를 감싼다.

② 종이테이프를 감싼 부분에 에나멜선을 100 회 이상 감는다.

③ 둥근머리 볼트에 에나멜선을 감을 때 한쪽 방향으로 촘촘히 감는다.

④ 에나멜선 양쪽 끝부분의 겉면이 벗겨지지 않도록 주의한다.

⑤ 에나멜선 양쪽 끝부분을 전지, 전선, 스위치와 연결한다.

[14~15] 다음은 전자석 끝부분을 클립에 가져다 댔을 때의 모습입니다. 물음에 답하시오.

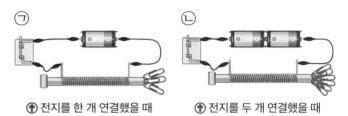

⊙ 전지를 한 개 연결했을 때   ⊙ 전지를 두 개 연결했을 때

14 위 ㉠과 ㉡ 중 전자석의 세기가 더 센 것을 골라 기호를 쓰시오.

(   )

서술형 ♨

15 전자석 끝부분에 붙은 클립의 개수를 늘리는 방법을 문제 **14**번의 답과 관련지어 쓰시오.

_____

_____

➡ 바른답·알찬풀이 45쪽

16 다음은 전자석의 양 끝에 나침반을 놓고 스위치를 닫은 모습입니다. 전자석의 ㉠과 ㉡ 중 N극을 골라 기호를 쓰시오.

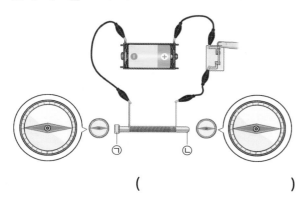

( )

17 전자석의 극을 바꾸는 방법으로 옳은 것은 어느 것입니까? ( )

① 연결한 전지의 개수를 다르게 한다.
② 스위치를 열어 전기 회로를 끊는다.
③ 전지의 두 극을 연결한 방향을 바꾼다.
④ 전자석의 크기를 더 큰 것으로 바꾼다.
⑤ 집게 달린 전선을 더 긴 것으로 바꾼다.

18 막대자석과 전자석에 대한 설명으로 옳지 <u>않은</u> 것은 어느 것입니까? ( )

① 막대자석은 극을 바꿀 수 없다.
② 막대자석은 항상 자석의 성질을 띤다.
③ 전자석은 극을 바꿀 수 있다.
④ 전자석은 전기가 흐를 때에만 자석의 성질을 띤다.
⑤ 전자석은 연결한 전지의 개수가 많을수록 전자석의 세기가 약해진다.

어려워 ☺

19 다음은 일상생활에서 전자석을 이용한 예입니다. ( ) 안에 공통으로 들어갈 말을 쓰시오.

⊕ 스피커　　　　　⊕ 머리말리개

- 스피커는 전자석의 ( )(이)나 극을 바꿀 수 있는 성질을 이용해 떨림을 만들어 소리를 낸다.
- 머리말리개는 전자석의 ( )(이)나 극을 바꿀 수 있는 성질을 이용해 날개를 돌려 바람을 일으킨다.

( )

20 다음 설명에 해당하는 물체는 어느 것입니까?

( )

전자석이 전기가 흐를 때 자석의 성질을 띠는 것을 이용해 철판을 들어 옮길 수 있다.

① 　　②

⊕ 세탁기　　　　　⊕ 선풍기

③ 　　④

⊕ 전자석 기중기　　⊕ 자기 부상 열차

개념 1 하루 동안 태양 고도, 그림자 길이, 기온의 관계

① 태양 고도: 태양이 [ㅈㅍㅁ]과 이루는 각

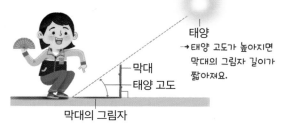

태양
→ 태양 고도가 높아지면 막대의 그림자 길이가 짧아져요.

막대
태양 고도

막대의 그림자

② 태양의 ❷[ㄴㅈㄱㄷ]: 태양이 남중했을 때 태양 고도

③ 하루 동안 태양 고도, 그림자 길이, 기온의 관계: 태양 고도가 높아지면 그림자 길이는 짧아지고, 기온은 높아집니다. 지표면이 데워져 공기의 온도가 높아지는 데 시간이 걸리므로 태양 고도가 가장 높을 때 기온이 가장 높지 않아요.

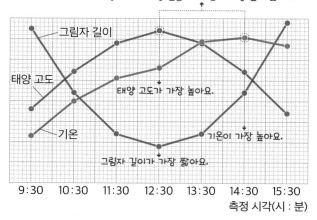

그림자 길이
태양 고도
태양 고도가 가장 높아요.
기온
기온이 가장 높아요.
그림자 길이가 가장 짧아요.

9:30 10:30 11:30 12:30 13:30 14:30 15:30
측정 시각(시 : 분)

개념 2 계절별 태양의 남중 고도, 낮의 길이, 기온의 관계

① 계절별 태양의 남중 고도와 낮의 길이, 기온의 관계

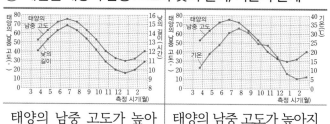

| 태양의 남중 고도가 높아지면 낮의 길이가 길어짐. | 태양의 남중 고도가 높아지면 대체로 기온이 높아짐. |

② 여름: 태양의 남중 고도가 ❸[ㄴㄱ] 낮의 길이가 길며, 기온이 높습니다.

③ 겨울: 태양의 남중 고도가 ❹[ㄴㄱ] 낮의 길이가 짧으며, 기온이 낮습니다.

개념 3 계절에 따라 기온이 변하는 까닭

① 계절에 따라 기온이 변하는 까닭: 태양의 남중 고도가 달라져 같은 면적의 지표면에 도달하는 태양 에너지양이 달라지기 때문입니다.

② 계절별 태양의 남중 고도에 따른 기온 변화

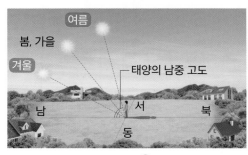

여름
봄, 가을
겨울
태양의 남중 고도
남   서   북
동

• 여름: 태양의 남중 고도가 ❺[ㄴㅇ]. → 같은 면적에 도달하는 태양 에너지양이 많음. → 기온이 높음.

• 겨울: 태양의 남중 고도가 ❻[ㄴㅇ]. → 같은 면적에 도달하는 태양 에너지양이 적음. → 기온이 낮음.

개념 4 계절이 변하는 원인
지구의 자전축이 수직이라면 태양의 남중 고도는 달라지지 않아요.

① 계절이 변하는 까닭: 지구가 ❼[ㅈㅈㅊ]이 기울어진 채 태양 주위를 공전하기 때문입니다.

② 지구가 자전축이 기울어진 채 태양 주위를 공전함.
→ 지구의 위치에 따라 태양의 남중 고도가 달라짐.
→ 같은 면적의 지표면에 도달하는 태양 에너지양이 달라짐. → 계절이 변함.
→ 남반구의 계절은 북반구와 반대로 나타나요.

봄
여름
겨울
가을

※ 이 그림은 태양과 지구의 상대적인 크기와 거리를 고려하지 않은 것입니다.

구분	여름	겨울
지구 자전축이 기울어진 방향	태양을 향함.	태양의 반대 방향을 향함.
태양의 남중 고도	높음.	낮음.
같은 면적의 지표면에 도달하는 태양 에너지양	많음.	적음.

핵심 자료

자료 1 하루 동안 태양 고도의 변화

태양이 남중한 때(정오 무렵)

동　　　　남　　　　서

↑ 하루 동안 태양 고도의 변화: 태양 고도는 아침부터 점점 높아져 태양이 남중하는 정오 무렵에 가장 높고, 태양이 질 때까지 다시 낮아짐.

POINT
태양은 동쪽에서 떠오른 뒤 남쪽을 지나 서쪽으로 집니다.

1-1 태양이 남중했을 때의 태양 고도를 무엇이라고 하는지 쓰시오. (　　　　　　　　　)

1-2 정오 무렵에 일정한 면적의 지표면에 도달하는 태양 에너지양이 가장 많습니다. (　○　, ×　)

1-3 하루 동안 태양이 남중했을 때 기온이 가장 높습니다. (　○　, ×　)

자료 2 태양 고도에 따른 태양 에너지양 비교하기

손전등이 태양 전지판을 비추는 각이 클 때	손전등이 태양 전지판을 비추는 각이 작을 때
소리 발생 장치 — 손전등 — 태양 전지판	소리 발생 장치 — 손전등 — 태양 전지판
소리 발생 장치에서 나는 소리가 큼.	소리 발생 장치에서 나는 소리가 작음.

➡ 손전등이 태양 전지판을 비추는 각이 클 때 태양 전지판에 빛이 많이 도달합니다.

POINT
태양 고도가 높을수록 같은 면적에 도달하는 태양 에너지양이 많아집니다.

2-1 손전등이 태양 전지판을 비추는 각이 (클 , 작을) 때 같은 면적의 태양 전지판에 도달하는 빛의 양이 더 많습니다.

2-2 손전등이 태양 전지판을 비추는 각은 실제 자연에서 (　　　　　　)과/와 비슷합니다.

2-3 태양 고도가 높아지면 일정한 면적의 지표면이 받는 태양 에너지양은 많아집니다.
(　○　, ×　)

자료 3 지구 자전축 기울기에 따른 계절별 태양의 남중 고도 비교하기

자전축이 수직일 때	자전축이 기울어져 있을 때
태양의 남중 고도가 달라지지 않음.	태양의 남중 고도가 달라짐.

➡ 지구가 자전축이 기울어진 채 태양 주위를 공전하기 때문에 계절이 변합니다.

POINT
지구가 자전축이 기울어진 채 태양 주위를 공전하기 때문에 계절이 변합니다.

3-1 지구가 자전축이 (수직인 , 기울어진) 채 태양 주위를 공전하기 때문에 태양의 남중 고도가 변합니다.

3-2 지구가 자전축이 수직인 채 공전한다면 계절이 변하지 않습니다. (　○　, ×　)

3-3 북반구에서는 (여름 , 겨울)에 태양의 남중 고도가 높고, (여름 , 겨울)에 태양의 남중 고도가 낮습니다.

과학

[01~02] 다음과 같은 방법으로 태양 고도를 측정하였습니다. 물음에 답하시오.

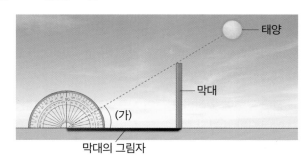

01 위에서 (가)가 나타내는 것과 (가)가 커질 때 막대의 그림자 길이 변화를 알맞게 짝 지은 것은 어느 것입니까? (   )

	(가)가 나타내는 것	막대의 그림자 길이 변화
①	남중 고도	짧아짐.
②	남중 고도	길어짐.
③	태양 고도	짧아짐.
④	태양 고도	길어짐.
⑤	태양 고도	변함없음.

02 위에서 태양 고도 측정기의 막대 길이를 더 긴 것으로 바꾸었을 때 그림자 길이와 태양 고도 변화에 대한 설명으로 옳은 것을 보기 에서 모두 골라 기호를 쓰시오.

> **보기**
> ㉠ 태양 고도는 더 높아진다.
> ㉡ 태양 고도는 변하지 않는다.
> ㉢ 그림자 길이가 더 길어진다.
> ㉣ 그림자 길이는 변하지 않는다.

(   )

03 ㉠, ㉡에 들어갈 알맞은 말을 쓰시오.

> 하루 중 태양이 정확히 남쪽에 위치할 때 태양이 (㉠) 했다고 하며, 이때의 태양의 고도를 태양의 (㉡)(이)라고 한다.

㉠: (   ), ㉡: (   )

[04~05] 다음은 하루 동안 태양 고도와 기온을 측정하여 나타낸 그래프입니다. 물음에 답하시오.

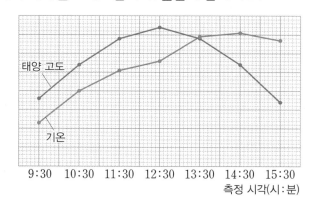

04 위 그래프에서 태양 고도가 가장 높은 시각과 기온이 가장 높은 시각을 각각 쓰시오.

(1) 태양 고도가 가장 높은 시각:
(   )

(2) 기온이 가장 높은 시각:
(   )

서술형

05 문제 4번 답과 같이 태양 고도가 가장 높은 시각과 기온이 가장 높은 시각이 일치하지 <u>않는</u> 까닭을 쓰시오.

> **꼭 들어가야 할 말**   지표면, 공기, 시간

_____

_____

06 하루 동안 측정한 그림자 길이 변화를 나타낸 그래프의 모양으로 옳은 것은 어느 것입니까?

(   )

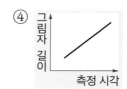

① 그림자 길이 / 측정 시각
② 그림자 길이 / 측정 시각
③ 그림자 길이 / 측정 시각
④ 그림자 길이 / 측정 시각

07 다음은 계절별 태양의 남중 고도와 기온을 나타낸 그래프입니다. 이에 대한 설명으로 옳은 것을 보기에서 모두 골라 기호를 쓰시오.

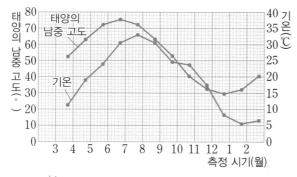

보기

㉠ 태양의 남중 고도는 6 월~7 월에 가장 높다.

㉡ 태양의 남중 고도가 가장 높은 달에 기온이 가장 높다.

㉢ 태양의 남중 고도가 높아지면 대체로 기온이 높아진다.

㉣ 기온은 봄에 가장 높고, 그 이후 점점 낮아진다.

(   )

[08~09] 다음은 여름과 겨울의 태양의 남중 고도를 순서 없이 나타낸 것입니다. 물음에 답하시오.

㉠    ㉡

꼭나와 ♡

08 위 ㉠과 ㉡ 중 태양의 남중 고도가 더 높은 계절을 나타낸 것을 골라 기호를 쓰시오.

(   )

09 위 그림에 대한 설명으로 옳지 <u>않은</u> 것은 어느 것입니까? (   )

① ㉠은 겨울이다.

② 낮의 길이는 ㉡이 더 짧다.

③ 계절에 따라 태양의 남중 고도가 달라진다.

④ 태양의 남중 고도가 높을수록 기온이 높다.

⑤ ㉡은 일정한 면적의 지표면에 도달하는 태양 에너지양이 더 많다.

[10~11] 다음은 계절별 태양의 남중 고도와 낮의 길이를 나타낸 그래프입니다. 물음에 답하시오.

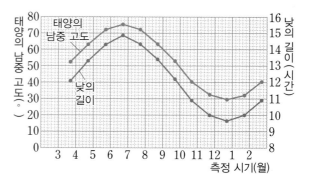

10 위 그래프에서 낮의 길이가 가장 긴 때는 언제입니까? (   )

① 2 월 ~ 3 월   ② 4 월 ~ 5 월

③ 6 월 ~ 7 월   ④ 9 월 ~ 10 월

⑤ 12 월 ~ 1월

11 앞의 그래프에 대한 설명으로 옳은 것을 보기 에서 모두 골라 기호를 쓰시오.

> 보기
>
> ㉠ 태양의 남중 고도와 낮의 길이는 관계가 없다.
> ㉡ 태양의 남중 고도가 높아지면 낮의 길이는 길어진다.
> ㉢ 태양의 남중 고도가 가장 높은 계절에 낮의 길이가 가장 길다.
> ㉣ 태양의 남중 고도가 가장 높은 계절과 낮의 길이가 가장 짧은 계절은 같다.

( )

[12~14] 다음은 태양 고도에 따른 태양 에너지양을 알아보기 위한 실험입니다. 물음에 답하시오.

12 위 실험에서 다르게 해야 할 조건으로 옳은 것은 어느 것입니까? ( )

① 손전등의 종류
② 손전등의 크기
③ 손전등과 태양 전지판이 이루는 각
④ 손전등과 태양 전지판 사이의 거리
⑤ 손전등과 소리 발생 장치 사이의 거리

13 앞의 ㉠~㉢ 중 소리 발생 장치에서 나는 소리가 가장 큰 손전등을 골라 기호를 쓰시오.

( )

서술형

14 앞의 실험에서 손전등이 태양 전지판을 비추는 각에 따라 같은 면적의 태양 전지판에 도달하는 빛의 양이 어떻게 달라지는지 쓰시오.

> 꼭 들어가야 할 말   비추는 각, 클수록, 빛의 양

_____

_____

_____

꼭나와 ㅂ

15 다음은 여름에 기온이 높은 까닭에 대한 친구들의 대화입니다. 옳게 말한 친구의 이름을 쓰시오.

( )

[16~18] 다음과 같이 지구본의 자전축 기울기를 서로 다르게 하여 지구본을 이동시키면서 막대의 그림자와 실이 이루는 각을 측정하였습니다. 물음에 답하시오.

⬆ 지구본의 자전축을 수직으로 두었을 때

⬆ 지구본의 자전축을 기울였을 때

16 위 실험에서 다르게 한 조건을 쓰시오.

(   )

17 위 실험에 대한 설명으로 옳지 <u>않은</u> 것은 어느 것입니까? (   )

① ㉠은 계절의 변화가 나타난다.
② 실제 지구는 ㉡ 상태로 공전한다.
③ ㉠과 ㉡에서 지구본을 시계 반대 방향으로 이동시킨다.
④ ㉠은 지구본의 위치와 관계없이 막대의 그림자와 실이 이루는 각이 모두 같다.
⑤ ㉡은 지구본의 위치에 따라 막대의 그림자와 실이 이루는 각이 달라진다.

서술형 상

18 위 실험을 통해 알 수 있는 계절이 변하는 까닭을 태양의 남중 고도와 관련지어 쓰시오.

꼭 들어가야 할 말   **자전축, 공전, 남중 고도**

_____

_____

_____

[19~20] 다음은 지구가 태양 주위를 공전하는 모습입니다. 물음에 답하시오.

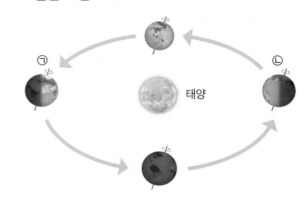

꼭나와 ㅂ

19 위에서 지구가 ㉠과 ㉡ 위치에 있을 때 북반구에 있는 우리나라의 계절을 각각 쓰시오.

㉠: (   ), ㉡: (   )

20 위에서 지구가 ㉡ 위치에 있을 때 우리나라에서 나타나는 현상으로 옳은 것은 어느 것입니까?

(   )

① 기온이 높다.
② 낮의 길이가 짧다.
③ 밤의 길이가 짧다.
④ 태양의 남중 고도가 높다.
⑤ 같은 면적의 지표면에 도달하는 태양 에너지 양이 많다.

과 학

01 태양 고도에 대한 설명으로 옳지 <u>않은</u> 것은 어느 것입니까? (   )

① 태양이 지표면과 이루는 각이다.
② 하루 동안 태양 고도는 계속 달라진다.
③ 점심보다 저녁 때 태양 고도가 더 높다.
④ 태양 고도는 태양이 남중했을 때 가장 높다.
⑤ 태양 고도가 높아지면 그림자 길이는 짧아진다.

02 (   ) 안에 들어갈 알맞은 말을 쓰시오.

> 하루 중 태양이 정확히 남쪽에 위치할 때의 태양 고도를 (   )(이)라고 하며, 이때 태양 고도는 하루 중 가장 높다.

(   )

03 다음은 오전 10 시 30 분경에 태양 고도를 측정한 모습입니다. 두 시간이 지난 뒤 태양 고도와 막대 그림자의 길이 변화를 알맞게 짝 지은 것은 어느 것입니까? (   )

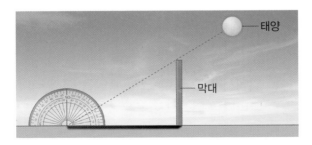

	태양 고도	막대 그림자 길이
①	낮아짐.	짧아짐.
②	낮아짐.	길어짐.
③	높아짐.	짧아짐.
④	높아짐.	길어짐.
⑤	변화 없음.	짧아짐.

[04~05] 다음은 하루 동안 태양 고도, 그림자 길이, 기온을 측정하여 나타낸 그래프입니다. 물음에 답하시오.

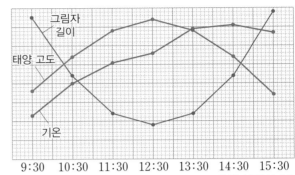

측정 시각(시:분)

04 위 그래프에 대한 설명으로 옳지 <u>않은</u> 것은 어느 것입니까? (   )

① 기온은 14 시 30 분경에 가장 높다.
② 태양 고도는 12 시 30 분경에 가장 높다.
③ 그림자 길이는 12 시 30 분경에 가장 길다.
④ 태양 고도가 높아지면 기온은 대체로 높아진다.
⑤ 태양 고도가 높아지면 그림자의 길이는 짧아진다.

05 위 그래프에서 14 시 30 분 이후에 태양 고도, 그림자 길이, 기온은 어떻게 변하였는지 각각 쓰시오.

꼭 들어가야 할 말   태양 고도, 그림자 길이, 기온

_____

_____

06 태양이 남중했을 때에 대한 설명으로 옳은 것은 어느 것입니까? (   )

① 태양 고도가 하루 중 가장 낮다.
② 태양이 정확히 남쪽에 위치한다.
③ 태양이 남중했을 때 그림자는 남쪽을 향한다.
④ 태양이 남중했을 때 그림자 길이는 하루 중 가장 길다.
⑤ 태양이 남중했을 때 지표면에 도달하는 태양 에너지양은 가장 적다.

[07~08] 다음은 손전등을 태양 전지판으로부터 같은 거리에 두고 각을 다르게 하여 빛을 비추었을 때 소리 발생 장치에서 나는 소리의 크기 변화를 확인하는 모습입니다. 물음에 답하시오.

손전등

태양 전지판

07 위 실험에 대한 설명으로 옳은 것을 에서 모두 골라 기호를 쓰시오.

보기

⊙ 태양 전지판을 비추는 각이 작을수록 빛이 닿는 면적이 좁아진다.
ⓛ 태양 전지판을 비추는 각이 클수록 태양 고도가 높은 것을 나타낸다.
ⓒ 태양 전지판을 수직으로 비출 때 소리 발생 장치에서 나는 소리가 가장 작다.
ⓔ 태양 전지판을 비추는 각이 클수록 같은 면적의 태양 전지판에 도달하는 빛의 양이 많다.

(   )

08 앞 실험에서 손전등이 태양 전지판을 비추는 각은 실제로 무엇과 비슷한지 쓰시오.

(   )

09 봄에서 여름으로 계절이 변할 때 태양의 남중 고도와 낮의 길이 변화를 알맞게 짝 지은 것은 어느 것입니까? (   )

	남중 고도	낮의 길이
①	높아짐.	짧아짐.
②	높아짐.	길어짐.
③	낮아짐.	짧아짐.
④	낮아짐.	길어짐.
⑤	변화 없음.	길어짐.

어려워 🐰

10 다음은 계절별 태양의 위치 변화를 나타낸 것입니다. 이에 대한 설명으로 옳은 것은 어느 것입니까? (   )

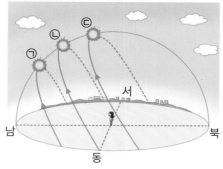

① ⊙은 여름이다.
② ⓛ의 기온이 가장 낮다.
③ ⓒ은 낮의 길이가 가장 길다.
④ ⊙의 태양 고도가 가장 높다.
⑤ ⓛ은 ⓒ보다 기온이 높은 계절이다.

[11~13] 다음은 계절별 태양의 남중 고도와 낮의 길이를 나타낸 그래프입니다. 물음에 답하시오.

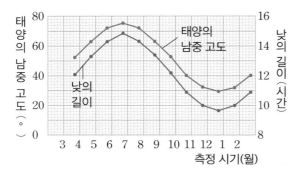

11 위에서 태양의 남중 고도가 가장 높은 계절과 가장 낮은 계절을 각각 쓰시오.

(1) 가장 높은 계절: (   )

(2) 가장 낮은 계절: (   )

12 위 그래프에서 계절별 태양의 남중 고도에 대한 설명으로 옳은 것은 어느 것입니까? (   )

① 여름에 태양의 남중 고도가 가장 높다.
② 봄과 여름의 태양의 남중 고도는 비슷하다.
③ 겨울에는 가을보다 태양의 남중 고도가 높다.
④ 여름에는 태양의 남중 고도가 봄과 가을의 중간 정도이다.
⑤ 겨울에는 태양의 남중 고도가 봄과 가을의 중간 정도이다.

서술형 🅱

13 위 그래프를 보고 9월 15일인 오늘과 비교하여 3개월 뒤에 태양의 남중 고도와 낮의 길이는 어떻게 달라질지 쓰시오.

_____

_____

14 다음은 손전등으로 바닥을 비추는 모습입니다. ㉠과 ㉡ 중 같은 면적의 바닥에 도달하는 빛의 양이 더 많은 것을 골라 기호를 쓰시오.

(   )

어려워 ㅎ

15 다음은 계절별 태양의 남중 고도 변화를 나타낸 것입니다. ㉠에 해당하는 계절에 대한 설명으로 옳지 <u>않은</u> 것은 어느 것입니까? (   )

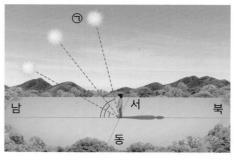

① 여름이다.
② 기온이 높다.
③ 낮의 길이가 짧다.
④ 태양의 남중 고도가 높다.
⑤ 같은 면적의 지표면에 도달하는 태양 에너지 양이 많다.

[16~18] 다음과 같이 지구본의 자전축을 기울인 채 지구본을 이동시키면서 막대의 그림자와 실이 이루는 각으로 태양의 남중 고도를 측정하였습니다. 물음에 답하시오.

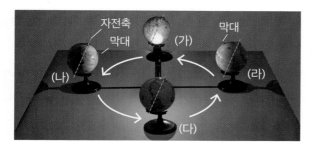

16 다음은 (가)~(라) 위치에서 태양의 남중 고도를 측정한 결과입니다. ⊙과 ⊙에 들어갈 태양의 남중 고도를 알맞게 짝 지은 것은 어느 것입니까? ( )

지구본의 위치	(가)	(나)	(다)	(라)
태양의 남중 고도(°)	52	⊙	52	⊙

	⊙	⊙			⊙	⊙
①	29	76		②	52	29
③	52	52		④	76	29
⑤	76	52				

서술형 ⬆

17 지구본이 (라) 위치에 있을 때 우리나라의 계절을 쓰고, 그렇게 생각한 까닭을 쓰시오.

(1) 우리나라의 계절: ( )

(2) (1)번과 같이 생각한 까닭:

_____

_____

18 앞의 실험 결과를 통해 알 수 있는 계절이 변하는 까닭으로 옳은 것은 어느 것입니까? ( )

① 지구가 자전을 하기 때문이다.
② 태양의 크기가 크기 때문이다.
③ 지구 자전축의 기울기가 변하기 때문이다.
④ 지구가 태양 주위를 공전하지 않기 때문이다.
⑤ 지구가 자전축이 기울어진 채 태양 주위를 공전하기 때문이다.

19 지구가 자전축이 기울어진 채 태양 주위를 공전하기 때문에 나타나는 현상으로 옳은 것은 어느 것입니까? ( )

① 기온이 일정하다.
② 낮과 밤이 생긴다.
③ 계절이 변하지 않는다.
④ 그림자 길이가 일정하다.
⑤ 태양의 남중 고도가 달라진다.

어려워 😓

20 다음은 지구가 태양 주위를 공전할 때의 모습입니다. 우리나라에서 태양의 남중 고도가 가장 높을 때의 지구의 위치를 골라 기호를 쓰시오.

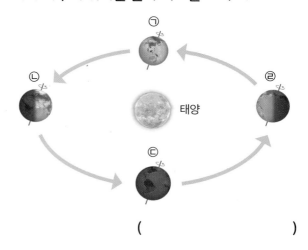

( )

개념 1 물질이 탈 때 나타나는 현상

① 물질이 탈 때에는 공통적으로 **ㅂ** 과 열이 발생합니다.

② 초와 알코올이 타는 모습

초가 타는 모습	알코올이 타는 모습
• 불꽃의 주변이 밝아짐. • 불꽃 모양이 위아래로 길쭉함. • 손을 가까이 하면 손이 따뜻해짐.	
• 불꽃의 색깔은 노란색, 붉은색임. • 불꽃의 끝부분에서 흰 연기가 생김.	• 불꽃의 아랫부분이 푸른색, 윗부분은 붉은색임.

개념 2 물질이 탈 때 필요한 조건

① 탈 물질: 크기가 다른 초에 불을 붙이면 크기가 작은 초가 먼저 꺼집니다. → 크기가 작은 초가 모두 타서 탈 물질이 없어졌기 때문입니다.

② **ㅅㅅ** : 크기가 같은 초에 불을 붙이고 하나는 산소를 공급하지 않으면, 탈 물질이 남아 있더라도 더 이상 타지 않고 촛불이 꺼집니다.

③ **ㅂㅎㅈ** 이상의 온도

• 발화점: 물질이 불에 직접 닿지 않아도 타기 시작하는 온도 ┈➤발화점은 물질마다 달라요.

• 성냥의 머리 부분을 잘라 철판의 가운데에 놓고 알코올램프로 철판의 가운데를 가열하면 성냥의 머리 부분이 탑니다.

개념 3 연소

① **ㅇㅅ** : 물질이 산소와 빠르게 반응하면서 빛과 열을 내는 현상

② 연소의 세 가지 조건: 연소가 일어나려면 탈 물질과 산소가 있어야 하고, 발화점 이상의 온도가 되어야 합니다.

개념 4 물질이 연소한 후 생성되는 물질

① 초가 연소한 후 생성되는 물질: 물과 이산화 탄소가 생성됩니다.

구분	**ㅁ** 의 생성 확인	이산화 탄소의 생성 확인
실험 방법		집기병 / 뿌옇게 흐려진 석회수
결과	푸른색 염화 코발트 종이가 붉게 변함.	석회수가 뿌옇게 흐려짐.

② 물질이 연소한 후 생성되는 물질: 연소 전의 물질과 다른 새로운 물질이 생성됩니다.

개념 5 소화

① 촛불을 끄는 방법

촛불을 끄는 방법	촛불이 꺼지는 까닭
촛불을 입으로 불기	탈 물질이 날아가기 때문임.
촛불을 집기병으로 덮기	산소가 공급되지 않기 때문임.
촛불에 분무기로 물 뿌리기	발화점 미만으로 온도가 낮아지기 때문임.

② **ㅅㅎ** : 연소의 조건 중에서 한 가지 이상의 조건을 없애 불을 끄는 것 ┈➤연소의 세 가지 조건 중 하나라도 없다면 연소가 일어나지 않아요.

개념 6 화재 안전 대책 ┈➤화재가 났을 때 대처하는 방법은 화재 상황에 따라 달라요.

① 불을 발견하면 '불이야!' 라고 큰 소리로 외치고, 비상벨을 눌러 주변에 알립니다.

② 젖은 수건으로 코와 입을 가리고 낮은 자세로 이동합니다. ┈➤유독 가스를 마시지 않기 위함이에요.

③ 이동할 때에는 승강기 대신 계단을 이용합니다.

④ 아래층으로 피할 수 없을 때에는 높은 곳으로 올라가 구조를 요청합니다.

⑤ 문손잡이가 뜨거워 보이거나 문틈으로 연기가 새어 들어올 때에는 문을 열지 않습니다.

자료 ① 불을 직접 붙이지 않고 물질 태워 보기

철판을 가열하여 성냥의 머리 부분 태워 보기	같은 크기의 성냥의 머리 부분과 나무 부분 태워 보기
성냥의 머리 부분	성냥의 머리 부분 · 성냥의 나무 부분
불을 직접 붙이지 않아도 성냥의 머리 부분이 탐.	성냥의 머리 부분이 나무 부분보다 먼저 탐.

POINT
물질이 불에 직접 닿지 않아도 발화점 이상의 온도가 되면 연소합니다.

1-1 물질에 불을 직접 붙일 때만 물질이 연소합니다.
(◯ , ×)

1-2 어떤 물질이 불에 직접 닿지 않아도 스스로 타기 시작하는 온도를 무엇이라고 하는지 쓰시오.
( )

1-3 발화점 (이상 , 이하)의 온도가 되어야 물질이 연소할 수 있습니다.

자료 ② 초가 연소한 후 생성되는 물질

푸른색 염화 코발트 종이가 붉은색으로 변함. → 물 생성 확인	석회수가 뿌옇게 흐려짐. → 이산화 탄소 생성 확인

POINT
물질이 연소하면 연소 전의 물질과 다른 새로운 물질이 생성됩니다.

2-1 푸른색 염화 코발트 종이는 ( )에 닿으면 붉은색으로 변합니다.

2-2 초가 연소한 후 생성되는 물질을 두 가지 쓰시오.
( )

2-3 물질이 연소하면 연소 전의 물질과 (같은 , 다른) 물질이 생성됩니다.

자료 ③ 분말 소화기 사용 방법

❶ ⬆ 소화기를 불이 난 곳으로 옮기기

❷ ⬆ 소화기 손잡이 부분의 안전핀 뽑기

❸ ⬆ 바람을 등지고 서서 고무관이 불 쪽으로 향하게 하기

❹ ⬆ 소화기의 손잡이를 움켜쥐고 소화 물질 뿌리기

POINT
화재 규모가 작다면 소화기를 이용하여 직접 불을 끌 수 있습니다.

3-1 화재의 초기 단계에서 불을 끌 수 있는 도구를 무엇이라고 하는지 쓰시오.
( )

3-2 화재 규모가 큰 불도 소화기로 끌 수 있습니다.
(◯ , ×)

3-3 소화기는 바람을 (마주 보고 , 등지고) 서서 고무관이 불 쪽으로 향하게 하여 잡습니다.

3-4 화재 피해를 줄이기 위해 소화기를 준비하고 사용 방법을 알아둡니다. (◯ , ×)

꼭나와 ☺

01 초와 알코올이 탈 때 나타나는 현상에 대한 설명으로 옳지 <u>않은</u> 것은 어느 것입니까? (   )

① 알코올이 탈 때 불꽃의 주변이 밝아진다.
② 초가 탈 때 시간이 지나면 촛농이 생긴다.
③ 초가 탈 때 불꽃의 색깔은 노란색, 붉은색이다.
④ 알코올이 탈 때 불꽃 끝부분에서 흰 연기가 생긴다.
⑤ 초와 알코올이 탈 때 공통적으로 빛과 열이 발생한다.

02 우리 주변에서 물질이 탈 때 빛과 열이 나는 현상을 이용한 예가 <u>아닌</u> 것은 어느 것입니까?

(   )

①
⊕ 모닥불

②
⊕ 가스레인지

③
⊕ 아궁이

④
⊕ 네온사인

서술형 상

03 다음과 같이 크기가 다른 두 초에 동시에 불을 붙이고 촛불의 변화를 관찰하였습니다.

㉠
⊕ 크기가 큰 초

㉡
⊕ 크기가 작은 초

(1) 위 ㉠과 ㉡ 중 촛불이 먼저 꺼지는 것을 골라 기호를 쓰시오.

(   )

(2) 위 (1)번과 같이 답한 까닭을 연소의 조건 중 한 가지와 관련지어 쓰시오.

_____

_____

04 문제 **3**번의 실험 결과 알 수 있는 내용으로 옳은 것은 어느 것입니까? (   )

① 초가 타는 데 산소가 필요하다.
② 초가 타는 데 촛농이 필요하다.
③ 초가 타는 데 탈 물질이 필요하다.
④ 초가 타는 데 촛불의 온도가 중요하다.
⑤ 초가 타는 데 촛불의 심지 길이가 중요하다.

[05~07] 다음과 같이 크기가 같은 두 초 중 ⓒ에만 초 옆에 물, 이산화 망가니즈, 묽은 과산화 수소수를 넣은 비커를 놓은 뒤 동시에 불을 붙이고 아크릴 통으로 각각 덮었습니다. 물음에 답하시오.

ⓐ 아크릴 통
물, 이산화 망가니즈, 묽은 과산화 수소수

05 위 ⓐ과 ⓒ 중 촛불이 먼저 꺼지는 것을 골라 기호를 쓰시오.

(   )

06 위 실험에 대한 설명으로 옳지 <u>않은</u> 것은 어느 것입니까? (   )

① ⓐ은 산소 공급이 차단되었다.
② 아크릴 통 속 처음 산소의 양은 같다.
③ ⓐ에서 초가 모두 타면 촛불이 꺼진다.
④ 실험에서 다르게 한 조건은 산소의 공급 여부이다.
⑤ ⓒ에서는 물과 이산화 망가니즈와 묽은 과산화 수소수가 반응하여 산소가 발생한다.

07 위 실험 결과 알 수 있는 내용입니다. (   ) 안에 공통으로 들어갈 말을 쓰시오.

> 초에 불을 붙이고 아크릴 통으로 덮으면 (   )이/가 공급되는 초는 계속 타지만, (   )이/가 공급되지 않는 초는 탈 물질이 남아 있더라도 촛불이 꺼진다.

(   )

[08~09] 오른쪽과 같이 성냥의 머리 부분을 잘라 철판의 가운데에 놓고 알코올램프로 철판의 가운데를 가열했더니 성냥의 머리 부분이 탔습니다. 물음에 답하시오.

08 위 실험 결과 알 수 있는 내용으로 옳은 것은 어느 것입니까? (   )

① 물질의 연소는 온도와 관련이 없다.
② 물질이 타는 온도는 물질마다 다르다.
③ 물질에 불을 직접 붙일 때만 연소한다.
④ 물질에 불을 직접 붙이지 않아도 연소한다.
⑤ 물질이 연소하려면 탈 물질이 있어야 한다.

꼭나와 ⓑ
09 위 실험으로 알 수 있는 연소의 조건으로 옳은 것은 어느 것입니까? (   )

① 산소   ② 탈 물질
③ 이산화 탄소   ④ 발화점 이상의 온도
⑤ 발화점 미만의 온도

10 연소와 연소의 조건에 대한 설명으로 옳지 <u>않은</u> 것은 어느 것입니까? (   )

① 연소가 일어나면 빛과 열이 발생한다.
② 연소가 일어나려면 탈 물질이 필요하다.
③ 연소는 물질이 산소와 빠르게 반응할 때 일어난다.
④ 연소가 일어나려면 물질이 불에 직접 닿아야만 한다.
⑤ 탈 물질이 남아 있어도 산소가 공급되지 않으면 연소가 일어나지 않는다.

11 다음과 같이 성냥의 머리 부분과 나무 부분을 같은 크기로 잘라 철판의 가운데로부터 같은 거리에 놓고 철판의 가운데를 가열하였습니다.

성냥의 머리 부분   성냥의 나무 부분

(1) 위에서 성냥의 머리 부분과 나무 부분 중 먼저 불이 붙는 것을 골라 쓰시오.

(   )

(2) 위 (1)번과 같이 답한 까닭을 쓰시오.

_____

_____

[12~13] 오른쪽과 같이 초에 불을 붙이고 안쪽 벽면에 푸른색 염화 코발트 종이를 붙인 아크릴 통으로 덮은 뒤, 촛불이 꺼진 후 색깔 변화를 관찰하였습니다. 물음에 답하시오.

아크릴 통

푸른색 염화 코발트 종이

12 위 실험에서 푸른색 염화 코발트 종이의 변화로 옳은 것은 어느 것입니까? (   )

① 길이가 짧아진다.
② 뿌옇게 흐려진다.
③ 붉은색으로 변한다.
④ 초록색으로 변한다.
⑤ 아무 변화가 없다.

13 앞의 실험 결과 알 수 있는 내용입니다. (   ) 안에 들어갈 알맞은 말을 쓰시오.

> 푸른색 염화 코발트 종이의 색깔 변화를 통해 초가 연소한 후 (   )이/가 생성된다는 것을 알 수 있다.

(   )

[14~15] 초가 연소할 때 생성되는 물질을 알아보기 위해 다음과 같은 실험을 하였습니다. 물음에 답하시오.

집기병

유리판

석회수

⊕ 초에 불을 붙여 집기병으로 덮기

⊕ 촛불이 꺼진 뒤 집기병의 입구를 막기

⊕ 집기병에 석회수를 부어 살짝 흔들기

14 위 실험 결과 집기병에서 나타나는 변화로 옳은 것은 어느 것입니까? (   )

① 석회수가 줄어든다.
② 석회수가 끓어오른다.
③ 석회수가 고체로 변한다.
④ 석회수가 뿌옇게 흐려진다.
⑤ 석회수가 푸른색으로 변한다.

15 위 실험으로 확인할 수 있는 초가 연소한 후 생성된 물질이 무엇인지 쓰시오.

(   )

[16~17] 다음은 촛불을 끄는 여러 가지 방법입니다. 물음에 답하시오.

⊙

↑ 촛불을 입으로 불기

ⓒ
집기병

↑ 촛불을 집기병으로 덮기

ⓒ
분무기

↑ 촛불에 분무기로 물 뿌리기

ⓔ
핀셋

↑ 타고 있는 초의 심지를 핀셋으로 집기

꼭나와 ⊌

16 위 ⊙~ⓔ 중 탈 물질을 없애 촛불을 끄는 경우를 두 가지 골라 기호를 쓰시오.

( )

17 위 ⊙~ⓔ 중 불이 난 곳에 모래를 뿌려 불을 끄는 것과 같은 방법으로 촛불을 끄는 것을 골라 기호를 쓰시오.

( )

18 다음은 불을 끄는 방법에 대한 친구들의 대화입니다. 잘못 말한 친구의 이름을 쓰시오.

기름에서 발생한 화재는 모래를 덮으면 불을 끌 수 있어.
유미

맞아. 그런데 물을 뿌리면 불을 더 쉽게 끌 수 있어.
지훈

나무에서 발생한 화재도 물을 뿌려서 꺼.
민주

( )

19 다음 분말 소화기 사용 방법을 순서에 맞게 나열한 것은 어느 것입니까? ( )

> ⊙ 소화기를 불이 난 곳으로 옮긴다.
> ⓒ 소화기 손잡이 부분의 안전핀을 뽑는다.
> ⓒ 바람을 등지고 서서 고무관이 불 쪽으로 향하게 한다.
> ⓔ 소화기의 손잡이를 힘껏 움켜쥐고 빗자루로 쓸 듯이 소화 물질을 뿌린다.

① ⊙ → ⓒ → ⓒ → ⓔ
② ⊙ → ⓒ → ⓒ → ⓔ
③ ⓒ → ⊙ → ⓒ → ⓔ
④ ⓒ → ⓒ → ⓔ → ⊙
⑤ ⓒ → ⊙ → ⓔ → ⓒ

서술형 ⊌

20 다음을 보고 화재 발생시 대처 방법을 두 가지 쓰시오.

꼭 들어가야 할 말   젖은 수건, 계단

_____
_____
_____

[01~02] 다음과 같이 초와 알코올 램프에 불을 붙여 타는 모습을 관찰하였습니다. 물음에 답하시오.

(가)

↑ 초가 타는 모습

(나)

↑ 알코올이 타는 모습

01 위 (가)와 (나) 중 다음과 같은 현상을 관찰할 수 있는 것을 골라 기호를 쓰시오.

- 불꽃 모양이 위아래로 길쭉하다.
- 불꽃의 색깔은 노란색, 붉은색이다.
- 불꽃 끝부분에서 흰 연기가 생긴다.

( )

02 위 실험에 대한 설명으로 옳은 것을 보기 에서 모두 골라 기호를 쓰시오.

보기

㉠ 초가 탈 때 불꽃은 흔들리지 않는다.
㉡ 초가 탈 때 시간이 지나면 촛농이 생긴다.
㉢ 알코올이 탈 때 불꽃이 바람에 흔들린다.
㉣ 알코올이 탈 때 시간이 지나면 알코올의 양이 늘어난다.

( )

03 물질이 탈 때 공통적으로 나타나는 현상으로 옳지 않은 것은 어느 것입니까? ( )

① 물질이 빛과 열을 낸다.
② 불꽃의 주변이 밝아진다.
③ 불꽃의 주변이 따뜻해진다.
④ 타고 있는 물질의 양은 변한다.
⑤ 불꽃의 색깔이 붉은색으로 일정하다.

[04~05] 다음과 같이 크기가 같은 두 초 중 한쪽 아크릴 통에만 초 옆에 물, 이산화 망가니즈, 묽은 과산화 수소수를 넣은 비커를 놓은 뒤 동시에 불을 붙이고 아크릴 통으로 각각 덮었습니다. 물음에 답하시오.

아크릴 통

물, 이산화 망가니즈, 묽은 과산화 수소수

04 위 ㉡ 비커에서 발생하는 기체는 무엇입니까?

( )

① 네온　　② 질소　　③ 산소
④ 헬륨　　⑤ 이산화 탄소

어려워 ᐁ
05 위 ㉠과 ㉡ 중 초가 더 오래 타는 것과 그 까닭을 알맞게 짝 지은 것은 어느 것입니까? ( )

① ㉠, 탈 물질이 많기 때문에
② ㉡, 탈 물질이 많기 때문에
③ ㉠, 산소의 양이 많기 때문에
④ ㉡, 산소의 양이 많기 때문에
⑤ ㉡, 비커에서 이산화 탄소가 발생하기 때문에

[06~07] 다음 ㉠은 성냥의 머리 부분, ㉡은 같은 크기의 성냥의 머리 부분과 나무 부분에 불을 직접 붙이지 않고 태우는 모습입니다. 물음에 답하시오.

㉠ 성냥의 머리 부분

㉡ 성냥의 머리 부분   성냥의 나무 부분

서술형 ·

06 위 ㉠에서 성냥의 머리 부분에 불을 직접 붙이지 않아도 머리 부분이 타는 까닭을 발화점과 관련지어 쓰시오.

_____

_____

어려워 ·

07 위 ㉡의 실험 결과에 대한 설명으로 옳은 것은 어느 것입니까? (   )

① 성냥의 머리 부분에 먼저 불이 붙는다.

② 성냥의 나무 부분에 먼저 불이 붙는다.

③ 시간이 지나도 성냥에 불이 붙지 않는다.

④ 성냥의 머리 부분과 나무 부분의 발화점은 같다.

⑤ 성냥의 머리 부분과 나무 부분이 동시에 불이 붙는다.

08 (   ) 안에 공통으로 들어갈 말을 쓰시오.

- 물질이 불에 직접 닿지 않아도 타기 시작하는 온도를 (   )(이)라고 한다.
- 물질이 (   ) 이상의 온도가 되면 탄다.

(   )

09 다음은 연소에 대한 설명입니다. 옳은 것에 ○표, 옳지 않은 것에 ×표 하시오.

(1) 물질에 불을 직접 붙일 때에만 연소할 수 있다.

(   )

(2) 물질이 산소와 빠르게 반응하여 빛과 열을 내는 현상을 연소라고 한다.   (   )

(3) 연소가 일어나려면 탈 물질과 이산화 탄소가 필요하고, 발화점 이상의 온도가 되어야 한다.

(   )

10 초가 연소한 후 생성된 물질에 대한 친구들의 대화입니다. 잘못 말한 친구의 이름을 쓰시오.

붉은색 염화 코발트 종이의 색깔 변화로 물이 생성된 것을 알 수 있어.

초가 연소하면 이산화 탄소도 생성돼.

초가 연소하면 새로운 물질이 생기는 구나!

유미   지훈   민주

(   )

11 다음과 같이 나무를 모아 모닥불을 피울 때 부채질을 하면 불이 잘 붙는 까닭을 연소의 조건 중 한 가지와 관련지어 쓰시오.

_____

_____

[12~14] 다음 ㉠은 초에 불을 붙여 안쪽 벽면에 푸른색 염화 코발트 종이를 붙인 아크릴 통으로 덮은 모습이고, ㉡은 초가 연소한 후 생성된 기체를 집기병에 모아 석회수를 넣고 흔드는 모습입니다. 물음에 답하시오.

12 위 실험은 무엇을 알아보기 위한 것입니까?
(   )

① 초의 종류
② 초를 끄는 방법
③ 초가 연소하는 시간
④ 초를 끄는 데 걸리는 시간
⑤ 초가 연소한 후 생성되는 물질

13 앞의 ㉠과 ㉡에서 푸른색 염화 코발트 종이와 석회수의 변화를 알맞게 짝 지은 것은 어느 것입니까? (   )

	㉠	㉡
①	변화 없음.	뿌옇게 흐려짐.
②	변화 없음.	변화 없음.
③	붉은색으로 변함.	뿌옇게 흐려짐.
④	붉은색으로 변함.	변화 없음.
⑤	초록색으로 변함.	뿌옇게 흐려짐.

14 앞의 ㉠과 ㉡에서 확인할 수 있는 초가 연소한 후 생성되는 물질을 알맞게 짝 지은 것은 어느 것입니까? (   )

	㉠	㉡
①	물	산소
②	물	이산화 탄소
③	산소	물
④	산소	이산화 탄소
⑤	이산화 탄소	물

15 (   ) 안에 들어갈 알맞은 말은 어느 것입니까?
(   )

탈 물질, 산소, 발화점 이상의 온도 중 한 가지 이상의 조건을 없애 불을 끄는 것을 (   )(이)라고 한다.

① 화재   ② 발화   ③ 연소
④ 소화   ⑤ 산불

16 다음과 같이 불이 켜진 가스레인지의 연료 조절 밸브를 잠그면 불이 꺼지는 까닭을 쓰시오.

_____

_____

18 불을 끄는 방법이 나머지와 다른 하나는 어느 것 입니까? (　　　)

① 촛불을 집기병으로 덮는다.
② 불이 난 곳에 모래를 뿌린다.
③ 불이 난 곳에 담요를 덮는다.
④ 장작불에 물을 뿌려서 불을 끈다.
⑤ 불이 붙어 있는 알코올램프의 뚜껑을 덮는다.

19 화재 피해를 줄이기 위한 노력으로 옳지 <u>않은</u> 것은 어느 것입니까? (　　　)

① 소화기를 준비해 둔다.
② 자동 물뿌리개를 설치한다.
③ 소방 기구의 위치를 알아 둔다.
④ 불에 잘 타지 않는 벽지를 사용한다.
⑤ 평소에 사용하지 않는 비상구 공간에 물건을 보관한다.

17 발화점 미만으로 온도를 낮춰 불을 끄는 방법으로 옳은 것은 어느 것입니까? (　　　)

⊕ 핀셋으로 심지 집기

⊕ 알코올램프 뚜껑 덮기

⊕ 소방 헬기로 산불 끄기

⊕ 촛불을 집기병으로 덮기

20 화재 발생 시 대처 방법으로 옳은 것을 에서 모두 골라 기호를 쓰시오.

> **보기**
> ㉠ 이동할 때 계단 대신 승강기를 이용한다.
> ㉡ 화재가 발생하면 대피하지 말고 119에 신고한다.
> ㉢ 문틈으로 연기가 새어 들어오면 문을 열지 않는다.
> ㉣ 아래층으로 피할 수 없을 때에는 높은 곳으로 올라가 구조를 요청한다.

(　　　　　　)

개념 1 뼈와 근육

① 뼈: 우리 몸의 형태를 만들고 몸을 [ㅈㅈ]하며, 심장, 폐, 뇌 등을 보호합니다.

② 근육
• 뼈를 둘러싸고 있습니다.
• 길이가 줄어들거나 늘어나면서 ❷[뼈]를 움직여 우리 몸이 움직이게 합니다. 뼈는 스스로 움직일 수 없어요. ←

개념 2 소화 기관

① 소화: 음식물을 몸에 흡수될 수 있는 형태로 잘게 쪼개는 과정

② 소화 기관: 입, 식도, 위, 작은창자, 큰창자, 항문은 음식물이 지나며 소화에 직접 관여하는 기관입니다.

③ 소화 기관의 생김새와 하는 일

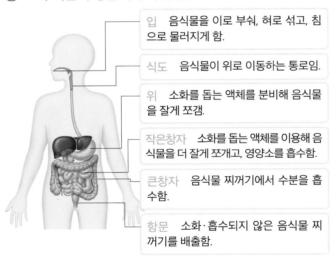

입   음식물을 이로 부숴, 혀로 섞고, 침으로 물러지게 함.

식도   음식물이 위로 이동하는 통로임.

위   소화를 돕는 액체를 분비해 음식물을 잘게 쪼갬.

작은창자   소화를 돕는 액체를 이용해 음식물을 더 잘게 쪼개고, 영양소를 흡수함.

큰창자   음식물 찌꺼기에서 수분을 흡수함.

항문   소화·흡수되지 않은 음식물 찌꺼기를 배출함.

④ 음식물이 소화되며 이동하는 과정

입 → 식도 → 위 → 작은창자 → 큰창자 → 항문

개념 3 순환 기관

→ 영양소와 산소를 운반해요.

① 순환: 혈액이 온몸을 도는 것 → 긴 관 모양이에요.

② 순환 기관: 심장과 혈관이 있습니다.

심장	❸[ㅍㅍ] 작용으로 혈액을 온몸으로 순환시킴.
혈관	온몸에 퍼져 있으며, 혈액이 이동하는 통로임.

③ 혈액의 순환 과정: 심장에서 나온 혈액은 혈관을 따라 온몸을 거쳐 다시 심장으로 돌아옵니다.

개념 4 호흡 기관

① 호흡: 숨을 들이마시고 내쉬는 활동

② 호흡 기관: 코, 기관, 기관지, 폐가 있습니다.

③ 호흡 기관의 생김새와 하는 일

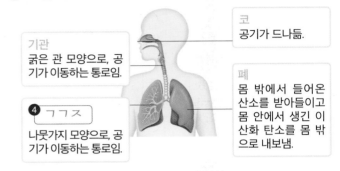

기관   굵은 관 모양으로, 공기가 이동하는 통로임.

코   공기가 드나듦.

폐   몸 밖에서 들어온 산소를 받아들이고 몸 안에서 생긴 이산화 탄소를 몸 밖으로 내보냄.

❹[ㄱㄱㅈ]   나뭇가지 모양으로, 공기가 이동하는 통로임.

④ 공기가 이동하는 과정

숨을 들이마실 때	코 → 기관 → 기관지 → 폐
숨을 내쉴 때	폐 → 기관지 → 기관 → 코

개념 5 배설 기관

① 배설: 혈액에 있는 ❺[ㄴㅍㅁ]을 몸 밖으로 내보내는 과정

② 배설 기관: 콩팥, 오줌관, 방광 등이 있습니다.

개념 6 감각 기관

① 감각 기관: ❻[ㅈㄱ]을 받아들이는 기관으로, 눈, 귀, 코, 혀, 피부가 있습니다.

② 자극이 전달되는 과정 → 온몸을 싸고 있어요.

감각 기관	자극을 전달하는 신경계	행동을 결정하는 신경계
굴러오는 공을 봄.	공이 굴러온다는 자극을 전달함.	공을 잡겠다고 결정함.

명령을 전달하는 신경계	운동 기관
공을 잡으라는 명령을 전달함.	굴러오는 공을 잡음.

핵심 자료

자료 ① 주입기 실험으로 혈액의 순환 알아보기

펌프를 빠르게 누를 때	붉은 색소 물의 이동 빠르기가 빨라지고, 이동량이 많아짐.
펌프를 느리게 누를 때	붉은 색소 물의 이동 빠르기가 느려지고, 이동량이 적어짐.

↩ 주입기의 펌프는 우리 몸의 심장, 주입기의 관은 혈관, 붉은 색소 물은 혈액을 나타냄.

POINT
주입기 실험에서 펌프를 누르고 떼는 동작을 반복하면 붉은 색소 물이 관을 따라 이동합니다.

1-1 주입기의 펌프를 빠르게 누르면 붉은 색소 물이 이동하는 빠르기가 (빨라 , 느려)지고, 붉은 색소 물의 이동량이 (많아 , 적어)집니다.

1-2 주입기의 펌프는 우리 몸의 (   ) 을/를 나타내고, 붉은 색소 물은 우리 몸의 (   )을/를 나타냅니다.

자료 ② 배설 기관의 생김새와 하는 일 알아보기

콩팥
혈액에 있는 노폐물을 걸러 내어 오줌을 만듦.

오줌관
노폐물이 들어 있는 오줌을 방광으로 운반함.

방광
오줌을 모아 두었다가 몸 밖으로 내보냄.

POINT
배설은 생명 활동을 할 때 생긴 혈액 속 노폐물을 몸 밖으로 내보내는 것입니다.

2-1 콩팥은 혈액에 있는 (노폐물 , 영양분)을 걸러 냅니다.

2-2 오줌을 모아 두었다가 몸 밖으로 내보내는 역할을 하는 배설 기관을 쓰시오.

(   )

자료 ③ 자극이 전달되는 과정 알아보기

<무릎 위로 올라온 고양이를 쓰다듬는 상황>

감각 기관	무릎 위로 올라온 고양이를 봄.
자극을 전달하는 신경계	무릎 위로 고양이가 올라왔다는 자극을 전달함.
행동을 결정하는 신경계	손으로 고양이를 쓰다듬겠다고 결정함.
명령을 전달하는 신경계	손으로 고양이를 쓰다듬으라는 명령을 운동 기관으로 전달함.
운동 기관	손으로 고양이를 쓰다듬음.

POINT
자극을 받아들이는 감각 기관은 상황마다 다릅니다.

3-1 고양이가 '야옹'하고 우는 소리를 들었을 때 자극을 받아들인 감각 기관은 (귀 , 눈 , 코) 입니다.

3-2 (   )이/가 받아들인 자극은 자극을 전달하는 신경계가 행동을 결정하는 신경계로 전달합니다.

3-3 손으로 고양이를 쓰다듬겠다고 결정한 후 고양이를 쓰다듬는 것은 (명령 , 자극)을 전달하는 신경계가 (감각 기관 , 운동 기관) 으로 명령을 전달했기 때문입니다.

01 뼈와 근육에 대한 설명으로 옳은 것을 두 가지 고르시오. (,   )

① 뼈의 생김새는 모두 같다.
② 뼈는 몸의 형태를 만든다.
③ 근육의 길이는 변하지 않는다.
④ 뼈는 상황에 따라 스스로 움직인다.
⑤ 뼈와 근육은 몸을 움직일 수 있게 한다.

[02~03] 다음은 뼈와 근육 모형입니다. 물음에 답하시오.

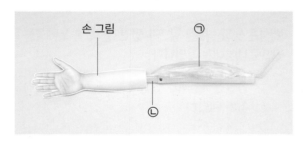

꼭나와 ⓑ

02 위 ㉠과 ㉡ 중 근육을 나타내는 것을 골라 기호를 쓰시오.

(   )

서술형 ⓑ

03 위의 뼈와 근육 모형에 바람을 불어 넣었을 때의 변화를 쓰시오.

꼭 들어가야 할 말   비닐봉지의 길이, 손 그림

_____

_____

[04~06] 다음은 우리 몸의 소화 기관을 나타낸 것입니다. 물음에 답하시오.

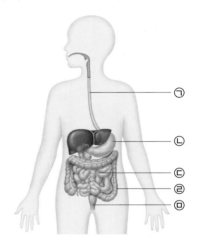

04 위 ㉠~㉤의 이름을 알맞게 짝 지은 것을 두 가지 고르시오. (,   )

① ㉠ - 식도   ② ㉡ - 간
③ ㉢ - 큰창자   ④ ㉣ - 작은창자
⑤ ㉤ - 항문

05 위의 소화 기관에 대한 친구들의 대화입니다. 옳게 말한 친구를 모두 골라 이름을 쓰시오.

유미   지훈   민수

(   )

06 앞의 ㉠~㉢ 중 다음 설명에 해당하는 기관의 기호와 이름을 쓰시오.

> • 주머니 모양이다.
> • 소화를 돕는 액체를 분비하여 음식물을 잘게 쪼갠다.

(,   )

07 음식물이 소화되며 이동하는 과정을 순서대로 나열한 것은 어느 것입니까? (   )

① 입 → 위 → 큰창자 → 작은창자 → 항문
② 입 → 위 → 식도 → 작은창자 → 큰창자 → 항문
③ 입 → 식도 → 작은창자 → 위 → 큰창자 → 항문
④ 입 → 식도 → 위 → 작은창자 → 큰창자 → 항문
⑤ 입 → 식도 → 위 → 큰창자 → 작은창자 → 항문

꼭나와 ♡

08 다음은 우리 몸에서 일어나는 혈액의 순환에 대한 설명입니다. (   ) 안에 공통으로 들어갈 기관의 이름을 쓰시오.

> (   )은/는 쉬지 않고 펌프 작용을 해 혈액을 내보낸다. (   )에서 나온 혈액은 혈관을 따라 온몸을 거쳐 다시 (   )(으)로 돌아온다.

(   )

서술형 ♡

09 다음은 주입기를 이용하여 붉은 색소 물을 한쪽 관으로 빨아들이고 다른 쪽 관으로 내보내는 모습입니다.

(1) 위 실험에서 우리 몸의 심장을 나타내는 부분을 다음에서 골라 쓰시오.

> 붉은 색소 물, 주입기의 관, 주입기의 펌프

(   )

(2) 위 실험에서 주입기의 펌프를 빠르게 누를 때 붉은 색소 물의 이동 빠르기와 이동량의 변화를 쓰시오.

_____

_____

10 호흡 기관에 대한 설명으로 옳은 것은 어느 것입니까? (   )

① 코, 기관, 식도, 기관지, 폐 등이 있다.
② 코를 통해 숨을 들이마시고 내쉴 수 있다.
③ 기관은 얇은 관 모양이며, 공기가 이동하는 통로이다.
④ 기관지는 몸 밖에 있으며, 공기가 들어오는 통로이다.
⑤ 폐는 몸 밖에서 들어온 산소를 오줌관까지 운반하는 통로이다.

서술형
11 다음은 우리 몸의 호흡 기관을 나타낸 것입니다.

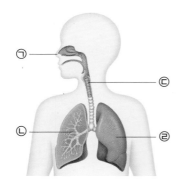

(1) 위에서 ② 기관의 이름을 쓰시오.

( )

(2) 위 (1)번 답의 기관이 하는 일을 쓰시오.

_____

_____

12 다음은 숨을 들이마실 때 코를 통해 들어온 공기를 폐 구석구석으로 전달하기 위한 기관지의 생김새를 설명한 것입니다. ( ) 안에 들어갈 알맞은 말을 쓰시오.

> 기관지는 기관 끝에서 여러 갈래로 갈라져 폐와 연결되어 있으며, ( )처럼 생겼다.

( )

[13~15] 다음은 우리 몸의 배설 기관을 나타낸 것입니다. 물음에 답하시오.

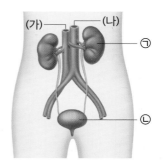

꼭나와 ☺
13 위 ㉠에 대한 설명으로 옳은 것은 어느 것입니까?

( )

① 방광이다.
② 가슴 쪽에 두 쌍이 있다.
③ 오줌이 이동하는 통로이다.
④ 혈액에 있는 노폐물을 걸러 낸다.
⑤ 음식물 찌꺼기에서 수분을 흡수한다.

14 위 ㉢이 하는 일에 대한 설명으로 옳은 것은 어느 것입니까? ( )

① 오줌을 만든다.
② 소화를 돕는 액체를 분비한다.
③ 몸에 필요한 영양소를 흡수한다.
④ 오줌을 모아 두었다가 몸 밖으로 내보낸다.
⑤ 펌프 작용으로 혈액을 온몸으로 순환시킨다.

15 위 (가)는 콩팥에서 나오는 혈액이고, (나)는 콩팥으로 들어가는 혈액입니다. (가)와 (나)에 포함된 노폐물의 양을 비교하여 >, =, < 중 ( ) 안에 들어갈 알맞은 기호를 쓰시오.

(가)에 포함된 노폐물의 양	( )	(나)에 포함된 노폐물의 양

16 다음 상황에서 사용되지 않는 감각 기관은 어느 것입니까? ( )

'야옹'하고 우는 고양이를 무릎에 앉혀 쓰다듬었더니 고양이에게서 좋은 냄새가 났고, 고양이 털이 부드럽다고 느꼈다.

① 눈　　　② 혀　　　③ 귀
④ 코　　　⑤ 피부

[17~19] 다음은 사용하지 않는 화장실에 불이 켜져 있는 상황에서 자극이 전달되는 과정을 나타낸 것입니다. 물음에 답하시오.

감각 기관	㉠ 사용하지 않는 화장실에 불이 켜져 있는 것을 봄.
(㉡)을 전달하는 신경계	화장실의 불이 켜져 있다는 자극을 전달함.
행동을 결정하는 신경계	㉢
명령을 전달하는 신경계	화장실의 불을 끄라는 명령을 전달함.
운동 기관	손으로 화장실의 불을 끔.

17 위 ㉠에서 자극을 받아들인 감각 기관으로 옳은 것은 어느 것입니까? ( )

① 귀　　　② 코　　　③ 눈
④ 혀　　　⑤ 피부

18 앞의 ㉡에 들어갈 알맞은 말을 쓰시오.

( )

19 앞의 ㉢에 들어갈 내용에 대한 친구들의 대화입니다. 옳게 말한 친구의 이름을 쓰시오.

화장실을 사용하겠다고 결정할 거야.

화장실의 불을 끄겠다고 결정할 거야.

화장실의 불을 끄지 않고 지나가겠다고 결정할 거야.

유미　　　지훈　　　민주

( )

20 운동할 때 우리 몸을 움직이기 위해 다음과 같은 일을 하는 기관으로 옳은 것은 어느 것입니까? ( )

몸에 필요한 산소를 받아들이고, 이산화 탄소를 몸 밖으로 내보낸다.

① 소화 기관　　　② 순환 기관
③ 호흡 기관　　　④ 배설 기관
⑤ 감각 기관

01 뼈와 근육에 대한 설명으로 옳지 <u>않은</u> 것은 어느 것입니까? (   )

① 근육은 뼈에 연결되어 있다.
② 뼈는 스스로 움직일 수 있다.
③ 뼈는 우리 몸의 형태를 만든다.
④ 우리 몸은 뼈와 근육에 의해 움직인다.
⑤ 우리 몸에는 다양한 생김새의 뼈가 있다.

02 다음은 뼈와 근육 모형에 바람을 불어 넣고 있는 모습입니다. 뼈와 근육 모형에서 우리 몸의 뼈와 같은 역할을 하는 것은 무엇인지 쓰시오.

손 그림
비닐봉지
납작한 빨대

(   )

어려워 😰
03 다음은 음식물이 소화되며 이동하는 과정입니다. ㉠, ㉡에 들어갈 알맞은 말을 쓰시오.

> 우리가 입으로 먹은 음식물은 식도와 위를 거쳐 (㉠   ), (㉡   ) 순서로 이동하면서 소화되어 영양소와 수분은 몸속으로 흡수되고, 남은 찌꺼기는 항문을 통해 배출된다.

㉠: (   )
㉡: (   )

서술형 😊
04 다음은 우리 몸의 소화 기관을 나타낸 것입니다. ㉠ 기관의 이름과 소화 과정에서 하는 일을 쓰시오.

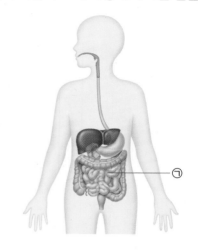

㉠

_____

_____

05 소화 기관에 대한 설명으로 옳지 <u>않은</u> 것은 어느 것입니까? (   )

① 작은창자는 영양소를 흡수한다.
② 큰창자는 음식물 찌꺼기에서 수분을 흡수한다.
③ 입은 음식물을 이로 잘게 부수고 혀로 섞는다.
④ 항문은 소화·흡수되지 않은 음식물 찌꺼기를 배출한다.
⑤ 식도는 소화를 돕는 액체를 분비하여 음식물을 잘게 쪼갠다.

[06~07] 다음은 주입기를 이용하여 붉은 색소 물을 한쪽 관으로 빨아들이고 다른 쪽 관으로 내보내는 모습입니다. 물음에 답하시오.

펌프

관

붉은 색소 물

06 위 실험에서 주입기의 펌프, 관, 붉은 색소 물이 나타내는 우리 몸의 부분을 알맞게 짝 지은 것은 어느 것입니까? (   )

① 관 – 혈액
② 관 – 심장
③ 펌프 – 혈관
④ 펌프 – 폐
⑤ 붉은 색소 물 – 혈액

07 위 실험에서 주입기의 펌프를 느리게 누를 때 붉은 색소 물의 이동 모습으로 옳은 것을 보기에서 모두 골라 기호를 쓰시오.

보기
㉠ 붉은 색소 물의 이동량이 적어진다.
㉡ 붉은 색소 물의 이동량이 많아진다.
㉢ 붉은 색소 물이 이동하는 빠르기가 느려진다.
㉣ 붉은 색소 물이 이동하는 빠르기가 빨라진다.

(   )

08 다음 설명에 해당하는 우리 몸속 기관의 이름을 쓰시오.

• 긴 관 모양으로, 온몸에 퍼져 있다.
• 혈액이 이동하는 통로 역할을 한다.

(   )

09 다음 설명에 해당하는 기관으로 옳은 것은 어느 것입니까? (   )

• 크기가 주먹만 하다.
• 순환 기관에 해당한다.
• 펌프 작용으로 혈액을 온몸으로 순환시킨다.

① 위
② 방광
③ 심장
④ 콩팥
⑤ 기관지

[10~11] 다음은 우리 몸의 호흡 기관을 나타낸 것입니다. 물음에 답하시오.

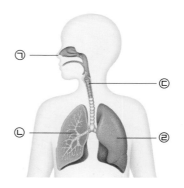

10 위 ㉠~㉣ 중 다음 설명에 해당하는 기관을 골라 기호와 이름을 쓰시오.

여러 갈래로 갈라져 나뭇가지처럼 생겼고, 공기가 이동하는 통로이다.

(   )

과학

어려워

11 앞의 호흡 기관에 대한 설명으로 옳지 <u>않은</u> 것은 어느 것입니까? (   )

① ㉠을 통해 공기가 들어오고 나간다.
② ㉡은 ㉢과 연결되어 있다.
③ ㉢은 굵은 관 모양이다.
④ ㉣은 주먹만 한 크기로, 허리 부분에 위치한다.
⑤ ㉣은 몸 밖에서 들어온 산소를 받아들이고, 이산화 탄소를 몸 밖으로 내보낸다.

12 숨을 들이마실 때 공기가 이동하는 과정을 나타낸 것입니다. ㉠, ㉡에 들어갈 알맞은 말을 쓰시오.

> 코 → (㉠) → 기관지 → (㉡)

㉠: (   ), ㉡: (   )

13 배설에 대한 설명으로 옳은 것은 어느 것입니까?
(   )

① 음식물 찌꺼기에서 수분을 흡수한다.
② 배설 기관에는 콩팥, 혈관, 방광 등이 있다.
③ 소화를 돕는 액체를 분비해 음식물을 잘게 쪼갠다.
④ 몸 안에 생긴 이산화 탄소를 몸 밖으로 내보낸다.
⑤ 혈액에 있는 노폐물을 걸러 내어 몸 밖으로 내보낸다.

서술형

14 다음은 우리 몸의 배설 기관을 나타낸 것입니다. ㉠~㉢ 중 방광의 기호를 쓰고, 배설 과정에서 방광이 하는 일을 쓰시오.

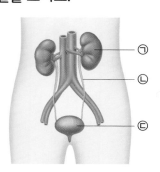

_____

_____

15 다음은 콩팥이 제대로 기능을 하지 못할 때 우리 몸에 어떤 일이 생길지에 대한 친구들의 대화입니다. 옳게 말한 친구의 이름을 쓰시오.

유미: 몸에 노폐물이 쌓여 질병에 걸릴 거야.
지훈: 몸에 산소를 공급하지 못하게 될 거야.
민주: 음식물이 잘 소화되지 않아 영양소를 흡수하지 못하게 될 거야.

(   )

16 우리 몸의 감각 기관을 사용한 경험에 대한 설명으로 옳지 <u>않은</u> 것은 어느 것입니까? (   )

① 귀로 노래를 들었다.
② 눈으로 창밖을 보았다.
③ 코로 빵 냄새를 맡았다.
④ 피부로 귤의 색깔을 느꼈다.
⑤ 혀로 사탕의 달콤한 맛을 느꼈다.

어려워 🐥

17 우리 몸의 기관에 대한 설명으로 옳은 것을 두 가지 고르시오. (,   )

① 감각 기관은 감각을 받아들이는 기관이다.
② 호흡 기관은 숨을 들이마시는 활동에만 관여한다.
③ 순환 기관은 혈액이 온몸을 도는 과정에 관여한다.
④ 배설 기관은 소화·흡수되지 않은 음식물 찌꺼기를 몸 밖으로 내보내는 과정에 관여한다.
⑤ 소화 기관은 음식물을 몸에 흡수될 수 있는 형태로 잘게 쪼개는 과정에 관여한다.

18 운동할 때 우리 몸을 움직이기 위해 다음과 같은 일을 하는 기관으로 옳은 것은 어느 것입니까?
(   )

> 영양소와 산소를 온몸으로 운반하고, 이산화 탄소와 노폐물을 각각 호흡 기관과 배설 기관으로 운반한다.

① 소화 기관   ② 순환 기관
③ 뼈와 근육   ④ 운동 기관
⑤ 감각 기관

19 책상에서 떨어지는 연필을 보고 손으로 잡는 상황으로 자극의 전달 과정 역할놀이를 할 때, 다음과 같은 역할을 하는 것은 어느 것입니까?
(   )

> 손으로 연필을 잡으라는 명령을 내린다.

① 감각 기관
② 운동 기관
③ 자극을 전달하는 신경계
④ 행동을 결정하는 신경계
⑤ 명령을 전달하는 신경계

서술형 🐥

20 다음은 굴러오는 공을 볼 때 자극이 전달되는 과정을 나타낸 것입니다. ㉠에 들어갈 알맞은 내용을 쓰시오.

감각 기관	굴러오는 공을 봄.
↓ 자극을 전달하는 신경계	공이 굴러온다는 자극을 전달함.
↓ 행동을 결정하는 신경계	공을 잡을지 찰지 결정함.
↓ 명령을 전달하는 신경계	㉠
↓ 운동 기관	굴러오는 공을 잡음.

_____

_____

과학

개념 ① 에너지를 얻는 방법과 에너지의 필요성

① 에너지를 얻는 방법

식물	햇빛을 이용해 스스로 만든 ❶ [ㅇㅂ]에서 에너지를 얻음.
동물	다른 생물을 먹어 얻은 양분에서 에너지를 얻음.
기계	기름이나 전기 등에서 에너지를 얻음.

② 에너지가 필요한 까닭: 생물이 살아가거나 기계를 움직이는 데에는 에너지가 필요하기 때문입니다.

개념 ② 우리 주변의 에너지 형태와 특징

에너지 형태	특징
열에너지	물체의 ❷ [ㅇㄷ]를 높임.
빛에너지	주변을 밝게 비춤.
전기 에너지	전기 기구를 작동하게 함.
화학 에너지	생물이 생명 활동을 하는 데 필요함.
위치 에너지	높은 곳에 있는 물체가 가진 에너지
운동 에너지	움직이는 물체가 가진 에너지

개념 ③ 에너지 전환

① 에너지 전환 : 에너지 형태가 바뀌는 것
② 놀이공원에서 에너지 전환 과정

위로 올라가는 롤러코스터	운동 에너지 → 위치 에너지
움직이는 회전 목마	전기 에너지 → 운동 에너지
광합성을 하는 나무	빛에너지 → 화학 에너지
불이 켜진 전구	전기 에너지 → 빛에너지
높은 곳에서 아래로 흐르는 물	위치 에너지 → ❸ [ㅇㄷ] 에너지

③ 우리 주변에서 에너지 전환 과정

달리는 사람	화학 에너지 → 운동 에너지
전기난로	전기 에너지 → 빛에너지, 열에너지
모닥불	화학 에너지 → 빛에너지, 열에너지

개념 ④ 태양으로부터 온 에너지의 전환 과정

① 우리 주변의 에너지는 대부분 ❹ [ㅌㅇ]으로부터 온 에너지가 전환된 것입니다.
② 태양으로부터 온 에너지의 전환 과정
- 식물이 태양의 빛에너지를 이용하여 광합성을 하여 만든 양분은 ❺ [ㅎㅎ] 에너지를 가집니다.
- 태양의 열에너지로 물이 증발해 구름이 만들어지고, 구름에서 비가 내려 댐에 물이 차면 물이 위치 에너지를 가집니다. _{댐의 물이 아래로 흐르면서 발전기를 돌리면 물의 ← 위치 에너지가 발전기의 전기 에너지로 전환돼요.}

개념 ⑤ 에너지의 효율적 이용

① 에너지를 효율적으로 사용해야 하는 까닭: 에너지를 얻는 데 필요한 석유, 석탄 등의 자원은 그 양이 한정되어 있기 때문입니다.
② 에너지를 효율적으로 이용하는 예

전기 기구	• 에너지 소비 효율 등급이 1 등급에 가까운 제품을 사용함. →전기 에너지가 빛에너지로 전환되는 양이 형광등보다 더 많아요. • 형광등 대신 발광 다이오드등을 사용함.
건축물	이중창을 설치해 적정한 실내 온도를 오랫동안 유지함. →건축물 안의 열에너지가 빠져나가는 것을 줄일 수 있어요.
생물	• 식물의 ❻ [ㄱㅇㄴ]은 이듬해에 돋아날 잎이나 꽃이 열에너지를 뺏기지 않도록 보호함. • 곰, 개구리, 다람쥐와 같은 동물은 겨울잠을 자면서 최소한의 에너지만 사용함.

　⬆ 발광 다이오드 [LED]등　　　⬆ 이중창　　　⬆ 식물의 겨울눈

➡ 바른답·알찬풀이 52쪽

자료 ① 우리 주변의 에너지 형태

⬆ 열에너지
- 끓는 물

⬆ 빛에너지
- 불이 켜진 가로등

⬆ 전기 에너지
- 선풍기

⬆ 화학 에너지 - 음식

⬆ 위치 에너지
- 높은 곳에 있는 물

⬆ 운동 에너지
- 움직이는 공

POINT
우리가 이용하는 에너지 형태는 열에너지, 빛에너지, 전기 에너지, 화학 에너지, 위치 에너지, 운동 에너지 등이 있습니다.

1-1 끓는 물은 (열 , 전기) 에너지를 가지고 있고, 높은 곳에 있는 물은 (운동 , 위치) 에너지를 가지고 있습니다.

1-2 음식이나 광합성을 하는 식물 등이 가지는 에너지로, 생물이 생명 활동을 하는 데 필요한 에너지를 무엇이라고 하는지 쓰시오.
(   )

자료 ② 놀이공원에서 에너지 전환 과정

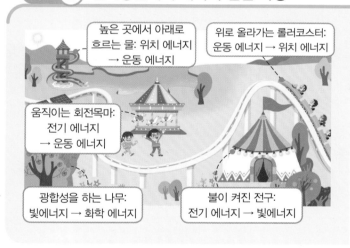

높은 곳에서 아래로 흐르는 물: 위치 에너지 → 운동 에너지

위로 올라가는 롤러코스터: 운동 에너지 → 위치 에너지

움직이는 회전목마: 전기 에너지 → 운동 에너지

광합성을 하는 나무: 빛에너지 → 화학 에너지

불이 켜진 전구: 전기 에너지 → 빛에너지

POINT
에너지를 필요한 형태로 전환하면 일상생활에 편리하게 이용할 수 있습니다.

2-1 롤러코스터에서 아래로 내려온 열차가 다시 위로 올라갈 때 운동 에너지가 위치 에너지로 전환됩니다. (○ , ×   )

2-2 광합성을 하는 나무는 (빛 , 전기) 에너지를 (운동 , 화학) 에너지로 전환합니다.

2-3 에너지는 한 형태에서 다른 형태로 바뀔 수 없습니다. (○ , ×   )

자료 ③ 태양광 로봇의 에너지 전환 과정

태양   태양 전지

전동기

태양의 빛에너지
⬇ 태양 전지
전기 에너지
⬇ 전동기
태양광 로봇의 운동 에너지

POINT
태양의 빛에너지를 이용해 태양광 로봇이 움직이게 할 수 있습니다.

3-1 태양광 로봇은 태양의 (빛 , 열)에너지를 이용해 움직입니다.

3-2 태양광 로봇이 움직일 때 전동기에서 전기 에너지가 (운동 , 위치) 에너지로 전환됩니다.

01 에너지를 얻는 방법을 옳게 말한 친구의 이름을 쓰시오.

> 식물은 다른 생물을 먹어 얻은 양분에서 에너지를 얻어.
>
> 자동차는 기름이나 전기 등에서 에너지를 얻어.
>
> 동물은 햇빛을 이용해 스스로 만든 양분에서 에너지를 얻어.

유미   지훈   민주

(   )

02 귤나무가 에너지를 얻는 방법에 대한 설명으로 옳은 것은 어느 것입니까? (   )

① 전기에서 에너지를 얻는다.
② 물만 있으면 에너지를 얻을 수 있다.
③ 에너지를 얻지 않아도 살아갈 수 있다.
④ 곤충을 먹어 얻은 양분에서 에너지를 얻는다.
⑤ 햇빛을 이용해 스스로 만든 양분에서 에너지를 얻는다.

꼭나와 ᵕ

03 에너지의 형태에 대한 설명으로 옳지 <u>않은</u> 것은 어느 것입니까? (   )

① 빛에너지는 주위를 밝게 비추는 에너지이다.
② 열에너지는 물체의 온도를 높이는 에너지이다.
③ 운동 에너지는 움직이는 물체가 가진 에너지이다.
④ 위치 에너지는 높은 곳에 있는 물체가 가진 에너지이다.
⑤ 전기 에너지는 동물을 움직일 수 있게 해 주는 에너지이다.

04 다음 모습과 이때 갖고 있는 에너지 형태를 선으로 알맞게 이으시오.

(1)
↑ 음식

(2)
↑ 불이 켜진 가로등

(3)
↑ 움직이는 공

ㄱ 빛 에너지

ㄴ 화학 에너지

ㄷ 운동 에너지

서술형 ᵕ

05 다음은 일상생활에서 에너지를 이용하는 모습입니다.

(1) 돌고 있는 풍력 발전기의 날개(㉠)와 미끄럼틀 위에 앉아 있는 학생(㉡)이 가지고 있는 에너지 형태를 각각 쓰시오.

㉠: (   ), ㉡: (   )

(2) 계단으로 미끄럼틀을 올라가고 있는 학생이 가지고 있는 에너지 형태 두 가지를 쓰시오.

_____

_____

06 다음은 운동장에서 축구를 하고 있는 모습입니다. 축구를 하는 동안 에너지 형태의 변화에 대한 설명으로 옳은 것을 보기에서 모두 골라 기호를 쓰시오.

보기

㉠ 운동장을 달릴 때 운동 에너지가 화학 에너지로 바뀐다.

㉡ 축구공을 발로 찰 때 화학 에너지가 운동 에너지로 바뀐다.

㉢ 발로 찬 축구공이 공중에 높이 떠 있을 때 열에너지가 위치 에너지로 바뀐다.

㉣ 공중에 떠 있던 축구공이 바닥에 떨어져서 굴러갈 때 위치 에너지가 운동 에너지로 바뀐다.

( )

07 다음은 전기난로의 플러그를 콘센트에 꽂고 전원을 켰을 때 에너지 형태가 바뀌는 과정입니다. ㉠, ㉡에 들어갈 알맞은 말을 쓰시오.

⊕ 전기난로

• 전기난로를 켜면 주변이 따뜻해지므로 전기 에너지가 (㉠)(으)로 바뀌었다.

• 전기난로를 켜면 주변이 밝아지므로 전기 에너지가 (㉡)(으)로 바뀌었다.

㉠: ( ), ㉡: ( )

[08~10] 다음은 놀이공원의 모습입니다. 물음에 답하시오.

08 위 (가)~(라) 중 다음과 같은 에너지 전환이 일어나는 것을 골라 기호를 쓰시오.

빛에너지 → 전기 에너지

( )

09 위의 롤러코스터에서 열차가 움직일 때 일어나는 에너지 전환 과정에 대한 설명으로 옳은 것을 보기에서 모두 골라 기호를 쓰시오.

 보기

㉠ 열차가 움직이는 동안 에너지 전환은 한 번만 일어난다.

㉡ 처음 열차를 위로 끌어올릴 때 전기 에너지가 운동 에너지로만 바뀐다.

㉢ 열차가 높은 곳에서 낮은 곳으로 내려갈 때 위치 에너지가 운동 에너지로 바뀐다.

㉣ 열차가 다시 아래에서 위로 올라갈 때 운동 에너지가 위치 에너지로 바뀐다.

( )

꼭나와 ♥

10 위의 움직이는 회전목마와 에너지 전환 과정이 같은 것은 어느 것입니까? ( )

① 달리는 아이
② 돌아가는 선풍기
③ 반짝이는 전광판
④ 광합성을 하는 나무
⑤ 밥을 먹고 자전거를 타는 아이

꼭나와 ᄡ

11 다음과 같이 에너지 형태가 바뀐 예로 옳은 것을 ㉠, ㉡에서 골라 기호를 쓰시오.

화학 에너지 → 빛에너지, 열에너지

㉠

↑ 전기다리미

㉡

↑ 모닥불

( )

서술형 ᄡ

12 다음 반딧불이와 가로등이 빛을 내기 위한 에너지 전환 과정의 차이점을 쓰시오.

↑ 반딧불이

↑ 가로등

꼭 들어가야 할 말 화학 에너지, 전기 에너지, 빛에너지

_____

_____

_____

[13~14] 오른쪽은 태양 전지와 전동기를 연결하여 만든 태양광 로봇입니다. 물음에 답하시오.

태양 전지
전동기

13 위 태양광 로봇에 대한 설명으로 옳은 것에 ○표, 옳지 <u>않은</u> 것에 ×표 하시오.

(1) 태양이 태양 전지를 비추면 태양광 로봇이 움직인다. ( )

(2) 추운 곳에서는 태양이 태양 전지를 비추어도 태양광 로봇이 움직이지 않는다. ( )

14 위 태양광 로봇이 움직일 때 일어나는 에너지 전환 과정을 나타낸 것입니다. ㉠, ㉡에 들어갈 알맞은 말을 쓰시오.

| 태양의 빛에너지 | → 태양 전지 → | (㉠) | → 전동기 → | 태양광 로봇의 (㉡) |

㉠: ( ), ㉡: ( )

15 태양으로부터 온 에너지가 전환되는 과정에 대한 설명으로 옳은 것을 두 가지 고르시오.

(,)

① 태양의 열에너지에 의해 물이 증발해 구름이 만들어진다.

② 식물이 태양의 빛에너지로 광합성을 하여 만든 양분은 전기 에너지로 전환된다.

③ 구름에서 비가 내려 댐에 물이 차면 물이 운동 에너지를 갖는다.

④ 댐의 물이 아래로 흐르면서 발전기를 돌리면 물의 위치 에너지가 발전기의 전기 에너지로 전환된다.

⑤ 집안에서 세탁기를 사용할 때 발전기의 운동 에너지가 화학 에너지로 전환된다.

16 (   ) 안에 들어갈 알맞은 말을 쓰시오.

> 생물이 살아가는 데 필요한 에너지나 우리가 생활에서 이용하는 에너지는 대부분 (   )(으)로부터 온 에너지가 전환된 것이다.

(   )

꼭나와 ⓤ

17 다음은 에너지를 효율적으로 이용하는 예입니다. (   ) 안에 들어갈 알맞은 말을 골라 ○표 하시오.

> 건축물에 ㉠(단창 / 이중창)을 설치하면 겨울에 건축물 안의 열에너지가 빠져나가는 양이 ㉡(줄어들어 / 늘어나) 난방에 사용하는 에너지를 줄일 수 있다.

18 오른쪽 식물의 겨울눈은 에너지를 효율적으로 이용하는 예입니다. (   ) 안에 들어갈 알맞은 말은 어느 것입니까? (   )

겨울눈

> 식물의 겨울눈은 이듬해에 돋아날 잎이나 꽃이 (   )를 뺏기지 않도록 보호한다.

① 열에너지   ② 빛에너지
③ 위치 에너지   ④ 화학 에너지
⑤ 운동 에너지

19 다음과 같은 표시들을 만든 까닭으로 옳은 것은 어느 것입니까? (   )

⬆ 에너지 소비 효율 등급   ⬆ 에너지 절약 표시

① 전기 기구의 크기를 알려 주기 위해서이다.
② 에너지를 많이 소비하도록 하기 위해서이다.
③ 전기 기구를 아껴서 사용하도록 하기 위해서이다.
④ 전기 기구의 총 사용 시간을 알려 주기 위해서이다.
⑤ 에너지를 효율적으로 이용하는 전기 기구임을 알려주기 위해서이다.

서술형 ⓝ

20 다음은 형광등과 발광 다이오드[LED]등의 에너지 전환 모습을 나타낸 것입니다.

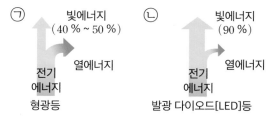

(1) 위 ㉠과 ㉡ 중 에너지 효율이 더 높은 것을 골라 기호를 쓰시오.

(   )

(2) 위 (1)번 답과 같이 생각한 까닭을 쓰시오.

_____

_____

_____

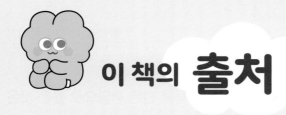

이 책의 **출처**

제재 출처

제재명	지은이	출처	쪽수
「의병장 윤희순」	정종숙	『의병장 윤희순』, ㈜한솔수북, 2010.	8쪽
「구멍 난 벼루」	배유안	『구멍 난 벼루』, 토토북, 2016.	8쪽
「이모의 꿈꾸는 집」	정옥	『이모의 꿈꾸는 집』, 문학과지성사, 2010.	8쪽
「마지막 숨바꼭질」	백승자	『열두 사람의 아주 특별한 동화』, 파랑새, 2016.	10쪽
「떨어져도 튀는 공처럼」	정현종	『노래의 자연』, 시인생각, 2013.	11쪽
「도산 안창호 선생의 연설」(원제목: 「대혁명당을 조직하고 임시 정부를 유지하자는 연설」)	안창호	도산안창호온라인기념관 누리집 (http://www.ahnchangho.or.kr)	16쪽
「'그냥'이 아니라 '왜'」	이어령	『생각 깨우기』, 푸른숲주니어, 2012.	25쪽
주요 농작물 주산지 이동 변화		통계청, 2018.	33쪽
공익 광고 「중독」	홍수경·박대훈·양선일	한국방송광고진흥공사, 2014.	33쪽
「온라인 언어폭력: 능력자」		한국방송광고진흥공사, 2017.	34쪽
「휴대 전화 관련 교통사고 발생」		국민안전처, 2016.	36쪽
「무엇으로 보이십니까?」	오승준·박혜진·임상운	한국방송광고진흥공사, 2001.	40쪽
「내가 원하는 우리나라」	김구	『쉽게 읽는 백범 일지』, 돌베개, 2005.	41쪽
「기와 조각과 똥 덩어리」	박지원 원작, 강민경 글	『장복이, 창대와 함께하는 열하일기』, 한국고전번역원, 2013.	43쪽
「착한 사마리아인의 법: 필요성」		「배움 너머」, 한국교육방송공사, 2012.	47쪽
「중형차 백만 대를 버렸다」		한국방송광고진흥공사, 2011.	49쪽
「스마트 기부 확산」(원제목: 「디지털 자선냄비 등장 … 스마트 기부 확산」)		「KBS 뉴스 9」, 한국방송공사, 2015. 12. 25.	50쪽
「파리 기후 협약 체결, 기온 상승 폭 2도 제한」		「MBC 뉴스투데이」, ㈜문화방송, 2015. 12. 13.	52쪽
「대상주 홍라」	이현	『나는 비단길로 간다』, ㈜도서출판 푸른숲, 2012.	64쪽

사진 출처

독도박물관, 서울역사아카이브, 셔터스톡, 연합뉴스, 이미지투데이, 클립아트코리아

퍼즐 학습으로 재미있게 초등 어휘력을 키우자!

어휘력을 키워야 문해력이 자랍니다.
문해력은 국어는 물론 모든 공부의 기본이 됩니다.

퍼즐런 시리즈로
재미와 학습 효과 두 마리 토끼를 잡으며,
문해력과 함께 공부의 기본을
확실하게 다져 놓으세요.

Fun! Puzzle! Learn!
재미있게!　　　퍼즐로!　　　배워요!

미래엔 초등 도서 목록

초코

교과서 달달 쓰기 · 교과서 달달 풀기
1~2학년 국어 · 수학 교과 학습력을 향상시키고
초등 코어를 탄탄하게 세우는 기본 학습서
[4책] 국어 1~2학년 학기별
[4책] 수학 1~2학년 학기별

미래엔 교과서 길잡이, 초코
초등 공부의 핵심[CORE]를 탄탄하게 해 주는
슬림 & 심플한 교과 필수 학습서
[8책] 국어 3~6학년 학기별, [8책] 수학 3~6학년 학기별
[8책] 사회 3~6학년 학기별, [8책] 과학 3~6학년 학기별

전과목 단원평가
빠르게 단원 핵심을 정리하고, 수준별 문제로 실전력을 키우는
교과 평가 대비 학습서
[8책] 3~6학년 학기별

문제 해결의 길잡이

원리   8가지 문제 해결 전략으로 문장제와 서술형 문제 정복
[12책] 1~6학년 학기별

심화   문장제 유형 정복으로 초등 수학 최고 수준에 도전
[6책] 1~6학년 학년별

초등 필수 어휘를 퍼즐로 재미있게 익히는 학습서
[3책] 사자성어, 속담, 맞춤법

하루한장 예비 초등

한글완성
초등학교 입학 전 한글 읽기·쓰기 동시에 끝내기
[3책] 기본 자모음, 받침, 복잡한 자모음

예비초등
기본 학습 능력을 향상하며 초등학교 입학을 준비하기
[4책] 국어, 수학, 통합교과, 학교생활

하루한장 독해

독해 시작편
초등학교 입학 전 기본 문해력 익히기 30일 완성
[2책] 문장으로 시작하기, 짧은 글 독해하기

어휘
문해력의 기초를 다지는 초등 필수 어휘 학습서
[6책] 1~6학년 단계별

독해
국어 교과서와 연계하여 문해력의 기초를 다지는 독해 기본서
[6책] 1~6학년 단계별

독해+플러스
본격적인 독해 훈련으로 문해력을 향상시키는 독해 실전서
[6책] 1~6학년 단계별

비문학 독해 (사회편·과학편)
비문학 독해로 배경지식을 확장하고 문해력을 완성시키는
독해 심화서
[사회편 6책, 과학편 6책] 1~6학년 단계별

초크 전과목 단원평가

국어 · 수학 · 사회 · 과학

바른답 · 알찬풀이

6·2

Mirae N 에듀

전과목 단원평가 6·2

바른답·알찬풀이

💬 **이렇게 활용해요!**

꼼꼼하고 자세한 해설로 문제의 답을 바로 확인할 수 있어요.
부족한 부분을 확인하고, 왜 틀렸는지 다시 한 번 문제를 살펴봐요.

초등 공부의 핵심 코어를 탄탄하게!

바른답·알찬풀이

1 작품 속 인물과 나

핵심 개념 ●─────────── 8쪽 ●

1 ㉢   2 ②   3 (3) ○

1 왜놈들이 나라를 집어삼키려고 한다는 내용을 통해 윤희순이 나라를 빼앗길 위기가 닥친 시대에 살고 있음을 알 수 있습니다.

2 허련이 그림을 잘 그리기 위해 그리고 또 그렸다고 한 것으로 보아, 허련은 끈기와 열정을 가지고 끊임없이 노력하는 사람입니다.

3 어기는 날 수 있다는 희망을 가지고 나는 연습을 하는 것 자체를 즐겁게 여기며 도전하므로 (3)이 알맞습니다.

단원 평가 기본 ●─────────── 9~11쪽 ●

01 ④   02 ㉯   03 ②   04 ⑤
05 (1) 열정 (2) 예 열정을 가지고 끊임없이 꿈을 향해 노력하는 삶을 추구합니다.   06 ③
07 소방관 08 (1) 마 (2) 예 아버지의 이야기를 들은 경민이는 아버지가 정말 자랑스럽게 느껴졌습니다.
09 ㉮, ㉯ 10 채운 11 재미있는 책들과 꿈꾸는 아이들만 올 수 있는 집   12 (1) ○
13 예서 14 ⑤   15 ①, ⑤

01 ㉠은 여자들이 나서도 달라질 게 없다는 뜻으로 한 말이므로 남녀 차별이 있던 시대입니다.

02 여자들도 사내들을 도와 왜놈들을 몰아내는 데 한몫을 해야 한다고 말한 것으로 보아, 여자들도 나라를 지키는 일에 나서자는 말을 하고 싶었던 것입니다.

03 ㉡은 나라를 빼앗긴 채 살 수 없다는 뜻으로 한 말이므로 윤희순은 정의를 중요하게 생각한 것입니다.

04 허련은 추사 선생에게서 자신의 그림에 정신이 들어 있지 않다는 말을 듣고 괴로워했습니다.

05 허련은 내면을 깊고 그윽한 무엇으로 채우기 위해 끈기와 열정을 가지고 노력했습니다.

채점 기준	
상	(1)에 '열정'을 쓰고, (2)에 '열정'을 넣어 허련이 추구하는 삶을 자세하게 쓴 경우
중	(1)에 '열정'을 썼지만, (2)에 '열정적인 삶을 추구한다.'와 같이 너무 간단히 쓴 경우
하	(1)에만 '열정'을 쓴 경우

06 경민이는 모처럼 아버지와 함께 시간을 보내고 싶은데 그러지 못하게 되어 속상했을 것입니다.

07 아버지는 어린 시절 화재로 동생을 잃은 뒤 불길과 싸워 이기고자 소방관이 되셨습니다.

08 글 마는 사건이 해결되는 결말로, 경민이는 아버지의 이야기를 듣고 아버지를 자랑스럽게 여기게 되었습니다.

채점 기준	
상	(1)에 '마'를 쓰고, (2)에 마의 내용을 알맞게 간추려 쓴 경우
중	(1)에 '마'를 썼지만, (2)를 너무 간단하거나 복잡하게 쓴 경우
하	(1)에만 '마'를 쓴 경우

09 아버지가 동료 이야기를 하며 눈물을 흘리신 것은 동료를 사랑하는 마음이 있기 때문입니다.

10 화재로 동생을 잃었지만 소방관이 되어 불과 싸워 이기겠다는 결심을 하고 그것을 이룬 아버지의 행동은 '도전'과 관련이 있습니다. '도전'과 관련된 경험을 말한 친구는 채운이입니다.

11 글 나에서 이모는 재미있는 책들만 올 수 있는 집, 꿈꾸는 아이들만 올 수 있는 집이 꿈이라고 했습니다.

12 남의 생각은 중요한 게 아니고 책이 재미없으면 안 읽으면 된다고 말하는 것으로 보아, 이모는 자신이 좋아하는 일을 하는 것을 중요하게 생각합니다.

13 이모는 자신이 좋아하는 것을 명확히 말하는 사람이므로 예서가 알맞게 말했습니다.

14 말하는 이는 힘들어도 포기하거나 좌절하지 않고 다시 일어서서 도전하며 살고 싶어서 공처럼 살아봐야겠다고 생각했습니다.

15 말하는 이는 계속 도전하고 노력하는 삶을 추구하므로 어울리는 생각이나 느낌은 ①과 ⑤입니다.

01 ③　　　02 독립운동에 남녀 구분이 없다는 것
03 ③, ⑤　　04 ④　　　05 예 '열정'입니다. 포기
하지 않고 숯을 굽고 노래를 만드는 등 끊임없이 의
병 운동을 위해 노력했기 때문입니다.　06 ②
07 ⑤　　　08 ①, ③　　09 초묵법　　10 ②
11 ⑤　　　12 슬아　　13 피아니스트가 되는 것
14 ②　　　15 예 네가 피아니스트가 되려고 노력
하느라 피아노를 연주할 때의 즐거움을 잊긴 했지만
다시 찾게 되어 다행이야.　　　　16 ⑤
17 하진　　18 공　　　19 ②　　　20 예 나는
나무 같은 삶을 살고 싶어. 걷다가 힘든 사람들을 쉬
어 가게 해 주는 나무처럼 다른 사람에게 도움이 되
고 싶어.

01 윤희순이 여자도 의병 운동에 나서자고 한 것으로
보아, 의병 운동이 성공을 거두고 있는 상황이 아니
라 어려운 상황임을 짐작할 수 있습니다.

02 글 가에서 윤희순은 독립운동에 남녀 구분이 없음
을 알리려고 「안사람 의병가」를 만들었다고 했습니다.

03 글 나에서 노래 하나가 사람들의 마음을 한 덩어리
로 모았을 뿐만 아니라 전에 없던 용기마저 불끈 솟
아나게 했다고 했습니다.

04 글 다에서 안사람 의병대는 맨 먼저 집집마다 찾아
다니며 모금을 했다고 했습니다.

05 여자의 몸으로 나라를 위해 애쓴 윤희순에게 어울
리는 낱말을 고르고, 그 낱말을 고른 까닭이 잘 드
러나게 씁니다.

채점 기준	
상	'열정'을 골라 윤희순의 삶과 관련하여 그 까닭을 알 맞게 쓴 경우
중	'열정'을 고르고 그 까닭을 썼지만, 까닭에 어색한 점 이 있는 경우
하	'열정'만 쓴 경우

06 글 가에서 추사 선생이 허련에게 허련의 스승을 찾
으라고 말한 것은 허련을 제자로 받아 주지 않겠다
는 뜻을 전한 것입니다.

07 글 나에서 허련은 월성위궁을 떠날 생각은 완전히
접고 아예 추사 선생의 자잘한 시중을 맡아 했다고
했습니다.

08 하고자 하는 일을 포기하지 않고 할 수 있게 하는
것은 '끈기'와 '열정'입니다.

09 허련은 마르고 건조한데 윤기가 있어 보이는 '초묵
법'을 만들어 냈습니다.

10 제자인 허련에게 초묵법을 배우고 즐겨 사용했다는
것으로 보아, 추사 선생은 겸손한 성격을 가진 인물
입니다.

11 아버지는 불이 난 건물 안으로 들어가 건물에 갇혀
울부짖는 두 사람을 업어 내왔다고 했습니다.

12 지율이는 아버지가 추구하는 삶과 관련 없는 내용
으로 말했습니다.

13 글 나에서 상수리는 피아니스트가 되기 위해 힘들
어도 꾹 참고 열심히 연습했다고 했습니다.

14 상수리가 피아노에게 한 말을 통해 꿈을 이루어야
만 행복한 것이 아니라 꿈꾸는 것이 행복한 일이라
는 것을 깨달았음을 알 수 있습니다.

15 피아니스트가 되기 위해 성실하게 노력한 상수리에
게 어울리는 말을 씁니다.

채점 기준	
상	상수리가 추구하는 삶과 관련지어 하고 싶은 말을 쓴 경우
하	상수리에게 하고 싶은 말을 썼지만, 상수리가 추구하 는 삶과 관련이 없는 경우

16 퐁은 무언가가 꼭 되는 것이 꿈이 아니라 현재를 즐
겁게 사는 것을 중요하게 생각하기 때문에 ㉠과 같
이 말한 것입니다.

17 퐁은 현재의 행복을 중요하게 생각하기 때문에 퐁
과 비슷한 삶을 추구하는 친구는 하진이입니다.

18 이 시에서 말하는 이는 공처럼 살아 봐야겠다고 했
습니다.

19 말하는 이는 공처럼 쓰러지는 법이 없이 계속해서
도전하고 노력하는 삶을 추구합니다.

20 자신이 꿈꾸는 삶의 모습과 닮아 있는 대상을 떠올
려 씁니다.

채점 기준	
상	자신이 꿈꾸는 삶의 모습을 다른 대상에 빗대어 보기 의 형식에 맞게 쓴 경우
하	자신이 꿈꾸는 삶의 모습을 다른 대상에 빗대어 썼지 만, 그 까닭을 쓰지 않은 경우

2 관용 표현을 활용해요

핵심 개념 ●━━━━━━━━━ 16쪽 ●

1 ⑤   **2** (1) ○   **3** ③

1 ㉠은 소진이가 민진이에게만 말한 내용을 도윤이까지 알게 된 상황에서 쓴 말로, 말은 비록 발이 없지만 천 리 밖까지도 순식간에 퍼진다는 뜻입니다.

2 각각의 의견을 버리고 독립운동의 깃발 아래 뜻을 모아야 한다고 말했으므로 사람들의 의견을 하나로 모으려고 연설을 했음을 알 수 있습니다.

3 힘을 다하고 정성을 다하여 한 일은 그 결과가 반드시 헛되지 아니함을 비유적으로 이르는 말인 ③이 알맞습니다.

단원평가 기본 ●━━━━━━━━ 17~19쪽 ●

01 ①   **02** (2) ○   **03** ③   **04** ②
05 (1) 영철 (2) **예** 일반적인 설명이 아니라 함축적인 의미가 담겨 있기 때문입니다.   **06** ③
07 ①   **08** 꿈을 펼치는 방법   **09** (1) ㉡
(2) **예** 어려운 시험에 무사히 통과하자 천하를 얻은 듯 기뻤습니다.   **10** 서희   **11** 독립운동
단체   **12** ⑤   **13** 예서, 도경
14 ②   **15** (2) ○

01 ㉠은 정신이 갑자기 든다는 뜻의 관용어로, 속담이나 관용어 같은 것을 관용 표현이라고 합니다.

02 '세 살 적 버릇이 여든까지 간다'는 어릴 때 몸에 밴 버릇은 나이 들어서도 고치기 힘들다는 뜻입니다.

03 아는 사람이 많아서 활동 범위가 넓다는 뜻의 관용어는 '발이 넓다'입니다.

04 '손발이 맞다'는 함께 일을 하는 데에 마음이나 의견, 행동 방식 등이 서로 맞다는 뜻이므로 은수와 영철이가 친구들에게 하고 싶은 말은 친구들이 서로 마음이 잘 맞다는 것입니다.

05 관용 표현을 활용한 영철이의 말은 함축적인 의미를 담고 있고, 한 번 더 생각하게 하는 표현이기 때문에 듣는 사람의 관심을 끌 수 있습니다.

채점 기준	
상	(1)에 '영철'을 쓰고, (2)에 관용 표현의 특징이 잘 드러나게 까닭을 쓴 경우
중	(1)에 '영철'을 썼지만, (2)에 '관용 표현을 썼기 때문에'와 같이 너무 간단히 쓴 경우
하	(1)에만 '영철'을 쓴 경우

06 ㉠은 깜짝 놀란 상황에서 한 말로, 매우 놀라다는 뜻입니다.

07 이것저것 많이 사는 안나에게 하는 말이므로 양을 많이 준비한다는 뜻의 '손이 크다'가 알맞습니다.

08 글 **가** 에서 꿈을 펼치는 몇 가지 방법을 말씀드리려 한다고 했습니다.

09 매우 기쁘고 만족스럽다는 뜻의 '천하를 얻은 듯'을 넣어 문장을 만들어 씁니다.

채점 기준	
상	(1)에 ㉡을 쓰고, (2)에 매우 기쁘고 만족스럽다는 뜻의 ㉡을 넣어 문장을 쓴 경우
중	(1)에 ㉡을 썼지만, (2)의 문장에 어색한 점이 있는 경우
하	(1)에만 ㉡을 쓴 경우

10 '간이 작다'는 대담하지 못하고 몹시 겁이 많다는 뜻이므로 간이 작아서 새로운 것에 도전하는 것을 좋아한다는 윤석이의 말은 알맞지 않습니다.

11 글의 앞부분에서 임시 정부를 위한 독립운동 단체를 조직하려면 준비할 것이 많다고 했습니다.

12 전쟁을 원하는 자와 대화를 원하는 자가 자기의 의견을 주장하고 있는 예를 말한 것이므로 ⑤의 상황을 설명한 것입니다.

13 관용 표현의 뜻을 추론하려면 글 앞뒤에 있는 내용을 살펴보거나 표현에 쓰인 낱말이 평소 어떤 뜻으로 쓰이는지 생각해 보면 되므로 예서와 도경이는 알맞게 추론했습니다.

14 말을 시작할 때 관용 표현을 사용하면 듣는 사람은 재미있는 표현에 관심을 갖게 됩니다.

15 (1)의 '입을 막다'는 시끄러운 소리나 자기에게 불리한 말을 하지 못하게 한다는 뜻이고, (3)의 '까마귀 날자 배 떨어진다'는 아무 관계 없이 한 일이 공교롭게도 때가 같아 어떤 관계가 있는 것처럼 의심을 받게 됨을 이르는 말이므로 연설 내용에 알맞지 않습니다.

01 관용 표현	**02** ⑤	**03** ①, ⑤	
04 태호	**05** ⑤	**06** ⑤	**07** ②, ④

08 (1) ㉮ (2) ㉯ (3) ㉰ **09** 예 어떤 일이든지 하려고 생각했으면 한창 열이 올랐을 때 망설이지 말고 곧 행동으로 옮겨야 합니다. **10** ②

11 ⑤ **12** (1) × (2) ○ (3) ○ **13** ④, ⑤

14 예 '깃발 아래'는 하나의 목표를 품자는 뜻입니다.

15 보아, 재영 **16** ②

17 승아, 지율 **18** ② **19** ⑤

20 (1) 예 중요한 일은 함께 의논해서 결정해야 합니다. (2) 예 머리를 맞대다

01 낱말이 합쳐져 그 낱말의 원래 뜻과는 다른 새로운 뜻으로 굳어져 쓰이는 표현은 '관용 표현'입니다.

02 말조심을 해야 한다는 뜻을 담은 관용 표현은 '낮말은 새가 듣고 밤말은 쥐가 듣는다'입니다.

03 관용 표현을 활용해 말해도 상대가 나와 다른 생각을 할 수 있습니다. 그리고 듣는 사람은 상황에 맞게 관용 표현의 뜻을 해석해야 합니다.

04 아중이는 '발이 넓다', 지현이는 '귀에 익다'를 활용했어야 합니다.

05 동생이 오빠에게 이제 자신도 휴대 전화를 사 달라고 할 것이므로 당장 구경해 보자고 말했습니다.

06 ㉠은 동생이 휴대 전화를 보는 데 흥미가 사라진 상황에서 한 말로, 재미나 의욕이 없어진다는 뜻입니다.

07 말하는 사람은 꿈을 펼치려면 자신의 진짜 꿈을 찾으려고 노력해야 하고, 자기 자신에게 자신감을 가져야 하며, 구체적인 목표를 세워야 한다고 했습니다.

08 ㉠은 매우 짧은 순간이라는 뜻이고, ㉡은 서로의 사이가 벌어지거나 틀어진다는 뜻이고, ㉢은 무대의 공연이나 어떤 행사를 시작한다는 뜻입니다.

09 '쇠뿔도 단김에 빼라'는 지금부터 바로 노력을 시작하기를 바라며 한 말로, 어떤 일이든지 하려고 생각했으면 행동으로 옮겨야 한다는 뜻입니다.

채점 기준	
상	관용 표현의 뜻을 알맞게 쓴 경우
하	관용 표현의 뜻과 관련 없는 내용을 쓴 경우

10 빈칸에는 남의 말을 쉽게 받아들인다는 뜻의 '귀가 얇다'가 알맞습니다.

11 앞부분에서 임시 정부를 위한 독립운동 단체를 조직하는 데 가장 어려운 점은 사람들이 서로 자기 생각만 옳은 줄 안다는 것이라고 했습니다.

12 '애간장이 타다'는 몹시 초조하고 안타까워서 속을 많이 태운다는 뜻이므로 시험을 잘 본 상황에 어울리지 않습니다.

13 앞부분에서 사람들의 의견이 나누어졌다는 내용을 말했고, 뒷부분에서 독립운동 단체가 실현되도록 뜻을 모아야 한다고 말했으므로 ㉮에 들어갈 내용으로 알맞은 것은 ④와 ⑤입니다.

14 어떤 이름이나 주장, 의견 아래에 모이자는 것을 말하고 있으므로 하나의 목표를 품자는 뜻으로 활용한 것입니다.

채점 기준	
상	말에 담긴 숨은 뜻을 알맞게 추론하여 쓴 경우
하	표면적으로 드러나는 뜻만 쓴 경우

15 자신을 독립운동 단체의 지도자로 뽑아 달라는 내용은 말하지 않았습니다.

16 그림 속 친구들은 반 친구들이 고운 말을 사용하면 좋겠다고 말했습니다.

17 관용 표현을 활용해 생각을 말할 때에는 관용 표현을 먼저 말한 뒤에 그와 관련된 생각을 말할 수도 있고, 생각을 먼저 말한 뒤에 그와 어울리는 관용 표현을 말할 수도 있습니다.

18 문제가 일어난 뒤에는 후회해도 소용없다는 말을 하고 싶다고 했으므로 일이 이미 잘못된 뒤에는 손을 써도 소용이 없음을 비꼬는 말인 '소 잃고 외양간 고친다'가 필요합니다.

19 '공든 탑이 무너지랴'는 힘을 다하고 정성을 다하여 한 일은 그 결과가 반드시 헛되지 아니함을 비유적으로 이르는 말이므로 꾸준히 노력하는 사람이 되자는 내용을 말할 때 활용하는 것이 알맞습니다.

20 우리 반을 행복하게 하는 방법을 떠올려 보고, 그 내용에 알맞은 관용 표현을 생각해 봅니다.

채점 기준	
상	(1)에 우리 반을 행복하게 하기 위해 우리가 할 일을 쓰고, (2)에 어울리는 관용 표현을 쓴 경우
하	(1)에 우리 반을 행복하게 하기 위해 우리가 할 일을 썼지만, (2)에 어울리는 관용 표현을 쓰지 못한 경우

3 타당한 근거로 글을 써요

1 (1) 근거 (2) 주장   **2** (1) ○
3 ④

1 근거가 주장과 관련이 있는지 판단한 것이므로 주장과 근거를 구분하여 씁니다.

2 나무뿌리가 주변 토양을 지탱하면 좋은 점은 홍수와 산사태를 막을 수 있다는 것이므로 (1)의 내용을 뒷받침하기에 알맞습니다.

3 누리 소통망을 올바르게 사용하지 않았을 때의 문제점이 근거로 알맞으므로 ④가 알맞습니다.

단원 평가 기본 ────────────● 25~27쪽

01 ⑤   **02** ③, ④   **03** (1) 이야기 (2) 예 읽는 사람의 흥미를 불러일으킬 수 있습니다.
04 ㉮, ㉯   **05** 공정 무역   **06** ③
07 어린이   **08** 찬민   **09** ②   **10** (1) 뒷받침한다 (2) 예 나무가 책상이 되는 과정이므로 숲이 소중한 자원이 된다는 것을 뒷받침하기 때문입니다.
11 ④   **12** ③, ⑤   **13** ㉰   **14** ①, ③
15 ⑤

01 할아버지는 그런 궁금증을 지녀 본 적이 없었기 때문에 아이의 질문에 바로 대답하지 못했습니다.

02 생각 없이 그냥 했던 일들이 우리에게 있는 '수염'이므로 ①, ②, ⑤는 알맞지 않습니다.

03 주장하는 글을 쓸 때 이야기를 자료로 활용하면 읽는 사람의 흥미를 불러일으킬 수 있고, 감동을 바탕으로 하여 주장하는 내용을 설득할 수 있습니다.

채점 기준	
상	(1)에 '이야기'를 쓰고, (2)에 이야기를 자료로 활용하면 좋은 점을 알맞게 쓴 경우
중	(1)에 '이야기'를 썼지만, (2)에 '재미있다', '흥미롭다'와 같이 간단히 쓴 경우
하	(1)에만 '이야기'를 쓴 경우

04 이 글은 논설문의 서론 부분으로, 주장이 드러나 있습니다.

05 공정 무역이란 생산자의 노동에 정당한 대가를 지불해 생산자가 경제적 자립과 발전을 하도록 돕는 무역입니다.

06 공정 무역 제품을 사용해야 하는 까닭을 제시한 것으로 보아, 공정 무역 제품을 사용하자는 주장을 하는 것입니다.

07 글 ㉯에서 일부 다국적 기업들은 물건의 생산 비용을 낮추려고 임금이 상대적으로 낮은 어린이를 고용하기도 한다고 했습니다.

08 주장에 대한 근거가 타당한지 판단할 때에는 주장과 관련이 있는지, 주장을 뒷받침하는지 판단해야 하므로 아름이는 알맞은 방법으로 판단하지 못했습니다.

09 숲이 지구 온난화를 막아 준다는 내용은 숲의 좋은 점을 말한 것이므로 숲을 보호하자는 주장에 어울립니다.

10 나무가 책상이 되는 과정을 설명한 그림이 '숲은 소중한 자원을 제공해 준다'는 근거를 뒷받침할 수 있는지 생각해 봅니다.

채점 기준	
상	(1)의 '뒷받침한다'에 ○표 하고, (2)에 자료가 근거를 뒷받침하는 까닭을 알맞게 쓴 경우
중	(1)의 '뒷받침한다'에 ○표 했지만, (2)의 까닭을 구체적으로 쓰지 못한 경우
하	(1)의 '뒷받침한다'에만 ○표를 한 경우

11 누리 소통망에 글을 쓰면 여러 사람이 볼 수 있으므로 널리 알리려고 누리 소통망에 글을 썼을 것입니다.

12 누리 소통망에 실린 글 때문에 가게의 손님이 끊기고, 글쓴이의 이름과 학교가 밝혀졌다는 내용이므로 누리 소통망은 잘못된 정보가 퍼질 수 있고, 개인 정보가 유출될 수 있다는 단점이 있음을 알 수 있습니다.

13 누리 소통망 이용 시간이 늘고 있음을 알려 주는 설문 조사 결과를 이용하면 인터넷에 중독되어 시간을 낭비할 수 있다는 근거를 뒷받침할 수 있습니다.

14 논설문을 쓸 때에는 '결코', '절대로', '반드시'와 같은 단정적인 표현은 조심해서 써야 합니다.

15 밤늦게 아파트 공원에서 시끄럽게 했을 때의 문제점을 말한 ⑤가 근거로 알맞습니다.

01 아무 생각 없이 모든 순간을 습관적으로 기계적으로 살아가는 사람 **02** ①, ⑤ **03** ⑤ **04** ②, ③ **05** 책 **06** ③ **07** 윤리적인 소비 **08** 세호 **09** 예 우리가 공정 무역에 관심을 기울이고 공정 무역 제품을 사용합시다. **10** ③ **11** ①, ④ **12** ㉮, ㉯ **13** 예 근거를 뒷받침합니다. 나무가 이산화 탄소를 흡수해 지구 온난화 예방에 도움이 된다는 내용이기 때문입니다. **14** ③ **15** ㉮, ㉰ **16** 달랐다 **17** ④ **18** ⑤ **19** 도준 **20** (1) 예 쓰레기를 함부로 버리지 맙시다. (2) 예 냄새가 나고 보기에 좋지 않습니다.

01 아무 생각 없이 모든 순간을 습관적으로 기계적으로 살아가는 사람은 이야기 속 할아버지와 똑같다고 했습니다.

02 누가 '왜' 또는 '어떻게' 하고 물었을 때 '그냥'이라는 대답을 하지 않도록 해야 한다고 했습니다.

03 '그냥'이라고 생각하지 말고 자기 안의 물음표를 가지고 살자는 주장이 나타나 있습니다.

04 친환경 농사법으로 농사를 지으면 자연을 보호하고 생산자의 건강을 지킬 수 있습니다.

05 『인간의 얼굴을 한 시장 경제, 공정 무역』이라는 책을 활용했습니다.

06 글 ㉮에서 공정 무역 인증 표시는 국제기구가 생산지에서 공정 무역의 주요 원칙이 잘 지켜졌는지를 점검한 물건들에 붙일 수 있다고 했습니다.

07 글 ㉮에서 소비자들이 공정 무역 인증 표시를 보고 공정 무역 제품을 선택해 사용하면 윤리적인 소비를 할 수 있다고 했습니다.

08 공정 무역 인증 표시에 대한 설명은 '공정 무역 제품을 사용하자'는 주장을 뒷받침할 수 없으므로 세호가 알맞게 판단한 것입니다.

09 글 ㉯는 논설문의 결론 부분으로, 중요한 내용을 찾아 정리해 봅니다.

채점 기준	
상	글 ㉯에서 중요한 내용을 알맞게 찾아 쓴 경우
하	글 ㉯의 내용을 정리하여 썼지만, 글 내용과 다른 부분을 포함한 경우

10 활용한 자료의 개수가 많아야 근거를 잘 뒷받침하는 것은 아닙니다. 믿을 만한 자료를 활용하는 것이 중요합니다.

11 숲을 살리자는 주장을 뒷받침해야 하므로 숲의 좋은 점을 설명한 ①과 ④가 근거로 알맞습니다.

12 이 글은 ○○신문에 실린 기사문으로, 나무를 심으면 나무가 이산화 탄소를 흡수해 지구 온난화 예방에 도움이 된다는 것을 알려 주고 있습니다.

13 기사문의 내용이 숲이 지구 온난화를 막아 준다는 근거를 뒷받침하는지 생각하여 씁니다.

채점 기준	
상	근거를 뒷받침한다고 쓰고, 까닭도 알맞게 쓴 경우
하	근거를 뒷받침한다고 썼지만, 까닭이 알맞지 않은 경우

14 숲이 미세 먼지를 잡아 주어 공기를 깨끗하게 해 준다는 근거를 뒷받침하려면 그 증거를 제시하는 것이 좋습니다.

15 출처가 명확해야 믿을 만한 자료가 되므로 ㉯는 알맞지 않습니다.

16 이웃집 아주머니는 △△식당을 추천하셨지만, 누리 소통망의 글에는 사장님이 불친절하고 음식 맛도 이상하다고 되어 있었습니다.

17 아빠께서 음식점을 직접 이용한 손님이 쓴 정보를 쉽게 얻을 수 있어서 편하다고 말씀하셨으므로 ④가 알맞습니다.

18 누리 소통망 때문에 겪은 어려움을 쓴 글이므로 누리 소통망을 올바르게 사용하자는 주장을 하는 것이 알맞습니다.

19 논설문을 쓸 때에는 자신만의 생각이나 감정에 치우치는 주관적인 표현이나 의미가 분명하지 않은 모호한 표현은 쓰지 않는 것이 좋습니다.

20 골목에 쓰레기가 쌓여 있는 상황을 해결할 수 있는 방법을 떠올려 주장을 쓰고, 주장을 뒷받침하는 근거도 씁니다.

채점 기준	
상	(1)에 골목에 쓰레기가 쌓여 있는 상황을 해결하기 위한 주장을 쓰고, (2)에 그 근거를 알맞게 쓴 경우
중	(1)과 (2)를 썼지만, 근거에 어색한 점이 있는 경우
하	(1)만 쓴 경우

4 효과적으로 발표해요

핵심 개념
• 32쪽 •

1 영상　　　2 (3) ○　　　3 ③

1 세미가 어떤 동작을 하는지 궁금해하는 영식이에게 영상을 보여 주었습니다.

2 걸을 때나 운전할 때 휴대 전화를 사용해 교통사고 가 늘어났을 것이므로 (3)이 전하려는 주제로 알맞 습니다.

3 '맨발 걷기'를 주제로 영상 자료를 만들어 보자고 말 했으므로 '주제 정하기' 단계에 해당합니다.

단원평가 기본
• 33~35쪽 •

01 ⑤　　　02 (1) 그림지도　(2) 예 듣는 사람이 주 요 농산물이 주로 생산되는 지역이 바뀌고 있다는 것을 쉽게 이해할 수 있습니다.　　　03 ④
04 ㉮　　05 ①　　06 ⑤　　07 1, 2
08 ④　　09 ②, ⑤　　10 (1) 전교생　(2) 예 1~6 학년까지 모두 이해하기 쉬워야 합니다.
11 맨발 걷기　　　12 ㉯, ㉰　　13 ⑤
14 ㉯, ㉰　　15 ③, ⑤

01 지구 온난화로 우리나라 기후가 아열대화되면서 주 요 농산물의 주산지가 바뀌고 있음을 알려 주고 있 습니다.

02 그림지도를 활용하면 듣는 사람이 주요 농산물의 주산지가 어떻게 바뀌고 있는지 쉽게 이해할 수 있 을 것입니다.

채점 기준	
상	(1)에 '그림지도'를 쓰고, (2)에 그림지도를 활용하면 좋 은 점을 발표 내용과 관련지어 구체적으로 쓴 경우
중	(1)에 '그림지도'를 썼지만, (2)의 답을 발표 내용과 관 련지어 쓰지 못한 경우
하	(1)에만 '그림지도'를 쓴 경우

03 밝은 표정의 사람과 휴대 전화가 서로를 붙잡고 있 는 모습이 나와 있는 공익 광고 사진으로, 휴대 전 화 사용 습관과 관련된 내용을 담고 있습니다.

04 사람과 휴대 전화가 서로 붙잡고 있는 모습을 통해 휴대 전화에 중독된 사람이 많다는 것을 말하고 있 습니다.

05 휴대 전화 사용 습관과 관련된 주제여야 하므로 ① 이 알맞습니다.

06 '당신'은 손가락만 까딱하면 누군가를 아프게 할 수 도 있고, 기쁘게 할 수도 있기 때문에 '능력자'라고 했습니다.

07 장면 1과 2에서 각각 손가락에 검정 망토와 푸른 망토를 둘러 어떤 댓글을 쓰는지에 따라 손가락의 능력이 달라짐을 나타냈습니다.

08 방송국 친구가 하는 말을 통해 발표 상황이 어떠한 지 알게 되는 장면이므로 '발표 상황 파악하기'에 해 당합니다.

09 '발표 상황 파악하기' 과정에서는 발표 목적과 듣는 사람을 파악하고, 발표 상황에서 고려할 점도 생각 해야 합니다.

10 발표를 듣는 사람이 전교생일 때 고려해야 할 점이 무엇일지 생각해서 씁니다.

채점 기준	
상	(1)에 '전교생'을 쓰고, (2)에 전교생 앞에서 발표할 때 고려할 점을 한 가지 쓴 경우
중	(1)에 '전교생'을 썼지만, (2)에 전교생 앞에서 발표할 때 주의할 점이 아니라 일반적인 발표 상황에서 주의 할 점을 쓴 경우
하	(1)에만 '전교생'을 쓴 경우

11 장면 1에서 '맨발 걷기'가 새로운 주제라서 흥미롭 다는 의견이 많아 결정했다고 했습니다.

12 맨발 걷기의 단점보다는 맨발 걷기의 효과를 알려 줄 수 있는 내용을 발표하는 것이 알맞습니다.

13 '촬영 계획 세우기' 과정에서는 역할, 촬영 일시와 장소를 정하고, 필요한 준비물이 무엇인지 생각해 야 합니다.

14 '편집하기' 과정에서 필요한 말은 ㉯와 ㉰입니다. ㉮는 '발표하기' 단계와 관련 있는 내용입니다.

15 영상 자료를 만들어 인터넷에 올릴 때 영상에 매체 자료를 넣으려면 출처가 있는 자료는 출처를 밝히 고, 영상 자료가 보는 사람들에게 좋은 영향을 주는 지 생각해야 합니다.

01 ㉮　　**02** 효연　　**03** ③　　**04** ⑤
05 (1) 예 연도별 스마트폰 사용 시간에 대한 도표
(2) 예 도표로 정리하면 한눈에 실태를 파악할 수 있기 때문입니다.　　**06** ③　　**07** 예 마지막 장면에서 질문을 자막으로 넣어 영상을 보는 사람이 스스로를 돌아보게 했습니다.　　**08** ⑤　　**09** 연수, 승제
10 ㉯, ㉫, ㉰, ㉮　　**11** ⑤　　**12** ②, ⑤
13 ②　　**14** ②　　**15** ⑤　　**16** ②, ⑤
17 (1) 출처 (2) 주제 (3) 자막　　**18** 준서
19 (1) 예 내 짝꿍 (2) 예 꿈을 가지고 재능을 꾸준히 키워 가기 때문입니다.　 (3) 예 꿈을 가지고 재능을 꾸준히 키워 가자.　　**20** 우영, 슬아

01 매체 자료 없이 설명하면 상상만 해야 하는데 영상이나 사진을 보면 쉽게 이해할 수 있습니다.

02 지도는 아프리카의 위치를 알려 주는 것이므로 아프리카 원주민의 의식주 문화를 소개하는 데 도움이 되지 않습니다.

03 휴대 전화와 관련된 교통사고 발생 건수를 알려 주는 도표입니다.

04 도표로 나타내어 연도별로 휴대 전화 관련 교통사고 발생량이 크게 늘어난 것을 알 수 있고, 교통사고 수치를 넣어 정확한 통계를 알 수 있기 때문에 주제를 전달하는 데 효과적입니다.

05 스마트폰 과몰입과 관련하여 활용할 수 있는 매체 자료를 선택하고, 그 매체 자료를 활용하면 좋은 점이 드러나도록 까닭을 씁니다.

채점 기준	
상	(1)에 주제에 알맞은 매체 자료를 쓰고, (2)에 그 매체 자료를 정한 까닭을 알맞게 쓴 경우
하	(1)에만 답을 쓴 경우

06 온라인 댓글은 읽는 사람을 배려하며 긍정적으로 써야 한다는 것을 전하고 있습니다.

07 마지막 장면에서 질문을 자막으로 넣어 어떤 점이 좋은지를 씁니다.

채점 기준	
상	자막을 어떻게 표현했는지를 효과가 드러나게 쓴 경우
하	자막을 어떻게 표현했는지만 간단히 쓰고, 그 효과가 잘 드러나지 않는 경우

08 상대에게 영향을 주는 댓글을 다는 손가락을 악마 또는 천사의 모습으로 비유했습니다.

09 '온라인 언어폭력'이라는 주제와 관련 있는 매체 자료를 찾은 친구는 연수와 승제입니다.

10 발표 상황을 파악해 주제를 정하고 내용 및 장면을 정합니다. 그러고 나서 촬영 계획을 세워 촬영한 뒤 편집하고 발표합니다.

11 '맨발 걷기'가 새로운 주제라서 흥미롭다는 의견이 많았다고 했습니다.

12 발표 내용은 주제를 효과적으로 전할 수 있고, 주제와 관련해 중요한 내용이어야 합니다.

13 맨발 걷기를 하다 다친 사람을 면담하는 장면은 주제를 전달하는 데 방해가 되는 장면입니다.

14 발표 장면을 정할 때에는 주제와 내용이 체계적으로 전달되고 이해하기 쉽도록 장면 내용과 차례를 정해야 하고, 분량은 발표 시간에 알맞게 해야 합니다.

15 연극 공연을 올리는 것이 아니므로 배우는 필요한 역할이 아닙니다.

16 화면을 이동할 때에는 너무 빠르지 않게 해야 하고, 면담 촬영을 할 때에는 면담 대상이 몸을 많이 움직이지 않게 해야 합니다.

17 촬영한 영상을 편집할 때에는 주제가 잘 드러나는 제목을 넣고, 자막은 필요한 내용만 간단히 넣는 것이 좋습니다. 인용한 내용이 있을 때에는 출처를 넣어야 합니다.

18 소개하거나 부탁할 내용과 같이 발표 전이나 발표 뒤에 말할 내용은 미리 다양한 방법으로 준비하는 것이 좋고, 바른 태도로 집중해서 발표해야 합니다.

19 6학년 친구들에게 소개하고 싶은 인물을 떠올려 까닭과 함께 쓰고, 어떤 주제를 전하고 싶은지도 씁니다.

채점 기준	
상	(1)~(3)을 모두 알맞게 쓴 경우
중	(1)과 (2)에 답을 알맞게 썼지만, (3)을 알맞게 쓰지 못한 경우
하	(1)에만 답을 쓰고, (2)와 (3)의 답을 알맞게 쓰지 못한 경우

20 '요리사'라는 직업을 소개할 때 우리나라와 다른 나라 요리의 맛을 비교하는 내용은 필요하지 않으므로 규원이는 알맞게 말하지 못했습니다.

5 글에 담긴 생각과 비교해요

1 부정적 2 (2) ○ 3 (1) 반 (2) 찬

1 자랑스러운 우리말은 우리 민족의 정신이라고 말한 것으로 보아, 국어보다 영어에 익숙해진 상황을 부정적으로 생각하고 있음을 알 수 있습니다.

2 로봇 개발에 필요한 원천 기술에 더 집중해야 할 때이므로 로봇세 도입을 늦추어야 한다고 했습니다.

3 (1)은 착한 사마리아인의 법을 부정적으로 여기므로 반대 의견이고, (2)는 긍정적으로 여기므로 찬성 의견입니다.

단원평가 기본 ──────────────● 41~43쪽 ●

01 세계에서 가장 아름다운 나라 02 ③
03 ②, ⑤ 04 ⑤ 05 윤찬, 승아
06 ⑤ 07 (1) ⓒ, ⓔ (2) ⑩ 로봇세를 걷으면 일자리를 잃은 사람들이 재교육을 받고 새로운 일자리를 찾는 데 도움을 줄 수 있다. 08 ③, ④
09 로봇 기술의 개발 10 미란 11 ⓒ
12 (1) 똥 누각 (2) ⑩ 쓰임새가 있기 때문입니다.
13 ④ 14 ㉮ 15 ④

01 글 ㉮에서 우리나라가 세계에서 가장 아름다운 나라가 되기를 원한다고 했습니다.

02 글 ㉯에서 인류가 현재에 불행한 근본 이유는 인의가 부족하고, 자비가 부족하고, 사랑이 부족한 때문이라고 했습니다.

03 글 ㉰에서 문화를 높이기 위해 우리가 할 일은 사상의 자유를 확보하는 정치 양식의 건립과 국민 교육의 완비라고 했습니다.

04 글쓴이는 우리나라가 세계에서 가장 아름다운 나라가 되기를 바라고, 높은 문화의 힘을 한없이 가지고 싶다고 했습니다.

05 글 내용만 이해하고 읽는 것이 아니라 글쓴이의 생각을 파악하며 읽어야 글의 주제를 쉽게 찾을 수 있습니다.

06 세계 경제 포럼은 로봇이나 인공 지능이 이끄는 4차 산업 혁명으로 수많은 사람이 일자리를 잃을 것이라고 전망했습니다.

07 글쓴이는 로봇세 도입을 긍정적으로 생각합니다.

채점 기준	
상	(1)에 ⓒ과 ⓔ을 쓰고, (2)에 로봇세를 긍정적으로 여기는 글쓴이의 생각을 알맞게 정리하여 쓴 경우
중	(1)에 ⓒ과 ⓔ을 썼지만, (2)에 '로봇은 우리에게 필요하다.'와 같이 간단히 쓴 경우
하	(1)에만 ⓒ과 ⓔ을 쓴 경우

08 로봇 기술 개발에 집중할 때에 로봇세를 도입하면 로봇 산업 발전이 더디게 되기 때문에 「로봇세 도입을 늦추어야 한다」는 제목으로 글을 쓴 것입니다.

09 국가의 미래 경쟁력을 기르려면 로봇 기술의 개발이 먼저 이루어져야 한다고 했습니다.

10 글쓴이는 로봇세 도입을 늦추자는 생각을 가졌기 때문에 로봇세 도입이 필요하다고 생각하는 사람들에게 다른 관점으로도 생각할 수 있게 하려고 글을 썼을 것입니다.

11 ㉠과 ㉡은 나리의 생각이 담긴 말로, 글쓴이는 나리의 말을 통해 자신이 하고 싶은 말을 표현했습니다.

12 창대가 자신의 쓰임새에 대해 고민한 것과 관련지어 생각해 보아야 합니다.

채점 기준	
상	(1)에 '똥 누각'을 쓰고, (2)의 답을 쓰임새가 있기 때문이라는 내용을 포함하여 알맞게 쓴 경우
하	(1)에만 '똥 누각'을 쓴 경우

13 글쓴이는 사람의 가치와 쓸모에 대해 말하고 있으므로 조선 시대에 좋은 신분에 해당하는 양반이나 관직에 있는 사람들이 읽기를 바라고 글을 썼을 것입니다.

14 자신의 쓰임새는 스스로가 찾아야 하고, 스스로의 가치는 스스로 매기는 것이라는 나리의 말을 통해 글쓴이는 조선 시대 사람들에게 신분 제도, 사물의 가치 따위에 대해 다른 관점으로 생각하게 하려고 글을 썼음을 짐작할 수 있습니다.

15 착한 사마리아인의 법을 제정하는 것에 찬성하는 의견이므로 착한 사마리아인의 법을 제정하면 좋은 점을 말한 ④가 근거로 알맞습니다.

01 ② **02** ② **03** ① **04** 예 글의 내용을 잘 설명할 수 있는 제목이기 때문입니다. / 읽는 사람의 관심을 끌 수 있는 제목이기 때문입니다.

05 ④, ⑤ **06** ② **07** ㉢, ㉣ **08** 예 로봇 개발자가 마음의 부담을 느껴 혁신적인 생각을 발전시키거나 과감한 투자를 하는 데에 걸림돌이 되기 때문입니다. **09** 가 **10** ② **11** ① **12** 거름으로 쓸 때 **13** 수지 **14** ⑤ **15** 예 저도 자신의 가치는 자신이 만드는 것이라고 생각합니다. 그래서 앞으로 저의 가치를 높이기 위해 노력할 것입니다. **16** ①, ⑤ **17** 도와주어야 한다. **18** 은율 **19** ⑤ **20** ④

01 국어보다 영어에 익숙해진 상황을 제시하며 자랑스러운 우리말을 사랑하자는 생각을 전하고 있습니다.

02 글 가에서 개인의 자유를 주장하되, 제 가족, 제 이웃, 제 국민을 잘 살게 하는 데 써야 한다고 했습니다.

03 글 나에서 우리 조상들이 좋아하던 것은 인자하고 어진 덕이라고 했습니다.

04 "글쓴이의 생각을 잘 드러낼 수 있는 제목이기 때문입니다."와 같이 답을 쓸 수도 있습니다.

채점 기준	
상	제목을 그렇게 정한 까닭이 잘 드러나게 답을 쓴 경우
하	제목을 정한 까닭과 관련 없는 내용을 쓴 경우

05 글쓴이의 생각을 파악하며 글을 읽으면 글의 내용을 좀 더 깊이 있게 이해할 수 있고, 글쓴이가 글을 쓴 의도와 목적을 알 수 있습니다.

06 로봇세를 도입해야 한다는 생각을 쓴 글이므로 ②가 제목으로 알맞습니다.

07 글 나의 글쓴이는 로봇세 도입에 부정적이므로 '부담', '걸림돌'과 같은 표현을 쓴 것입니다.

08 "특히 ~ 될 수 있다."의 내용을 정리하여 씁니다.

채점 기준	
상	로봇 개발자가 부담을 느끼게 된다는 점과 그로 인해 생기는 문제점을 모두 포함하여 답을 쓴 경우
하	'로봇 발전에 걸림돌이 되기 때문에'와 같이 간단히 쓴 경우

09 로봇세 도입의 긍정적인 면을 생각해 보게 하려는 것이므로 글 가를 쓴 의도로 알맞습니다.

10 글쓴이가 글을 쓴 과정은 짐작하기 어렵고, 글쓴이의 생각을 파악하는 데 도움이 되지 않습니다.

11 글 가에서 모든 관원과 백성이 머리를 깎은 오랑캐의 나라에서는 볼 것이 없다고 말했습니다.

12 글 다에서 평소에는 똥오줌이 세상에 둘도 없이 더러운 것이지만 거름으로 쓸 때는 한 덩어리라도 흘릴까 하여 조심하게 된다고 했습니다.

13 "얼굴에 웃음기를 ~ 말하곤 하지."에는 글쓴이의 생각이 담겨 있지 않습니다.

14 쓸모 있게 사용된 깨진 기와 조각과 똥 덩어리가 가장 볼만한 것이라고 말한 것을 통해 사물이 어떻게 쓰이느냐에 따라 가치가 달라질 수 있다고 생각함을 짐작할 수 있습니다.

15 스스로 노력하는 삶을 살아야 한다는 글쓴이의 생각과 자신의 생각을 비교하여 씁니다.

채점 기준	
상	글쓴이의 생각을 바르게 파악하고, 자신의 생각과 알맞게 관련지어 쓴 경우
중	글쓴이의 생각을 바르게 파악하고 자신의 생각을 썼지만, 비교한 내용에 어색한 점이 있는 경우
하	글쓴이의 생각만 파악하여 쓴 경우

16 젊은이가 물에 빠진 사람을 도와주지 않았던 까닭과 관련 있는 생각을 찾아야 합니다. 젊은이는 자신의 일이 아니고 괜히 도와주었다가 자신도 다칠 수 있다는 생각에 모른 척했을 것입니다.

17 착한 사마리아인의 법은 위험에 처한 사람을 돕지 않으면 처벌할 수 있는 법 제도이기 때문에 위험에 처한 사람을 보았을 때 처벌을 받지 않으려면 도와주어야 합니다.

18 은율이는 찬성의 의견을 말했지만, 근거는 반대의 의견을 뒷받침하는 내용입니다.

19 개인의 자유를 침해하기 때문에 착한 사마리아인의 법을 제정하면 안 된다는 생각을 말한 것이므로 ⑤와 같이 반론할 수 있습니다.

20 토론할 때 근거를 설명하기 위해 제시할 자료는 객관적이고 사실이어야 하므로 사회자의 의견은 자료로 알맞지 않습니다.

6 정보와 표현 판단하기

● 48쪽

핵심 개념

1 여론　　　　2 ②　　　　3 (4) ○

1 뉴스를 본 사람들은 환경을 보전하는 일이 필요하다는 생각을 했습니다. 이와 같이 뉴스는 여러 사람의 생각에 영향을 주어 여론을 형성합니다.

2 기분, 건강, 기술력에 각각 '최고'라는 표현이 과장되었습니다.

3 뉴스의 관점을 뒷받침하려고 활용한 자료들에 대해 말했으므로 활용한 자료들이 뉴스의 관점을 뒷받침하는지 살핀 것입니다.

단원평가 기본
● 49~51쪽

01 ②, ③　　　　02 중형차 100만 대
03 (1) 자동차(중형차) (2) ⑩ 음식물 쓰레기를 버리는 장면과 비슷하기 때문입니다.　　04 ㉰
05 ①, ③　　06 신바람 자전거　　07 ④
08 ⑤　　　　09 (1) 진행자 (2) ⑩ 뉴스의 핵심 내용을 요약해 안내합니다.　　10 ③　　　11 ⑤
12 ②, ⑤　　13 경민　　14 ④, ⑤　　15 ⑤

01 사람들이 어떤 상품을 선택하도록 설득하는 것은 광고입니다. 또 사람들은 뉴스를 통해 다른 사람이나 사회에 관심을 가지게 될 수도 있습니다.

02 음식물 쓰레기로 인한 경제적 손실이 연간 약 20조 원인데, 이것은 중형차 100만 대를 버리는 것과 같다고 했습니다.

03 음식물 쓰레기를 버리는 장면과 자동차가 바다에 떨어지는 장면이 비슷하기 때문에 자동차가 바다에 떨어지는 장면을 보여 주었습니다.

채점 기준

상	(1)에 '자동차'를 쓰고, (2)에 광고에서 자동차가 바다에 떨어지는 장면을 보여 준 까닭을 알맞게 쓴 경우
하	(1)에만 '자동차'를 쓴 경우

04 '연간 약 20조 원'이라는 문구의 배경을 빨간색으로 표시하고 더 크게 강조하여 광고가 눈에 잘 띄게 했습니다.

05 소리를 들으며 광고를 보면 주제를 더 잘 파악할 수 있고, 내용이 더 인상 깊게 느껴집니다.

06 신바람 자전거를 팔려는 목적으로 만들어진 광고입니다.

07 신바람 자전거의 이미지를 소비자에게 긍정적으로 전달하기 위해서 광고 화면을 밝고 긍정적으로 표현했습니다.

08 자전거를 탄다고 누구나 신바람이 나는 것은 아니므로 ㉠은 과장된 문구입니다.

09 뉴스에는 진행자와 기자가 나오고, 뉴스는 '진행자의 도입'으로 시작됩니다. 진행자는 뉴스의 핵심 내용을 요약해 안내하는 역할을 하고, 기자는 취재한 내용을 뉴스로 보도합니다.

채점 기준

상	(1)에 '진행자'를 쓰고, (2)에 뉴스에서 진행자가 하는 역할을 알맞게 쓴 경우
중	(1)에 '진행자'를 썼지만, (2)의 답에 어색한 점이 있는 경우
하	(1)에만 '진행자'를 쓴 경우

10 뉴스의 내용이 쉽다고 해서 뉴스가 타당한 것은 아니므로 ③은 알맞지 않습니다.

11 ㉮의 [진행자의 도입]에서 올바른 손 씻기 방법을 알려 주겠다고 했고, ㉯의 [기자의 보도]에서 자세히 알려 주었습니다.

12 ㉯에서 관련 실험과 전문가 면담 내용을 활용했고, ㉰에서 연구 결과를 활용했습니다. 통계 자료와 설문 조사 결과는 활용하지 않았습니다.

13 연서는 자료의 출처가 명확한지 판단했습니다. 범석이는 뉴스의 관점과 보도 내용의 관련성에 대해 판단했지만, 판단 내용이 알맞지 않습니다.

14 뉴스의 주제를 정할 때에는 사람들이 관심 있어 할 만한 내용인지, 사람들에게 알려 줄 만한 가치가 있는지, 여러 사람이 함께 볼만한 내용인지 따져 보아야 합니다.

15 뉴스를 발표할 때에는 정확한 내용을 간결하게 전달해야 하고, 진지한 자세로 뉴스 내용을 전해야 합니다. 또 뉴스 원고를 단순히 읽는 것이 아니라 자연스럽게 말해야 하고, 누구나 알아들을 수 있도록 말하는 빠르기가 적절해야 합니다.

01 파리 협정 **02** 예 전 세계가 지구 온난화를 막으려고 노력하는 것 같아 다행이라는 생각이 들었습니다. **03** (3) ◯ **04** ④, ⑤ **05** ② **06** ④, ⑤ **07** ⑤ **08** 예 언제, 어떤 조사에서 소비자 만족도가 1위였는지와 관련한 정보를 감추고 있습니다. **09** 깃털 책가방 **10** 지민 **11** ㉮, ㉰ **12** 스마트 기부 **13** 기자의 마무리 **14** 나 **15** ⑤ **16** 30초 **17** 예 뉴스의 관점을 뒷받침하려고 관련 실험, 전문가 면담, 주제와 관련한 연구 결과를 활용했는데 조금 더 자세하고 타당하게 실험 결과나 연구 결과를 밝히면 좋을 것 같습니다. **18** (1) 3 (2) 5 (3) 2 (4) 4 (5) 1 **19** 소율 **20** ②

01 파리 협정이 체결되었다는 소식을 전하는 뉴스입니다.

02 뉴스에서 전하는 내용과 관련 있는 생각을 씁니다.

채점 기준	
상	파리 협정에 대한 뉴스를 보고 든 생각을 알맞게 쓴 경우
중	파리 협정에 대한 뉴스를 보고 든 생각을 썼지만, 문장 표현이 어색한 경우
하	파리 협정에 대한 뉴스를 보고 든 생각과 관련 없는 내용을 쓴 경우

03 뉴스를 보고 파리 협정에 대한 각자의 시각을 드러내며 말하고 있으므로 (3)과 관련 있습니다.

04 중요한 낱말을 강조했고, 분위기가 밝지 않습니다.

05 장면 ⑥에서 버려야 할 것은 잘못된 음식 문화라고 했습니다.

06 독보적인 디자인과 튼튼한 내구성을 인정받아 소비자 만족도 1위를 달성했다고 했습니다.

07 '단 한 가지'가 신바람 자전거만 될 수 있는 것이 아니므로 ⑤는 과장된 표현입니다.

08 소비자 만족도 1위를 언제, 어떤 조사에서 한 것인지 정보가 나타나 있지 않습니다.

채점 기준	
상	'소비자 만족도 1위'라는 광고 내용을 비판적으로 바라본 생각을 알맞게 쓴 경우
하	'소비자 만족도 1위'라는 광고 내용을 비판적으로 바라보지 못한 경우

09 깃털 책가방 회사에서 깃털 책가방을 팔기 위해 만든 광고입니다.

10 ㉡은 깃털 책가방의 가격에 거품이 있을 수 있음을 감추고 있고, 최고의 품질이라는 말이 과장되었습니다.

11 광고 내용을 그대로 믿으면 잘못된 정보를 얻을 수 있습니다. 따라서 ㉮, ㉯, ㉰ 중 ㉯에 쓴 내용은 알맞지 않습니다.

12 어려운 경기 속에도 기부가 늘어난 데는 재미와 감동이 함께하는 이른바 '스마트 기부'가 한몫을 하고 있다고 했습니다.

13 '진행자의 도입'에서는 뉴스에서 보도할 내용을 유도하거나 전체를 요약해 안내하고, '기자의 보도'에서는 시청자의 이해를 도우려고 면담 자료나 통계 자료로 설명합니다.

14 시청자의 이해를 도우려고 면담 자료나 통계 자료로 설명하는 부분은 나와 같은 '기자의 보도' 부분입니다.

15 스마트 기부에 대해 다룬 기사의 내용이 가치 있고 중요한 내용인지 판단한 것은 ⑤입니다.

16 수시로 30초 동안 손을 씻으면 감염병의 70퍼센트는 예방할 수 있다고 했습니다.

17 활용한 자료들이 뉴스의 관점을 뒷받침하는지 살펴보고, 아쉬운 부분이 있다면 어떻게 고쳐야 할지 생각하여 씁니다.

채점 기준	
상	뉴스의 타당성을 주어진 방법으로 알맞게 판단하여 쓴 경우
중	뉴스의 타당성을 주어진 방법으로 판단해서 썼지만, 어색한 점이 있는 경우
하	뉴스의 타당성을 판단해서 썼지만, 주어진 방법으로 판단하여 쓰지 못한 경우

18 뉴스를 만들려면 어떤 내용을 보도할지 회의하여 취재하고 원고를 씁니다. 그러고 나서 뉴스 영상을 제작하고 편집한 뒤 보도합니다.

19 정민이가 만들고 싶은 뉴스의 주제와 관점은 어울리지 않습니다.

20 뉴스 원고는 짧고 간결한 표현을 사용해서 써야 합니다.

7 글 고쳐 쓰기

1 ㉠, ㉡   2 ⑤   3 (2) ○

1 이 글은 불량 식품을 먹지 말자는 생각을 전하기 위해 쓴 글입니다. ㉠과 ㉡은 주제와 관련 없는 내용이기 때문에 삭제해야 합니다.

2 ㉢'까닥은'의 '닥'을 '닭'으로 고쳐 써야 합니다. 한 글자를 고칠 때 사용하는 교정 부호는 ◯입니다. 따라서 '닥^닭'과 같이 고쳐 써야 합니다.

3 동물 실험을 하면 안 되는 까닭을 말한 (2)가 근거로 알맞습니다.

단원 평가 기본 ● 57~59쪽

01 불량 식품   02 ③, ⑤   03 ㉯, ㉰
04 ③   05 (1) ㉣   (2) 예 고운 말을 사용하면 서로 존중하는 마음을 전할 수 있다는 중심 문장의 내용과 관련이 없기 때문입니다.   06 ②
07 ④   08 ㉰   09 ②   10 ①
11 가   12 ①, ⑤   13 (1) 예 나   (2) 예 대체 실험에 비용이 많이 듭니다.   14 지은
15 ④, ⑤

01 불량 식품을 먹으면 병에 걸리기 쉬우므로 불량 식품을 먹지 말자고 했습니다.

02 이 글은 주제를 생각해 알맞은 제목으로 바꾸고, 어색한 문장을 고치고, 필요 없는 내용을 삭제하는 것이 좋습니다.

03 글을 고쳐 쓰면 많은 생각을 전달할 수 있는 것이 아니라 생각을 더 잘 전달할 수 있습니다. 전달하려고 하는 생각이 너무 많은 글은 좋은 글이라고 보기 어렵습니다.

04 '요즘'은 현재를 나타내는 말이고 '사용했다'는 과거를 나타내는 말이기 때문에 어울리지 않습니다. 또 '만약'은 '~면'과 호응하는 말입니다.

05 두 번째 문단의 중심 문장은 첫 번째 문장입니다. ㉣은 중심 문장과 어울리지 않아 삭제해야 합니다.

채점 기준

상	(1)에 ㉣을 쓰고, (2)에 중심 문장의 내용과 관련이 없기 때문이라는 내용을 포함하여 답을 쓴 경우
중	(1)에 ㉣을 썼지만, (2)의 답에 어색한 점이 있는 경우
하	(1)에만 ㉣을 쓴 경우

06 은어나 비속어를 사용하면 듣는 사람이 잘 이해할 수 없게 되므로 '원활한'이 들어가는 것이 알맞습니다.

07 '투쟁'은 어떤 대상을 극복하려고 싸우거나 집단 간에 싸우는 일을 일컫는 말이므로 '투쟁'을 '싸움'으로 고쳐 쓰는 것이 더 자연스럽습니다.

08 두 번째 문단은 고운 말을 사용하는 것이 우리말을 지키는 것이라는 내용이므로 "고운 말을 사용하는 것은 우리말을 지키는 것과 같다."로 중심 문장을 고치는 것이 알맞습니다.

09 '불편해졌다'는 과거를 나타내는 말이므로 '불편해진다'로 고쳐 써야 합니다.

10 '오래'와 '지속되면' 사이를 띄어 써야 하므로 ∨를 사용해야 합니다.

11 글 가는 동물 실험에 반대하는 입장에서 쓴 글이고, 글 나는 찬성하는 입장에서 쓴 글이므로 글 가의 제목으로 알맞습니다.

12 글 나의 끝부분에서 오랜 개발 기간과 막대한 비용 때문에 빠른 시일 안에 동물 실험을 대체하기는 어렵다고 했습니다.

13 동물 실험에 찬성하는지 반대하는지 주장을 정하고, 주장이 같은 글을 참고하여 뒷받침할 근거를 알맞게 정리해 봅니다.

채점 기준

상	(1)에 자신과 주장이 같은 글의 기호를 쓰고, (2)에 그 주장에 알맞은 근거를 쓴 경우
중	(1)에 자신과 주장이 같은 글의 기호를 썼지만, (2)에 쓴 근거가 너무 단순한 경우
하	(1)에만 답을 쓴 경우

14 동물 실험을 하는 것을 금지하는 법은 동물 실험에 반대하는 주장과 관련이 있으므로 알맞게 말한 친구는 지은이입니다.

15 ①, ②는 글 수준에서 점검할 내용이고, ③은 점검할 필요가 없는 내용입니다. 문단이 몇 개의 문장으로 이루어졌는지는 중요하지 않습니다.

01 ③ **02** 예 앞 문장을 더 자세히 설명하기 위해서입니다. **03** ④ **04** ④, ⑤ **05** ㉮, ㉰ **06** ⑤ **07** 유성 **08** 라, 마, 다 **09** ② **10** (1) 예 고운 말을 사용하는 것은 우리말을 아름답게 가꾸고 지키는 일이다. (2) 예 이제라도 고운 말을 사용하는 바른 언어 습관을 기르려고 노력하자. **11** (1) ㉮ (2) ㉰ (3) ㉯ **12** ⑤ **13** ④ **14** 푸석 푸석해지고 **15** ㉮, ㉰ **16** ① **17** ①, ② **18** 민우 **19** ④ **20** (1) 예 함께 행복한 삶 (2) 예 지구는 인간만의 것이 아니기 때문입니다. (3) 예 장바구니를 사용합니다.

01 주제에 어울리는 제목이어야 하므로 ③이 알맞습니다.

02 ㉡은 불량 식품에 유통 기한이 언제까지인지 정확히 적혀 있지 않다는 문장을 더 자세히 설명해 줍니다.

채점 기준	
상	앞 문장을 더 자세하게 설명하기 위해서라는 내용을 포함하여 답을 쓴 경우
하	앞 문장을 자세하게 설명하기 위해서라는 내용과 관련 없는 답을 쓴 경우

03 '아무리'는 '~아도/어도'와 호응하기 때문에 ④가 알맞습니다.

04 글 나에서 불량 식품을 먹으면 해로운 물질이 몸에 들어가 병에 걸리기 쉽고, 유통 기한을 알 수 없어 신선하지 않은 식품을 먹게 될 수도 있다고 했습니다.

05 필요 없는 내용을 추가할 필요는 없으므로 ㉯는 알맞지 않습니다.

06 글쓴이는 고운 말을 쓰자고 읽는 사람을 설득하려고 이 글을 썼습니다.

07 고운 말을 사용해야 하는 근거가 아닌 내용은 빼는 것이 좋고, 알맞은 근거는 추가하는 것이 좋습니다.

08 가는 서론, 나, 라, 마는 본론, 다는 결론이므로 '가 → 나 → 라 → 마 → 다'의 순서가 알맞습니다.

09 지나치게 긴 문장은 이해하기 어려우므로 '그리고'를 사용하여 두 문장으로 나누어 쓰는 것이 좋습니다.

10 주장하는 글을 쓸 때 ㉡과 같은 지나치게 단정적인 표현이나 ㉢과 같은 불확실한 표현은 사용하지 않는 것이 좋습니다.

채점 기준	
상	(1)과 (2)를 모두 알맞게 고쳐 쓴 경우
중	(1)과 (2)를 모두 고쳐 썼지만, 하나의 문장 표현이 어색한 경우
하	(1)과 (2) 중에서 하나만 고쳐 쓴 경우

11 ∨은 띄어 쓸 때, ∀은 글의 내용을 추가할 때, ⌒은 한 글자를 고칠 때 사용합니다.

12 아침밥을 거르면 체내에 영양소의 불균형이 생기는 것이 아니라 저장해 두었던 영양소가 소모된다고 했습니다.

13 ㉠은 '물을'을 빼기 위해 ⌒을 사용해야 합니다. ④도 '음식'을 빼기 위해 ⌒을 사용해야 합니다. ①은 ⌒, ②는 ∨, ③은 ⌒, ⑤는 ⌒을 사용해서 고쳐 써야 합니다.

14 '푸석'과 '푸석해지고'를 붙여 써야 합니다. 붙여 쓸 때 사용하는 교정 부호는 ⌒입니다.

15 ㉯와 ㉰는 동물 실험에 찬성하는 주장에 대한 근거로 알맞습니다.

16 동물 실험을 대체할 방법을 개발하기 어렵기 때문에 동물 실험을 해야 한다는 주장을 하고 있습니다.

17 동물 실험을 대체할 방법이 있지만 개발하는 데에 시간과 비용이 많이 든다고 했고, 동물 실험을 통과한 약도 부작용이 있을 수 있다는 내용은 나와 있지 않습니다.

18 아림이는 얼마나 많은 동물이 고통받고 있는지 쓰면 좋을 것 같다고 했으므로 동물 실험에 반대하는 입장입니다.

19 글의 목적에 맞는 내용을 썼는지는 글 수준에서 점검할 내용입니다.

20 글의 내용을 대표하는 제목을 정하고, 항목에 알맞은 내용을 생각하여 씁니다.

채점 기준	
상	(1)~(3)을 모두 알맞게 쓴 경우
중	(1)~(3) 중에서 두 가지만 알맞게 쓴 경우
하	(1)~(3) 중에서 한 가지만 알맞게 쓴 경우

8 작품으로 경험하기

핵심 개념 ●────── 64쪽

1 ㉰ **2** ① **3** (3) ○

1 만화와 촬영한 영상을 함께 사용했다는 것은 영상의 특징에 대해 말한 것입니다.

2 영화의 줄거리를 간단히 쓴 부분입니다.

3 글에서 홍라는 상단을 지키기로 결심하고 있으므로 (3)이 비슷한 경험으로 알맞습니다.

단원 평가 기본 ●────── 65~67쪽

01 ③ **02** ② **03** ⑤ **04** ②
05 (1) 영화 감상문 (2) ㉑ 영화 감상문의 내용을 잘 드러내거나 읽는 사람의 관심을 끌 수 있는 제목을 씁니다. **06** ④ **07** ⑤ **08** 나
09 ④ **10** ⑤ **11** ③ **12** ㉰
13 민아 **14** (1) ㉑ 홍라가 상단을 꾸려 떠날 결심을 하는 장면 (2) ㉑ 울지 않겠다고 결심하는 홍라의 모습에서 감동을 받았기 때문입니다.
15 나, 바, 다

01 악보는 음악의 곡조를 기록해 놓은 것이므로 여행 정보를 얻을 수 있는 자료가 아닙니다.

02 여행을 어떤 과정을 거쳐 할 것인지 정리해 놓은 것이므로 '여행 일정'을 짠 것입니다.

03 영화를 감상할 때 등장인물의 수는 중요하지 않습니다. 인물의 성격과 인물들의 관계를 살펴보는 것이 좋습니다.

04 「피부 색깔＝꿀색」은 벨기에로 입양된 주인공 '융'이 자신의 어린 시절을 회상하는 내용의 영화입니다.

05 영화 감상문의 제목은 내용을 잘 드러내거나 읽는 사람의 관심을 끌 수 있는 것으로 정해야 합니다.

채점 기준	
상	(1)에 '영화 감상문'을 쓰고, (2)에 영화 감상문의 제목을 정하는 방법을 알맞게 쓴 경우
중	(1)에 '영화 감상문'을 썼지만, (2)의 제목을 정하는 방법을 구체적으로 쓰지 못한 경우
하	(1)에만 '영화 감상문'을 쓴 경우

06 글 가의 첫 번째 문장에서 융의 장난만큼은 아니지만 가끔은 친구나 동생에게 심한 장난을 한다고 했습니다.

07 글 가에서 융의 행동이 주위의 관심과 사랑을 받고 싶고 자신이 누구인지를 찾으려는 몸부림이라는 것을 알았을 때 마음이 아팠다고 했습니다.

08 글 가에서는 영화 속 내용과 비슷한 자신의 경험을 떠올렸고, 영화에서 인상 깊은 내용을 썼습니다. 글 나에서는 예전에 보았던 「국가 대표」라는 영화를 떠올려 썼습니다.

09 글 가의 마지막 문장에서 상단으로 돌아온 홍라에게 남은 건 교역의 실패로 생긴 엄청난 빚뿐이라고 했습니다.

10 홍라가 탁자 위에 펼친 지도는 어머니가 매일 아침 펼쳐 보았던 것이기 때문에 홍라는 오래된 지도의 가죽 냄새를 맡자 어머니에 대한 그리움이 밀려들었습니다.

11 글 가에서 홍라는 교역을 하러 떠나기로 결심하면서 어머니가 돌아오기 전에 빚을 갚고 상단을 지키겠다고 했습니다.

12 대상주의 딸 홍라가 어머니를 대신해서 상단을 살리려고 교역을 떠나기 때문에 홍라를 '대상주'라고 부른 것입니다.

13 어머니를 대신해 교역을 떠나는 홍라에게 어울리는 말을 한 친구는 민아입니다. 홍라는 교역을 하러 떠나는 도전을 하기로 했으므로 인호의 말은 알맞지 않습니다. 또 홍라는 어머니와 함께 있지 않으므로 주영이의 말도 알맞지 않습니다.

14 인상 깊어서 기억에 남는 장면을 쓰고, 그렇게 생각한 까닭도 어울리게 씁니다.

채점 기준	
상	(1)에 인상 깊은 장면을 쓰고, (2)에 인상 깊은 까닭을 알맞게 쓴 경우
중	(1)에 인상 깊은 장면을 썼지만, (2)의 까닭에 어색한 점이 있는 경우
하	(1)에만 인상 깊은 장면을 쓴 경우

15 경험한 내용을 영화로 만들려면 주제를 정하여 자료를 수집하고 정리한 뒤, 설명할 내용을 정리합니다. 그런 다음 사진이나 영상, 음악과 자막을 넣고 보완합니다.

01 (1) ④ (2) ② (3) ④ (4) ④   **02** ⑤

03 ③   **04** 영화에서 가장 인상 깊은 말과 장면

05 ②   **06** ③   **07** ②   **08** ⑤

09 ⑩ 우리 모두는 한국인이라고 말해 주고 싶습니다. / 힘을 내라고 말해 주고 싶습니다. **10** ①

11 솔빈   **12** ②   **13** ⑩ 속으로는 좋았지만 대상주로서의 위엄을 갖추고자 했기 때문입니다.

14 ④   **15** 희선   **16** ②, ⑤   **17** ③

18 ⑩ 박지원이 쓴 『열하일기』가 생각납니다. 장안을 묘사한 부분과 중국 문물을 소개한 부분이 비슷하기 때문입니다.   **19** ②   **20** ②

채점 기준	
상	융의 상황에 알맞게 하고 싶은 말을 쓴 경우
중	융의 상황에 알맞게 하고 싶은 말을 썼지만, 문장 표현에 어색한 점이 있는 경우
하	융의 상황과 관련 없는 내용을 쓴 경우

01 언제, 어디로 가는지, 누구와 함께 가고, 무엇을 준비해야 하는지를 정리한 여행 계획서입니다.

02 영화를 감상하는 방법을 이야기할 때 생각할 점으로 알맞지 않은 것을 찾아야 합니다. 영화를 감상할 때 '인물들이 말한 대사의 길이'를 생각할 필요는 없습니다.

03 ①, ②, ④는 영화 내용을 확인하는 질문, ⑤는 영화 내용을 추론하는 질문에 해당합니다. ③이 친구들의 생각을 알고 싶어 한 질문으로 알맞습니다.

04 영화의 내용 중 "난 어딜 가든 입양인이에요."라는 말은 입양을 가서 정체성에 혼란을 겪은 융이 한 말입니다.

05 「피부 색깔=꿀색」이라는 제목이 뭔가 전하고 싶은 이야기가 많은 것 같아 영화를 보게 되었다는 내용이므로 영화를 보게 된 까닭을 쓴 것입니다.

06 융은 벨기에로 입양되었지만 벨기에의 가족과 피부색이 다르다는 사실과 한국에 친부모가 있을지도 모른다는 생각에 잘 적응하지 못했습니다.

07 글 ②는 영화 줄거리, 글 ④는 영화 속 내용과 비슷한 자신의 경험과 영화에서 인상 깊은 내용, 글 ④는 예전에 보았던 영화, 글 ④는 영화를 본 뒤의 전체적인 느낌이나 주제를 썼습니다.

08 「국가 대표」의 주인공도 융처럼 해외로 입양되었기 때문에 글쓴이는 「국가 대표」를 떠올렸을 것입니다.

09 해외로 입양되어 힘든 시간을 보낸 융에게 어떤 말을 해 주면 좋을지 생각하여 씁니다.

10 영화 감상문에 영화 속 인물들이 한 행동을 빠짐없이 쓸 필요는 없습니다.

11 글 ②에서 홍라는 솔빈으로 가서 은화를 팔고 솔빈의 말을 사기로 결심했습니다.

12 교역을 하러 가고 싶어 하는 일꾼이 없는 것이 아니라 홍라의 사정 때문에 일꾼을 모으기 힘들었습니다.

13 홍라는 월보와 비녕자가 교역을 함께 떠나 주겠다고 하여 매우 반가웠지만 대상주답게 위엄을 갖추어야 한다고 생각했기 때문에 애써 엄한 표정을 지었습니다.

채점 기준	
상	대상주로서의 위엄을 갖추기 위해서라는 내용을 포함하여 답을 쓴 경우
하	대상주로서의 위엄을 갖추기 위해서라는 내용을 포함하여 답을 쓰지 못한 경우

14 몰래 길을 떠날 준비를 하는 것이므로 긴장감이 느껴집니다.

15 글 ⑩에서 홍라는 걱정거리가 없지 않지만, 다 이겨낼 수 있을 것만 같았다고 했습니다.

16 홍라가 어머니를 따라 먼 교역길에 나서 본 게 세 번이었는데, 그곳은 신라, 일본, 그리고 당나라의 장안이었다고 했습니다.

17 서부 시장에서는 소그드 상인은 물론이고 페르시아나 로마에서 온 상인들도 진귀한 물건을 내놓고 팔았다고 했습니다.

18 글의 내용과 관련 있는 경험을 떠올려 씁니다.

채점 기준	
상	글의 내용과 비슷한 자신의 경험을 알맞게 쓴 경우
하	자신의 경험을 포함하여 답을 썼지만, 글의 내용과 관련성이 떨어지는 경우

19 용기 있게 길을 나서는 홍라의 모습에 어울리는 느낌은 ②입니다.

20 여름에 바다에 가서 물놀이를 한 내용일 것이므로 알맞은 제목은 ②입니다.

수학

1 분수의 나눗셈

● 74쪽 ●

핵심 개념

1 4, 2, 2　　　　**2** 6 / 6, 3

3 6, 60

4 $\dfrac{5}{4}$, $\dfrac{15}{32}$

5 $\dfrac{4}{7}$, $\dfrac{36}{49}$

단원평가 기본 1회　● 75~77쪽 ●

01 (○) (　　)　**02** (1) 5　(2) $1\dfrac{3}{4}$

03 $1\dfrac{2}{3}$배　　**04** 4컵　　**05** 5배

06 (위에서부터) $1\dfrac{4}{5}$, $3\dfrac{3}{4}$　　**07** ㉡

08 $1\dfrac{3}{4}$　　　　**09** 21, 56　　**10** >

11 ④　　　　**12** 10개

13 $\dfrac{5}{7}\times\dfrac{8}{3}=\dfrac{40}{21}=1\dfrac{19}{21}$　　**14** ㉡

15 $1\dfrac{2}{3}$배　　**16** $1\dfrac{23}{40}$

17 (1) $2\dfrac{2}{15}$　(2) $\dfrac{4}{7}$　　**18** $\dfrac{17}{22}$

19 14번　　**20** 13그루

01 $\dfrac{12}{14}\div\dfrac{3}{14}=12\div3=4$

03 $\dfrac{5}{7}\div\dfrac{3}{7}=5\div3=\dfrac{5}{3}=1\dfrac{2}{3}$ (배)

04 $\dfrac{16}{17}\div\dfrac{4}{17}=16\div4=4$(컵)

05 $\dfrac{1}{2}\div\dfrac{1}{10}=\dfrac{5}{10}\div\dfrac{1}{10}=5\div1=5$(배)

06 • $\dfrac{3}{4}\div\dfrac{5}{12}=\dfrac{9}{12}\div\dfrac{5}{12}=9\div5=\dfrac{9}{5}=1\dfrac{4}{5}$

　　• $\dfrac{3}{4}\div\dfrac{1}{5}=\dfrac{15}{20}\div\dfrac{4}{20}=15\div4=\dfrac{15}{4}=3\dfrac{3}{4}$

07 ❶ ㉠ $\dfrac{9}{14}\div\dfrac{2}{7}=\dfrac{9}{14}\div\dfrac{4}{14}=9\div4=\dfrac{9}{4}=2\dfrac{1}{4}$

　　㉡ $\dfrac{2}{3}\div\dfrac{3}{8}=\dfrac{16}{24}\div\dfrac{9}{24}=16\div9=\dfrac{16}{9}=1\dfrac{7}{9}$

❷ $2\dfrac{1}{4}>1\dfrac{7}{9}$이므로 계산 결과가 더 작은 것은 ㉡입니다.

채점 기준	
상	풀이 과정을 완성하여 계산 결과가 더 작은 것의 기호를 쓴 경우
중	풀이 과정을 완성했지만 일부가 틀린 경우
하	답만 쓴 경우

08 $\dfrac{1}{4}\div\dfrac{3}{7}=\dfrac{7}{28}\div\dfrac{12}{28}=7\div12=\dfrac{7}{12}$

➡ ㉠÷㉡$=\dfrac{7}{12}\div\dfrac{1}{3}=\dfrac{7}{12}\div\dfrac{4}{12}$

　　　　$=7\div4=\dfrac{7}{4}=1\dfrac{3}{4}$

10 $9\div\dfrac{3}{10}=\overset{3}{9}\times\dfrac{10}{\underset{1}{3}}=30$, $21\div\dfrac{7}{8}=\overset{3}{21}\times\dfrac{8}{\underset{1}{7}}=24$

➡ 30>24

11 ①, ②, ③, ⑤ 12 / ④ 16

12 ❶ 100 cm=1 m이므로 400 cm=4 m입니다.

❷ (만들 수 있는 리본의 수)

　　$=4\div\dfrac{2}{5}=\overset{2}{4}\times\dfrac{5}{\underset{1}{2}}=10$(개)

채점 기준	
상	풀이 과정을 완성하여 만들 수 있는 리본은 모두 몇 개인지 구한 경우
중	풀이 과정을 완성했지만 일부가 틀린 경우
하	답만 쓴 경우

14 ㉠ $\dfrac{3}{8}\div\dfrac{4}{5}=\dfrac{3}{8}\times\dfrac{5}{4}=\dfrac{15}{32}$

㉡ $\dfrac{2}{5}\div\dfrac{2}{9}=\dfrac{\overset{1}{2}}{5}\times\dfrac{9}{\underset{1}{2}}=\dfrac{9}{5}=1\dfrac{4}{5}$

15 $\dfrac{3}{4}\div\dfrac{9}{20}=\dfrac{\overset{1}{3}}{4}\times\dfrac{\overset{5}{20}}{\underset{3}{9}}=\dfrac{5}{3}=1\dfrac{2}{3}$ (배)

16 ㉠ $\dfrac{7}{10}$　㉡ $\dfrac{4}{9}$

➡ ㉠÷㉡$=\dfrac{7}{10}\div\dfrac{4}{9}=\dfrac{7}{10}\times\dfrac{9}{4}=\dfrac{63}{40}=1\dfrac{23}{40}$

17 (1) $1\dfrac{7}{9} \div \dfrac{5}{6} = \dfrac{16}{9} \div \dfrac{5}{6} = \dfrac{16}{\underset{3}{9}} \times \dfrac{\overset{2}{6}}{5} = \dfrac{32}{15} = 2\dfrac{2}{15}$

(2) $1\dfrac{4}{7} \div 2\dfrac{3}{4} = \dfrac{11}{7} \div \dfrac{11}{4} = \dfrac{\overset{1}{11}}{7} \times \dfrac{4}{\underset{1}{11}} = \dfrac{4}{7}$

18 $2\dfrac{5}{6} \div 3\dfrac{2}{3} = \dfrac{17}{6} \div \dfrac{11}{3} = \dfrac{17}{\underset{2}{6}} \times \dfrac{\overset{1}{3}}{11} = \dfrac{17}{22}$

19 $10\dfrac{1}{2} \div \dfrac{3}{4} = \dfrac{21}{2} \div \dfrac{3}{4} = \dfrac{\overset{7}{21}}{\underset{1}{2}} \times \dfrac{\overset{2}{4}}{\underset{1}{3}} = 14$(번)

20 ❶ (나무 사이의 간격 수)

$= 3\dfrac{3}{4} \div \dfrac{5}{16} = \dfrac{15}{4} \div \dfrac{5}{16}$

$= \dfrac{\overset{3}{15}}{\underset{1}{4}} \times \dfrac{\overset{4}{16}}{\underset{1}{5}} = 12$(군데)

❷ (도로 한쪽에 필요한 나무 수)$=12+1=13$(그루)

	채점 기준
상	풀이 과정을 완성하여 필요한 나무는 모두 몇 그루인지 구한 경우
중	풀이 과정을 완성했지만 일부가 틀린 경우
하	답만 쓴 경우

단원평가 **기본** **2회** ●──── 78~80쪽

01 $5 \div 8 = \dfrac{5}{8}$ **02** 4   **03** ㉠

04 2 m   **05** (1) $\dfrac{3}{5}$ (2) $1\dfrac{4}{21}$

06 5 / 20   **07** $1\dfrac{7}{8}$배   **08** 9

09 $4\dfrac{4}{5}$ **10** (◯) (   )   **11** 18개

12 15명   **13** (1) $\dfrac{2}{3} \times \dfrac{5}{3} = \dfrac{10}{9} = 1\dfrac{1}{9}$

(2) $\dfrac{3}{4} \times \dfrac{7}{5} = \dfrac{21}{20} = 1\dfrac{1}{20}$

14 $\dfrac{3}{5}$, $1\dfrac{3}{5}$ **15** $\dfrac{6}{7}$ m   **16** 1, 2

17 $3\dfrac{1}{2}$에 색칠   **18** $2\dfrac{7}{10}$ **19** 9개

20 26개

01 분자끼리 나누어떨어지지 않을 때는 몫을 분수로 나타냅니다.

02 $\dfrac{2}{9} < \dfrac{8}{9}$ ➡ $\dfrac{8}{9} \div \dfrac{2}{9} = 8 \div 2 = 4$

03 ㉠ $\dfrac{6}{7} \div \dfrac{5}{7} = 6 \div 5 = \dfrac{6}{5} = 1\dfrac{1}{5}$

㉡ $\dfrac{8}{11} \div \dfrac{3}{11} = 8 \div 3 = \dfrac{8}{3} = 2\dfrac{2}{3}$

따라서 $1\dfrac{1}{5} < 2\dfrac{2}{3}$이므로 계산 결과가 더 작은 것은 ㉠입니다.

04 (세로)=(직사각형의 넓이)÷(가로)

$= \dfrac{4}{7} \div \dfrac{2}{7} = 4 \div 2 = 2 \, (\text{m})$

05 (1) $\dfrac{1}{2} \div \dfrac{5}{6} = \dfrac{3}{6} \div \dfrac{5}{6} = 3 \div 5 = \dfrac{3}{5}$

(2) $\dfrac{5}{7} \div \dfrac{3}{5} = \dfrac{25}{35} \div \dfrac{21}{35} = 25 \div 21 = \dfrac{25}{21} = 1\dfrac{4}{21}$

06 $\dfrac{1}{4} \div \dfrac{2}{5} = \dfrac{5}{20} \div \dfrac{8}{20} = 5 \div 8 = \dfrac{5}{8}$

➡ ♥$=5$, ★$=20$

07 ❶ (현수가 걸은 거리)÷(은아가 걸은 거리)

$= \dfrac{5}{12} \div \dfrac{2}{9}$

❷ $\dfrac{5}{12} \div \dfrac{2}{9} = \dfrac{15}{36} \div \dfrac{8}{36} = 15 \div 8 = \dfrac{15}{8} = 1\dfrac{7}{8}$(배)

	채점 기준
상	풀이 과정을 완성하여 현수가 걸은 거리는 은아가 걸은 거리의 몇 배인지 구한 경우
중	풀이 과정을 완성했지만 일부가 틀린 경우
하	답만 쓴 경우

08 $\square \times \dfrac{2}{21} = \dfrac{6}{7}$

➡ $\square = \dfrac{6}{7} \div \dfrac{2}{21} = \dfrac{18}{21} \div \dfrac{2}{21} = 18 \div 2 = 9$

09 $3 \div \dfrac{5}{8} = 3 \times \dfrac{8}{5} = \dfrac{24}{5} = 4\dfrac{4}{5}$

10 • $12 \div \dfrac{1}{2} = 12 \times 2 = 24$

• $9 \div \dfrac{1}{3} = 9 \times 3 = 27$

11 (필요한 봉지의 수)$=16 \div \dfrac{8}{9} = \overset{2}{16} \times \dfrac{9}{\underset{1}{8}} = 18$(개)

12 ❶ (전체 우유의 양)$=2\times5=10\,(\text{L})$

❷ (나누어 줄 수 있는 사람 수)

$$=10\div\frac{2}{3}=\overset{5}{\cancel{10}}\times\frac{3}{\cancel{2}}=15\,(\text{명})$$

채점 기준	
상	풀이 과정을 완성하여 우유를 모두 몇 명에게 나누어 줄 수 있는지 구한 경우
중	풀이 과정을 완성했지만 일부가 틀린 경우
하	답만 쓴 경우

14 · $\dfrac{1}{2}\div\dfrac{5}{6}=\dfrac{1}{\cancel{2}}\times\dfrac{\overset{3}{\cancel{6}}}{5}=\dfrac{3}{5}$

· $\dfrac{3}{5}\div\dfrac{3}{8}=\dfrac{\overset{1}{\cancel{3}}}{5}\times\dfrac{8}{\cancel{3}}=\dfrac{8}{5}=1\dfrac{3}{5}$

15 (높이)$=$(평행사변형의 넓이)$\div$(밑변)

$$=\frac{3}{5}\div\frac{7}{10}=\frac{3}{\cancel{5}}\times\frac{\overset{2}{\cancel{10}}}{7}=\frac{6}{7}\,(\text{m})$$

16 $\dfrac{8}{9}\div\dfrac{5}{12}=\dfrac{8}{\underset{3}{\cancel{9}}}\times\dfrac{\overset{4}{\cancel{12}}}{5}=\dfrac{32}{15}=2\dfrac{2}{15}$

따라서 $2\dfrac{2}{15}>\square$이므로 $\square$ 안에 들어갈 수 있는 자연수는 1, 2입니다.

18 $9\dfrac{3}{5}\div3\dfrac{5}{9}=\dfrac{48}{5}\div\dfrac{32}{9}=\dfrac{\overset{3}{\cancel{48}}}{5}\times\dfrac{9}{\underset{2}{\cancel{32}}}=\dfrac{27}{10}=2\dfrac{7}{10}$

19 (필요한 병의 수)

$$=7\dfrac{1}{2}\div\dfrac{5}{6}=\dfrac{15}{2}\div\dfrac{5}{6}=\dfrac{\overset{3}{\cancel{15}}}{\cancel{2}}\times\dfrac{\overset{3}{\cancel{6}}}{\cancel{5}}=9\,(\text{개})$$

20 ❶ 15분$=\dfrac{15}{60}$시간$=\dfrac{1}{4}$시간

❷ (만들 수 있는 장난감의 수)

$$=6\dfrac{1}{2}\div\dfrac{1}{4}=\dfrac{13}{2}\div\dfrac{1}{4}=\dfrac{13}{\cancel{2}}\times\overset{2}{\cancel{4}}=26\,(\text{개})$$

채점 기준	
상	풀이 과정을 완성하여 만들 수 있는 장난감은 모두 몇 개인지 구한 경우
중	풀이 과정을 완성했지만 일부가 틀린 경우
하	답만 쓴 경우

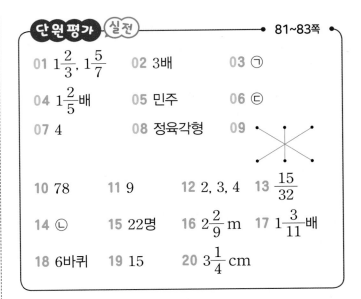

단원평가 실전 ▶ 81~83쪽

01 $1\dfrac{2}{3}$, $1\dfrac{5}{7}$	02 3배	03 ㉠
04 $1\dfrac{2}{5}$배	05 민주	06 ㉢
07 4	08 정육각형	09
10 78	11 9	12 2, 3, 4 13 $\dfrac{15}{32}$
14 ㉡	15 22명	16 $2\dfrac{2}{9}$ m 17 $1\dfrac{3}{11}$배
18 6바퀴	19 15	20 $3\dfrac{1}{4}$ cm

01 · $\dfrac{5}{7}\div\dfrac{3}{7}=5\div3=\dfrac{5}{3}=1\dfrac{2}{3}$

· $\dfrac{12}{13}\div\dfrac{7}{13}=12\div7=\dfrac{12}{7}=1\dfrac{5}{7}$

02 $\dfrac{15}{17}\div\dfrac{5}{17}=15\div5=3\,(\text{배})$

03 ㉠ $\dfrac{\square}{11}\div\dfrac{5}{11}=\square\div5=2\Rightarrow\square=10$

㉢ $\dfrac{\square}{15}\div\dfrac{2}{15}=\square\div2=4\Rightarrow\square=8$

04 (남은 들기름의 양)$=1-\dfrac{5}{12}=\dfrac{7}{12}\,(\text{L})$

(남은 들기름의 양)$\div$(할머니께 드린 들기름의 양)

$$=\dfrac{7}{12}\div\dfrac{5}{12}=7\div5=\dfrac{7}{5}=1\dfrac{2}{5}\,(\text{배})$$

05 · 승윤: $\dfrac{3}{4}\div\dfrac{5}{8}=\dfrac{6}{8}\div\dfrac{5}{8}=6\div5=\dfrac{6}{5}=1\dfrac{1}{5}$

· 민주: $\dfrac{2}{3}\div\dfrac{1}{6}=\dfrac{4}{6}\div\dfrac{1}{6}=4\div1=4$

06 ㉠ $\dfrac{5}{6}\div\dfrac{3}{4}=\dfrac{10}{12}\div\dfrac{9}{12}=10\div9=\dfrac{10}{9}=1\dfrac{1}{9}$

㉡ $\dfrac{8}{15}\div\dfrac{2}{5}=\dfrac{8}{15}\div\dfrac{6}{15}=8\div6=\dfrac{\overset{4}{\cancel{8}}}{\underset{3}{\cancel{6}}}=\dfrac{4}{3}=1\dfrac{1}{3}$

㉢ $\dfrac{5}{7}\div\dfrac{5}{6}=\dfrac{30}{42}\div\dfrac{35}{42}=30\div35=\dfrac{\overset{6}{\cancel{30}}}{\underset{7}{\cancel{35}}}=\dfrac{6}{7}$

07 $\dfrac{11}{15}\div\dfrac{1}{6}=\dfrac{22}{30}\div\dfrac{5}{30}=22\div5=\dfrac{22}{5}=4\dfrac{2}{5}$

따라서 $4\dfrac{2}{5}>\square$이므로 $\square$ 안에 들어갈 수 있는 자연수 중에서 가장 큰 수는 4입니다.

채점 기준	
상	풀이 과정을 완성하여 □ 안에 들어갈 수 있는 자연수 중에서 가장 큰 수를 구한 경우
중	풀이 과정을 완성했지만 일부가 틀린 경우
하	답만 쓴 경우

08 정다각형은 모든 변의 길이가 같으므로 변의 수는

$\dfrac{3}{7} \div \dfrac{1}{14} = \dfrac{6}{14} \div \dfrac{1}{14} = 6 \div 1 = 6$(개)입니다.

변의 수가 6개인 정다각형은 정육각형입니다.

10 $\square \times \dfrac{1}{6} = 13$

➡ $\square = 13 \div \dfrac{1}{6} = 13 \times 6 = 78$

11 ㉠ $9 \div \dfrac{3}{5} = \overset{3}{9} \times \dfrac{5}{\underset{1}{3}} = 15$

㉡ $14 \div \dfrac{7}{12} = \overset{2}{14} \times \dfrac{12}{\underset{1}{7}} = 24$

➡ ㉡ $-$ ㉠ $= 24 - 15 = 9$

12 $21 \div \dfrac{3}{\square} = \overset{7}{21} \times \dfrac{\square}{\underset{1}{3}} = 7 \times \square$이므로

$10 < 7 \times \square < 30$입니다.

따라서 $7 \times 2 = 14$, $7 \times 3 = 21$, $7 \times 4 = 28$이므로 □ 안에 들어갈 수 있는 자연수는 2, 3, 4입니다.

13 삼각형 안에 있는 수는 $\dfrac{3}{8}$, 사각형 안에 있는 수는

$\dfrac{4}{5}$입니다.

➡ $\dfrac{3}{8} \div \dfrac{4}{5} = \dfrac{3}{8} \times \dfrac{5}{4} = \dfrac{15}{32}$

14 ㉠ $\dfrac{2}{3} \div \dfrac{5}{7} = \dfrac{2}{3} \times \dfrac{7}{5} = \dfrac{14}{15}$

㉡ $\dfrac{14}{15} \div \dfrac{2}{3} = \dfrac{\overset{7}{14}}{\underset{5}{15}} \times \dfrac{3}{\underset{1}{2}} = \dfrac{7}{5} = 1\dfrac{2}{5}$

㉢ $\dfrac{2}{5} \div \dfrac{3}{7} = \dfrac{2}{5} \times \dfrac{7}{3} = \dfrac{14}{15}$

따라서 몫이 다른 나눗셈은 ㉡입니다.

채점 기준	
상	풀이 과정을 완성하여 몫이 다른 나눗셈을 찾아 기호를 쓴 경우
중	풀이 과정을 완성했지만 일부가 틀린 경우
하	답만 쓴 경우

15 진호네 반 전체 학생 수를 □명이라 하면

$\square \times \dfrac{6}{11} = 12$,

$\square = 12 \div \dfrac{6}{11} = \overset{2}{12} \times \dfrac{11}{\underset{6}{6}} = 22$입니다.

따라서 진호네 반 전체 학생은 22명입니다.

16 (삼각형의 넓이) = (밑변) × (높이) ÷ 2

➡ (밑변) = (삼각형의 넓이) × 2 ÷ (높이)

$= \dfrac{8}{9} \times 2 \div \dfrac{4}{5} = \dfrac{16}{9} \div \dfrac{4}{5}$

$= \dfrac{\overset{4}{16}}{9} \times \dfrac{5}{\underset{1}{4}} = \dfrac{20}{9} = 2\dfrac{2}{9}$ (m)

18 15분 $= \dfrac{15}{60}$시간 $= \dfrac{1}{4}$시간

따라서 연진이가 $1\dfrac{1}{2}$시간 동안 공원을

$1\dfrac{1}{2} \div \dfrac{1}{4} = \dfrac{3}{2} \div \dfrac{1}{4} = \dfrac{3}{\underset{1}{2}} \times \overset{2}{4} = 6$(바퀴) 뛸 수 있습니다.

채점 기준	
상	풀이 과정을 완성하여 연진이가 $1\dfrac{1}{2}$시간 동안 공원을 몇 바퀴 뛸 수 있는지 구한 경우
중	풀이 과정을 완성했지만 일부가 틀린 경우
하	답만 쓴 경우

19 어떤 수를 □라 하면 $\square \times \dfrac{2}{5} = 2\dfrac{2}{5}$입니다.

➡ $\square = 2\dfrac{2}{5} \div \dfrac{2}{5} = \dfrac{\overset{6}{12}}{\underset{1}{5}} \times \dfrac{\overset{1}{5}}{\underset{1}{2}} = 6$

따라서 어떤 수는 6이므로 바르게 계산한 값은

$6 \div \dfrac{2}{5} = \overset{3}{6} \times \dfrac{5}{\underset{1}{2}} = 15$입니다.

20 직육면체의 높이를 □cm라 하면

$2\dfrac{1}{2} \times 2\dfrac{1}{5} \times \square = 17\dfrac{7}{8}$입니다.

$\dfrac{5}{2} \times \dfrac{11}{\underset{1}{5}}^{\,1} \times \square = 17\dfrac{7}{8}$, $\dfrac{11}{2} \times \square = 17\dfrac{7}{8}$

➡ $\square = 17\dfrac{7}{8} \div \dfrac{11}{2} = \dfrac{143}{8} \div \dfrac{11}{2}$

$= \dfrac{\overset{13}{143}}{\underset{4}{8}} \times \dfrac{\overset{1}{2}}{\underset{1}{11}} = \dfrac{13}{4} = 3\dfrac{1}{4}$

2 공간과 입체

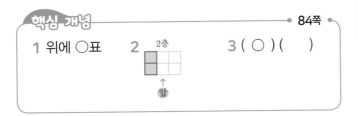
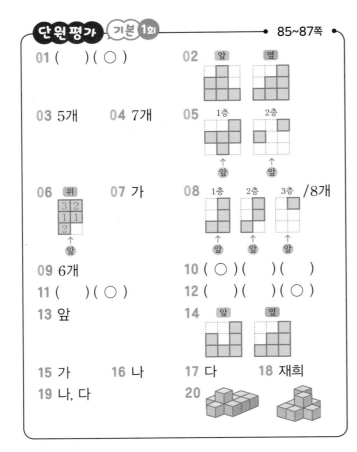

01 ( )(○)

03 5개   04 7개

09 6개

11 ( )(○)   12 ( )( )(○)

13 앞

15 가   16 나   17 다   18 재희

19 나, 다

02 위에서 본 모양을 보면 쌓은 모양 뒤에 숨겨진 쌓기나무가 있습니다.
- 앞에서 보면 왼쪽부터 2층, 3층, 1층으로 보입니다.
- 옆에서 보면 왼쪽부터 1층, 2층, 3층으로 보입니다.

03 보이지 않는 자리에 쌓기나무가 있을 공간이 없으므로 주어진 모양과 똑같이 쌓을 때 필요한 쌓기나무는 5개입니다.

04 위에서 본 모양을 보면 보이지 않는 자리에 쌓기나무는 없습니다.
따라서 똑같이 쌓을 때 필요한 쌓기나무는 7개입니다.

05 1층에는 쌓기나무가 5개 있고, 2층에는 쌓기나무가 2개 있습니다. 쌓은 모양을 보고 위치에 맞게 그립니다.

06 쌓기나무 9개로 쌓은 모양이므로 보이지 않는 자리에 쌓기나무는 없습니다. 위에서 본 모양을 그리고 각 자리에 쌓은 쌓기나무의 개수를 세어 위에서 본 모양에 수를 씁니다.

07 ❶ 가: $3+1+2+1+1+3+1=12$(개)
나: $2+2+3+1+3+2=13$(개)
❷ $12<13$이므로 사용된 쌓기나무가 더 적은 것은 가입니다.

채점 기준	
상	풀이 과정을 완성하여 사용된 쌓기나무가 더 적은 것의 기호를 쓴 경우
중	풀이 과정을 완성했지만 일부가 틀린 경우
하	답만 쓴 경우

08 1층의 모양은 위에서 본 모양과 같습니다. 2층의 모양은 2 이상의 수가 쓰인 자리, 3층의 모양은 3 이상의 수가 쓰인 자리를 찾아 그립니다.
➡ $4+3+1=8$(개)

09 각 줄에서 가장 높은 층만큼 보이므로 왼쪽부터 3층, 2층, 1층으로 보입니다. ➡ $3+2+1=6$(개)

12 왼쪽은 1층의 모양이 [그림]이고, 가운데는 3층의 모양이 [그림]입니다.

13 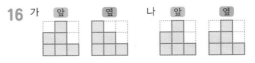 따라서 보기의 모양은 앞에서 본 모양입니다.

14 앞에서 보면 왼쪽부터 2층, 1층, 3층으로 보이고, 옆에서 보면 왼쪽부터 1층, 2층, 3층으로 보입니다.

15 앞에서 보면 가는 왼쪽부터 1층, 3층, 3층으로 보이고, 나는 왼쪽부터 1층, 2층, 3층으로 보이고, 다는 왼쪽부터 1층, 2층, 3층으로 보입니다.
따라서 앞에서 본 모양이 다른 것은 가입니다.

16 [그림: 가 앞 옆, 나 앞 옆]

17 [그림: 가 나] 따라서 만들 수 있는 모양이 아닌 것은 다입니다.

18 돌리거나 뒤집었을 때 같은 모양끼리 모은 친구는 재희입니다.

19

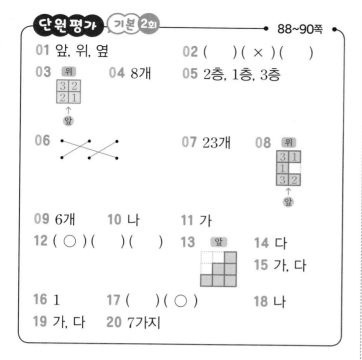

01 앞, 위, 옆 02 ( )(×)( )
03 위
   3 2 1
   2 1
   ↑
   앞
04 8개 05 2층, 1층, 3층
06 (교차선) 07 23개 08 위
   3 1
   1 2
   ↑
   앞
09 6개 10 나 11 가
12 (○)( )( ) 13 앞 (계단 모양 그림) 14 다
15 가, 다
16 1 17 ( )(○) 18 나
19 가, 다 20 7가지

01 • 앞에서 보면 왼쪽부터 1층, 1층, 3층으로 보입니다.
   • 옆에서 보면 왼쪽부터 1층, 3층으로 보입니다.

02 앞에서 보면 가장 아래에 있는 3개의 쌓기나무 중에서 왼쪽에 있는 쌓기나무 위에 2개가 더 보입니다.

03 자리에 맞춰 쌓기나무의 개수를 써넣습니다.

04 (필요한 쌓기나무의 개수)
   =3+2+2+1=8(개)

05 2층에 쌓기나무를 쌓기 위해서는 1층에 쌓기나무가 있어야 하고, 3층에 쌓기나무를 쌓기 위해서는 2층에 쌓기나무가 있어야 함을 이용합니다.

06 위에서 본 모양이 서로 같은 쌓기나무로 쌓은 모양입니다. 위에서 본 모양에 쌓인 쌓기나무의 개수를 세어서 비교합니다.

07 ❶ (사용한 쌓기나무의 개수)=5+3+2=10(개)
   ❷ (처음에 있던 쌓기나무의 개수)
   =10+13=23(개)

채점 기준	
상	풀이 과정을 완성하여 처음에 있던 쌓기나무는 몇 개인지 구한 경우
중	풀이 과정을 완성했지만 일부가 틀린 경우
하	답만 쓴 경우

08 위에서 본 모양은 1층의 모양과 같습니다. 층별로 나타낸 그림에서 각 자리가 몇 층까지 있는지 확인하여 수를 씁니다.

09 쌓기나무를 가장 적게 사용하여 쌓은 모양을 위에서 본 모양에 수를 써서 나타내면 또는 입니다.
   ➡ (필요한 쌓기나무의 개수)
   =1+2+2+1=6(개)

10 위에서 본 모양과 각 자리에 쌓여 있는 쌓기나무의 개수를 확인하여 쌓은 모양을 찾습니다.

11 1층의 모양이 나는 이고, 다는 입니다.

12 가운데는 위와 앞에서 본 모양, 오른쪽은 위에서 본 모양이 주어진 모양과 다릅니다.

13 앞에서 본 모양을 층별로 나누어 생각해 보면 1층은 모양, 2층은 모양, 3층은 모양으로 보입니다.

14 옆에서 보면 가는 왼쪽부터 2층, 3층으로 보이고, 나는 왼쪽부터 2층, 3층으로 보이고, 다는 왼쪽부터 3층, 2층으로 보입니다.
   따라서 옆에서 본 모양이 다른 하나는 다입니다.

15 나는 앞에서 본 모양이 다음과 같습니다.

16 ㉠ 부분을 제외하고 앞과 옆에서 본 모양을 그려 봅니다.
   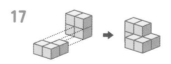
   따라서 ㉠에 알맞은 수는 1입니다.

17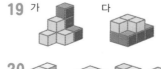

18 가는 1층에 쌓기나무가 5개 있습니다.
   다를 쌓기나무 8개로 쌓았으면 1층에는 쌓기나무가 5개 있습니다.

19 가   다

20 ➡ 7가지

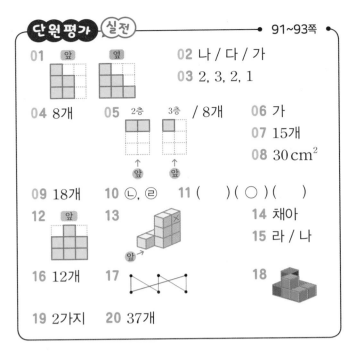

01 앞 / 옆

02 나 / 다 / 가

03 2, 3, 2, 1

04 8개

05 2층 3층 / 8개

06 가

07 15개

08 30 cm²

09 18개

10 ㉡, ㉣

11 ( )(○)( )

12 앞

13

14 채아

15 라 / 나

16 12개

17

18

19 2가지

20 37개

---

02 • 가가 위에서 본 모양일 경우 앞에서 본 모양이 모눈 2칸이어야 하므로 만족하지 않습니다.
• 나가 위에서 본 모양일 경우 옆에서 본 모양은 가가 되어야 하고 앞에서 본 모양은 다가 되어야 합니다.
• 다가 위에서 본 모양일 경우 앞에서 본 모양과 옆에서 본 모양이 모두 모눈 3칸이어야 하므로 만족하지 않습니다.

03 • 앞에서 본 모양을 보면 쌓기나무가 ㉠에 2개, ㉣에 1개 쌓여 있습니다.
• 앞과 옆에서 본 모양을 보면 쌓기나무가 ㉡에 3개, ㉢에 2개 쌓여 있습니다.

04 (필요한 쌓기나무의 개수)
= 2+3+2+1=8(개)

05 (필요한 쌓기나무의 개수)=5+2+1=8(개)

06 가 위 나 위

가: 2+1+3+1+1=8(개)
나: 2+3+1+1=7(개)

07 (사용한 쌓기나무의 개수)=6+3+1=10(개)
➡ (남은 쌓기나무의 개수)=25−10=15(개)

채점 기준	
상	풀이 과정을 완성하여 모양을 만들고 남은 쌓기나무는 몇 개인지 구한 경우
중	풀이 과정을 완성했지만 일부가 틀린 경우
하	답만 쓴 경우

---

08 위에서 보이는 면은 2+2+1=5(개), 앞에서 보이는 면은 3+1=4(개), 옆에서 보이는 면은 3+2+1=6(개)입니다.
쌓기나무 1개의 한 면의 넓이는 1 cm²이므로 겉넓이는 (5+4+6)×2=30 (cm²)입니다.

09 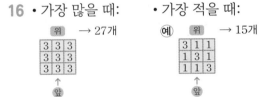 (쌓은 쌓기나무의 개수)
=3+1+2+1+1+1=9(개)
더 쌓아 만들 수 있는 가장 작은 정육면체는 한 모서리에 쌓기나무가 3개씩 있는 모양이므로 3×3×3=27(개)입니다.
➡ (더 필요한 쌓기나무의 개수)=27−9=18(개)

11 앞에서 본 모양을 보면 **10**의 그림에서 ㉠ 자리에 2개, ㉢ 자리에 1개를 더 쌓아야 합니다.

12 앞에서 보면 왼쪽부터 2층, 3층, 2층으로 보입니다.

14 채아: 위에서 본 모양을 보면 1층에 쌓은 쌓기나무는 7개입니다.

15 2층으로 가능한 모양은 나, 다, 라입니다. 2층에 라를 놓으면 3층에 나를 놓을 수 있습니다.

16 • 가장 많을 때: • 가장 적을 때:

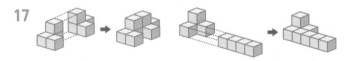

➡ (쌓기나무 개수의 차)=27−15=12(개)

17

18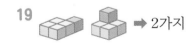

19

20 쌓기나무의 개수를 각각 구해 보면
첫 번째: 1개, 두 번째: 5개, 세 번째: 9개입니다.
따라서 4개씩 늘어나는 규칙이 있으므로 열 번째에 올 모양의 쌓기나무는 1+4×9=37(개)입니다.

채점 기준	
상	풀이 과정을 완성하여 열 번째에 올 모양의 쌓기나무는 몇 개인지 구한 경우
중	풀이 과정을 완성했지만 일부가 틀린 경우
하	답만 쓴 경우

3 소수의 나눗셈

 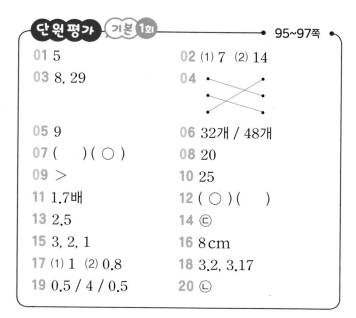
01 종이띠 1.5 m를 0.3 m씩 자르면 5도막이 됩니다.
　➡ $1.5 \div 0.3 = 5$

03 $1.12 \div 0.14 = 8$,
　$4.06 \div 0.14 = 29$

04 • $6.36 \div 0.12 = 53$
　• $78.4 \div 1.4 = 56$
　• $14.79 \div 0.87 = 17$

05 ❶ ㉠ $3.72 \div 0.62 = 6$
　　㉡ $40.5 \div 2.7 = 15$
　❷ ㉡－㉠＝$15 - 6 = 9$

채점 기준	
상	풀이 과정을 완성하여 ㉠과 ㉡의 몫의 차를 구한 경우
중	풀이 과정을 완성했지만 일부가 틀린 경우
하	답만 쓴 경우

06 (소연이가 자른 조각 수)＝$19.2 \div 0.6 = 32$(개)
　(현민이가 자른 조각 수)＝$19.2 \div 0.4 = 48$(개)

07 나누는 수와 나누어지는 수의 소수점을 똑같이 옮
　겨야 합니다.

08
$$0.32\overline{)6.40} \quad \begin{array}{r} 20 \\ \hline 6\ 4 \\ \hline 0 \end{array}$$

09 $31.85 \div 3.5 = 9.1$, $5.16 \div 0.6 = 8.6$
　➡ $9.1 > 8.6$

10 ❶ $20.5 > 12.35 > 1.3 > 0.82$이므로
　가장 큰 수는 20.5이고, 가장 작은 수는 0.82입
　니다.
　❷ $20.5 \div 0.82 = 25$

채점 기준	
상	풀이 과정을 완성하여 가장 큰 수를 가장 작은 수로 나눈 몫을 구한 경우
중	풀이 과정을 완성했지만 일부가 틀린 경우
하	답만 쓴 경우

11 (집~병원)÷(집~우체국)＝$2.21 \div 1.3 = 1.7$(배)

12 5와 1.25를 똑같이 100배 한 $500 \div 125$는
　$5 \div 1.25$와 몫이 같습니다.

13 $6 \div 2.4 = 2.5$

14 ㉢ $72 \div 2.4 = 30$

15 $23 \div 0.92 = 25$, $32 \div 1.6 = 20$, $20 \div 1.25 = 16$
　➡ $16 < 20 < 25$

16 (세로)＝(직사각형의 넓이)÷(가로)
　　　＝$52 \div 6.5 = 8$(cm)

17 (1) 0.8̲2 → 1　　　　(2) 0.82̲ → 0.8

18 • 소수 첫째 자리: $19 \div 6 = 3.1̲6 \cdots$ → 3.2
　• 소수 둘째 자리: $19 \div 6 = 3.16̲6 \cdots$ → 3.17

19 12.5에서 3씩 4번 빼면 0.5가 남습니다.

20 ❶ ㉠ $10 \div 3 = 3.3̲ \cdots$ → 3
　　㉡ $38 \div 9 = 4.2̲ \cdots$ → 4
　　㉢ $3 \div 1.8 = 1.6̲ \cdots$ → 2
　❷ $4 > 3 > 2$이므로 몫을 반올림하여 일의 자리까
　지 나타낸 수가 가장 큰 것은 ㉡입니다.

채점 기준	
상	풀이 과정을 완성하여 몫을 반올림하여 일의 자리까지 나타낸 수가 가장 큰 것을 찾아 기호를 쓴 경우
중	풀이 과정을 완성했지만 일부가 틀린 경우
하	답만 쓴 경우

01 $\dfrac{72}{10} \div \dfrac{9}{10} = 72 \div 9 = 8$ **02** 4.5

03 9배   **04** >   **05** 12배

06 ㉢, ㉠, ㉡   **07** 570, 19, 30   **08** 2.8

09 ( ) (○) ( )   **10** 60 km

11 6.2 cm   **12** (1) 5 (2) 4   **13** 선 잇기

14 66÷1.2에 색칠   **15** 2배

16 1, 2, 3

17 (1)
```
       2.8 3  / 2.8
   3 ) 8.5 0
       6
       2 5
       2 4
         1 0
           9
           1
```
(2)
```
       3.2 7  / 3.3
   9 ) 2 9.5 0
       2 7
         2 5
         1 8
           7 0
           6 3
             7
```

18 진성   **19** 7 / 0.7   **20** 6.5 kg

---

02 0.4 < 1.8 ➡ 1.8÷0.4 = 4.5

03 (멜론의 무게) ÷ (복숭아의 무게)
= 2.25÷0.25 = 9(배)

04 21.7÷3.1 = 7, 32.4÷5.4 = 6 ➡ 7 > 6

05 (거실의 넓이) ÷ (화장실의 넓이)
= 43.68÷3.64 = 12(배)

06 ❶ ㉠ 2.16÷0.24 = 9   ㉡ 9.8÷0.7 = 14
㉢ 15.6÷2.6 = 6
❷ 6 < 9 < 14이므로 몫이 작은 것부터 차례대로 기호를 쓰면 ㉢, ㉠, ㉡입니다.

채점 기준	
상	풀이 과정을 완성하여 몫이 작은 것부터 차례대로 기호를 쓴 경우
중	풀이 과정을 완성했지만 일부가 틀린 경우
하	답만 쓴 경우

07 자릿수가 다른 (소수)÷(소수)는 나누는 수와 나누어지는 수를 자연수로 만들어 계산할 수 있습니다.

08 3.92÷1.4 = 2.8

09 2.45÷0.7 = 3.5, 8.4÷0.24 = 35,
17.85÷5.1 = 3.5

10 ❶ (넣은 휘발유의 양)
÷(1 km를 갈 수 있는 휘발유의 양)
= 4.8÷0.08
❷ 4.8÷0.08 = 60 (km)

채점 기준	
상	풀이 과정을 완성하여 자동차에 휘발유 4.8 L를 넣으면 몇 km를 갈 수 있는지 구한 경우
중	풀이 과정을 완성했지만 일부가 틀린 경우
하	답만 쓴 경우

11 (다른 대각선)
= (마름모의 넓이) × 2 ÷ (한 대각선)
= 30.07 × 2 ÷ 9.7
= 60.14÷9.7 = 6.2 (cm)

13 • 9÷0.45 = 20
• 20÷0.5 = 40
• 15÷0.6 = 25

14 72÷1.6 = 45, 66÷1.2 = 55

15 (아버지의 몸무게) ÷ (승주의 몸무게)
= 77÷38.5 = 2(배)

16 26÷6.5 = 4
따라서 4 > □이므로 □ 안에 들어갈 수 있는 자연수는 1, 2, 3입니다.

17 (1) 8.5÷3 = 2.83··· → 2.8
(2) 29.5÷9 = 3.27··· → 3.3

18 • 혜미: 8.9÷7 = 1.27··· → 1.3
• 진성: 6÷1.3 = 4.615··· → 4.62
따라서 바르게 나타낸 친구는 진성입니다.

19
```
         7      ← 나누어 줄 수 있는 사람 수
   2 ) 1 4.7
       1 4
         0.7    ← 남는 호두의 양
```

20 ❶ 2 m 30 cm = 2.3 m
❷ (나무 막대의 무게) ÷ (나무 막대의 길이)
= 15÷2.3 = 6.52··· → 6.5 kg

채점 기준	
상	풀이 과정을 완성하여 나무 막대 1 m의 무게는 몇 kg인지 반올림하여 소수 첫째 자리까지 나타낸 경우
중	풀이 과정을 완성했지만 일부가 틀린 경우
하	답만 쓴 경우

01 117, 9	**02** 2.1÷0.6에 색칠
03 17배	**04** 경아	**05** 4
06 8, 5, 6 / 7	**07** 5.85, 11.7	**08** ( ) (○)
09 14개	**10** 8	**11** 3.2 km
12 5배	**13** 58	**14** ㉠
15 60봉지	**16** 8	
17 (위에서부터) 8, 4.7 / 5, 7.7	**18** <	
19 66.7	**20** 6.85	

01 나누는 수와 나누어지는 수를 똑같이 100배 하여 자연수의 나눗셈으로 계산합니다.

02 $10.5÷0.3=35$, $4.8÷1.2=4$, $2.1÷0.6=3.5$

03 (골프공의 무게)÷(탁구공의 무게)
$=45.9÷2.7=17$(배)

채점 기준	
상	풀이 과정을 완성하여 골프공의 무게는 탁구공의 무게의 몇 배인지 구한 경우
중	풀이 과정을 완성했지만 일부가 틀린 경우
하	답만 쓴 경우

04 • 경아: $8.5÷2.5=3.4$ ➡ $3.4-3=0.4$
• 영선: $0.45÷0.18=2.5$ ➡ $3-2.5=0.5$
• 민주: $8.4÷4.2=2$ ➡ $3-2=1$

05 (직육면체의 부피)=(가로)×(세로)×(높이)이므로 $3.18×1×□=12.72$입니다.
따라서 $□=12.72÷3.18=4$입니다.

06 몫을 가장 작게 만들려면 가장 작은 수를 가장 큰 수로 나누어야 합니다.
➡ $5.6÷0.8=7$

07 • $3.51÷0.6=35.1÷6=5.85$
• $5.85÷0.5=58.5÷5=11.7$

08 $2.34÷0.9=2.6$, $9.28÷3.2=2.9$

09 $66.5÷4.75=14$(개)

10 $40.28÷5.3=7.6$
따라서 $7.6<□$이므로 $□$ 안에 들어갈 수 있는 가장 작은 자연수는 8입니다.

11 7분 15초$=7\frac{15}{60}$분$=7\frac{1}{4}$분$=7\frac{25}{100}$분$=7.25$분
➡ (1분 동안 간 거리)$=23.2÷7.25=3.2$(km)

12 (양동이의 들이)÷(냄비의 들이)$=12÷2.4=5$(배)

13 • $20÷2.5=8$ • $3÷0.06=50$
➡ $8+50=58$

14 ㉠ $1.5×□=18$ ➡ $□=18÷1.5=12$
㉡ $3.2×□=48$ ➡ $□=48÷3.2=15$
따라서 $12<15$이므로 $□$ 안에 알맞은 수가 더 작은 것은 ㉠입니다.

채점 기준	
상	풀이 과정을 완성하여 $□$ 안에 알맞은 수가 더 작은 것의 기호를 쓴 경우
중	풀이 과정을 완성했지만 일부가 틀린 경우
하	답만 쓴 경우

15 (전체 감자의 양)$=15×7=105$(kg)
➡ (담을 수 있는 봉지 수)$=105÷1.75=60$(봉지)

16 $34÷5.5=6.181818…$이므로 몫의 소수점 아래 반복되는 숫자는 1, 8입니다.
몫의 소수 홀수째 자리 숫자는 1이고, 소수 짝수째 자리 숫자는 8이므로 몫의 소수 52째 자리 숫자는 8입니다.

17
```
        8  ← 몫              5  ← 몫
   6)5 2.7           9)5 2.7
     4 8               4 5
     4.7 ← 남는 수       7.7 ← 남는 수
```

18 $3.8÷9=0.42…$
몫을 반올림하여 소수 첫째 자리까지 나타내면
$0.42… → 0.4$이므로 $0.4<0.42…$입니다.

19 어떤 수를 $□$라 하여 잘못 계산한 식을 세우면
$□÷6=10$입니다. ➡ $□=10×6=60$
따라서 바르게 계산했을 때의 몫을 반올림하여 소수 첫째 자리까지 나타내면
$60÷0.9=66.66… → 66.7$입니다.

20 몫이 가장 큰 나눗셈을 만들려면 가장 큰 소수 한 자리 수 8.5를 가장 작은 소수 두 자리 수 1.24로 나누어야 합니다.
➡ $8.5÷1.24=6.854… → 6.85$

채점 기준	
상	풀이 과정을 완성하여 몫이 가장 클 때의 몫을 반올림하여 소수 둘째 자리까지 나타낸 수는 얼마인지 구한 경우
중	풀이 과정을 완성했지만 일부가 틀린 경우
하	답만 쓴 경우

4 비례식과 비례배분

03 10 : 24의 전항과 후항에 0이 아닌 같은 수를 곱하거나 전항과 후항을 0이 아닌 같은 수로 나누어 비율이 같은 비를 나타냅니다.

06 ㉠ $\frac{1}{2} : \frac{1}{3}$ ➡ 3 : 2 (×6) ㉡ $\frac{1}{2} : \frac{3}{4}$ ➡ 2 : 3 (×4)

㉢ $\frac{3}{8} : \frac{5}{16}$ ➡ 6 : 5 (×16)

07 ❶ 직사각형의 세로의 길이와 가로의 길이의 비는 $\frac{4}{5}$: 1.3입니다.

❷ 전항 $\frac{4}{5}$ 를 소수로 바꾸면 0.8입니다.

0.8 : 1.3의 전항과 후항에 10을 곱하면 간단한 자연수의 비인 8 : 13으로 나타낼 수 있습니다.

채점 기준	
상	풀이 과정을 완성하여 직사각형의 세로의 길이와 가로의 길이의 비를 간단한 자연수의 비로 나타낸 경우
중	풀이 과정을 완성했지만 일부가 틀린 경우
하	답만 쓴 경우

09 6×21=□×18, □×18=126, □=7

11 • 성민: (외항의 곱)=0.3×6=1.8,
　　　 (내항의 곱)=0.4×5=2

• 소진: (외항의 곱)=$\frac{1}{5}$×15=3,

　　　 (내항의 곱)=$\frac{1}{6}$×18=3

12 비율을 비로 나타낼 때는 분자를 전항에, 분모를 후항에 씁니다.

$\frac{6}{7}$ ➡ 6 : 7, $\frac{12}{14}$ ➡ 12 : 14이므로 비례식을 세우면

6 : 7=12 : 14 또는 12 : 14=6 : 7입니다.

13 • 9 : 6=㉠ : 18에서
9×18=6×㉠, 6×㉠=162, ㉠=27입니다.
• 4 : 7=32 : ㉡에서
4×㉡=7×32, 4×㉡=224, ㉡=56입니다.
따라서 ㉠+㉡=27+56=83입니다.

14 ❶ 어른의 입장료를 □원이라 하여 비례식을 세우면
3 : 5=2400 : □입니다.

❷ 3×□=5×2400, 3×□=12000, □=4000
따라서 어른의 입장료는 4000원입니다.

채점 기준	
상	풀이 과정을 완성하여 어른의 입장료는 얼마인지 구한 경우
중	풀이 과정을 완성했지만 일부가 틀린 경우
하	답만 쓴 경우

15 $\frac{8}{12}=\frac{2}{3}$이므로 비율이 $\frac{2}{3}$인 것을 모두 찾으면

2 : 3 ➡ $\frac{2}{3}$, 40 : 60 ➡ 2 : 3 ➡ $\frac{2}{3}$이므로

2 : 3과 40 : 60입니다.
따라서 비례식을 세우면 2 : 3=40 : 60 또는
40 : 60=2 : 3입니다.

18 0.8 : 1.3 ➡ 8 : 13 (×10)

가: 420×$\frac{8}{8+13}$=420×$\frac{8}{21}$=160

나: 420×$\frac{13}{8+13}$=420×$\frac{13}{21}$=260

19 하루는 24시간입니다.

➡ 밤: 24×$\frac{3}{5+3}$=24×$\frac{3}{8}$=9(시간)

20 ❶ 직사각형의 둘레가 $78\,\text{cm}$이므로 가로와 세로의
길이의 합은 $78\div2=39\,(\text{cm})$입니다.

❷ 직사각형의 가로는
$$39\times\frac{9}{9+4}=39\times\frac{9}{13}=27\,(\text{cm})입니다.$$

채점 기준	
상	풀이 과정을 완성하여 직사각형의 가로의 길이는 몇 cm인지 구한 경우
중	풀이 과정을 완성했지만 일부가 틀린 경우
하	답만 쓴 경우

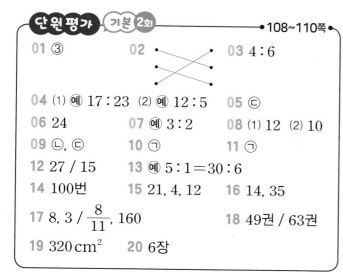

단원평가 기본 2회 ●108~110쪽●

01 ③	**02**	**03** $4:6$
04 (1) 예 $17:23$ (2) 예 $12:5$		**05** ㉢
06 24	**07** 예 $3:2$	**08** (1) 12 (2) 10
09 ㉡, ㉢	**10** ㉠	**11** ㉠
12 27 / 15	**13** 예 $5:1=30:6$
14 100번	**15** 21, 4, 12	**16** 14, 35
17 8, 3 / $\frac{8}{11}$, 160	**18** 49권 / 63권
19 $320\,\text{cm}^2$	**20** 6장

03 $32:48$에서 후항을 8로 나누면 6이 되므로 $32:48$
의 전항과 후항을 8로 나눕니다. ➡ $4:6$

05 ㉠ $1.5:0.4$ ➡ $15:4$ (×10)

㉡ $\dfrac{1}{6}:\dfrac{1}{7}$ ➡ $7:6$ (×42)

㉢ $26:39$ ➡ $2:3$ (÷13)

06 간단한 자연수의 비로 나타내기 전 비의 전항을 ▢
라 하면 비는 ▢ : 64입니다.
후항을 8로 나누었으므로 전항도 8로 나누면
$▢\div8=3$, $▢=3\times8=24$입니다.

07 ❶ (준영이가 동생에게 주고 남은 용돈)
$=5000-2000=3000(원)$

❷ 나누어 가진 용돈의 비는 $3000:2000$입니다.
$3000:2000$의 전항과 후항을 1000으로 나누
면 간단한 자연수의 비인 $3:2$로 나타낼 수 있
습니다.

채점 기준	
상	풀이 과정을 완성하여 준영이와 동생이 나누어 가진 용돈의 비를 간단한 자연수의 비로 나타낸 경우
중	풀이 과정을 완성했지만 일부가 틀린 경우
하	답만 쓴 경우

08 (1) $3\times▢=4\times9$, $3\times▢=36$, $▢=12$
(2) $25\times4=▢\times10$, $▢\times10=100$, $▢=10$

10 ㉠ $2:7$의 비율을 구하면 $\dfrac{2}{7}$이고, $12:42$의 비율을
구하면 $\dfrac{12}{42}\left(=\dfrac{2}{7}\right)$이므로 기호 '$=$'를 사용하
여 비례식으로 나타낼 수 있습니다.

11 ㉠ $8\times30=▢\times80$, $▢\times80=240$, $▢=3$
㉡ $21\times5=15\times▢$, $15\times▢=105$, $▢=7$

12 • 외항의 곱이 135이므로 $9\times㉡=135$, $㉡=15$입
니다.
• 내항의 곱도 135이므로 $㉠\times5=135$, $㉠=27$입
니다.

13 두 수의 곱이 같은 4장의 카드를 찾아서 외항과 내
항에 놓아 비례식을 세웁니다.
$5\times6=30$, $1\times30=30$
➡ $5:1=30:6$

14 ❶ 300타수 중에서 치게 되는 안타 수를 ▢번이라
하여 비례식을 세우면 $15:5=300:▢$입니다.

❷ $15\times▢=5\times300$, $15\times▢=1500$, $▢=100$
따라서 300타수 중에서 안타를 100번 치게 됩
니다.

채점 기준	
상	풀이 과정을 완성하여 300타수 중에서 안타를 몇 번 치게 되는지 구한 경우
중	풀이 과정을 완성했지만 일부가 틀린 경우
하	답만 쓴 경우

15 $7:㉠=㉡:㉢$이라 하면 $7:㉠$의 비율이 $\dfrac{1}{3}$이므로
$\dfrac{7}{㉠}=\dfrac{1}{3}$에서 $㉠=21$입니다.
$7:21=㉡:㉢$에서 내항의 곱이 84이므로
$21\times㉡=84$, $㉡=4$입니다.
$4:㉢$의 비율이 $\dfrac{1}{3}$이므로 $\dfrac{4}{㉢}=\dfrac{1}{3}$에서 $㉢=12$입
니다.

18 ・동화책: $112 \times \dfrac{7}{7+9} = 112 \times \dfrac{7}{16} = 49$(권)

・만화책: $112 \times \dfrac{9}{7+9} = 112 \times \dfrac{9}{16} = 63$(권)

19 ・밑변: $36 \times \dfrac{4}{4+5} = 36 \times \dfrac{4}{9} = 16$ (cm)

・높이: $36 \times \dfrac{5}{4+5} = 36 \times \dfrac{5}{9} = 20$ (cm)

➡ (평행사변형의 넓이) $= 16 \times 20 = 320$ (cm²)

20 ❶ ・지후: $42 \times \dfrac{4}{4+3} = 42 \times \dfrac{4}{7} = 24$(장)

・소희: $42 \times \dfrac{3}{4+3} = 42 \times \dfrac{3}{7} = 18$(장)

❷ 따라서 지후는 소희보다 색종이를
$24 - 18 = 6$(장) 더 많이 가지게 됩니다.

채점 기준	
상	풀이 과정을 완성하여 지후는 소희보다 색종이를 몇 장 더 많이 가지게 되는지 구한 경우
중	풀이 과정을 완성했지만 일부가 틀린 경우
하	답만 쓴 경우

단원평가 (실전) ●111~113쪽●

01 ( )( )(○)	**02** 강희
03 16, 25	**04** (위에서부터) 6 / 5
05 예 7 : 4	**06** 예 25 : 12 **07** 6 : 5
08 99	**09** 4, 5, 16, 20(또는 16, 20, 4, 5)
10 20	**11** 예 8 : 2 = 12 : 3
12 42 kg	**13** 160 cm² **14** 2000 m
15 오후 6시 30분	**16** 28, 63
17 38, 36	**18** 255 **19** 1시간 12분
20 2000 cm²	

02 초록색 구슬 수와 주황색 구슬 수의 비는 8 : 4이고
8 : 4의 전항과 후항을 4로 나누면 2 : 1입니다.
따라서 잘못 말한 친구는 강희입니다.

03 ・10 : ㉠의 비율을 $\dfrac{10}{㉠}$으로 나타낼 수 있으므로

$\dfrac{10}{㉠} = \dfrac{5}{8}$에서 ㉠=16입니다.

・㉡ : 40의 비율을 $\dfrac{㉡}{40}$으로 나타낼 수 있으므로

$\dfrac{㉡}{40} = \dfrac{5}{8}$에서 ㉡=25입니다.

채점 기준	
상	풀이 과정을 완성하여 ㉠과 ㉡에 알맞은 수를 각각 구한 경우
중	풀이 과정을 완성했지만 일부가 틀린 경우
하	답만 쓴 경우

06 (가의 넓이) $= 15 \times 10 = 150$ (cm²)
(나의 넓이) $= 12 \times 6 = 72$ (cm²)
가의 넓이와 나의 넓이의 비는 150 : 72입니다.
150 : 72의 전항과 후항을 6으로 나누면 간단한 자연수의 비인 25 : 12로 나타낼 수 있습니다.

07 1시간 동안 일을 세호는 전체의 $\dfrac{1}{5}$만큼, 은아는 전체의 $\dfrac{1}{6}$만큼 했습니다. $\dfrac{1}{5} : \dfrac{1}{6}$의 전항과 후항에 분모의 최소공배수인 30을 곱하면 6 : 5가 됩니다.

09 비율을 각각 구하면 2 : 7 ➡ $\dfrac{2}{7}$, 4 : 5 ➡ $\dfrac{4}{5}$,

8 : 35 ➡ $\dfrac{8}{35}$, 16 : 20 ➡ $\dfrac{16}{20}\left(=\dfrac{4}{5}\right)$입니다.
따라서 비율이 같은 두 비를 찾아 비례식을 세우면
4 : 5 = 16 : 20 또는 16 : 20 = 4 : 5입니다.

10 비례식에서 외항의 곱과 내항의 곱은 같으므로 160은 8과 다른 외항을 곱한 값입니다.
따라서 다른 외항은 $160 \div 8 = 20$입니다.

채점 기준	
상	풀이 과정을 완성하여 다른 외항을 구한 경우
중	풀이 과정을 완성했지만 일부가 틀린 경우
하	답만 쓴 경우

11 비율이 같도록 외항에 8과 3을 쓰고, 내항에 2와 12를 써서 비례식을 세워 봅니다.

$8 : 2$의 비율: $\dfrac{8}{2}(=4)$, $12 : 3$의 비율: $\dfrac{12}{3}(=4)$

➡ $8 : 2 = 12 : 3$

12 수확한 감자 양을 □kg이라 하여 비례식을 세우면
7 : 9 = □ : 54입니다.
$7 \times 54 = 9 \times □$, $9 \times □ = 378$, □=42
따라서 감자는 42 kg 수확했습니다.

13 직각삼각형의 밑변을 □cm라 하여 비례식을 세우면
5 : 4 = □ : 16입니다.
$5 \times 16 = 4 \times □$, $4 \times □ = 80$, □=20
➡ (직각삼각형의 넓이) $= 20 \times 16 \div 2 = 160$ (cm²)

14 $400\,\text{m}=40000\,\text{cm}$이므로 지도에서의 거리와 실제 거리의 비는 $1:40000$입니다.

병원과 영화관 사이의 실제 거리를 $\square\,\text{cm}$라 하여 비례식을 세우면 $1:40000=5:\square$입니다.

$1\times\square=40000\times5$, $\square=200000$

따라서 실제 거리는 $200000\,\text{cm}=2000\,\text{m}$입니다.

15 오전 9시에서 오후 7시까지는 10시간이므로 10시간 동안 느려지는 시간을 $\square$분이라 하여 비례식을 세우면 $1:3=10:\square$입니다.

$1\times\square=3\times10$, $\square=30$

따라서 오늘 오후 7시에 이 시계가 가리키는 시각은 오후 6시 30분입니다.

17 $1.9:1\dfrac{4}{5}\;\Rightarrow\;1.9:1.8\;\Rightarrow\;19:18$
（위: $\times10$, 아래: $\times10$）

• $74\times\dfrac{19}{19+18}=74\times\dfrac{19}{37}=38$

• $74\times\dfrac{18}{19+18}=74\times\dfrac{18}{37}=36$

18 어떤 수를 $\square$라 하면 더 큰 쪽의 수는

$\square\times\dfrac{12}{5+12}=180$입니다.

$\square\times\dfrac{12}{17}=180$,

$\square=180\div\dfrac{12}{17}=180\times\dfrac{17}{12}=255$

따라서 어떤 수는 255입니다.

채점 기준	
상	풀이 과정을 완성하여 어떤 수는 얼마인지 구한 경우
중	풀이 과정을 완성했지만 일부가 틀린 경우
하	답만 쓴 경우

19 1시간은 60분이므로 3시간은 180분입니다.

$180\times\dfrac{2}{3+2}=180\times\dfrac{2}{5}=72$(분)

➡ 1시간 12분

20 (삼각형 모양 종이의 넓이)
$=100\times90\div2=4500\,(\text{cm}^2)$

$\dfrac{1}{4}:\dfrac{1}{5}\;\Rightarrow\;5:4$이므로
（$\times20$）

(더 좁은 종이의 넓이)
$=4500\times\dfrac{4}{5+4}=4500\times\dfrac{4}{9}=2000\,(\text{cm}^2)$입니다.

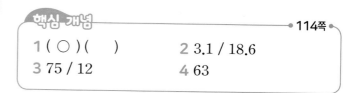

5 원의 둘레와 넓이

핵심 개념 ●114쪽

1 (○) ( ) **2** 3.1 / 18.6
3 75 / 12 **4** 63

단원평가 기본 1회 ●115~117쪽●

01 9 cm / 12 cm	**02** 3 / 4
03 3.1배 **04** 25.12 cm	**05** 18 cm
06 15 cm **07** 27 cm	**08** 3 cm
09 윤아 **10** 99.2 cm	**11** 32, 60
12 147 cm² **13** 310 cm²	**14** 254.34 cm²
15 ⓒ **16** 580.9 cm²	**17** 452.16 cm²
18 8, 3 / 256, 192, 64	**19** 24.8 m²
20 25 m²	

02 (정육각형의 둘레)＝(원의 지름)×3
(정사각형의 둘레)＝(원의 지름)×4
➡ (원의 지름)×3＜(원주),
(원주)＜(원의 지름)×4

03 원주는 지름의 $15.5\div5=3.1$(배)입니다.

05 (시계의 지름)＝$55.8\div3.1=18\,(\text{cm})$

06 만든 원의 원주는 47.1 cm입니다.
➡ (지름)＝$47.1\div3.14=15\,(\text{cm})$

07 ❶ 컴퍼스를 4.5 cm만큼 벌려서 그린 원은 반지름이 4.5 cm입니다.
➡ (지름)＝$4.5\times2=9\,(\text{cm})$
❷ (원의 둘레)＝$9\times3=27\,(\text{cm})$

채점 기준	
상	풀이 과정을 완성하여 그린 원의 둘레는 몇 cm인지 구한 경우
중	풀이 과정을 완성했지만 일부가 틀린 경우
하	답만 쓴 경우

08 (빨간색 털실로 만든 원의 지름)
＝$40.3\div3.1=13\,(\text{cm})$
(노란색 털실로 만든 원의 지름)
＝$31\div3.1=10\,(\text{cm})$
➡ (만든 두 원의 지름의 차)＝$13-10=3\,(\text{cm})$

09 ❶ (동주의 훌라후프의 바깥쪽 원주)
$=80 \times 3 = 240 \,(\text{cm})$

❷ $240 < 246$이므로 훌라후프가 더 큰 친구는 윤아입니다.

채점 기준	
상	풀이 과정을 완성하여 훌라후프가 더 큰 친구는 누구인지 쓴 경우
중	풀이 과정을 완성했지만 일부가 틀린 경우
하	답만 쓴 경우

10 (색칠한 부분의 둘레)
$=($지름이 $16\,\text{cm}$인 원의 원주$) \div 2 \times 4$
$=(16 \times 3.1) \div 2 \times 4 = 99.2\,(\text{cm})$

11 초록색 모눈은 32칸이고, 빨간색 선 안쪽 모눈은 60칸입니다. ➡ $32\,\text{cm}^2 <$ (원의 넓이) $< 60\,\text{cm}^2$

12 (원의 넓이) $= 7 \times 7 \times 3 = 147\,(\text{cm}^2)$

13 (원의 넓이) $= 10 \times 10 \times 3.1 = 310\,(\text{cm}^2)$

14 (반지름) $= 18 \div 2 = 9\,(\text{cm})$
➡ (원의 넓이) $= 9 \times 9 \times 3.14 = 254.34\,(\text{cm}^2)$

15 ㉠ (원의 넓이) $= 7 \times 7 \times 3.1 = 151.9\,(\text{cm}^2)$
㉡ (원의 넓이) $= 6 \times 6 \times 3.1 = 111.6\,(\text{cm}^2)$
㉢ (원의 넓이) $= 198.4\,\text{cm}^2$

16 가: (원의 넓이) $= 8 \times 8 \times 3.14 = 200.96\,(\text{cm}^2)$
나: (반지름) $= 22 \div 2 = 11\,(\text{cm})$
(원의 넓이) $= 11 \times 11 \times 3.14 = 379.94\,(\text{cm}^2)$
➡ (넓이의 합) $= 200.96 + 379.94 = 580.9\,(\text{cm}^2)$

17 ❶ (지름) $= 75.36 \div 3.14 = 24\,(\text{cm})$
➡ (반지름) $= 24 \div 2 = 12\,(\text{cm})$

❷ (원의 넓이) $= 12 \times 12 \times 3.14 = 452.16\,(\text{cm}^2)$

채점 기준	
상	풀이 과정을 완성하여 원의 넓이는 몇 cm²인지 구한 경우
중	풀이 과정을 완성했지만 일부가 틀린 경우
하	답만 쓴 경우

19 작은 반원 부분을 옮기면 큰 반원이 되므로 큰 반원의 넓이를 구합니다. ➡ $4 \times 4 \times 3.1 \div 2 = 24.8\,(\text{m}^2)$

20 (색칠한 부분의 넓이)
$=$ (원의 넓이) $-$ (마름모의 넓이)
$= 5 \times 5 \times 3 - 10 \times 10 \div 2 = 75 - 50 = 25\,(\text{m}^2)$

단원평가 기본 2회 ────────● 118~120쪽 ●

01 3.14 / 3.14
02 (1) 짧아집니다에 ○표 (2) 변함없습니다에 ○표 (3) 원주율에 ○표
03 ㉢   **04** 4 cm   **05** 62 cm
06 42 cm   **07** ㉡   **08** 558 cm
09 9.3 cm   **10** 253 m
11 (위에서부터) 5, 15.7   **12** 251.1 m²
13 192 cm²   **14** 나 피자   **15** 6 cm
16 151.9 cm²   **17** 12, 6, 6 / 144, 108, 36
18 (위에서부터) 12, 24 / 12, 48 / 2 / 4
19 450 m²   **20** 942 cm²

01 가: $34.54 \div 11 = 3.14$
나: $21.98 \div 7 = 3.14$

03 ㉢ 원주율은 원의 지름에 대한 원주의 비율입니다.

04 (지름) $= 12.56 \div 3.14 = 4\,(\text{cm})$

05 (원주) $= 10 \times 2 \times 3.1 = 62\,(\text{cm})$

06 큰 원의 반지름은 $3 + 4 = 7\,(\text{cm})$이므로 큰 원의 둘레는 $7 \times 2 \times 3 = 42\,(\text{cm})$입니다.

07 ❶ ㉠ (지름) $= 94.2 \div 3.14 = 30\,(\text{cm})$
㉡ (지름) $= 16 \times 2 = 32\,(\text{cm})$

❷ $30 < 32$이므로 지름이 더 긴 것은 ㉡입니다.

채점 기준	
상	풀이 과정을 완성하여 지름이 더 긴 것의 기호를 쓴 경우
중	풀이 과정을 완성했지만 일부가 틀린 경우
하	답만 쓴 경우

08 (굴렁쇠가 한 바퀴 굴러간 거리)
$= 60 \times 3.1 = 186\,(\text{cm})$
➡ (굴렁쇠가 굴러간 거리) $= 186 \times 3 = 558\,(\text{cm})$

09 (왼쪽 원의 원주) $= 12 \times 3.1 = 37.2\,(\text{cm})$
(오른쪽 원의 원주) $= 4.5 \times 2 \times 3.1 = 27.9\,(\text{cm})$
따라서 두 원의 원주의 차는
$37.2 - 27.9 = 9.3\,(\text{cm})$입니다.

10 ❶ 곡선 부분의 길이의 합은 지름이 $30\,\text{m}$인 원의 원주와 같습니다.
➡ (곡선 부분의 길이의 합)
$= 30 \times 3.1 = 93\,(\text{m})$

❷ (직선 부분의 길이의 합)$=80\times2=160$ (m)
　➡ (색칠한 부분의 둘레)$=93+160=253$ (m)

채점 기준		
상	풀이 과정을 완성하여 색칠한 부분의 둘레는 몇 m인지 구한 경우	
중	풀이 과정을 완성했지만 일부가 틀린 경우	
하	답만 쓴 경우	

11 ・가로: (원주)$\times\dfrac{1}{2}=5\times2\times3.14\times\dfrac{1}{2}=15.7$ (cm)

　・세로: (반지름)$=5$ cm

12 (잔디밭의 넓이)$=9\times9\times3.1=251.1$ (m²)

13 컴퍼스를 이용하여 원을 그릴 때는 컴퍼스를 원의 반지름만큼 벌리므로 그린 원의 반지름은 8 cm입니다.
　➡ (원의 넓이)$=8\times8\times3=192$ (cm²)

14 (가 피자의 넓이)$=23\times23=529$ (cm²)
　(나 피자의 넓이)$=14\times14\times3=588$ (cm²)
　따라서 $529<588$이므로 넓이가 더 넓은 나 피자가 양이 더 많습니다.

15 (반지름)$\times$(반지름)$\times3.1=111.6$ (cm²)이므로
　(반지름)$\times$(반지름)$=111.6\div3.1=36$ (cm²)입니다.
　$6\times6=36$이므로 반지름은 6 cm입니다.

16 ❶ 직사각형 모양의 종이를 잘라 만들 수 있는 가장 큰 원의 지름은 14 cm이므로 반지름은
　　$14\div2=7$ (cm)입니다.
　❷ (원의 넓이)$=7\times7\times3.1=151.9$ (cm²)

채점 기준		
상	풀이 과정을 완성하여 만들 수 있는 가장 큰 원의 넓이는 몇 cm²인지 구한 경우	
중	풀이 과정을 완성했지만 일부가 틀린 경우	
하	답만 쓴 경우	

18 ・원주: $2\times2\times3=12$ (cm), $4\times2\times3=24$ (cm)
　・넓이: $2\times2\times3=12$ (cm²), $4\times4\times3=48$ (cm²)

19 반원 부분을 옮기면 직사각형이 됩니다.
　➡ (꽃밭의 넓이)$=30\times15=450$ (m²)

20 (색칠한 부분의 넓이)
　$=(20\times20\times3.14)\div2+(10\times10\times3.14)$
　$=628+314=942$ (cm²)

01 다혜	**02** 3.14배	**03** ㉡
04 5	**05** 960 m	**06** 74.4 cm
07 51.4 cm	**08** 132 cm	**09** 42.84 cm
10 153.86 cm²	**11** 607.6 cm²	**12** 4배
13 507 cm²	**14** 31.4 cm	**15** 334.8 cm²
16 18 cm	**17** 750 cm²	**18** 1890 m²
19 125.6 m²	**20** 14.13 cm	

03 지름이 길어지면 원주도 길어지므로 지름이 가장 긴 원을 찾습니다.
　㉡ (지름)$=7\times2=14$ (cm)
　따라서 $15>14>12$이므로 원주가 가장 긴 원은 ㉡입니다.

채점 기준		
상	풀이 과정을 완성하여 원주가 가장 긴 원을 찾아 기호를 쓴 경우	
중	풀이 과정을 완성했지만 일부가 틀린 경우	
하	답만 쓴 경우	

05 (공원의 둘레)$=80\times3=240$ (m)
　➡ (현수가 걸은 거리)$=240\times4=960$ (m)

06 (왼쪽 원의 둘레)$=8\times2\times3.1=49.6$ (cm)
　(오른쪽 원의 둘레)$=8\times3.1=24.8$ (cm)
　➡ (사용한 철사의 길이)$=49.6+24.8=74.4$ (cm)

07 (도형의 둘레)$=(10\times2\times3.14)\div2+10\times2$
　　　　　　　　$=31.4+20=51.4$ (cm)

08 (색칠한 부분의 둘레)
　$=$(큰 원의 둘레)$+$(작은 원의 둘레)$+$(큰 원의 지름)
　$=12\times2\times3+12\times3+12\times2$
　$=72+36+24=132$ (cm)

09 (직선 부분의 길이의 합)$=3\times2\times4=24$ (cm)
　(곡선 부분의 길이의 합)$=3\times2\times3.14=18.84$ (cm)
　➡ (사용한 끈의 길이)$=24+18.84=42.84$ (cm)

12 (가 원의 넓이)$=10\times10\times3=300$ (cm²)
　(나 원의 넓이)$=5\times5\times3=75$ (cm²)
　➡ $300\div75=4$(배)

13 정사각형 모양의 종이에 그릴 수 있는 가장 큰 원의 지름은 26 cm이므로 반지름은 $26\div2=13$ (cm)입니다. ➡ (원의 넓이)$=13\times13\times3=507$ (cm²)

14 원의 반지름을 □cm라 하면
$$□×□=78.5÷3.14=25입니다.$$
$$5×5=25이므로 □=5입니다.$$
➡ (원주)$=5×2×3.14=31.4$ (cm)

채점 기준	
상	풀이 과정을 완성하여 원의 원주는 몇 cm인지 구한 경우
중	풀이 과정을 완성했지만 일부가 틀린 경우
하	답만 쓴 경우

15 (빨간색 부분의 넓이)
$$=12×12×3.1-6×6×3.1$$
$$=446.4-111.6=334.8 (cm^2)$$

16 (색칠한 부분의 넓이)$=8×8×3÷4=48 (cm^2)$
(직사각형의 넓이)$=48×3=144 (cm^2)$
➡ (가로)$=$(직사각형의 넓이)$÷$(세로)
$$=144÷8=18 (cm)$$

채점 기준	
상	풀이 과정을 완성하여 직사각형의 가로는 몇 cm인지 구한 경우
중	풀이 과정을 완성했지만 일부가 틀린 경우
하	답만 쓴 경우

17 (색칠한 부분의 넓이)
$$=10×10×3÷2+30×20$$
$$=150+600=750 (cm^2)$$

18 (밭 전체의 넓이)$=30×30×3.1=2790 (m^2)$
(배추를 심을 밭의 넓이)$=60×30÷2=900 (m^2)$
➡ (무를 심을 밭의 넓이)$=2790-900=1890 (m^2)$

19 (큰 원의 넓이)$=11×11×3.14=379.94 (m^2)$
(작은 원의 넓이)$=9×9×3.14=254.34 (m^2)$
➡ (자전거 전용 도로의 넓이)
$$=379.94-254.34=125.6 (m^2)$$

20 색칠하지 않은 부분은 반원과 직각삼각형의 공통 부분이므로 반원의 넓이와 직각삼각형의 넓이는 같습니다.
(직각삼각형의 넓이)
$$=$$(반원의 넓이)
$$=9×9×3.14÷2=127.17 (cm^2)$$
$18×$(높이)$÷2=127.17 (cm^2)$이므로
(높이)$=127.17×2÷18=14.13 (cm)$입니다.

6 원기둥, 원뿔, 구

● 124쪽 ●

핵심 개념

1 ( ) (○)　　　　　**2** ( ) (○)
3 ㉠　　　　　　　　　**4** 세로

단원평가 기본 1회

● 125~127쪽 ●

01 가, 마　　**02** 다, 바
03 선분 ㄱㄴ, 선분 ㄱㄹ, 선분 ㄱㅁ **04** 12 cm
05 ㉡　　　　　**06** (위에서부터) 8, 7
07 36 cm　　**08** 다　　**09** 4개
10 ②, ⑤　　**11** 가　　**12** 9 cm
13 35 cm　　**14** ㉢　　**15** 151.9 cm^2
16 선분 ㄱㄹ, 선분 ㄴㄷ　　**17** 높이
18 ㉢　　　　**19** 5 cm　　**20** 96.4 cm

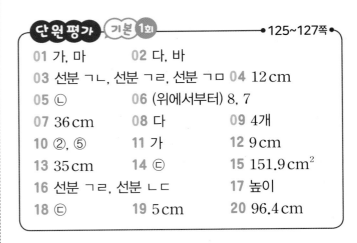

01 서로 합동이고 평행한 두 원을 면으로 하는 입체도형을 찾으면 가, 마입니다.

02 한 원을 면으로 하는 뿔 모양의 입체도형을 찾으면 다, 바입니다.

03 원뿔의 꼭짓점과 밑면인 원의 둘레의 한 점을 이은 선분을 모선이라고 합니다.

04 원기둥의 높이는 두 밑면 사이의 거리이므로 12 cm 입니다.

05 ㉡ 원뿔에는 원뿔의 꼭짓점이 있지만 원기둥에는 꼭짓점이 없습니다.

06 직사각형의 가로와 세로는 각각 원기둥의 밑면의 반지름과 높이가 되므로
밑면의 지름은 $4×2=8$ (cm), 높이는 7 cm입니다.

07 ❶ (선분 ㄴㄷ)$=$(밑면의 지름)$=8×2=16$ (cm)
❷ (삼각형 ㄱㄴㄷ의 둘레)
$$=$$(선분 ㄱㄴ)$+$(선분 ㄴㄷ)$+$(선분 ㄱㄷ)
$$=10+16+10=36 (cm)$$

채점 기준	
상	풀이 과정을 완성하여 삼각형 ㄱㄴㄷ의 둘레는 몇 cm 인지 구한 경우
중	풀이 과정을 완성했지만 일부가 틀린 경우
하	답만 쓴 경우

08 가, 나, 다 모두 밑면이 원입니다.

밑면의 지름이 10 cm인 것은 나, 다입니다.

높이가 13 cm인 것은 가, 다입니다.

따라서 설명에 알맞은 입체도형은 다입니다.

09 ❶ ㉠ 원기둥의 밑면은 2개입니다.

㉡ 원뿔의 꼭짓점은 1개입니다.

㉢ 원뿔의 밑면은 1개입니다.

❷ ㉠+㉡+㉢=2+1+1=4(개)

채점 기준	
상	풀이 과정을 완성하여 ㉠, ㉡, ㉢의 합은 몇 개인지 구한 경우
중	풀이 과정을 완성했지만 일부가 틀린 경우
하	답만 쓴 경우

10 ①, ④ 원기둥   ③ 원뿔

11 나: 원기둥과 원뿔로 만든 모양입니다.

12 구의 지름이 18 cm이므로 구의 반지름은

$18\div2=9$ (cm)입니다.

13 원뿔의 모선은 17 cm이고, 구의 지름은

$9\times2=18$ (cm)입니다.

➡ $17+18=35$ (cm)

14 ㉢ 어느 방향에서 보아도 모양이 원인 것은 구입니다.

15 ❶ 구를 위에서 본 모양은 반지름이 7 cm인 원입니다.

❷ 구를 위에서 본 모양의 넓이는

$7\times7\times3.1=151.9$ (cm²)입니다.

채점 기준	
상	풀이 과정을 완성하여 구를 위에서 본 모양의 넓이는 몇 cm²인지 구한 경우
중	풀이 과정을 완성했지만 일부가 틀린 경우
하	답만 쓴 경우

16 전개도에서 옆면의 가로는 원기둥의 밑면의 둘레와 같습니다.

17 전개도에서 옆면의 세로는 원기둥의 높이와 같습니다.

18 ㉠ 옆면이 직사각형이 아닙니다.

㉡ 두 밑면이 서로 합동이 아닙니다.

㉣ 두 밑면이 겹칩니다.

19 밑면의 지름은

(원주)÷(원주율)=$30\div3=10$ (cm)입니다.

➡ (밑면의 반지름)=$10\div2=5$ (cm)

20 (옆면의 가로)=$6\times2\times3.1=37.2$ (cm)

(옆면의 세로)=11 cm

➡ (옆면의 둘레)=$(37.2+11)\times2=96.4$ (cm)

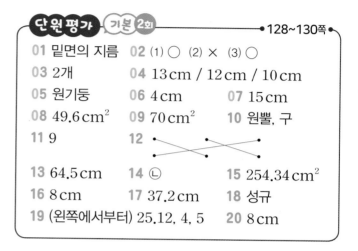

단원평가 기본 2회 ● 128~130쪽 ●

01 밑면의 지름   **02** (1) ○ (2) × (3) ○

03 2개   **04** 13 cm / 12 cm / 10 cm

05 원기둥   **06** 4 cm   **07** 15 cm

08 49.6 cm²   **09** 70 cm²   **10** 원뿔, 구

11 9   **12**

13 64.5 cm   **14** ㉡   **15** 254.34 cm²

16 8 cm   **17** 37.2 cm   **18** 성규

19 (왼쪽에서부터) 25.12, 4, 5   **20** 8 cm

02 (2) 원기둥과 원뿔의 옆면은 굽은 면입니다.

03 원기둥은 가, 다로 모두 2개입니다.

04 모선은 13 cm, 높이는 12 cm, 밑면의 지름은 10 cm인 원뿔입니다.

05 ❶ (원기둥의 높이)=14 cm,

(원뿔의 높이)=16 cm

❷ 14<16이므로 높이가 더 낮은 것은 원기둥입니다.

채점 기준	
상	풀이 과정을 완성하여 원기둥과 원뿔 중에서 높이가 더 낮은 것을 쓴 경우
중	풀이 과정을 완성했지만 일부가 틀린 경우
하	답만 쓴 경우

06 원뿔에서 모선은 10 cm이고, 높이는 6 cm입니다.

➡ $10-6=4$ (cm)

07 원기둥에서 밑면의 반지름은 $8\div2=4$ (cm), 높이는 11 cm입니다.

➡ $4+11=15$ (cm)

08 ❶ 밑면의 반지름이 4 cm, 높이가 9 cm인 원뿔이 만들어집니다.

❷ (입체도형의 밑면의 넓이)

$=4\times4\times3.1=49.6$ (cm²)

채점 기준	
상	풀이 과정을 완성하여 만들어지는 입체도형의 밑면의 넓이는 몇 cm²인지 구한 경우
중	풀이 과정을 완성했지만 일부가 틀린 경우
하	답만 쓴 경우

09 돌리기 전 평면도형은 가로가 $14\,cm$, 세로가 $10 \div 2 = 5\,(cm)$인 직사각형입니다.

➡ (돌리기 전 평면도형의 넓이)
$= 14 \times 5 = 70\,(cm^2)$

10 원뿔 2개, 구 1개를 사용하여 만든 모양입니다.

11 반원 모양의 종이를 지름을 기준으로 한 바퀴 돌리면 구가 됩니다. 구의 반지름은 $9\,cm$이므로 ㉠에 알맞은 수는 9입니다.

12 원기둥을 앞에서 본 모양은 직사각형, 원뿔을 앞에서 본 모양은 삼각형, 구를 앞에서 본 모양은 원입니다.

13 볼링공을 위에서 본 모양은 반지름이 $10.75\,cm$인 원입니다.
따라서 둘레는 $10.75 \times 2 \times 3 = 64.5\,(cm)$입니다.

14 ㉠ $8\,cm$ ㉡ $10\,cm$ ㉢ $10 \div 2 = 5\,(cm)$
따라서 $10 > 8 > 5$이므로 길이가 가장 긴 것은 ㉡입니다.

15 ❶ 반으로 잘랐을 때 나오는 한 면은 지름이 $18\,cm$, 반지름이 $9\,cm$인 원입니다.
❷ (한 면의 넓이)
$= 9 \times 9 \times 3.14 = 254.34\,(cm^2)$

채점 기준	
상	풀이 과정을 완성하여 반으로 잘랐을 때 나오는 한 면의 넓이는 몇 cm²인지 구한 경우
중	풀이 과정을 완성했지만 일부가 틀린 경우
하	답만 쓴 경우

16 (선분 ㄱㄴ) = (원기둥의 높이)
$= 8\,cm$

17 (선분 ㄴㄷ)
$=$ (원기둥의 밑면의 둘레)
$= 12 \times 3.1 = 37.2\,(cm)$

18 성규: 옆면의 가로는 원기둥의 밑면의 둘레와 같고 옆면의 세로는 원기둥의 높이와 같습니다.

19 전개도에서 옆면의 세로는 원기둥의 높이와 같으므로 $5\,cm$이고, 옆면의 가로는 원기둥의 밑면의 둘레와 같으므로 $4 \times 2 \times 3.14 = 25.12\,(cm)$입니다.

20 (밑면의 둘레) = (전개도의 옆면의 가로) $= 18\,cm$
(밑면의 지름) = (원주) ÷ (원주율)
$= 18 \div 3 = 6\,(cm)$
➡ (원기둥의 높이) $= 20 - 6 - 6 = 8\,(cm)$

단원평가 실전 ●131~133쪽●

01 $14\,cm$ **02** ⑤
03 예 위와 아래에 있는 두 면이 서로 평행하지 않고, 합동인 원이 아니기 때문입니다.
04 $6\,cm$ / $4\,cm$ **05** $5\,cm$
06 $16\,cm$ **07** $360\,cm^2$ **08** $13\,cm$
09 $6\,cm$ **10** 다   **11** ㉢
12 $10\,cm$ **13** 원기둥   **14** $99.2\,cm^2$
15 $6\,cm$ **16** $5\,cm$ / $8\,cm$ / $30\,cm$
17 예 옆면이 직사각형이 아니기 때문에 원기둥의 전개도가 될 수 없습니다.
18 $108\,cm^2$ **19** $4\,cm$ **20** 다

01 (밑면의 지름) = (밑면의 반지름) × 2
$= 7 \times 2 = 14\,(cm)$

02 ⑤ 원기둥에는 모서리와 꼭짓점이 없습니다.

03

채점 기준	
상	원기둥이 아닌 이유를 바르게 쓴 경우
중	원기둥이 아닌 이유를 썼지만 일부가 틀린 경우

04 직각삼각형 모양의 종이를 한 변을 기준으로 한 바퀴 돌리면 원뿔이 만들어집니다. 원뿔의 밑면의 반지름이 $3\,cm$이므로 밑면의 지름은 $3 \times 2 = 6\,(cm)$, 높이는 $4\,cm$입니다.

05 가의 밑면의 지름은 $6 \times 2 = 12\,(cm)$, 나의 지름은 $7\,cm$입니다.
➡ $12 - 7 = 5\,(cm)$

06 (밑면의 지름)$=8 \times 2$
$\qquad =16 \,(\text{cm})$
앞에서 본 모양이 정삼각형이므로 원뿔의 모선의 길이는 밑면의 지름과 같은 $16 \,\text{cm}$입니다.

07 필요한 도화지의 넓이는 적어도 원기둥의 옆면의 넓이와 같습니다.
(옆면의 가로)$=6 \times 2 \times 3$
$\qquad =36 \,(\text{cm})$
(옆면의 세로)$=$(원기둥의 높이)
$\qquad =10 \,\text{cm}$
➡ (옆면의 넓이)$=36 \times 10 = 360 \,(\text{cm}^2)$

08 (변 ㄱㄴ)$=$(변 ㄱㄷ)
$\qquad =$(모선의 길이)$=\square \,\text{cm}$
(변 ㄴㄷ)$=$(밑면의 지름)
$\qquad =5 \times 2 = 10 \,(\text{cm})$
(삼각형 ㄱㄴㄷ의 둘레)$=\square + 10 + \square = 36 \,(\text{cm})$,
$\square + \square = 36 - 10 = 26$, $\square = 13$이므로
모선은 $13 \,\text{cm}$입니다.

09 색칠된 부분의 넓이는 롤러의 옆면의 넓이의 3배이므로
(롤러의 옆면의 넓이)$=847.8 \div 3 = 282.6 \,(\text{cm}^2)$
입니다.
롤러의 밑면의 지름을 $\square \,\text{cm}$라 하면
$\square \times 3.14 \times 15 = 282.6 \,(\text{cm}^2)$입니다.
$\square \times 47.1 = 282.6$, $\square = 282.6 \div 47.1 = 6$이므로
롤러의 밑면의 지름은 $6 \,\text{cm}$입니다.

채점 기준	
상	풀이 과정을 완성하여 롤러의 밑면의 지름은 몇 cm 인지 구한 경우
중	풀이 과정을 완성했지만 일부가 틀린 경우
하	답만 쓴 경우

10 다: 구는 어느 방향에서 보아도 원 모양입니다.

11 ㉢ 구는 꼭짓점이 없습니다.

12 구의 중심에서 구의 겉면의 한 점을 이은 선분은 구의 반지름입니다.
➡ $20 \div 2 = 10 \,(\text{cm})$

13 원기둥 6개, 원뿔 2개, 구 3개를 사용하였습니다.
따라서 $6 > 3 > 2$이므로 가장 많이 사용한 입체도형은 원기둥입니다.

14 돌리기 전 평면도형은 오른쪽과 같은 반지름이 $16 \div 2 = 8 \,(\text{cm})$인 반원입니다.

따라서 돌리기 전 평면도형의 넓이는
$8 \times 8 \times 3.1 \div 2 = 99.2 \,(\text{cm}^2)$입니다.

15 원뿔을 앞에서 본 모양은 밑변이 $9 \times 2 = 18 \,(\text{cm})$, 높이가 $12 \,\text{cm}$인 삼각형이므로 넓이는
$18 \times 12 \div 2 = 108 \,(\text{cm}^2)$입니다.
원뿔과 구를 앞에서 본 모양의 넓이가 같으므로
구의 반지름을 $\square \,\text{cm}$라 하면 구를 앞에서 본 모양은 반지름이 $\square \,\text{cm}$인 원이므로 넓이는
$\square \times \square \times 3 = 108 \,(\text{cm}^2)$입니다.
➡ $\square \times \square = 108 \div 3 = 36$, $\square = 6$
따라서 구의 반지름은 $6 \,\text{cm}$입니다.

16 ㉠은 원기둥의 밑면의 반지름이므로 $5 \,\text{cm}$입니다.
㉡은 원기둥의 높이와 같으므로 $8 \,\text{cm}$입니다.
㉢은 원기둥의 밑면의 둘레와 같으므로
$5 \times 2 \times 3 = 30 \,(\text{cm})$입니다.

17

채점 기준	
상	원기둥의 전개도가 될 수 없는 이유를 바르게 쓴 경우
중	원기둥의 전개도가 될 수 없는 이유를 썼지만 일부가 틀린 경우

18 (옆면의 가로)
$=$(밑면의 둘레)
$=3 \times 2 \times 3 = 18 \,(\text{cm})$
(옆면의 세로)$=$(원기둥의 높이)
$\qquad =6 \,\text{cm}$
➡ (옆면의 넓이)$=18 \times 6 = 108 \,(\text{cm}^2)$

19 (옆면의 가로)$=2 \times 2 \times 3 = 12 \,(\text{cm})$
(옆면의 가로)$+$(옆면의 세로)
$=32 \div 2 = 16 \,(\text{cm})$
➡ (원기둥의 높이)$=$(옆면의 세로)
$\qquad =16 - 12 = 4 \,(\text{cm})$

20

	옆면의 가로	최대 높이
가	$3.5 \times 2 \times 3 = 21 \,(\text{cm})$	$30 - 7 \times 2 = 16 \,(\text{cm})$
나	$4 \times 2 \times 3 = 24 \,(\text{cm})$	$30 - 8 \times 2 = 14 \,(\text{cm})$
다	$5 \times 2 \times 3 = 30 \,(\text{cm})$	$24 - 10 \times 2 = 4 \,(\text{cm})$

따라서 밑면의 반지름이 $5 \,\text{cm}$일 때 최대 높이는 $4 \,\text{cm}$이므로 만들 수 없는 원기둥은 다입니다.

사회

1 세계의 여러 나라들

1 지구, 대륙 그리고 국가들

01 ⑤ 전 세계의 위치나 영역을 한눈에 볼 수 있는 것은 둥근 지구를 평면으로 펼쳐 놓은 세계 지도입니다.

02

	채점 기준
상	예시 답안의 내용 중 한 가지를 알맞게 쓴 경우
중	나라의 위치나 이동 경로를 확인할 때 활용할 수 있다고만 쓴 경우

04 디지털 영상 지도는 위성 사진, 항공 사진 등을 바탕으로 지리 정보를 디지털화하여 만든 것입니다.

06 남극 대륙은 지구의 가장 남쪽에 있는 대륙으로, 땅의 대부분이 얼음으로 덮여 있습니다.

07 세계에서 가장 큰 바다는 태평양으로, 우리나라와 인접해 있습니다.

09 ① 인도는 아시아 대륙에 있는 나라입니다.

11 세계에서 러시아의 영토 면적이 가장 넓고, 바티칸 시국의 영토 면적이 가장 좁습니다.

12 ①은 칠레, ②는 뉴질랜드, ④는 이탈리아의 영토 모양입니다.

2 세계의 다양한 삶의 모습

03 지구가 둥글기 때문에 태양에서 가까운 저위도 지역은 태양 에너지를 많이 받아 열대 기후가 나타납니다.

04

	채점 기준
상	예시 답안의 내용 중 한 가지를 알맞게 쓴 경우
중	무더위를 피하기 위해 노력한다고만 쓴 경우

05 ㉠은 고산 기후 지역에 대한 설명입니다. ㉢은 건조 기후 지역에 대한 설명입니다.

06 ①은 열대 기후 지역, ④는 건조 기후 지역, ⑤는 한대 기후 지역의 생활 모습입니다.

07 ㉠과 ㉢은 열대 기후 지역의 생활 모습입니다.

08 멕시코는 낮과 밤의 기온 차가 크기 때문에 사람들이 솜브레로로 낮의 햇볕을 막고, 판초로 밤의 추위를 막습니다.

09 항이에는 화산 지형이 많은 뉴질랜드의 자연환경을 이용한 생활 모습이 나타나 있습니다.

10

	채점 기준
상	접고 펼치기 쉬워 유목 생활을 하는 몽골 사람들이 살기에 적합하다고 쓴 경우
중	유목 생활을 하는 몽골 사람들이 살기에 적합하다고만 쓴 경우

11 이슬람교를 믿는 사람들은 라마단 기간에 해가 떠 있는 동안 물과 음식을 먹지 않습니다.

❸ 우리나라와 가까운 나라들

핵심 자료 ●145쪽●

1-1 중국　　1-2 러시아
2-1 ×　　2-2 금속, 나무　2-3 기모노
3-1 중국　　3-2 베트남　3-3 미국

확인 평가 ●146~147쪽●

01 ㉠ 일본, ㉡ 중국, ㉢ 러시아　　02 ②
03 ⑩ 일본은 영토가 남북으로 길어 남쪽과 북쪽의 기후 차이가 나타나고, 네 개의 큰 섬과 수많은 작은 섬들로 이루어져 있습니다.　　04 은우
05 ㉠　　06 ㉠ 아시아, ㉡ 유럽　07 ⑴ 중국
⑵ 중국　　08 ④　　09 베트남　10 ③
11 ㉢, ㉣　　12 ⑩ 우리나라는 세계 여러 나라와 정상 회담을 통해 다양한 분야에서 협력합니다. 우리나라는 국제 연합(UN)에 가입하여 전 세계의 다양한 문제를 해결하기 위해 노력하고 있습니다.

02 ② 동부 지역 바닷가에 주요 항구와 대도시가 자리 잡고 있습니다.

03

채점 기준	
상	일본에서 나타나는 기후와 지형의 특징을 모두 쓴 경우
중	일본에서 나타나는 기후와 지형의 특징 중 한 가지만 쓴 경우

04 은우 - 러시아는 위도가 높기 때문에 냉대 기후가 넓게 나타납니다.

05 ㉠은 우리나라, ㉡은 중국, ㉢은 일본의 젓가락입니다.

07 우리나라에서 수출 비중과 수입 비중이 가장 큰 나라는 모두 중국입니다.

10 ③ 우리나라에서 만든 음식을 우리나라에서 판매하는 것은 우리나라와 세계 여러 나라 간의 교류를 보여 주는 사례로 알맞지 않습니다.

11 ㉠ 우리나라는 주로 오스트레일리아에서 철광석을 수입합니다. ㉡ 우리나라는 칠레와 최초로 자유 무역 협정(FTA)을 맺었습니다.

12

채점 기준	
상	예시 답안의 내용 중 한 가지를 알맞게 쓴 경우
중	우리나라가 세계 여러 나라와 정치적으로 활발하게 교류하고 있다고만 쓴 경우

단원 평가 기본 ●148~151쪽●

01 위도, 경도　　02 ⑩ 확대와 축소가 자유롭습니다. 다양한 정보를 얻을 수 있습니다.
03 ㉠ 인도양, ㉡ 남아메리카　　04 ④, ⑤
05 ④　　06 ㉡　　07 ④　　08 ①, ④
09 ②　　10 ⑴ 고상 가옥　⑵ ⑩ 열기와 습기, 해충을 피하기 위해 고상 가옥을 짓습니다.
11 ②, ⑤　　12 ⑩ 사람들이 통나무집에서 생활한다. 목재 및 펄프 공업이 발달하였다.　13 ④
14 인규　　15 ㉠ 동부, ㉡ 서부　　16 ①
17 ⑩ 지리적으로 가깝고 기후가 비슷하여 오래전부터 활발하게 교류하며 밀접한 관계를 유지해 왔기
18 ④　　19 수민, 영진　　20 ④

01 위도와 경도를 이용하면 대륙이나 나라뿐만 아니라 도시나 지역 등의 위치를 숫자로 정확하게 나타낼 수 있습니다.

02 제시된 자료는 위성 사진, 항공 사진 등을 바탕으로 지리 정보를 디지털화하여 만든 지도인 디지털 영상 지도입니다.

채점 기준	
상	예시 답안의 내용 중 두 가지를 알맞게 쓴 경우
중	예시 답안의 내용 중 한 가지만 쓴 경우

03 ㉠ 인도양은 아시아, 아프리카, 오세아니아 대륙 사이에 있습니다. ㉡ 남아메리카는 대부분 남반구에 있으며, 북쪽은 적도, 남쪽은 남극해와 접해 있습니다.

04 ①은 북극해, ②는 태평양, ③은 남극해에 대한 설명입니다.

05 제시된 글은 아시아 대륙에 대한 설명입니다. ④ 에스파냐는 유럽 대륙에 위치한 나라입니다.

06 ㉠ 세계 여러 나라는 영토 면적이 서로 다릅니다. ㉢ 러시아는 세계에서 영토 면적이 가장 넓습니다. 세계에서 영토 면적이 두 번째로 넓은 나라는 캐나다입니다.

07 ④ 칠레의 영토는 남북 방향으로 긴 모양으로, 거꾸로 세운 지팡이를 닮았습니다.

08 세계의 기후는 해당 지역의 기온과 강수량 등을 기준으로 열대 기후, 건조 기후, 온대 기후, 냉대 기후, 한대 기후, 고산 기후 등으로 구분할 수 있습니다.

09 ② 건조 기후 지역은 일 년 내내 내리는 비의 양이 매우 적어 강수량보다 증발량이 많습니다.

10 열대 기후 지역은 일 년 내내 덥고 습하기 때문에 이에 대비하여 고상 가옥을 짓습니다.

채점 기준	
상	(1)에 고상 가옥을 쓰고, (2)에 열기와 습기, 해충을 피하기 위해서라고 쓴 경우
중	(1)에 고상 가옥을 쓰고, (2)에 열기와 습기를 피하기 위해서라고만 쓴 경우
하	(1)에 고상 가옥만 쓴 경우

11 제시된 글에 나타난 생활 모습은 유목입니다.

12 냉대 기후 지역에는 침엽수림이 널리 분포하여 사람들이 통나무집에서 생활하고, 목재 및 펄프 공업이 발달하였습니다.

채점 기준	
상	예시 답안의 내용 중 한 가지를 알맞게 쓴 경우
중	침엽수림을 이용해 살아간다고만 쓴 경우

13 ④ 튀르키예의 유목민들은 유목 생활을 하며 간단하게 음식을 요리하기 위해 고기를 잘라 꼬챙이에 끼운 채로 굽는 케밥을 만들어 먹습니다.

14 세계 여러 나라에 사는 사람들의 서로 다른 생활 모습을 이해하고 존중하는 마음가짐이 필요합니다.

16 ① 세계에서 영토 면적이 가장 넓은 나라는 러시아입니다.

17 중국과 일본은 언어, 의식주, 풍습 등에서 우리나라와 비슷한 점이 많습니다.

채점 기준	
상	지리적으로 가깝고 기후가 비슷하여 오래전부터 교류해 왔다고 쓴 경우
중	지리적으로 가깝고 기후가 비슷하다고만 쓴 경우

18 한·중·일 장관이 모여 환경 문제를 논의하려는 노력은 정치 분야에서 우리나라와 이웃 나라가 협력하는 모습입니다.

19 유연 - 우리나라는 오스트레일리아에서 철광석을 수입합니다. 태훈 - 우리나라는 국제 연합(UN)에 가입하여 다른 나라들과 협력합니다.

20 오늘날 우리나라는 교통·통신 기술의 발달로 세계 여러 나라와 활발하게 교류하고 있습니다.

01 ㉠, ㉣   **02** 예 나라와 바다의 모양이나 거리가 실제와 다르게 표현되기도 하는
03 ㉠ 대서양, ㉡ 오세아니아   **04** ②
05 ㉢   **06** 이집트   **07** 예 태양 에너지가 넓은 지역으로 분산되어 열을 적게 받아 추운 한대 기후가 나타난다.   **08** ④   **09** ㉠, ㉢
10 (가), (다)   **11** ①   **12** 예 나라마다 지형, 기후 등의 자연환경과 풍습, 종교 등의 인문환경이 다르기 때문입니다.   **13** 지영   **14** ⑤
15 ㉠, ㉡   **16** 현우   **17** ㉠, ㉢   **18** ㉡, ㉢
19 ①   **20** 한류

01 제시된 자료는 둥근 지구의 모습을 본떠 작게 만든 모형인 지구본입니다. ㉡은 세계 지도, ㉢은 디지털 영상 지도의 특징입니다.

02 세계 지도는 둥근 지구를 평면으로 나타냈기 때문에 실제와 다르게 표현되기도 합니다.

채점 기준	
상	나라와 바다의 모양이나 거리가 실제와 다르게 표현된다고 쓴 경우
중	지구의 실제 모습과 다르게 표현된다고만 쓴 경우

03 세계의 주요 대양은 태평양, 대서양, 인도양, 북극해, 남극해입니다. 세계의 주요 대륙은 아시아, 유럽, 아프리카, 오세아니아, 북아메리카, 남아메리카, 남극입니다.

04 ㉠은 영국, ㉡은 인도, ㉢은 아르헨티나입니다. ② 인도는 인도양과 접해 있습니다.

05 ㉠ 영국, ㉡ 인도는 북반구에 위치하고, ㉢ 아르헨티나는 남반구에 위치합니다.

06 아프리카 대륙의 북쪽에 있는 이집트는 영토의 모양이 사각형입니다.

07 위도에 따라 받는 태양 에너지의 양이 달라지고, 고위도 지역은 태양 에너지를 적게 받아 기온이 낮습니다.

채점 기준	
상	태양 에너지가 넓은 지역으로 분산되어 열을 적게 받아 추운 한대 기후가 나타난다고 쓴 경우
중	추운 한대 기후가 나타난다고만 쓴 경우

08 (가)는 건조 기후 지역의 게르, (나)는 열대 기후 지역의 고상 가옥, (다)는 건조 기후 지역의 흙집, (라)는 냉대 기후 지역의 통나무집입니다.

09 (가) 게르는 유목 생활을 하는 곳에서 이동이 편리하도록 만든 이동식 집이고, (다) 흙집은 사막 지역에서 구하기 쉬운 흙을 이용해 지은 집입니다.

10 (가) 게르는 건조 기후 지역의 초원 지역에서 볼 수 있으며, (다) 흙집은 건조 기후 지역의 사막 지역에서 볼 수 있습니다.

11 힌두교를 믿는 인도 사람들은 길고 넓은 한 장의 천으로 몸을 휘감는 사리를 입습니다.

12 세계 여러 나라는 자연환경과 인문환경이 서로 달라 사람들의 생활 모습도 다양하게 나타납니다.

채점 기준	
상	나라마다 자연환경과 인문환경이 서로 다르기 때문이라고 쓴 경우
중	자연환경과 인문환경 중 한 가지만 다르기 때문이라고 쓴 경우
하	사람들이 사는 지역이 서로 다르기 때문이라고만 쓴 경우

13 세계 여러 나라에 사는 사람들의 서로 다른 생활 모습을 이해하고 존중하려는 마음가짐이 필요합니다.

14 ⑤ 러시아는 영토의 대부분이 아시아 대륙에 속하지만, 생활 모습은 유럽 대륙과 비슷합니다.

15 ㉢ 러시아는 대부분의 인구가 서부 지역에 밀집해 있습니다. ㉣은 일본에 대한 설명입니다.

16 현우 - 우리나라는 중국, 일본과 달리 금속으로 만든 젓가락을 사용합니다.

17 ㉡ 일본 관광객의 비율은 점점 늘어나고 있습니다. ㉣ 다른 나라의 관광객들도 우리나라를 방문합니다.

18 ㉠ 우리나라는 중국에 수출을 가장 많이 합니다. ㉣ 우리나라의 무역 규모에서 가장 큰 비중을 차지하는 나라는 중국입니다.

19 우리나라와 미국은 정치·경제·문화 등 여러 방면에서 밀접한 관계를 맺고 있습니다.

20 우리나라의 영화, 드라마, 음악 등이 전 세계의 주목을 받으며, 우리나라는 세계 여러 나라와 문화 분야에서도 활발하게 교류하고 있습니다.

② 통일 한국의 미래와 지구촌의 평화

❶ 한반도의 미래와 통일

핵심 자료 ●157쪽●

1-1 화산섬 1-2 ○
2-1 「팔도총도」 2-2 ○ 2-3 조선
3-1 × 3-2 이산가족 3-3 국방비

확인 평가 ●158~159쪽●

01 독도 **02** ③ **03** ㉑ 독도가 다양한 동식물이 서식하는 생태계의 보고이기 때문입니다.
04 ④ **05** 『세종실록지리지』 **06** ③
07 ② **08** ㉑ 분단으로 남한과 북한이 사용하는 국방비가 많아 경제적으로 큰 손실이 있습니다.
09 ㉠ 남한, ㉡ 북한 **10** ㉠, ㉡, ㉢
11 ① **12** 재민

03

채점 기준	
상	독도가 다양한 동식물이 서식하는 생태계의 보고이기 때문이라고 쓴 경우
중	독도에 다양한 동식물이 서식하기 때문이라고만 쓴 경우

04 ④ 「시마네현 고시 제40호」는 일본이 독도를 자국의 영토로 편입한다는 내용의 역사적 자료입니다.

05 『세종실록지리지』에는 울릉도와 독도가 강원도 울진현에 속한 두 섬이라고 기록되어 있습니다.

06 안용복은 일본에 가서 울릉도와 독도가 조선의 영토임을 일본으로부터 확인받고 돌아왔습니다.

07 ② 오늘날 독도의 아름다운 경관을 보러 독도를 찾는 관광객이 늘고 있습니다.

08

채점 기준	
상	남북이 사용하는 국방비가 많아 경제적으로 큰 손실이 있다고 쓴 경우
중	국방비를 많이 사용한다고만 쓴 경우

10 ㉣ 남북한 예술단의 합동 공연은 남북통일을 위한 사회·문화적 노력의 사례입니다.

12 재민 - 통일 이후에는 새로운 직업과 일자리가 늘어나 경제가 발전할 것입니다.

❷ 지구촌의 평화와 발전

●161쪽●

핵심 자료

1-1 ×   1-2 홍보 동영상
2-1 국제 연합 아동 기금   2-2 ○
3-1 비정부 기구 3-2 국경 없는 의사회
3-3 세이브 더 칠드런

확인 평가

●162~163쪽●

01 ⑤   02 ⓛ, ⓔ   03 ④
04 현준, 예 자기 나라의 이익을 먼저 생각하기 때문이야.   05 ⑤   06 국제 연합(UN)
07 ⑤   08 ③   09 비정부 기구
10 ④   11 넬슨 만델라   12 예 남수단에서 의료 봉사와 교육에 헌신하였습니다.

02 ㉠은 독재 정치, ㉡은 자원과 영토를 둘러싼 갈등입니다.

03 미국, 캐나다, 러시아, 덴마크, 노르웨이 등이 북극해를 둘러싸고 갈등을 겪고 있습니다.

04

채점 기준	
상	현준이를 쓰고, 자기 나라의 이익을 먼저 생각하기 때문이라고 쓴 경우
하	현준이만 쓴 경우

05 ⑤ 국가뿐만 아니라 개인도 지구촌 갈등의 평화로운 해결을 위해 노력해야 합니다.

07 교육, 과학, 문화 분야의 국제 협력을 통해 세계 평화를 추구하는 국제기구는 국제 연합 교육 과학 문화 기구(UNESCO)입니다.

08 ③ 비정부 기구는 국가가 아닌 개인이 모여 만든 민간 조직입니다.

10 국경 없는 의사회는 분쟁 발생 지역이나 재난이나 전염병으로 어려움을 겪는 지역에 의료 지원을 제공하는 비정부 기구입니다.

11 남아프리카 공화국에서 흑인 인권을 위해 활동한 인물은 넬슨 만델라입니다.

12

채점 기준	
상	남수단에서 의료 봉사와 교육에 헌신했다고 쓴 경우
중	의료 봉사와 교육 활동 중 한 가지만 쓴 경우

❸ 지속 가능한 지구촌

●165쪽●

핵심 자료

1-1 환경 문제   1-2 ○   1-3 지구 온난화
2-1 다르다   2-2 ○
3-1 세계 시민   3-2 ×   3-3 환경

확인 평가

●166~167쪽●

01 예 환경을 생각하지 않고 무분별하게 개발을 하기 때문입니다.   02 ④   03 ③
04 (1) ⓔ (2) ㉠ (3) ⓛ   05 ①
06 지속 가능한 미래   07 ⓛ, ⓔ, ⓔ
08 ①, ②   09 (1) ○ (2) ○ (3) ×   10 ②
11 예 문화적 편견과 차별로 어려움을 겪는 사람들에게 필요한 도움을 줍니다. 문화적 편견과 차별을 극복하고 다양성을 존중하는 교육을 합니다. 다양한 문화를 체험하며 이해하는 행사를 개최합니다.
12 세계 시민

01

채점 기준	
상	환경을 생각하지 않고 무분별하게 개발하기 때문이라고 쓴 경우
중	환경을 개발하기 때문이라고만 쓴 경우

03 사진은 극지방의 빙하가 녹아내려 그곳에 사는 동물이 삶의 터전을 잃은 모습을 보여 주고 있습니다.

05 파리 협정은 지구 온난화의 원인이 되는 온실가스 배출량을 줄이기로 한 국가들의 약속입니다.

07 빈곤과 기아, 문화적 편견과 차별, 생산과 소비 과정에서 일어나는 환경 파괴 등이 지속 가능한 미래를 위협하고 있습니다.

08 빈곤과 기아로 인해 가족의 생계를 위해 학교에 가지 못하고 일하는 어린이가 있습니다.

09 (3) 환경을 생각하여 화학 비료나 농약을 쓰지 않고 농산물을 생산해야 합니다.

10 ② 환경을 생각하여 생산한 식재료를 구입하는 것은 친환경적 생산과 소비를 위한 노력입니다.

11

채점 기준	
상	예시 답안의 내용 중 한 가지를 알맞게 쓴 경우
중	서로 이해해야 한다고만 쓴 경우

01 (1) 독도 (2) ⑩ 동해의 한가운데에 자리 잡고 있어 군사 및 해상 교통의 중심지로서 중요한 위치에 있습니다.　**02** ③　**03** ①　**04** 안용복
05 ④　**06** ③, ⑤　**07** 서우, 필상, 승아
08 이스라엘　**09** ㉡, ㉢, ㉣
10 ④　**11** ①　**12** ⑩ 국제 연합에 유엔 평화 유지군을 파견합니다. 각국 대표 회의에 참여하는 등 평화를 위한 외교 활동을 합니다.
13 (1) ○　**14** (1) ㉡ (2) ㉠ (3) ㉢　**15** ①
16 ⑤　**17** ②　**18** ⑩ 서로 다른 문화를 존중하지 않기 때문입니다.　**19** ㉠, ㉣　**20** ③

01 독도는 동해에 자리 잡고 있으며 우리나라의 가장 동쪽에 있는 영토입니다.

채점 기준	
상	(1)에 독도를 쓰고, (2)에 독도의 중요성을 알맞게 쓴 경우
하	(1)에 독도만 쓴 경우

02 ③ 독도 바다 밑에는 미래 에너지로 주목받는 가스 하이드레이트가 묻혀 있습니다.

03 「팔도총도」는 지리서인 『신증동국여지승람』에 수록된 지도로, 우산도(독도)가 조선의 영토에 포함되어 있습니다.

04 조선 숙종 때 안용복이 일본으로 가 독도의 영토를 확인 받은 후, 일본은 울릉도와 독도에 일본 어부들이 드나들지 못하도록 하였습니다.

05 남한과 북한은 분단 이후 전쟁에 대한 두려움, 이산 가족의 고통, 언어와 문화의 차이로 발생하는 혼란, 과도한 국방비 지출 등 어려움을 겪고 있습니다. ④ 남북이 분단되었어도 다른 나라를 자유롭게 여행할 수 있습니다.

06 ①은 남북통일을 위한 경제적 노력, ②, ④는 남북통일을 위한 정치적 노력입니다.

07 통일 한국은 지금보다 삶의 터전이 넓어지고, 여러 분야에서 발전하여 살기 좋은 나라가 될 것입니다. 연주 - 통일이 되면 전쟁 가능성이 낮아집니다.

08 이스라엘과 팔레스타인 사이의 분쟁은 영토 분쟁이 종교로 확대되어 주변국 간에 여러 차례 전쟁이 일어났습니다.

09 ㉠ 지구촌 갈등의 원인이 복잡하기 때문에 해결이 어렵습니다.

10 ④ 지구촌 갈등 해결을 위해 노력하는 단체에 관심을 가져야 합니다.

11 ① 국제 연합은 세계 여러 나라가 모여 만든 국제기구입니다.

12 지구촌 평화를 지키기 위해 우리나라는 국제 연합에 유엔 평화 유지군 파견, 평화를 위한 외교 활동 등을 합니다.

채점 기준	
상	지구촌 평화를 지키기 위해 우리나라가 하는 노력을 두 가지 모두 알맞게 쓴 경우
중	지구촌 평화를 지키기 위해 우리나라가 하는 노력을 한 가지만 쓴 경우

13 비정부 기구는 지구촌 갈등 해결을 위해 뜻을 같이하는 사람들이 모여 활동하는 민간 조직입니다. (2)는 비정부 기구 중 국제 앰네스티가 하는 일에 대한 설명입니다.

14 ㉠은 넬슨 만델라, ㉡은 이태석 신부, ㉢은 말랄라 유사프자이와 관련된 내용입니다.

15 공기가 오염되어 발생하는 환경 문제는 대기 오염입니다.

16 ⑤ 지구촌 환경 문제를 해결하기 위해 대중교통을 이용해야 합니다.

17 지구촌 환경 문제를 해결하기 위해서는 개인, 기업, 국가, 세계가 함께 노력해야 합니다.

18 종교에 따라 특정 음식을 먹지 않는 사람에게 그 음식을 먹도록 강요하는 것은 상대방의 문화를 존중하지 않기 때문에 일어납니다.

채점 기준	
상	서로 다른 문화를 존중하지 않기 때문이라고 쓴 경우
중	상대방을 존중하지 않기 때문이라고만 쓴 경우

19 그림에는 빈곤 문제가 나타나 있습니다. ㉡ 문화적 편견과 차별 문제를 해결하기 위한 노력입니다. ㉢ 아이들에게 교육의 기회를 제공해야 합니다.

20 ③ 어린이도 지구촌 문제에 관심을 가지고 문제를 해결하는 일에 동참해야 합니다.

01 ②　**02** ⑤　**03** ㉡, ㉢　**04** 이산가족
05 예 과도한 국방비를 줄여 복지, 문화, 경제 분야 등에 사용할 수 있습니다. **06** ⑤
07 개성 공단　　　**08** (1) ✕ (2) ◯ (3) ◯
09 ②　　　**10** 예 지구촌 갈등에 관심을 갖고 관련 정보를 찾습니다. 평화적으로 지구촌 갈등을 해결하는 홍보 동영상을 만듭니다.　**11** ③
12 ㉡, ㉢, ㉣ **13** ①　　**14** 말랄라 유사프자이
15 ⑤　　**16** ①, ②　**17** ③　　**18** ②
19 예 친환경 용기를 개발합니다. 친환경 인증 제품을 생산합니다. 재활용할 수 있는 물건을 구입합니다. 환경을 생각하여 생산한 식재료를 구입합니다.
20 우재, 미라

01 ② 독도에서 울릉도까지의 거리가 일본 오키섬보다 가깝습니다.

02 우리나라의 「팔도총도」, 일본의 「삼국접양지도」 등 역사적 자료들을 통해 옛날부터 독도를 우리 영토로 인식하고 있었음을 알 수 있습니다.

03 ㉠ 우리 정부는 등대, 경비 시설 등 여러 시설을 독도에 설치하였으나 공항을 설치하지는 않았습니다. ㉣ 공식적으로 파견된 독도 경비대가 독도를 지키고 있습니다.

04 남북 분단으로 인해 전쟁에 대한 두려움, 이산가족의 고통, 언어와 문화의 차이, 과도한 국방비 지출 등 여러 어려움을 겪고 있습니다.

05 남북 분단으로 겪는 어려움을 해결하고 새로운 민족 공동체를 건설하기 위해 남북통일이 필요합니다.

채점 기준	
상	과도한 국방비를 줄여 복지, 문화, 경제 분야에 사용할 수 있다고 쓴 경우
중	과도한 국방비를 줄일 수 있다고만 쓴 경우

06 7·4 남북 공동 성명 발표, 남북 기본 합의서 채택, 남북 정상 회담 개최는 남북통일을 위한 정치적 노력입니다.

07 남북통일을 위한 경제적 노력으로는 개성 공단 운영, 끊어진 도로와 철도 연결, 금강산 관광 사업 등이 있습니다.

08 (1) 여러 가지 원인이 복잡하게 얽혀 지구촌 갈등이 일어나기도 합니다.

09 카슈미르 지역의 갈등은 종교적 차이로 인해 발생하였습니다.

10 이 밖에 지구촌 갈등으로 어려움을 겪는 사람들을 돕기 위해 서명 운동을 하거나, 누리 소통망 서비스 등을 통해 지구촌 갈등의 심각성을 널리 알릴 수 있습니다.

채점 기준	
상	지구촌 갈등을 해결하기 위해 우리가 실천할 수 있는 일을 두 가지 모두 알맞게 쓴 경우
중	지구촌 갈등을 해결하기 위해 우리가 실천할 수 있는 일을 한 가지만 쓴 경우

11 국제 연합 아동 기금(UNICEF)은 어린이의 권리를 보장하기 위한 활동을 합니다.

12 ㉠ 나라 사이에 일어나는 갈등은 전쟁이 아니라 대화와 배려로 해결해야 합니다.

13 제시된 내용은 비정부 기구에 대한 설명입니다. ① 국제 연합은 국제기구입니다.

14 말랄라 유사프자이는 탈레반 점령 지역의 여학생 교육 문제를 세상에 알린 인물입니다.

15 무분별한 개발로 사막화, 대기 오염, 지구 온난화, 열대 우림 파괴 등 여러 가지 환경 문제가 발생하고 있습니다.

16 제시된 자료는 사막화에 대한 내용입니다. 사막화로 농경지가 감소하고 식량이 부족해지는 문제가 발생합니다.

17 '세계 차 없는 날'은 자가용 이용을 줄여 나가면서 대기 오염으로부터 지구촌 환경을 개선하자는 캠페인입니다.

18 세계에는 여전히 먹을 것이 없어서 굶주리고, 가족의 생계를 위해 학교에 가지 못하고 일을 하는 어린이가 있습니다.

19

채점 기준	
상	친환경적 생산과 소비를 위해 할 수 있는 일을 두 가지 모두 알맞게 쓴 경우
중	친환경적 생산과 소비를 위해 할 수 있는 일을 한 가지만 쓴 경우

20 진주 - 다양한 문화를 가진 사람들이 서로 만나 어울릴 수 있는 자리를 마련해야 합니다.

과학

1 전기의 이용

핵심 자료 ●179쪽●

1-1 직렬연결 1-2 ○ 1-3 병렬연결
2-1 ○ 2-2 닫고
3-1 전자석 3-2 많을수록 3-3 극

단원평가 기본 ●180~183쪽●

01 ㉠, ㉣ 02 ④, ⑤ 03 ㉡
04 ㉠ 병렬연결, ㉡ 직렬연결 05 유미
06 ③ 07 (1) ㉠ (2) 예 전구의 밝기가 밝을수록 더 많은 전기 에너지를 소비하기 때문입니다.
08 ㉡ 09 ⑤ 10 ㉠, ㉣
11 ㉡ → ㉢ → ㉠ → ㉣ 12 ㉡ 13 자석
14 < 15 예 전자석에 연결한 전지의 개수가 많을수록 전자석의 세기가 세집니다. 16 S
17 ④ 18 예 전지의 두 극을 반대로 연결하면 전자석의 극이 반대로 바뀌기 때문입니다.
19 (1) ㉡, ㉢ (2) ㉠, ㉣ 20 ①, ③

01 ㉠과 ㉣에서 전구에 불이 켜집니다.

02 전구에 불을 켜기 위해서는 전구와 전선을 전지의 (+)극과 (−)극에 중간에 끊긴 곳이 없게 연결합니다.

03 집게 달린 전선에서 집게 부분은 전기가 잘 통하는 금속으로 만듭니다.

04 전구 두 개를 각각 다른 줄에 나누어 연결한 ㉠은 병렬연결, 한 줄로 연결되어 있는 ㉡은 직렬연결입니다.

05 ㉠ 전구의 밝기가 ㉡ 전구보다 더 밝습니다.

06 한 전구를 빼도 ㉠에서는 나머지 전구의 불이 꺼지지 않지만, ㉡에서는 나머지 전구의 불이 꺼집니다.

07

	채점 기준
상	(1)에 ㉠을 쓰고, (2)에 전구의 밝기가 밝을수록 더 많은 전기 에너지를 소비하기 때문이라고 정확히 쓴 경우
하	(1)에 ㉠만 쓴 경우

08 젖은 손으로 전기 기구를 만지면 감전될 수 있으므로 위험합니다.

09 전기난로와 같은 전열 기구를 사용할 때 타는 물질을 옆에 두면 화재의 위험이 있습니다.

12 전자석은 전기가 흐를 때에만 전자석의 끝부분에 클립이 붙으므로 스위치가 닫혀 있는 것은 ㉡입니다.

13 전자석을 연결한 전기 회로의 스위치를 닫으면 전기가 흘러 자석의 성질을 띱니다.

14 ㉠보다 ㉡에 더 많은 클립이 붙습니다.

15 전자석에 연결한 전지의 개수가 달라지면 전자석의 세기가 달라집니다.

	채점 기준
상	전자석에 연결한 전지의 개수가 많을수록 전자석의 세기가 세진다고 정확히 쓴 경우
중	전지의 개수에 따라 전자석의 세기가 달라진다와 같이 간단히 쓴 경우

16 나침반 바늘의 N극이 ㉠을 향해 있으므로, 전자석 ㉠ 부분은 S극입니다.

17 전자석에 연결한 전지의 방향을 바꾸면 ㉠은 N극이 되어 나침반 바늘의 S극이 ㉠을 향합니다.

18

	채점 기준
상	전지의 두 극을 반대로 연결하면 전자석의 극이 반대로 바뀌기 때문이라고 정확히 쓴 경우
하	전자석의 극이 바뀌었기 때문이다와 같이 간단히 쓴 경우

19 전자석은 전기가 흐를 때에만 자석의 성질을 띠고, 자석의 세기와 두 극의 위치를 바꿀 수 있습니다.

단원평가 실전 ●184~187쪽●

01 ③ 02 예 전구와 전선을 전지의 (+)극과 (−)극에 각각 연결합니다. 03 ㉡, ㉢ 04 (1) ㉠, ㉢ (2) ㉡, ㉣ 05 ㉡, ㉣ 06 병렬연결
07 ②, ⑤ 08 많이 09 지훈 10 예 전선을 당기지 않고 플러그의 머리 부분을 잡고 뽑습니다.
11 ③ 12 ㉠ 붙지 않는다, ㉡ 붙는다
13 ④ 14 ㉡ 15 예 전자석에 더 많은 전지를 연결합니다. 16 ㉠ 17 ③
18 ⑤ 19 세기 20 ③

01 전구에 불을 켜기 위해서는 전구와 전선을 전지의 (+)극과 (−)극에 중간에 끊긴 곳이 없게 연결합니다.

02 전구와 전선이 전지의 (−)극에만 연결되어 있으므로 전구에 불이 켜지지 않습니다.

채점 기준	
상	전구와 전선을 전지의 (+)극과 (−)극에 각각 연결한다고 정확히 쓴 경우
중	전기가 잘 흐르게 연결한다고만 쓴 경우

03 스위치에서 전기가 잘 통하는 부분은 철이나 금속과 같은 물질로 이루어진 곳입니다.

04 ㉠, ㉢은 두 전구를 한 줄로 연결했고, ㉡, ㉣은 두 전구를 두 줄에 한 개씩 연결했습니다.

05 ㉡, ㉣에서 전구의 밝기가 더 밝습니다.

06 두 개 이상의 전구를 여러 줄에 한 개씩 연결하는 방법을 전구의 병렬연결이라고 합니다.

07 두 전구를 병렬연결한 전구는 한 전구가 꺼져도 나머지 전구의 불이 꺼지지 않습니다.

08 전구의 밝기가 밝을수록 전기 에너지가 많이 소비됩니다.

09 전기를 만들 때 환경을 오염시키는 물질이 나오기 때문에 전기를 절약해야 합니다.

10

채점 기준	
상	전선을 당기지 않고 플러그의 머리 부분을 잡고 뽑는다와 같이 정확히 쓴 경우
중	전선을 당기지 않는다와 같이 간단히 쓴 경우

11 냉장고 문은 사용한 뒤에 곧바로 닫아야 하며, 전기 기구를 사용하지 않을 때에는 전원을 꺼 두도록 합니다.

12 전자석은 전기가 흐를 때에만 자석의 성질을 띠므로 스위치를 닫을 때에만 전자석에 클립이 붙습니다.

13 둥근머리 볼트에 감은 에나멜선은 전류가 흐를 수 있도록 양쪽 끝부분을 사포로 문질러 겉면을 벗겨 내야 합니다.

14 전자석의 세기가 셀수록 전자석 끝부분에 클립이 많이 붙으므로, ㉡이 전자석의 세기가 더 셉니다.

15

채점 기준	
상	전자석에 더 많은 전지를 연결한다와 같이 정확히 쓴 경우
중	전자석에 전기를 더 많이 흐르게 한다와 같이 전지에 대한 언급 없이 쓴 경우

16 나침반 바늘의 S극이 가리키는 ㉠이 N극입니다.

20 전자석 기중기는 전자석이 전기가 흐를 때 자석의 성질을 띠는 것을 이용해 철판을 들어 옮길 수 있습니다. 자기 부상 열차 속의 전자석은 열차를 일정한 높이로 띄워 달리게 합니다.

② 계절의 변화

핵심 자료 ●189쪽●

1-1 태양의 남중 고도   1-2 ○
1-3 ×
2-1 클   2-2 태양 고도   2-3 ○
3-1 기울어진   3-2 ○   3-3 여름, 겨울

단원평가 기본 ●190~193쪽●

01 ③   **02** ㉡, ㉢   **03** ㉠ 남중, ㉡ 남중 고도
04 (1) 12 시 30 분 (2) 14 시 30 분   **05** ㉞ 지표면이 데워져 공기의 온도가 높아지는 데 시간이 걸리기 때문입니다.   **06** ②   **07** ㉠, ㉢
08 ㉡   **09** ②   **10** ③   **11** ㉡, ㉢
12 ③   **13** ㉠   **14** ㉞ 손전등이 태양 전지판을 비추는 각이 클수록 같은 면적의 태양 전지판에 도달하는 빛의 양이 많아집니다.   **15** 민주
16 지구본의 자전축 기울기   **17** ①
18 ㉞ 지구가 자전축이 기울어진 채 태양 주위를 공전하면 지구의 위치에 따라 태양의 남중 고도가 달라지기 때문에 계절이 변합니다.
19 ㉠ 여름, ㉡ 겨울   **20** ②

01 (가)는 태양 고도를 나타내고, 태양 고도가 높아질수록 막대의 그림자 길이는 짧아집니다.

02 태양 고도 측정기의 막대 길이가 길어지면 그림자 길이는 길어지지만, 태양 고도는 변하지 않습니다.

03 태양이 정확히 남쪽에 위치할 때 남중했다고 하며, 이때의 태양 고도를 태양의 남중 고도라고 합니다.

04 태양 고도가 가장 높은 시각은 12 시 30 분이고, 기온이 가장 높은 시각은 14 시 30 분입니다.

05

	채점 기준
상	지표면이 데워져 공기의 온도가 높아지는 데 시간이 걸리기 때문이라고 쓴 경우
중	지표면이 데워지기 때문이라고만 쓴 경우

06 그림자 길이는 태양 고도가 높아지면 짧아지고 태양 고도가 낮아지면 길어집니다.

07 태양의 남중 고도가 가장 높은 달은 6월 ~ 7월이고, 기온이 가장 높은 달은 여름인 7월 ~ 8월입니다.

08 태양의 남중 고도는 태양이 지표면과 이루는 각이므로, ㉠보다 ㉡에서 태양의 남중 고도가 더 높습니다.

09 ㉠은 겨울, ㉡은 여름입니다. 태양의 남중 고도가 낮은 ㉠이 낮의 길이가 더 짧습니다.

10 낮의 길이는 6월 ~ 7월에 가장 깁니다.

11 태양의 남중 고도가 가장 높은 계절인 여름에 낮의 길이가 가장 깁니다.

12 손전등과 태양 전지판이 이루는 각으로 태양 고도를 다르게 하여 실험합니다.

13 손전등을 수직으로 하여 빛을 비출 때 소리 발생 장치에서 나는 소리가 가장 큽니다.

14

	채점 기준
상	태양 전지판을 비추는 각이 클수록 태양 전지판에 도달하는 빛의 양이 많아진다고 쓴 경우
중	태양 전지판을 비추는 각에 따라 빛이 양이 달라진다고 쓴 경우

15 여름에는 태양의 남중 고도가 높고 낮의 길이도 길어져 기온이 높습니다.

16 지구본의 자전축을 기울인 경우와 기울이지 않은 경우에 태양의 남중 고도를 비교하는 실험입니다.

17 ㉠에서는 지구의 위치에 따라 태양의 남중 고도가 달라지지 않으므로 계절의 변화가 나타나지 않습니다.

18

	채점 기준
상	지구가 자전축이 기울어진 채 태양 주위를 공전하여 태양의 남중 고도가 달라지기 때문이라고 쓴 경우
중	태양의 남중 고도가 달라진다고만 쓴 경우

19 ㉠에 위치할 때 북반구는 여름, ㉡은 겨울이 됩니다.

20 지구가 ㉡ 위치에 있을 때 북반구는 태양의 남중 고도가 낮아 같은 면적의 지표면에 도달하는 태양 에너지양이 적고 낮의 길이가 짧아 기온이 낮습니다.

단원평가 실전 ●194~197쪽●

01 ③　　**02** 태양의 남중 고도　　**03** ③
04 ③　　**05** ㉔ 태양 고도는 낮아지고, 그림자 길이는 길어지며, 기온은 낮아졌습니다.
06 ②　　**07** ㉡, ㉢　　**08** 태양 고도
09 ②　　**10** ③　　**11** (1) 여름 (2) 겨울
12 ①　　**13** ㉔ 태양의 남중 고도는 낮아지고, 낮의 길이는 짧아집니다. **14** ㉠　　**15** ③
16 ④　　**17** (1) 겨울 (2) ㉔ 지구본이 (라) 위치에 있을 때 우리나라는 태양의 남중 고도가 가장 낮기 때문입니다. **18** ⑤　　**19** ⑤　　**20** ㉡

01 하루 중 12시 30분경에 태양 고도가 가장 높습니다.

02 태양이 남중했을 때의 태양 고도를 태양의 남중 고도라고 합니다.

03 두 시간 뒤인 12시 30분경에는 태양 고도는 높아지고, 막대 그림자의 길이는 짧아집니다.

04 그림자 길이는 12시 30분경에 가장 짧습니다.

05

	채점 기준
상	태양 고도와 그림자 길이, 기온 변화를 모두 정확히 쓴 경우
중	태양 고도와 그림자 길이, 기온 변화 중 두 가지 이하를 정확히 쓴 경우

06 태양이 남중했을 때, 태양 고도는 하루 중 가장 높고 그림자는 정북쪽을 향합니다.

07 태양 전지판을 수직으로 비출 때 소리 발생 장치에서 나는 소리가 가장 큽니다.

08 손전등이 태양 전지판을 비추는 각은 태양 고도와 비슷하고 손전등 빛은 태양 에너지와 비슷합니다.

09 봄에서 여름으로 계절이 변할 때 태양의 남중 고도는 높아지고 낮의 길이는 길어집니다.

10 ㉠은 겨울, ㉡은 봄과 가을, ㉢은 여름철의 태양의 위치 변화입니다.

11 태양의 남중 고도는 여름인 6 ~ 7월에 가장 높고, 겨울인 12 ~ 1월에 가장 낮습니다.

12 여름에 태양의 남중 고도가 가장 높고, 겨울에는 가을보다 태양의 남중 고도가 낮습니다.

13 9월부터 12월까지 태양의 남중 고도는 낮아지고, 낮의 길이는 짧아집니다.

채점 기준	
상	태양의 남중 고도는 낮아지고, 낮의 길이는 짧아질 것이라고 쓴 경우
중	태양의 남중 고도와 낮의 길이 변화 중 한 가지만 옳게 쓴 경우

14 손전등이 바닥을 비추는 각이 클수록 빛이 닿는 면적이 좁아져 같은 면적에 도달하는 빛의 양이 많아집니다.

15 ㉠은 여름으로, 낮의 길이가 깁니다.

16 (나)에서 태양의 남중 고도가 가장 높고, (라)에서 태양의 남중 고도가 가장 낮습니다.

17 (라)는 겨울입니다. 지구본이 (라) 위치에 있을 때 막대의 그림자와 실이 이루는 각이 가장 작습니다.

채점 기준	
상	(1)에 겨울이라고 쓰고, (2)에 지구본이 (라) 위치에 있을 때 태양의 남중 고도가 가장 낮기 때문이라고 쓴 경우
하	(1)에 겨울만 쓴 경우

18 지구가 자전축이 기울어진 채 태양 주위를 공전하기 때문에 지구의 위치에 따라 태양의 남중 고도가 달라져 계절이 변합니다.

19 지구가 자전축이 기울어진 채 공전하기 때문에 태양의 남중 고도가 달라지고 계절이 변합니다.

20 지구 자전축이 기울어진 방향이 태양을 향하는 위치에 있을 때 태양의 남중 고도가 높습니다.

3 연소와 소화

핵심 자료　　　　　　　　　　　●199쪽●

1-1 ×	1-2 발화점	1-3 이상
2-1 물	2-2 물, 이산화 탄소	
2-3 다른	3-1 소화기	3-2 ×
3-3 등지고	3-4 ○	

단원평가 기본　　　　　　　　●200~203쪽●

01 ④　　**02** ④　　**03** (1) ㉡　(2) 예 크기가 작은 초가 먼저 모두 타서 탈 물질이 없어졌기 때문입니다.　　**04** ③　　**05** ㉠　　**06** ③

07 산소　　**08** ④　　**09** ④　　**10** ④

11 (1) 성냥의 머리 부분　(2) 예 성냥의 머리 부분이 나무 부분보다 발화점이 낮기 때문에 성냥의 머리 부분에 먼저 불이 붙습니다.　　**12** ③

13 물　　**14** ④　　**15** 이산화 탄소

16 ㉠, ㉣　　**17** ㉢　　**18** 지훈　　**19** ①

20 예 젖은 수건으로 코와 입을 가리고 낮은 자세로 이동합니다. 이동할 때는 승강기 대신 계단을 이용합니다.

01 초가 탈 때 불꽃 끝부분에서 흰 연기가 생깁니다.

02 물질이 탈 때 공통적으로 빛과 열이 발생합니다. 네온사인은 전기를 이용하여 빛을 냅니다.

03 연소가 일어나려면 탈 물질과 산소, 발화점 이상의 온도가 필요한데, 크기가 작은 초는 초가 타는 데 필요한 탈 물질의 양이 적어 촛불이 먼저 꺼집니다.

채점 기준	
상	(1)에 ㉡을 쓰고, (2)에 크기가 작은 초가 모두 타서 탈 물질이 없어졌기 때문이라고 쓴 경우
하	(1)에 ㉡만 쓴 경우

04 초의 크기만 다르게 하여 초가 타는 데 탈 물질이 있어야 함을 알아보기 위한 실험입니다.

05 ㉠은 아크릴 통으로 덮어 산소가 공급되지 않으므로 촛불이 먼저 꺼집니다.

06 ㉠에서는 산소가 공급되지 않아 탈 물질인 초가 남아 있더라도 초가 모두 타기 전에 촛불이 꺼집니다.

07 초에 불을 붙이고 아크릴 통으로 덮으면 산소가 공급되지 않으므로 촛불이 점점 작아지다가 꺼집니다.

08 물질에 불을 직접 붙이지 않아도 주변의 온도가 높아지면 물질이 타기 시작합니다.

09 성냥의 머리 부분에 불을 직접 붙이지 않아도 타는 것으로 보아, 발화점 이상의 온도가 되면 물질이 연소하는 것을 알 수 있습니다.

10 물질이 불에 직접 닿지 않아도 발화점 이상의 온도가 되면 물질이 연소합니다.

11 발화점이 낮은 물질부터 불이 붙기 시작합니다.

	채점 기준
상	(1)에 성냥의 머리 부분을 쓰고, (2)에 성냥의 머리 부분이 나무 부분보다 발화점이 낮기 때문이라고 쓴 경우
하	(1)에 성냥의 머리 부분만 쓴 경우

12 촛불이 연소할 때 물이 생성되므로 푸른색 염화 코발트 종이가 붉은색으로 변합니다.

13 푸른색 염화 코발트 종이가 붉은색으로 변한 것으로 보아, 물이 생성되었음을 알 수 있습니다.

14 초가 연소한 후 생성된 기체를 집기병에 모아 석회수를 부어 살짝 흔들면 석회수가 뿌옇게 흐려집니다.

15 석회수가 뿌옇게 흐려지는 것으로 보아, 초가 연소한 후 이산화 탄소가 생성된 것을 확인할 수 있습니다.

16 촛불을 입으로 부는 것과 타고 있는 초의 심지를 핀셋으로 집는 것은 모두 탈 물질을 없애서 촛불을 끄는 방법입니다.

17 불이 난 곳에 모래를 뿌리는 것과 촛불을 집기병으로 덮는 것은 산소를 차단하여 불을 끄는 것입니다.

18 기름에서 발생한 화재에 물을 뿌리면 불이 더 크게 번질 수 있으므로 모래나 소화기를 사용하여 불을 끕니다.

19 화재가 발생하면 소화기를 불이 난 곳으로 옮긴 후 안전핀을 뽑고 바람을 등지고 서서 고무관이 불 쪽으로 향하게 합니다. 손잡이를 힘껏 움켜쥐고 소화 물질을 뿌립니다.

20 화재가 발생했을 때 유독 가스를 마시지 않기 위해 젖은 수건으로 코와 입을 가리고 낮은 자세로 이동하며, 승강기에 갇힐 수 있으므로 승강기 대신 계단을 이용하여 이동합니다.

	채점 기준
상	화재 발생시 대처 방법 두 가지를 젖은 수건과 계단을 포함하여 옳게 쓴 경우
중	화재 발생시 대처 방법을 젖은 수건과 계단 중 한 가지만 포함하여 쓴 경우

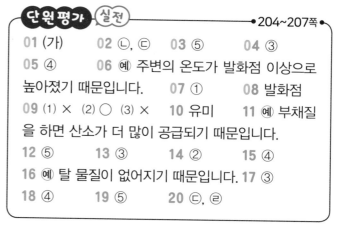

단원평가 실전 ●204~207쪽●

01 (가)　　**02** ㉡, ㉢　　**03** ⑤　　**04** ③
05 ④　　**06** 예 주변의 온도가 발화점 이상으로 높아졌기 때문입니다.　　**07** ①　　**08** 발화점
09 (1) ✕ (2) ◯ (3) ✕　　**10** 유미　　**11** 예 부채질을 하면 산소가 더 많이 공급되기 때문입니다.
12 ⑤　　　　**13** ③　　　　**14** ②　　　　**15** ④
16 예 탈 물질이 없어지기 때문입니다. **17** ③
18 ④　　　　**19** ⑤　　　　**20** ㉢, ㉣

01 초의 불꽃 모양은 위아래로 길쭉하고, 노란색과 붉은색을 띠며, 불꽃 끝부분에서 흰 연기가 생깁니다.

02 초와 알코올이 탈 때 불꽃이 바람에 흔들리고, 알코올이 탈 때 알코올의 양이 줄어듭니다.

03 불꽃의 색깔은 노란색, 붉은색, 파란색 등 다양합니다.

04 ㉡ 비커에 들어 있는 액체에서 산소가 발생합니다.

05 ㉡ 아크릴 통 안의 비커에서 산소가 공급되므로 산소의 양이 많아 초가 오래 탑니다.

06

	채점 기준
상	온도가 발화점 이상으로 높아졌기 때문이라고 쓴 경우
하	온도가 높아졌기 때문이라고만 쓴 경우

07 성냥의 나무 부분이 머리 부분보다 발화점이 높기 때문에 성냥의 머리 부분에 먼저 불이 붙습니다.

08 물질이 불에 직접 닿지 않아도 타기 시작하는 온도를 발화점이라고 합니다.

09 물질에 불을 직접 붙이지 않아도 발화점 이상의 온도가 되면 연소할 수 있고, 연소가 일어나려면 탈 물질과 산소, 발화점 이상의 온도가 필요합니다.

10 푸른색 염화 코발트 종이가 붉은색으로 변한 것을 통해 물이 생성된 것을 알 수 있습니다.

11

	채점 기준
상	산소가 더 많이 공급되기 때문에 불이 잘 붙는다고 정확히 쓴 경우
중	공기가 더 많이 공급되기 때문이라고만 쓴 경우

12 초가 연소한 후 생성되는 물질을 확인하기 위한 실험입니다.

13 푸른색 염화 코발트 종이는 붉은색으로 변하고, 석회수는 뿌옇게 흐려집니다.

14 초가 연소한 후 ㉠에서는 물, ㉡에서는 이산화 탄소가 생성되는 것을 확인할 수 있습니다.

15 연소의 세 가지 조건 중 한 가지 이상의 조건을 없애 불을 끄는 것을 소화라고 합니다.

16

채점 기준	
상	연료 조절 밸브를 잠그면 탈 물질이 없어지기 때문이라고 쓴 경우
하	연료가 없기 때문이라고만 쓴 경우

17 소방 헬기로 물을 뿌려 발화점 미만으로 온도를 낮춰 산불을 끕니다.

18 장작불에 물을 뿌려서 불을 끄는 것은 발화점 미만으로 온도를 낮춰서 불을 끄는 것이고, 나머지는 산소를 차단하여 불을 끄는 것입니다.

19 비상구는 화재가 발생했을 때 신속하게 대피하는 곳이기 때문에 물건을 보관해서는 안 됩니다.

20 화재가 발생했을 때는 승강기 대신 계단을 이용하고, 재빨리 안전한 장소로 대피한 뒤 119에 신고합니다.

④ 우리 몸의 구조와 기능

핵심 자료 ●209쪽●

1-1 빨라, 많아   1-2 심장, 혈액   2-1 노폐물
2-2 방광   3-1 귀   3-2 감각 기관
3-3 명령, 운동 기관

단원 평가 기본 ●210~213쪽●

01 ②, ⑤   02 ㉠   03 예 비닐봉지의 길이가 줄어들고, 납작한 빨대가 구부러져 손 그림이 올라옵니다.   04 ①, ⑤   05 유미, 민수
06 ㉡, 위   07 ④   08 심장
09 (1) 주입기의 펌프 (2) 예 붉은 색소 물이 이동하는 빠르기가 빨라지고, 이동량이 많아집니다.
10 ②   11 (1) 폐 (2) 예 몸 밖에서 들어온 산소를 받아들이고, 몸 안에서 생긴 이산화 탄소를 몸 밖으로 내보냅니다.   12 예 나뭇가지
13 ④   14 ④   15 <   16 ②
17 ③   18 자극   19 지훈   20 ③

01 뼈는 우리 몸의 형태를 만들고, 근육의 길이가 줄어들거나 늘어나면서 뼈를 움직여 우리 몸이 움직이게 합니다.

02 비닐봉지(㉠)는 근육을 나타내고, 납작한 빨대(㉡)는 뼈를 나타냅니다.

03

채점 기준	
상	비닐봉지의 길이와 손 그림을 모두 언급하여 변화를 옳게 쓴 경우
하	비닐봉지의 길이와 손 그림의 변화 중 한 가지만 옳게 쓴 경우

04 ㉠은 식도, ㉡은 위, ㉢은 작은창자, ㉣은 큰창자, ㉤은 항문입니다.

05 ㉢은 작은창자로, 소화를 돕는 액체를 이용해 음식물을 더 잘게 쪼개고 영양소를 흡수하는 역할을 합니다.

06 위는 주머니 모양으로 생겼으며, 소화를 돕는 액체를 분비하여 음식물을 잘게 쪼개는 역할을 합니다.

07 우리가 입으로 먹은 음식물은 식도, 위, 작은창자, 큰창자를 지나면서 잘게 쪼개져 영양소와 수분은 몸속으로 흡수되고, 나머지는 항문을 통해 배출됩니다.

08 심장의 펌프 작용으로 심장에서 나온 혈액은 혈관을 통해 온몸으로 이동하고, 이 혈액은 다시 심장으로 돌아옵니다.

09 주입기의 펌프는 심장, 주입기의 관은 혈관, 붉은 색소 물은 혈액을 나타냅니다.

채점 기준	
상	(1)에 주입기의 펌프를 쓰고, (2)에 붉은 색소 물의 이동 빠르기와 이동량 변화를 모두 옳게 쓴 경우
하	(1)에 주입기의 펌프만 쓴 경우

10 호흡 기관에는 코, 기관, 기관지, 폐가 있습니다. 기관은 굵은 관 모양이고, 기관지는 기관 끝에서 여러 갈래로 갈라져 공기가 이동하는 통로입니다. 폐는 몸 밖에서 들어온 산소를 받아들이고 몸 안에서 생긴 이산화 탄소를 몸 밖으로 내보냅니다.

11

채점 기준	
상	(1)에 폐를 쓰고, (2)에 폐가 하는 일을 옳게 쓴 경우
하	(1)에 폐만 쓴 경우

12 기관지는 기관과 폐를 연결하며, 기관 끝에서 여러 갈래로 갈라져 나뭇가지처럼 생겼습니다.

13 ㉠은 콩팥, ㉡은 방광입니다. 콩팥은 강낭콩 모양으로 등허리 쪽에 두 개가 있으며, 혈액에 있는 노폐물을 걸러 내어 오줌을 만듭니다.

14 방광(㉡)은 노폐물이 들어 있는 오줌을 모아 두었다가 몸 밖으로 내보냅니다.

15 (가)는 콩팥에서 노폐물이 걸러진 혈액이므로 (나)보다 노폐물의 양이 적습니다.

16 눈으로 고양이를 보았고, 귀로 고양이가 우는 소리를 들었으며, 코로 고양이의 냄새를 맡았고, 피부로 고양이 털이 부드럽다고 느꼈습니다.

17 눈으로 사용하지 않는 화장실에 불이 켜져 있는 것을 보았습니다.

18 감각 기관에서 받아들인 자극은 자극을 전달하는 신경계를 통해 행동을 결정하는 신경계로 전달됩니다.

19 명령을 전달하는 신경계가 화장실의 불을 끄라는 명령을 전달했으므로, 행동을 결정하는 신경계는 화장실의 불을 끄겠다고 결정했을 것입니다.

20 운동할 때 우리 몸을 움직이기 위해 호흡 기관에서 몸에 필요한 산소를 받아들이고, 몸 안에서 생긴 이산화 탄소를 몸 밖으로 내보냅니다.

단원평가 실전 ●214~217쪽●

01 ② **02** 납작한 빨대
03 ㉠ 작은창자, ㉡ 큰창자 **04** 작은창자, ㉑ 소화를 돕는 액체를 이용해 음식물을 더 잘게 쪼개고, 영양소를 흡수합니다. **05** ⑤
06 ⑤ **07** ㉠, ㉢ **08** 혈관 **09** ③
10 ㉡, 기관지 **11** ④ **12** ㉠ 기관, ㉡ 폐
13 ⑤ **14** ㉢, ㉑ 오줌을 모아 두었다가 몸 밖으로 내보냅니다. **15** 유미 **16** ④
17 ③, ⑤ **18** ② **19** ④ **20** ㉑ 공을 잡으라는 명령을 운동 기관으로 전달합니다.

01 뼈는 스스로 움직일 수 없으며, 근육의 길이가 줄어들거나 늘어나면서 뼈를 움직이게 합니다.

---

02 납작한 빨대는 뼈를 나타내고, 비닐봉지는 근육을 나타냅니다.

03 음식물은 입 → 식도 → 위 → 작은창자 → 큰창자로 이동하면서 소화되어 영양소와 수분은 몸속으로 흡수되고, 나머지는 항문을 통해 배출됩니다.

04

채점 기준	
상	작은창자를 쓰고, 소화를 돕는 액체를 이용해 음식물을 잘게 쪼개고 영양소를 흡수한다고 옳게 쓴 경우
중	작은창자를 쓰고, 음식물을 잘게 쪼개는 것과 영양소를 흡수하는 것 중 한 가지만 쓴 경우

05 식도는 소화를 돕는 액체를 분비하지 않습니다.

06 주입기의 펌프는 심장, 주입기의 관은 혈관, 붉은 색소 물은 혈액을 나타냅니다.

07 주입기의 펌프를 느리게 누르면 붉은 색소 물의 이동량이 적어지고, 붉은 색소 물이 이동하는 빠르기가 느려집니다.

08 혈관은 긴 관이 복잡하게 얽혀 있는 모양으로 온몸에 퍼져 있으며, 혈액이 이동하는 통로입니다.

09 심장은 순환 기관에 해당하며, 크기가 주먹만 하고 펌프 작용으로 혈액을 온몸으로 순환시킵니다.

10 기관지는 기관 끝에서 여러 갈래로 갈라져 나뭇가지처럼 생겼고, 공기가 이동하는 통로입니다.

11 ㉣은 가슴 쪽에 두 개가 있고, 부풀어 있는 모양인 폐입니다. 폐는 주먹보다 크기가 훨씬 큽니다.

12 숨을 들이마실 때 코를 통해 들어온 공기는 기관 → 기관지 → 폐 순으로 이동합니다.

13 콩팥, 오줌관, 방광 등과 같은 배설 기관은 몸 안에서 생긴 노폐물을 걸러 내어 몸 밖으로 내보냅니다.

14 ㉠은 콩팥, ㉡은 오줌관, ㉢은 방광입니다. 방광은 오줌을 모아 두었다가 몸 밖으로 내보냅니다.

채점 기준	
상	㉢을 쓰고, 오줌을 모아 두었다가 몸 밖으로 내보낸다고 옳게 쓴 경우
중	㉢을 쓰고, 오줌을 모아 둔다와 같이 간단히 쓴 경우

15 콩팥이 제대로 기능을 하지 못하면 혈액 속에 있는 노폐물을 걸러 내지 못해 몸에 노폐물이 쌓여 질병에 걸릴 것입니다.

16 피부는 온도와 촉감 등을 느낍니다. 귤의 색깔은 눈으로 봅니다.

17 감각 기관은 자극을 받아들이는 기관이고, 배설 기관은 혈액에 있는 노폐물을 몸 밖으로 내보내는 과정에 관여합니다.

18 순환 기관에는 심장과 혈관이 있습니다.

19 행동을 결정하는 신경계가 손으로 연필을 잡으라는 명령을 내립니다.

20 명령을 전달하는 신경계는 행동을 결정하는 신경계가 내린 명령을 운동 기관으로 전달합니다.

채점 기준	
상	공을 잡으라는 명령을 운동 기관으로 전달한다고 옳게 쓴 경우
중	명령을 전달한다고만 쓴 경우

5 에너지와 생활

핵심 자료 219쪽

1-1 열, 위치　1-2 화학 에너지
2-1 ○　2-2 빛, 화학　2-3 ×
3-1 빛　3-2 운동

단원평가 기본 220~223쪽

01 지훈　02 ⑤　03 ⑤　04 (1) ㉡ (2) ㉠ (3) ㉢　05 (1) ㉠ 운동 에너지, ㉡ 위치 에너지 (2) 예 운동 에너지와 위치 에너지를 가집니다.
06 ㉡, ㉣　07 ㉠ 열에너지, ㉡ 빛에너지
08 (가)　09 ㉢, ㉣　10 ②　11 ㉡
12 예 반딧불이의 빛은 화학 에너지가 빛에너지로 전환된 것이고, 가로등은 전기 에너지가 빛에너지로 전환된 것입니다.　13 (1) ○ (2) ×
14 ㉠ 전기 에너지, ㉡ 운동 에너지　15 ①, ④
16 태양　17 ㉠ 이중창, ㉡ 줄어들어
18 ①　19 ⑤　20 (1) ㉡ (2) 예 전기 에너지가 열에너지로 전환되는 양이 적고 빛에너지로 전환되는 양이 많기 때문입니다.

02 귤나무와 같은 식물은 햇빛을 이용해 스스로 만든 양분에서 에너지를 얻습니다.

03 전기 에너지는 전기 기구를 작동하게 하는 에너지입니다.

05

채점 기준	
상	(1) ㉠에 운동 에너지, ㉡에 위치 에너지를 쓰고, (2)에 운동 에너지와 위치 에너지를 가지고 있다고 쓴 경우
하	(1) ㉠에 운동 에너지, ㉡에 위치 에너지만 옳게 쓴 경우

06 발로 찬 축구공이 공중에 떠 있을 때는 화학 에너지가 운동 에너지로 전환되었다가 운동 에너지가 다시 위치 에너지로 전환됩니다.

08 태양 전지에서 빛에너지가 전기 에너지로 전환됩니다.

09 처음 열차를 위로 끌어올릴 때는 전기 에너지가 위치 에너지와 운동 에너지로 바뀝니다.

10 움직이는 회전목마와 돌아가는 선풍기는 전기 에너지가 운동 에너지로 에너지 형태가 바뀐 예입니다.

12

채점 기준	
상	반딧불이는 화학 에너지가 빛에너지로 전환된 것이고, 가로등은 전기 에너지가 빛에너지로 전환된 것이라고 정확히 쓴 경우
중	반딧불이와 가로등의 에너지 전환 과정 중 한 가지만 옳게 쓴 경우

14 태양의 빛에너지가 전기 에너지와 운동 에너지로 전환됩니다.

15 비가 내려 댐에 물이 차면 물이 위치 에너지를 갖고, 세탁기를 사용할 때 발전기의 전기 에너지가 세탁기의 운동 에너지로 전환됩니다.

17 건축물에 이중창을 설치하면 열에너지가 빠져나가는 양을 줄일 수 있습니다.

18 식물의 겨울눈은 이듬해에 돋아날 잎이나 꽃의 열에너지가 빠져나가는 것을 막아 줍니다.

19 에너지 소비 효율 등급 표시는 전기 기구의 에너지 소비 효율 정도를 알려 주기 위한 것이고, 에너지 절약 표시는 전기 기구를 사용하지 않을 때 소비되는 대기 전력을 최소화한 것임을 알려주는 표시입니다.

20 전기 에너지가 열에너지로 전환되는 양이 적고 빛에너지로 전환되는 양이 많아야 합니다.

채점 기준	
상	(1)에 ㉡을 쓰고, (2)에 전기 에너지가 빛에너지로 전환되는 양이 더 많기 때문이라고 쓴 경우
하	(1)에 ㉡만 쓴 경우